全国高等院校金融、会计专业改革创新示范规划教材

Excel 在金融与会计中的应用

编　著　王火根
副主编　陈　明
　　　　王可奕

中国商业出版社

图书在版编目(CIP)数据

Excel 在金融与会计中的应用／王火根编著． －－北京：
中国商业出版社，2021.1
　　ISBN 978 －7 －5208 －1539 －0

Ⅰ．①E… Ⅱ．①王… Ⅲ．①表处理软件 －应用 －金融学②表处理软件 －应用 －会计　Ⅳ．①F830 －39②232

中国版本图书馆 CIP 数据核字(2020)第 251289 号

责任编辑:李 飞　蔡 凯

中国商业出版社出版发行
010 －63180647　www．c －cbook．com
(100053　北京广安门内报国寺 1 号)
新华书店经销
北京京丰印刷厂印刷

＊

787 毫米×1092 毫米　16 开　25 印张　620 千字
2021 年 1 月第 1 版　2021 年 1 月第 1 次印刷
定价:78.00 元

＊　＊　＊　＊
(如有印装质量问题可更换)

前 言

实验教学是学校应用型人才培养体系的重要组成部分，是培养学生理论联系实际，提高学生实践能力与创新能力的重要环节。

本实验教程涵盖统计学、运筹学、计量经济学、金融学、会计学和财务管理学等相关理论知识，以其基本概念为索引，以解决问题为出发点，基于成熟的市场化软件 Excel 2007，从实验目的、实验原理、实验材料、实验步骤、课后练习等进行设计，共分十一章，具体包括：(1) Excel 基础和函数；(2) 统计分析实验；(3) 规划求解实验；(4) 金融计量实验；(5) 债券定价实验；(6) 期权定价实验；(7) 基金定价及套利实验；(8) 财务报表分析实验；(9) 融资决策实验；(10) 营运资本管理实验；(11) 投资决策实验。

本实验教材由江西农业大学经济管理学院金融系王火根博士主编（第二章至第十一章），云南财经大学陈明博士和浙江工商大学王可奕担任副主编（第一章），参与本书写作的还有华南师范大学的陈朝春研究生，江西财经大学的徐晓萱研究生，以及江西农业大学的陈欢、王丽敏、肖丽香、周楚骞、周婧、周梦、钟倩、邹婉霞、汪钰婷等研究生，他们为本书资料收集与整理、公式编辑、实验测试提供了大量帮助。

本实验教材在出版过程中，得到江西省学位与研究生教育教学改革研究项目"MPAcc 课程：三位一体线上线下混合教学改革与实践"，江西省高等学校教学改革研究课题"金融与会计综合实验的设计与应用研究——基于 Excel 工具"和江西农业大学经济管理学院工商管理学科等项目的资助。

本实验教学适合研究生、本科生与证券投资教学配套使用，也可以作为高职高专学生教学实验使用，以及有致于从事证券投资的广大学习者参考使用。

由于编者水平有限，本书难免存在错误、遗漏或不足之处，恳请广大读者提出宝贵意见，我们将不断完善。

编 者

目　录

第一章　Excel 基础和函数 1
　一、Excel 操作基础 1
　二、Excel 公式和函数 11
　三、利用 Excel 进行矩阵运算 19
　四、Excel 主要工具和方法 26
　五、课后练习 35
　六、参考视频 35

第二章　统计分析实验 36
　一、实验目的 36
　二、实验原理 36
　三、实验材料 50
　四、实验步骤 53
　五、课后练习 68
　六、参考视频 69

第三章　规划求解实验 70
　一、实验目的 70
　二、实验原理 70
　三、实验材料 79
　四、实验步骤 81
　五、课后练习 102
　六、参考视频 104

第四章　金融计量实验 105
　一、实验目的 105
　二、实验原理 105
　三、实验材料 114
　四、实验步骤 115
　五、课后练习 132
　六、参考视频 132

第五章　债券定价实验 133
　一、实验目的 133
　二、实验原理 133
　三、实验材料 142

四、实验步骤 ……………………………………………………………… 144
　　五、课后练习 ……………………………………………………………… 168
　　六、参考视频 ……………………………………………………………… 168
第六章　期权定价实验 …………………………………………………………… 169
　　一、实验目的 ……………………………………………………………… 169
　　二、实验原理 ……………………………………………………………… 169
　　三、实验材料 ……………………………………………………………… 182
　　四、实验步骤 ……………………………………………………………… 183
　　五、课后练习 ……………………………………………………………… 206
　　六、参考视频 ……………………………………………………………… 208
第七章　基金定价及套利实验 …………………………………………………… 209
　　一、实验目的 ……………………………………………………………… 209
　　二、实验原理 ……………………………………………………………… 209
　　三、实验材料 ……………………………………………………………… 223
　　四、实验步骤 ……………………………………………………………… 224
　　五、课后练习 ……………………………………………………………… 246
　　六、参考视频 ……………………………………………………………… 247
第八章　财务报表分析实验 ……………………………………………………… 248
　　一、实验目的 ……………………………………………………………… 248
　　二、实验原理 ……………………………………………………………… 248
　　三、实验材料 ……………………………………………………………… 266
　　四、实验步骤 ……………………………………………………………… 267
　　五、课后练习 ……………………………………………………………… 285
　　六、参考视频 ……………………………………………………………… 285
第九章　融资决策实验 …………………………………………………………… 286
　　一、实验目的 ……………………………………………………………… 286
　　二、实验原理 ……………………………………………………………… 286
　　三、实验材料 ……………………………………………………………… 296
　　四、实验步骤 ……………………………………………………………… 299
　　五、课后练习 ……………………………………………………………… 319
　　六、参考视频 ……………………………………………………………… 320
第十章　营运资本管理实验 ……………………………………………………… 321
　　一、实验目的 ……………………………………………………………… 321
　　二、实验原理 ……………………………………………………………… 321
　　三、实验材料 ……………………………………………………………… 332
　　四、实验步骤 ……………………………………………………………… 334
　　五、课后练习 ……………………………………………………………… 351
　　六、参考视频 ……………………………………………………………… 352

第十一章　投资决策实验 ………………………………………………………… 353
一、实验目的 ……………………………………………………………… 353
二、实验原理 ……………………………………………………………… 353
三、实验材料 ……………………………………………………………… 363
四、实验步骤 ……………………………………………………………… 365
五、课后练习 ……………………………………………………………… 388
六、参考视频 ……………………………………………………………… 389

第一章　Excel 基础和函数

通过 Excel 建模是解决一些问题最有效率的工作方式。本章主要介绍全书在金融与财务管理综合实验中用到的 Excel 2007 电子表格软件的一些基本操作知识和一些相关函数，如数学、逻辑、统计和财务函数，以及常用的一些分析工具和方法，如单变量求解、模拟运算表、规划求解和数据分析等。这部分内容是后面各章节进行实验的基础和工具，必须熟练掌握和灵活运用。

一、Excel 操作基础

本节将主要介绍 Excel 2007 的一些基本操作，包括表格的建立与编辑、数据的输入与引用、工作表的操作等内容。

1. 设置好工作簿初始格式

点击"菜单栏"的【文件】，在弹出的菜单中选择【选项】进行相关设置，并熟悉各设置的具体含义。

2. Excel 2007 窗口介绍

在电脑桌面上双击 Excel 2007 图标或在操作系统启动程序菜单里点击 Excel 2007 菜单后，将出现如图 1-1 所示的主窗口，其中，标题栏、菜单栏、工具栏、编辑区、滚动条、状态栏与 Word 2007 窗口的组成部分基本相同。Excel 2007 的基本元素主要有工作簿、工作表、单元格、单元格内容、单元格格式、单元格地址等。

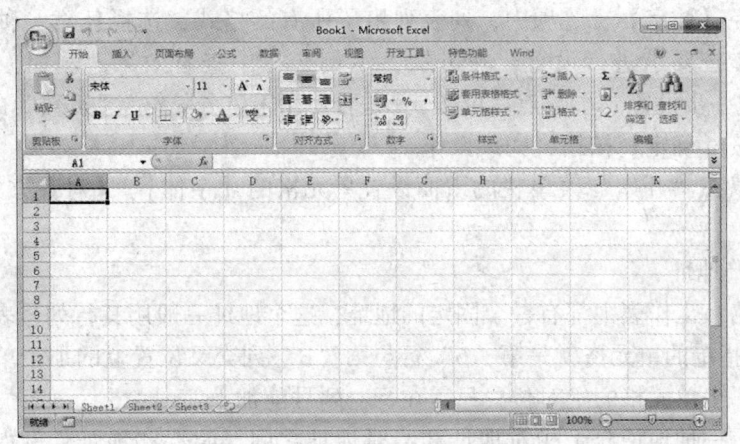

图 1-1　Excel 2007 的窗口

(1) 工作簿（Book）

用 Excel 2007 创建的文档实际上就是一个工作簿，工作簿名就是文件名，工作簿名的扩展名为.xlsx。每一个工作簿由若干个工作表组成，一个工作簿默认包含了3个工作表（Sheet1/Sheet2/Sheet3），把工作簿另存为"第一章 Excel 基本操作"。

(2) 工作表（Sheet）

工作簿就好像是一个活页夹，工作表是其中一张张的活页纸，每一工作簿可包括最多255个工作表，其中，当前工作表只有一个，称为活动工作表，如图1-1的Sheet1颜色显示为白色，非活动工作表颜色为灰色。可以通过鼠标右键来设置工作表的名字、颜色，或插入、移动和复制。工作表是 Excel 进行表格处理的基础。每一个工作表由若干单元格组成。把第一个工作表"Sheet1"命名为"1-1 基础知识"。

(3) 单元格（Cells）

一个工作表由若干行（Row）列（Column）标明的单元格组成。一个工作表最多可包含256列、65536行。每一列列标由A、B、C等表示；每一行行标由1、2、3等表示。每一个单元格由交叉的列、行名表示。如A1、A2，分别表示A列第一行、第二行的单元格。工作表中当前工作的单元格被称为活动单元格，它在屏幕上显示为带粗线黑框的单元格。活动单元格的名字显示在编辑栏中名称框内。选中单元格区域"A1：E12"，设置选中单元格的行高为18，列宽为12，字体为宋体12号，边框为绿色。

(4) 单元格内容

每一单元格中的内容可以是数字、字符、公式、日期，也可以是图形或声音等。如果是字符，还可以分段落。可以通过鼠标右键来对单元格的内容进行复制、粘贴、清除、排序、筛选等。

(5) 单元格格式

可以通过鼠标右键或菜单栏来对单元格格式进行设置。

使用菜单栏对单元格式化的数字操作步骤如下：

第一步：选择要格式化的数字单元格。

第二步：选择【开始】→【单元格】→【格式】下拉菜单中的【设置单元格格式】对话框，选择对话框中的【数字】标签项。

第三步：在【数字】标签项中，列表列出了所有的格式，选择任意一种格式，在对话框的右侧进一步按要求进行设置，并可从"示例"栏中查看效果。例如，在列表中选择【数值】项，进一步设置"小数点后位数""是否使用千位分隔符""负数"的表示方式等。

第四步：按【确定】按钮，完成操作。

同理，可以在"开始"菜单栏的下面设置单元格的【字体】、【对齐方式】、【样式】、【编辑】等。

(6) 单元格地址

每个单元格在工作表中都有一个固定的地址，这个地址一般用其行列号表示。如在一个工作表中，B6指定的单元格就是第"6"行与第"B"列交叉位置上的那个单元格，这是相对地址。指定一个单元格的绝对位置只需在行、列号前加上符号"$"，如"$B$6"，这叫绝对地址。还有一种地址介于相对地址和绝对地址之间，叫混和地址。例如，"$B6"或"B$6"。这三种地址的变换可以通过按F4键来进行切换。由于一个工作簿文件可以有多个工作表，为了区分不同的工作表中的单元格，要在地址前面增加工作表的名称，有时不同工作簿文件中的单元格之间要建立连接公式，前面还需要加上工作簿的名称。例如，［Book1］Sheet1！B6 指定的就是"Book1"工作簿文件中的"Sheet1"工作表中的"B6"单元格。单元格的相对地址又称单元格名称。

3. 工作表基本操作

（1）工作表的删除

删除工作表的步骤如下：

① 选择所要删除的工作表标签。

② 在所选标签上单击鼠标右键，在出现的菜单中选择【删除】项，或选择【编辑】工具栏中【删除工作表】项。

③ 在出现的确定删除的对话框中，确认删除操作。

（2）工作表的插入

插入工作表的步骤如下：

① 选择工作表标签，插入的工作表将位于该表之前。

② 在所选标签上单击鼠标右键。

③ 在出现的菜单中选择【插入】项，在打开的【插入】对话框中，选择【工作表】项，或选择【插入】菜单中的【工作表】项。

（3）工作表的重命名

工作表的初始名称默认为 Sheet1、Sheet2…，为了便于工作，用户需将工作表命名为自己易记的名字，因此，需要对工作表重命名。重命名的方法如下：

方法一：在工作表标签栏中，用鼠标右键单击工作表名称，出现弹出式菜单，选择【重命名】菜单项，工作表名称反亮显示后就可将当前工作表重命名。

方法二：双击需要重命名的工作表标签，键入新的名称覆盖原有名称。

（4）工作表的复制与移动

1）用鼠标拖曳移动、复制工作表

用鼠标拖曳移动、复制工作表的步骤如下：

① 选择所要移动、复制的工作表标签。

② 如果要移动，拖曳所选标签至所需位置。如果要复制，按住 Ctrl 键的同时，拖曳所选标签至所需位置；拖曳时光标上方出现黑三角符号表示移动的位置。

③ 释放鼠标键，完成操作。

2）用菜单移动、复制工作表

用菜单移动、复制工作表的步骤如下：

① 选择所要移动、复制的工作表标签。

② 用鼠标右键单击所要移动、复制的工作表标签，将打开一快捷菜单。

③ 在打开的快捷菜单中选择【移动或复制工作表】，将打开【移动或复制工作表】对话框。

④ 在打开的"移动或复制工作表"对话框中，选择"工作簿"列表中的工作簿，可以将所选工作表移动、复制到已打开的其他工作簿中；选择"下列选定工作表之前"列表中

的表名,可以确定表的新位置。

⑤ 选择"建立副本"为复制操作,取消"建立副本"为移动操作。

⑥ 按【确定】按钮,完成操作。

4. 单元格基本操作

(1) 单元格、单元格区域的选定

在输入和编辑单元格内容之前,必须先选定单元格,使其成为活动单元格,即当前工作单元格。当一个单元格成为活动单元格时,它的边框变成黑粗线,其行、列号会突出显示,用户可以在单元格的左上框看到其坐标,如当鼠标放在行9列H时,左上框显示其坐标为H9。当前单元格右下角的小黑块被称作填充柄,将鼠标指向填充柄时,鼠标的形状变为黑十字,此时可以对单元格进行填充操作;将鼠标位于活动单元格内时,鼠标的形状变为白色十字形,此时可以在菜单输入栏进行操作;将鼠标放在选中单元格的边缘时,鼠标的形状变成十字箭头,十字箭头表示可以对单元格进行移动操作。鼠标放在选中单元格的边缘,同时按下Ctrl键,此时鼠标的形状是斜箭头和一个黑色的十字形。双击单元格,光标变成I字形,此时单元格中可以输入文字,同时可以对单元格进行拖动复制。选定单元格、区域、行或列的操作如表1-1所示。

表 1-1　　　　　　　　　　选定单元格、区域、行或列的操作

选定内容	操　作
单个单元格	单击相应的单元格,或用方向键移动到相应的单元格
连续单元格区域	单击该区域的第一个单元格,然后拖动鼠标直至选定最后一个单元格
工作表中所有单元格	单击"全选"按钮
不连续的单元格或单元格区域	选定第一个单元格或单元格区域,然后按住Ctrl键再选定其他的单元格或单元格区域
较大的单元格区域	选定第一个单元格,然后按住Shift键再单击区域中最后一个单元格,通过滚动条可以使单元格可见
整行	单击行号
整列	单击列号
调整行高与列宽	把光标移到行标与列标的接合处,光标的形状是双向箭头
连续的行或列	沿行号或列标拖动鼠标;或者先选定第一行或第一列,然后按住Shift键再选定其他的行或列
不相邻的行或列	先选定第一行或第一列,然后按住Ctrl键再选定其他的行或列
取消单元格选定区域	单击工作表中其他任意一个单元格

(2) 编辑单元格

编辑单元格包括对单元格及单元格内数据的操作。其中,对单元格的操作包括移动和复制单元格、插入单元格、插入行、插入列、删除单元格、删除行、删除列等;对单元格内数据的操作包括复制和删除单元格数据,清除单元格内容、格式等。

1）移动和复制单元格

移动和复制单元格的操作步骤如下：

① 选定需要移动和复制的单元格。

② 将鼠标指向选定区域的选定框，此时鼠标形状为十字箭头。

③ 如果要移动选定的单元格，则用鼠标将选定区域拖到粘贴区域（目的地），然后松开鼠标，Excel将选定区域移动并以选定区域替换粘贴区域中原有数据。如果要复制单元格，则需要按住Ctrl键，再拖动鼠标进行随后的操作。如果要在单元格间插入单元格，移动则需要按住Shift键，复制则需要按住Shift键+Ctrl键，再进行拖动。在这里要注意的是，必须先释放鼠标再松开按键。如果要将选定区域移到其他工作表上，应按住Alt键，然后拖动到目标工作表标签上。

2）选择性粘贴

除了复制整个单元格外，Excel还可以选择单元格中的特定内容进行复制，其步骤如下：

① 选定需要复制的单元格。

② 单击【常用】工具栏上的【复制】按钮。

③ 选定粘贴区域的左上角单元格。

④ 单击右键，选择【选择性粘贴】命令。

通过这选择性粘贴可以实现对复制单元格的转置，也可以对单元格进行运算，如除以某个数。

⑤ 单击【粘贴】选项区中所需选项，再单击【确定】按钮。

3）插入单元格、行或列、表、插图、图表、文本

① 可以通过鼠标右键插入整行、整列、活动单元格下移、活动单元格右移。

② 可以通过菜单栏【开始】→【单元格】→【插入】→【工作表】、【单元格】、【工作表的列或行】。

③ 可以通过菜单栏【插入】→【表格】→【插入表格】来创建表，这些表可以用来制作会计分录的电子版。

4）删除和清除单元格、行或列

删除单元格、行或列，是指将选定的单元格从工作表中移走，并自动调整周围的单元格填补删除后的空格，操作步骤如下：

① 选定需要删除的单元格、行或列。

② 执行【编辑】菜单上【删除】命令，在删除对话框中选择删除方式。

清除单元格、行或列，是指将选定的单元格中的内容、格式或批注从工作表中删除，单元格仍保留在工作表中，操作步骤如下：

① 选定需要清除的单元格、行或列。

② 单击右键，选择【清除内容】命令，按Del键则只删除选择区域的内容。

5）对单元格中数据进行编辑

首先使需要编辑的单元格成为活动单元格，如果重新输入内容，则直接输入新内容；若只是修改部分内容，按F2功能键或用鼠标双击单元格，用→、←或Del等键对数据进行编辑，按Enter键或Tab键结束编辑。

6）设置单元格格式

①选中数据区域→【开始】→【条件格式】→【突出显示单元格规则】→【重复值】→【设置格式】。

②利用数据条展示数据。

③利用色阶展示数据。

④利用图集展示数据。

⑤设置员工生日提醒。

⑥提醒不正确的输入。

⑦设置高亮显示。

可以通过点击【清除规则】，清除以上设置的单元格格式。

7）对单元格进行冻结

我们想冻结窗口的某一行，鼠标向下滚动时该行不动，但是怎么达到这个效果呢？下面我们就以冻结第 1 行的窗口为例。

操作步骤：在单元格的最左边栏先选中第 2 行，在菜单栏点击【视图】→【冻结窗格】→【冻结拆分窗格】。这样鼠标向下滚动，黑色粗线以上的单元格就固定不动了。简单来说，就是点击你需要冻结的第几行单元格的下一行。如果我们想把该项设置取消，同样在菜单栏点击【视图】，然后是【冻结窗格】→【取消冻结窗格】，这样刚才的设置就取消了。

如果我们想冻结窗口的某几行某几列窗口，鼠标向下滚动时这些行和列都能固定不动，怎么达到这个效果呢？下面我们就以冻结第 9 行第 C 列的窗口为例。

操作步骤：鼠标点击选中 D10 单元格，在菜单栏点击【视图】→【冻结窗格】→【冻结拆分窗格】。也就是说，点击你需要冻结的第几行第几列单元格的下一行下一列单元格的交集。冻结窗口后，鼠标向下滚动，箭头所指直线以上的单元格就固定不动了。

5. 数据的输入与管理

Excel 提供了简单数据输入、区域数据输入、系列数据自动填充以及在多张工作表中输入相同数据等的输入方法。当一个单元格的内容输入完毕后，可用方向键、回车键或者 Tab 键使相邻的单元格成为活动单元格。下面主要就几个快捷的数据填充方式或简便方法进行说明。

（1）数据的自动填充

向工作表中输入数据时，有时会用到一些有规律的系列数据，如一月、二月……十二月，星期日、星期一……星期六等。Excel 2007 提供的填充功能，可以使用户快速地输入整个数据系列，而不必依次输入系列中的每一个数据。

【例 1-1】已知某学校金融专业学生实验课的基本信息如表 1-2 所示，请根据表中数据进行以下相关操作。

表 1-2　　　　　　　　　　　金融专业基本信息

学号	姓名	班级	分数	等级
A2017001	王一	金融1701	65	
A2017002	张二	金融1702	95	
A2017003	林三	金融1701	85	
A2017004	胡四	金融1701	75	
A2017005	吴五	金融1701	98	
A2017006	章六	金融1702	87	
A2017007	陆七	金融1702	68	
A2017008	苏八	金融1701	78	
A2017009	韩九	金融1701	69	
A2017010	徐一	金融1702	87	

① 利用菜单进行填充

步骤一：【开始】→【编辑】→【填充】选择所需的填充方式：向上，向下，向左，向右，序列等。

步骤二：点击【系列】，弹出对话框，看序列是产生于行还是列，然后选择序列的类型，是等比、等差、日期、自动填充。

② 利用鼠标进行填充

在 Excel 中输入数据时，如果希望在一行或一列相邻的单元格中输入相同的或有规律的数据，可进行如下操作。

步骤一：首先在第一个单元格中输入示例数据，然后上、下或左、右拖动填充柄（位于选定单元格或单元格区域右下角的小黑十字）。

步骤二：按住鼠标左键拖动单元格右下角的填充柄到目标单元格，释放鼠标左键。

执行完填充操作后，会在填充区域的右下角出现一个【自动填充选项】按钮，单击它将打开一个填充选项列表，从中选择不同选项，即可修改默认的自动填充效果。如果初始数据不同，自动填充选项列表的内容也不尽相同。

（2）数据的有效性

Excel 的数据有效性功能可以防止数据录入错误，节省录入时间。不需要输入，而是使用的时候，可以通过鼠标点击选择数据。比如我们现在要设置学生的"性别"。

步骤一：点击菜单栏【数据】→【数据工具】→【数据有效性】的第一个菜单【数据有效性】。

步骤二：在"允许（A）"菜单里选择【序列】，在"来源（S）"菜单里输入"金融1701，金融1702"，如图 1-2 所示。如果不手动输入结果，也可以选择指定区域的内容，在需要输入的区域选择单元格中的内容。两种方法效果一致。

如果想在"姓名"那列（B 列）避免输入重复值，可以在"允许（A）"菜单里选择【自定义】，在"公式（F）"菜单里输入 COUNTIF 函数的设置，如图 1-3 所示，即可避免重复录入数据。设置完成后，在第 B 列输入相同的内容后，系统会提示"输入值非法"。

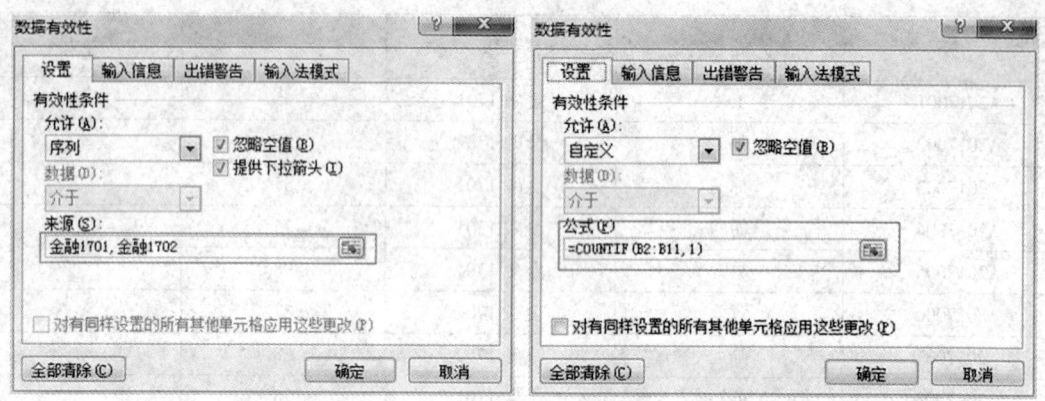

图 1-2 "数据有效性"对话框　　图 1-3 "数据有效性"对话框

(3) 自定义格式

输入产品编码、员工编号、银行卡号时,每一个编号中都有大量重复值,如果逐一输入,工作量大不说,而且容易出错。正可谓"干得越多,出错越多!"对于此类问题,我们的方法是:通过自定义格式,给重复值定义好,这样只需输入不一样的值即可。

操作方法:选中单元格(或区域),【开始】→【单元格】→【格式】→【设置单元格格式】,【数字】选项卡→【自定义】。

① 针对产品编码,前面"4010209"为重复值部分,自定义格式为:"4010209"000。后面的 3 个 "0",代表占位符。

输入 1 位数 "1",因为占位符为 3 个 "0",前面自动加 2 个 "0",显示为 "001",再加上前面的"4010209",单元格就显示值"4010209001"。

输入 2 位数 "12",前面自动加 1 个 "0",单元格显示值"4010209012"。

输入 3 位数 "123",单元格显示值"4010209123"。

② 产品型号格式设置及快速录入方法

产品型号与产品编码类似,都有大量重复值。所不同的是,产品编码统一都是 10 位,而产品编码不同,有的是 19 位,如"SRMM0-160/3300(16A)";有的是 20 位,如"SRMM0-160/3300(100A)"。

对于不固定长度的编码,可以启用占位符"#"。(输入什么就显示什么,不用补齐数据位)

针对产品编码,可自定义格式"SRMM0-160/3300('###'A)"。注意:这里的占位符放在中间。

输入 2 位数 "16",就显示为 "16",单元格显示值"SRMM0-160/3300(16A)"。

输入 3 位数 "100",就显示为 "100",单元格显示值"SRMM0-160/3300(100A)"。

(4) 数据的定义

在后续的时间序列数据处理过程中会用到大量的数据,为了使用函数进行计算,则需要对这些数据进行定义名称,数据定义一般有两种方式:

① 在名称框中直接输入名称后按回车键即可,选中要自定义名称的区域 B2:B11,在名称框内输入"姓名"按回车键,在名称管理器中可以看到,名称已经定义了。

② 使用【定义名称】功能按钮

选择区域后,单击菜单栏的【公式】→【定义名称】,在对话框中设置名称即可,这里设置的名称为"姓名",在名称管理器中可以看到已经定义成功了。

如果想删除定义的名称,则直接打开名称管理器进行删除。

如果我们只想删除学生的分数,可以通过以下方法操作。

利用 Ctrl 键选择不相邻单元格的方法,按住 Ctrl 键,选中所加粗部分的单元格,然后,单击【公式】→【定义名称】或者直接在文档左上角地址栏输入一个名称,这里我们输入"固定区域",按回车键,确认。

选中 D2:D11 区域,同样单击【公式】→【定义名称】或者直接在文档左上角地址栏输入一个名称,这里我们输入"删除区域",按回车键,确认。

在左上角地址栏直接单击刚才我们定义的"删除区域",就可以快速选中此区域,然后按 Del 键删除内容,再输入需要的新内容即可。

利用定义名称快速选中区域的方法,对于快速选中不相邻单元格内容是相当实用的。如果下次需要再次选择,只需要选择定义的名称即可。在我们做报表时,对每个月变动的区域操作,可以节省时间,减少不必要重复的工作量。

也可以一次性同时命名多个单元格。操作方法是:

选择批量单元格区域,单击【公式】→【定义的名称】→【根据所选内容创建】。

(5) 数据筛选

筛选有两种方式:一种是自动筛选;另一种是高级筛选。

1) 自动筛选

使用自动筛选功能,一次只能对工作表中的一个数据清单使用筛选命令,对同一列数据最多可以应用两个条件。操作步骤如下:

① 单击工作表中数据区域的任一单元格。

② 激活【数据】菜单,选择【筛选】命令项,再选取【自动筛选】命令,这时在每个字段上会出现一个筛选按钮。

③ 如果要求只显示含有特定值的数据行,可单击含有待显示数据的数据列上端的下拉箭头筛选按钮,然后选择所需的内容或分类。

④ 如果要使用基于另一列中数值的附加条件,可在另一列中重复步骤③。

【例 1-2】已知某证券公司的基本信息如表 1-3 所示,请对表数据进行数据筛选操作。

表 1-3　　　　　　　　　　　　某证券公司基本信息

姓名	部门	职务	工龄	学历
王一	市场营销部	科员	8	大专
张二	人事行政部	副经理	6	博士
林三	财务部	经理	5	博士
胡四	市场营销部	科员	9	大专
吴五	市场营销部	科员	2	大专

续表

姓名	部门	职务	工龄	学历
章六	人事行政部	经理	4	博士
陆七	物流运作部	经理	6	硕士
苏八	市场营销部	科员	5	大专
韩九	财务部	科员	4	本科
徐一	市场营销部	副经理	4	本科
项二	市场营销部	科员	6	大专
贾三	市场营销部	科员	3	大专
孙四	人事行政部	科员	8	大专
姚五	财务部	副经理	7	博士
周六	市场营销部	科员	7	大专
金七	物流运作部	科员	3	大专
赵八	人事行政部	科员	5	大专
许九	市场营销部	科员	4	大专

2）高级筛选

高级筛选操作如下：

① 先设置好筛选格式，如表1-4所示。

表1-4　　　　　　　　　　某证券公司基本信息

	A	B	C	D	E
1	姓名	部门	职务	工龄	学历
2					博士
3	姓名	部门	职务	工龄	学历
4	王一	市场营销部	科员	8	大专
5	张二	人事行政部	副经理	6	博士
6	林三	财务部	经理	5	博士
7	胡四	市场营销部	科员	9	大专
8	吴五	市场营销部	科员	2	大专
9	章六	人事行政部	经理	4	博士
10	陆七	物流运作部	经理	6	硕士
11	苏八	市场营销部	科员	5	大专
12	韩九	财务部	科员	4	本科

② 点击菜单栏的【数据】→【排序和筛选】→【高级】，弹出对话框，在列表区域输入要筛选的区域A3：E22，条件区域为要筛选的条件区域A1：E2。

③ 筛选结果如表1-5所示。把E2单元格内容删除，又可回到原来的状态，后面可以通过宏命令来实现这部分操作。

表1-5　　　　　　　　　　　某证券公司基本信息筛选结果

	A	B	C	D	E
1	姓名	部门	职务	工龄	学历
2					博士
3	姓名	部门	职务	工龄	学历
5	张二	人事行政部	副经理	6	博士
6	林三	财务部	经理	5	博士
9	章六	人事行政部	经理	4	博士
17	姚五	财务部	副经理	7	博士

二、Excel 公式和函数

1. 数学类函数

在金融和财务管理计算时，经常需要利用复利（或折现）因子将不同时段的现金流转换为未来价值（或现值）。给定连续复利 r，则一年的复利因子为 e^r，用 Excel 函数表示就是 exp（r），对应的年利率为 e^r-1。

表1-6是本书在练习中经常会用到的一些数学函数。

表1-6　　　　　　　　　　　数学类函数

序号	语法	含义
1	COMBIN（number, number_chosen）	返回给定数目的项目的组合数
2	Exp（number）	返回 e 的 n 次幂
3	FACT（number）	返回数的阶乘
4	LN（number）	返回数字的自然对数
5	LOG（number,［base］）	根据指定底数返回数字的对数
6	PI	数学常量 pi
7	RAND（）	0 至 1 之间的一个随机数
8	POWER（number, power）	返回数字乘幂的结果
9	SQRT（number）	返回正的平方根
10	SUM（number1, number2,…）	计算单元格区域内所有数据的和
11	SUMIF（range, criteria,［sum_range］）	是对满足某个特殊条件的数值进行求和
12	SUMPRODUCT（array1,［array2］,［array3］,…）	在给定的几组数组中，将数组间对应的元素相乘，并返回乘积之和
13	SUBTOTAL（function_num, ref1,［ref2］,…）	返回列表或数据库中的分类汇总

备注：SUBTOTAL 函数的作用，在自定的区域中按照功能代码的要求进行分类统计。

语法：=SUBTOTAL（功能代码，数值区域）。

常见的功能代码有：

代码分为 1—11 和 101—111。1—11：包含手动隐藏的值。101—111：不包含手动隐藏的值，即以可见单元格为统计对象。

SUBTOTAL 函数，不仅可以求和、计数，还可以计算最值等，如果能够熟练地掌握和应用，对于提高工作效率是分分钟的事情，尤其配合"筛选"和"隐藏"功能，更能体现其实用价值！

【例 1-3】已知某公司网上销售情况如表 1-7 所示，请根据以下数据，熟悉 SUM，SUMIF，SUMIFS，SUMPRODUCT，SUBTOTAL 这几个重要函数的基本用法。

表 1-7　　　　　　　　　　　某公司网上销售情况表

A	B	C	D	E
城市	商品	单价	销售量	销售金额
北京	水杯	12	99	
成都	衬衫	45	85	
上海	电脑	5000	79	
深圳	水杯	12	60	
北京	衬衫	45	9	
成都	饮料	10	107	
上海	电脑	5000	91	
深圳	衬衫	45	36	
北京	饮料	10	15	
成都	水杯	12	60	
上海	衬衫	45	69	
深圳	饮料	10	72	

操作步骤：

（1）定义名称。把区域 A2：A13 定义为"城市"，B2：B13 定义为"商品"，C2：C13 定义为"单价"，D2：D13 定义为"销售量"。

（2）设置数据的有效性。把 A17，A18，B18 三个单元格设置为数据有效性，详见上面有关操作。

（3）计算每一行的金额，在单元格 E2 输入公式"=C2＊D2"，E3：E13 可以直接通过双击单元格右下角进行填充。

（4）在单元格 D14 中输入数量求和公式"=SUM（D2：D13）"，在单元格 E14 输入总金额求和公式"=SUM（E2：E13）"。

（5）在单元格 E16 输入累乘求和公式"=SUMPRODUCT（C2：C13，D2：D13）"。

（6）在单元格 B17 输入条件计数公式＝"SUMPRODUCT［（城市＝"北京"）＊1］"，

即可计算出"北京"在"城市"中出现的次数。

（7）在单元格 C17 输入条件计数公式 = "SUMPRODUCT［（城市 = "北京"）* 单价 * 销售量］"，即可计算出"北京"的销售金额。

（8）在单元格 D17 输入数量求和公式"=SUMIF（城市，"北京"，D2：D13）"，即可计算出北京地区销售商品的销售量。

（9）在单元格 D18 输入数量求和公式"= SUMIFS（D2：D13，城市，A18，商品，B18）"，即可计算出上海地区电脑的销售量。可以选择不同的城市进行汇总。

（10）在单元格 E14 输入数量求和公式"= SUBTOTAL（109，E2：E13）"，即可根据筛选情况计算出销售金额。

具体结果如表 1-8 所示。

表 1-8　　　　　　　　　某公司网上销售情况表

	A	B	C	D	E
1	城市	商品	单价	销售量	销售金额
2	北京	水杯	12	99	1188
3	成都	衬衫	45	85	3825
4	上海	电脑	5000	79	395000
5	深圳	水杯	12	60	720
6	北京	衬衫	45	9	405
7	成都	饮料	10	107	1070
8	上海	电脑	5000	91	455000
9	深圳	衬衫	45	36	1620
10	北京	饮料	10	15	150
11	成都	水杯	12	60	720
12	上海	衬衫	45	69	3105
13	深圳	饮料	10	72	720
14	汇总			782	863523
15			条件汇总		
16	所有销售金额				863523
17	北京		3	123	
18	上海	电脑		170	

2. 统计类函数

统计函数分为数理统计函数和假设检验函数。在金融和财务管理计算中，我们会大量地用到以下表 1-9 列举的数组统计函数：

表 1-9　常用统计函数

序号	语　法	含　义
1	AVERAGE（number1，number2，…）	返回参数的算术平均值
2	AVERAGEIF（range，criteria，[average_range]）	返回某个区域内满足给定条件的所有单元格的算术平均值
3	GEOMEAN（number1，[number2]，…）	返回一组正数数据或正数数据区域的几何平均值
4	MEDIAN（number1，[number2]，…）	返回一组已知数字的中值
5	MODE（number1，[number2]，…）	返回的数组中出现频率最高
6	MAX（number1，[number2]，…）	返回一组值中的最大值
7	MIN（number1，[number2]，…）	返回一组值中的最小值
8	VAR（number1，[number2]，…）	计算基于给定样本的方差
9	STDEV（number1，[number2]，…）	根据样本估计标准偏差
10	CORREL（array1，array2）	返回两个单元格区域的相关系数
11	COVAR（array1，array2）	返回协方差
12	KURT（number1，[number2]，…）	返回一组数据的峰值
13	SKEW（number1，[number2]，…）	返回分布的偏斜度

以上函数可便于对数组进行描述性统计，对于模拟产生的各种财务和金融结果进行分析非常有用。需要指出的是，数组可以是 Excel 指定的数值区域，如 \$A\$1：\$A\$10 指的是 A1—A10 所有的单元格，也可以通过为某一系列数据定义一个变量，如需要定义 A1—A10 为变量 X，则可通过菜单【公式】→【定义名称】弹出的对话框里输入变量 X，引用位置处输入 \$A\$1：\$A\$10。

此外，我们不可避免地还要计算各种随机分布的概率值，譬如在期权计算中要用到标准正态分布的概率值计算。在 Excel 表格中，各类随机分布的概率值计算函数一般是以 DIST 结尾的，主要有如下几类（见表 1-10）：

表 1-10　概率函数

序号	语　法	含　义
1	BINOMDIST（number_s，trials，probability_s，cumulative）	
2	CHIDIST（x，自由度）	返回卡方分布的概率值
3	BETADIST（x，alpha，beta）	返回 Beta 分布的概率值
4	GAMMADIST（x，alpha，beta）	返回 Gamma 分布的概率值
5	NORMDIST（x，mean，standard_dev）	返回正态分布的概率值
6	EXPODIST（x，lambda）	返回指数分布的概率值
7	LOGNORMDIST（x，mean，standard_dev）	返回对数正态分布的概率值
8	POISSON（x，mean）	返回泊松分布的概率值
9	TDIST（x，degree_freedom，tails）	返回 t 分布的概率值

续表

序号	语法	含义
10	WEIBULL（x，alpha，beta，cumulative）	返回 Weibull 分布
11	CHITEST（actual_ range，expected_ range）	独立性检验值

以上这些概率函数的反函数一般可以将后缀 DIST 换成 INV 获得，其中参数 x 表示一组数据。

【例1-4】抛硬币的结果不是正面就是反面，抛硬币为正面的概率是 0.5，则抛硬币 20 次中有 6 次正面的概率为多少？20 次中有 0—20 次正面的概率为多少？

步骤一：按表 1-11 输入各信息变量和概率计算公式。

表 1-11

	A	B
1	独立实验次数	一次实验中成功概率
2	20	0.5
3	成功次数	概率
4	0	=BINOMDIST（A4，＄A＄2，＄B＄2，0）
5	1	…
6	2	…

步骤二：点击单元格 A4 向下填充到 20，然而将鼠标移动至 B4 单元格的右下角，待光标变为黑色十字后双击之，则后面的结果便会自动出现。选中 A4：B24，点击【插入】→【图表】栏的【散点图】，得出图 1-4 右边的分布图。

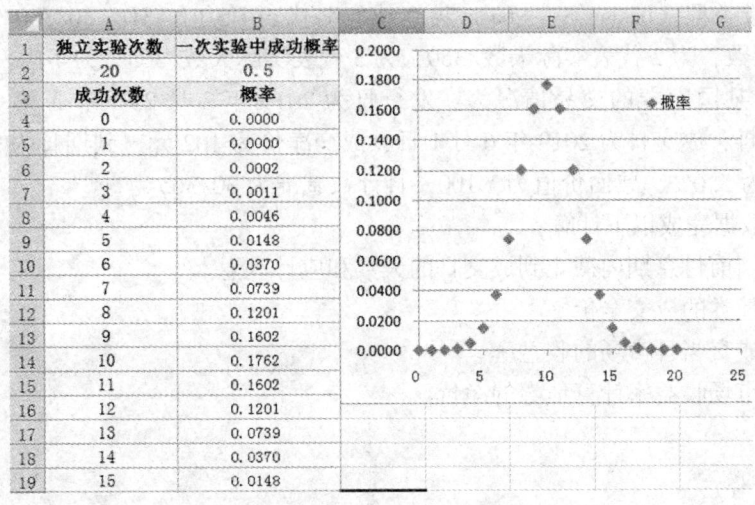

图 1-4　二项式概率分布图

3. 财务类函数

像统计函数一样，在 Excel 中还提供了许多财务函数。财务函数可以进行一般的财务计算，如确定贷款的支付额、投资的未来值或净现值，以及债券或息票的价值。这些财务函数大体上可分为四类：投资计算函数、折旧计算函数、偿还率计算函数、债券及其他金融函数。它们为金融及财务分析提供了极大的便利。在下文中，凡是投资的金额都以负数形式表示，收益以正数形式表示。在介绍具体的财务函数之前，我们首先来了解一下财务函数中常见的参数：

未来值（fv）——在所有付款发生后的投资或贷款的价值。

期间数（nper）——为总投资（或贷款）期，即该项投资（或贷款）的付款期总数。

付款（pmt）——对于一项投资或贷款的定期支付数额。其数值在整个年金期间保持不变。通常 pmt 包括本金和利息，但不包括其他费用及税款。

现值（pv）——在投资期初的投资或贷款的价值。例如，贷款的现值为所借入的本金数额。

利率（rate）——投资或贷款的利率或贴现率或有价证券的票面利率。

息票利率（coupon）——为有价证券的年息票利率。

年收益率（yld）——为有价证券的年收益率。

票面价值（par）——为有价证券的票面价值。

付息次数（frequency）——为有价证券的年付息次数。如果按年支付，frequency = 1；如果按半年支付，frequency = 2；如果按季支付，frequency = 4。

发行日（issue）——为有价证券的发行日。

起息日（first_ interest）——为有价证券的起息日。

成交日（settlement）——为有价证券的成交日，即在发行日之后，有价证券卖给购买者的日期。

到日期（maturity）——为有价证券的到日期，到期日是有价证券有效期截止时的日期。

类型（type）——付款期间内进行支付的间隔，如在月初或月末，用 0 或 1 表示。

日计数基准类型（basis）——basis 为 0 或省略代表 US（NASD）30/360，为 1 代表实际天数/实际天数，为 2 代表实际天数/360，为 3 代表实际天数/365，为 4 代表欧洲 30/360。

【例 1–5】某国库券的交易情况为：发行日为 2019 年 2 月 28 日，A 第一次付息日为 2020 年 3 月 1 日，成交日为 2019 年 6 月 1 日，成交净价为 102 元，到期日为 2024 年 3 月 1 日，息票利率为 5.0%，票面价值为 ¥100，日计数基准为 30/365。

根据以上数据完成以下计算：

（1）计算当前付息期内截止到成交日的天数和应计利息。

（2）计算债券的成交全价。

（3）计算成交当日市场的收益率。

（4）已知市场收益率计算债券的净价。

解答：

应计利息函数：

ACCRINT（issue, first_ interest, settlement, rate, par, frequency, basis, calc_ method）

应计利息天数：

COUPDAYBS（settlement，maturity，frequency，basis）

市场收益率：

YIELD（settlement，maturity，rate，pr，redemption，frequency，basis）

返回定期付息的面值 100 的有价证券的净价：

PRICE（settlement，maturity，rate，yld，redemption，frequency，basis）

第一步：在下列单元格中输入相关信息和参数，如表 1-12 所示。

表 1-12　　　　　　　　　　　　财务函数常见参数

	A	B	C	D	E	F
1	财务函数常见参数					
2	票面价值	100	票面利率	5%	付息次数	1
3	类型	0	日计数基准	1	成交价	102
4	发行日	起息日	成交日	第一次结息日	第二次结算日	到期日
5	2019/2/28	2019/3/1	2019/6/1	2020/3/1	2021/3/1	2024/3/1
6	计算参数					
7	计息天数		应计利息		全价	
8	市场利率		净现值			

第二步：在以下单元格中输入相关计算公式，具体如表 1-13 所示。

表 1-13　　　　　　　　　　　　相关公式

含义	单元格	公式
应计利息	D7	=ACCRINT（A5，D5，C5，D2，B2，F2，D3，B3）
已计息天数	B7	=COUPDAYBS（C5，D5，F2，D3）
全价	F7	=D7+F3
市场利率	B8	=YIELD（C5，F5，D2，F7，B2，F2，D3）
净价下债券现价	D8	=PRICE（C5，F5，D2，B8，B2，F2，D3）

第三步：计算结果，如表 1-14 所示。

表 1-14　　　　　　　　　　　　计算参数

	A	B	C	D	E	F
6	计算参数					
7	应计利息天数	360	应计利息	1.271	全价	103.271
8	市场利率	4.22%	净现值	102		

4. 本书用到的其他函数

本书用到的其他函数主要有逻辑函数、查找函数、引用函数、日期与时间函数，有关函数的语法和含义如表1-15所示。

表 1-15　　　　　　　　　　　　　　　其他函数

函数类型	函数语法	含义
逻辑函数	IF（logical_test，value_if_true，value_if_false）	根据指定的条件来判断其"真"（TRUE）、"假"（FALSE），根据逻辑计算的真假值，从而返回相应的内容
	AND（logical1，[logical2]，…）	用于确定测试中的所有条件是否均为TRUE
	OR（logical1，[logical2]，…）	
查找函数	INDEX（array，row_num，[column_num]）	
	MATCH（lookup_value，lookup_array，[match_type]）	
	LOOKUP（lookup_value，lookup_vector，[result_vector]）	查询一行或一列并查找另一行或列中的相同位置的值
引用函数	OFFSET（reference，rows，cols，[height]，[width]）	返回对单元格或单元格区域中指定行数和列数的区域的引用
	ROW（[reference]）	返回引用的行号
	COLUMN（[reference]）	返回给定单元格引用的列号
日期与时间函数	YEAR（serial_number）	
	MONTH（serial_number）	
	DATE（year，month，day）	

因为一些数据源关系，有时我们写出的公式会出现Excel公式计算错误。当除数为0或者空，都会产出DIV/0错误，可以通过输入"=IFERROR（公式," "）"来消除。

补充说明：

VLOOKUP（lookup_value，table_array，col_index_num，range_lookup）

第一参数lookup_value代表的是需要查询的值；第二参数table_array代表的是你需要查询的数据区域；第三参数col_index_num代表你要查询的数据在查询值右边的第几列；第四参数range_lookup如果填0代表精确查找，1代表模糊查找。

=VLOOKUP（C14&D14，IF（{1，0}，C2：C7&D2：D7，姓名），2，0）

VLOOKUP函数进行多条件查询的时候，需要用到&符号和if函数搭配使用；第一参数用&符号就是将日期和单号连接组成一个统一的条件值，if函数的作用在于对VLOOKUP函数的第二个参数进行重组，形成新的数据查询区域。因为数据区域是数组形式，所以需要用Ctrl+Shift+Enter填充。

【例1-6】已知某公司人事部门的工资情况，如表1-16所示，请根据表中数据练习查询函数。

表1-16　　　　　　　　　　某公司人事部门工资情况

A	B	C	D	E	F
编号	姓名	部门	基本工资	业绩工资	应发工资
A001	张小凡	综合部	1000	300	
A002	吴刚	财务部	1200	500	
A003	李晓峰	经理室	2300	100	
A004	孟非	综合部	1800	300	
A005	张雨飞	财务部	1200	200	
A006	赵四姐	经理室	3000	600	

答案：

(1) 先把"A2：A7"通过【公式】→【定义名称】定义为"姓名"。
(2) 设置B10单元格通过【数据】→【数据有效性】设置为"姓名"。
(3) 在D10单元格输入查询公式"=VLOOKUP（B10，B2：D7，3）"。
(4) 通过MATCH来查询吴刚所在的行号，在D11单元格输入公式"=MATCH（B11，B2：B7，0）"。
(5) 通过INDEX函数把数值转换为我们所需要查询的对象，名称为"姓名"的区域中第5行的对象。

在B12单元格输入公式"=INDEX（B2：B7，6）"。

结果如表1-17所示。

表1-17

	A	B	C	D	E
8			查询		
9	编号	姓名	部门	基本工资	业绩工资
10		吴刚		1500	
11		张雨飞		5	
12		赵四姐			

三、利用Excel进行矩阵运算

Excel中还有一些函数可以进行矩阵转置TRANSPOSE（array）、矩阵相乘MMULT（array1，array2）、求矩阵的逆MINVERSE（array）或矩阵的值MDETERN（array），这些函数将在后面的线性规划、统计分析、计量分析以及投资组合等实验中要用到。

【例1-7】求矩阵A与矩阵B的乘积。求矩阵A的行列式值，A的逆，A的转置，A的特征值和特征根。

（1）矩阵 A 与矩阵 B 的乘积计算过程

步骤一：打开 Excel，将需要相乘的两个矩阵 A、B 数据全部写在 Excel 表格中，在 B1：D3 区域写 A 矩阵，B5：D7 区域写 B 矩阵，具体数据如表 1-18 所示。

表 1-18　　　　　　　　　　　　　　矩阵运算

	A	B	C	D
1		5	-2	0
2	矩阵 A	-2	3	-1
3		0	-1	1
4				
5		2	-1	3
6	矩阵 B	1	2	1
7		2	4	2
8				
9				
10	矩阵 G			
11				

步骤二：选中 B1：D3 区域点击【公式】→【定义名称】在弹出的对话框中"名称"中填入 A，同理，选中 B5：D7 区域，定义 B。

步骤三：选中一个区域 B9：D11，然后在输入框输入"=MMULT（A，B）"，同时按下 Ctrl+Shift+Enter 组合键确定，结果如表 1-19 中的单元格 B9：D11 所示的数据。

表 1-19　　　　　　　　　　　　　　矩阵运算

	A	B	C	D
1		5	-2	0
2	矩阵 A	-2	3	-1
3		0	-1	1
4				
5		2	-1	3
6	矩阵 B	1	2	1
7		2	4	2
8				
9		8	-9	13
10	矩阵 G	-3	4	-5
11		1	2	1

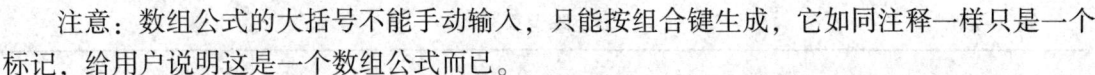

注意：数组公式的大括号不能手动输入，只能按组合键生成，它如同注释一样只是一个标记，给用户说明这是一个数组公式而已。

（2）矩阵 A 的行列式值及逆、转置的计算过程

步骤一：在 Excel 的单元格 G2 中，输入"=MDETERM（A）"，按回车键即得到结果为 6。

步骤二：选中 F5：H7 区域，在输入框输入"=MINVERSE（A）"，同时按下 Ctrl+Shift+Enter 组合键确定，得出结果如表 1-20 中的单元格 F5：H7 所示。

步骤三：选中 F9：H11 区域，在输入框输入"=TRANSPOSE（A）"，同时按下 Ctrl+Shift+Enter 组合键确定，得出结果如表 1-20 中的单元格 F9：H11 所示。

表 1-20　　　　　　　　　　　　　　矩阵运算

	F	G	H
1	含义	计算结果	备注
2	求行列式的值	6	=MDETERM（A）
3			
4		矩阵 A 的逆=MINVERSE（A）	
5	1/3	1/3	1/3
6	1/3	5/6	5/6
7	1/3	5/6	1 5/6
8		矩阵 A 的转置=TRANSPOSE（A）	
9	5	−2	0
10	−2	3	−1
11	0	−1	1

（3）矩阵 A 的特征值和特征根的计算过程

根据公式 $|\lambda E-A|=0$ 求解矩阵 A 特征值 λ。

$(A-\lambda E)x=0$

① 求特征值

第一步：定义矩阵。打开一个 Excel 工作表 1-6（2），将矩阵 A 输入 B1：D3 区域中，并定义为 A，将单位矩阵 E 输入 B5：D7 区域中，并定义为 E。

第二步：计算行列式值。分别在 C9 单元格中输入行列式计算公式："=MDETERM（A-B9*E）"，把鼠标移到单元格右下方，当鼠标变成黑十字星时，通过双击鼠标右键进行填充，结果如表 1-21 中的单元格 C9：C20。

表 1-21　　　　　　　　　　　矩阵运算

	A	B	C	D
1	矩阵 A	5	−2	0
2		−2	3	−1
3		0	−1	1
4				
5	矩阵 E	1	0	0
6		0	1	0
7		0	0	1
8		λ	行列式值	备注
9	特征值的求解	0	6	=MDETERM（A−B9*E）
10		0.5	−0.875	=MDETERM（A−B10*E）
11		1	−4	=MDETERM（A−B11*E）
12		1.5	−4.125	=MDETERM（A−B12*E）
13		2	−2	=MDETERM（A−B13*E）
14		2.5	1.625	=MDETERM（A−B14*E）
15		3	6	=MDETERM（A−B15*E）
16		3.5	10.375	=MDETERM（A−B16*E）
17		4	14	=MDETERM（A−B17*E）
18		5	16	=MDETERM（A−B18*E）
19		6	6	=MDETERM（A−B19*E）
20		7	−22	=MDETERM（A−B20*E）

第三步：画出特征值的分布图。用鼠标选中数据区域 B9：C20，在菜单栏选中【插入】→【图表】→【散点图】→【带平滑点的散点图】，结果如图 1-5 所示。从图中可以看出，三个特征值分别在（0，1）、（2，3）、（6，7）这 3 个区间之间。

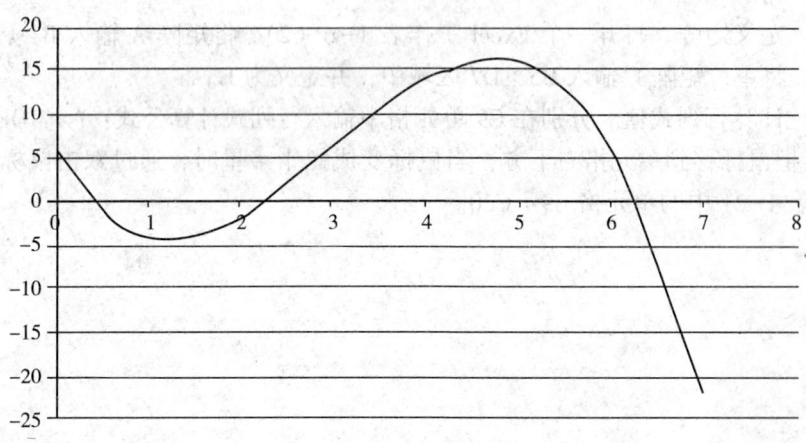

图 1-5　特征值的分布

第四步：计算特征值。分别在单元格 H3：H5 中，输入公式"=MDETERM（A-G3*E）""=MDETERM（A-G4*E）""=MDETERM（A-G5*E）"，在可变单元格 G3：G5 中分别输入初始数据 0.5、2、6，结果如表 1-22 所示。

表 1-22　　　　　　　　　　　　特征值计算

	F	G	H
1		特征值求解	
2	符号	可变单元	目标值
3	λ1	0.5	=MDETERM（A-G3*E）
4	λ2	2	=MDETERM（A-G4*E）
5	λ3	6	=MDETERM（A-G5*E）

第五步：求特征值。【数据】→【数据工具】→【模拟分析】→【单变量求解】打开"单变量求解"对话框。在"目标单元格"中键入"H3"，在"目标值"中键入"0"，在"可变单元格"中键入"G3"，按【确定】按钮，则 G3 中返回值为 0.4157。同理，分别将另外两个近似值分别输入到 H4、H5 单元格中，用"单变量求解"工具，求得全部 3 个近似解如下：0.4158、2.2943、6.2899。具体数据如表 1-23 所示。

表 1-23　　　　　　　　　　　　特征值求解

	F	G	H
1		特征值求解	
2	符号	可变单元	目标值
3	λ1	0.4158	0
4	λ2	2.2943	0
5	λ3	6.2899	0

第六步：在单元格 J3 制作一个组合框控件，【开发工具】→【插入】→【组合框控件】，在弹出的对话框数据源区域输入"$G$3:$G$5"，单元格链接区域输入"$J$4"，在单元格 I3 中输入公式"=INDEX（G3:G5,J4）"，结果如表 1-24 所示。

表 1-24　　　　　　　　　　　　特征值求解

	F	G	H	I	J
1		特征值求解			
2	符号	可变单元	目标值	索引值	备注
3	λ1	0.4158	0	0.4158	0.4158 ▼
4	λ2	2.2943	0		1
5	λ3	6.2899	0		

② 求特征根

第一步：计算 A-λE 矩阵值。选中单元格 G7：I9，在输入栏输入"=A-I3*E"，同时按下 Ctrl+Shift+Enter 组合键确定，得出结果如表 1-25 中的单元格 G7：I9 所示。

第二步：对矩阵的列值进行汇总。分别在单元格 G10：I10 中输入"=SUM（G8：G10）"，"=SUM（H8：H10）""=SUM（I8：I10）"，结果分别如表 1-25 的单元格 G10：I10 所示。

表 1-25　　　　　　　　　　　特征根求解

	F	G	H	I	J
1			特征值求解		
2	符号	可变单元	目标值	索引值	备注
3	λ1	0.4158	0	0.4158	
4	λ2	2.2943	0		1
5	λ3	6.2899	0		
6			矩阵 A 减去 λE 后的值		汇总
7		4.58	-2	0	2.58
8	A-λE	-2	2.58	-1	-0.42
9		0	-1	0.58	-0.42
10	汇总	2.58	-0.42	-0.42	1.75

第三步：对 A-λE 矩阵进行标准化。分别在单元格 G13：I15 中输入标准化公式，在 J13：J15 中输入特征根求解公式，具体如表 1-26 所示。

表 1-26　　　　　　　　　　　对矩阵进行标准化

	F	G	H	I	J
12			标准化		特征根
13	特征值	=G8/G$11	=H8/H$11	=I8/I$11	=SUM（G13：I13）/3
14	=I3	=G9/G$11	=H9/H$11	=I9/I$11	=SUM（G14：I14）/3
15		=G10/G$11	=H10/H$11	=I10/I$11	=SUM（G15：I15）/3

第四步：当特征 λ=0.4158 值的计算结果如表 1-27 所示。

表 1-27　　　　　　　　　　　　特征根 I

	F	G	H	I	J
1		特征值求解			
2	符号	可变单元	目标值	索引值	备注
3	λ1	0.4158	0	2.294	0.4158
4	λ2	2.2943	0		1
5	λ3	6.2899	0		
6		矩阵 A 减去 λE 后的值			汇总
7		2.71	-2	0	0.71
8	$A-\lambda E$	-2	0.71	-1	-2.29
9		0	-1	-1.29	-2.29
10	汇总	0.71	-2.29	0.71	-3.88
11					
12		标准化			特征根
13	特征值 0.4158	3.83	0.87	0.00	1.57
14		-2.83	-0.31	-1.42	-1.52
15		0.00	0.44	-1.83	-0.47

第五步：重新选择 J3 单元格的组合框，当特征值 λ=2.2943 的计算结果如表 1-28 所示。

表 1-28　　　　　　　　　　　　特征根 II

	F	G	H	I	J
1		特征值求解			
2	符号	可变单元	目标值	索引值	备注
3	λ1	0.4158	0	2.2943	2.2943
4	λ2	2.2943	0		2
5	λ3	6.2899	0		
6		矩阵 A 减去 λE 后的值			汇总
7		2.71	-2	0	0.71
8	$A-\lambda E$	-2	0.71	-1	-2.29
9		0	-1	-1.29	-2.29
10	汇总	0.71	-2.29	0.71	-3.88
11					
12		标准化			特征根
13	特征值 2.2943	3.83	0.87	0.00	1.57
14		-2.83	-0.31	-1.42	-1.52
15		0.00	0.44	-1.83	-0.47

第六步：重新选择 J3 单元格的组合框，当特征值 $\lambda=6.290$ 的计算结果如表 1-29 所示。

表 1-29　　　　　　　　　　　　特征根 Ⅲ

	F	G	H	I	J
1		特征值求解			
2	符号	可变单元	目标值	索引值	备注
3	λ1	0.4158	0	6.290	6.2899
4	λ2	2.2943	0		3
5	λ3	6.2899	0		
6			矩阵 A 减去 λE 后的值		汇总
7		−1.29	−2	0	−3.29
8	A−λE	−2	−3.29	−1	−6.29
9		0	−1	−5.29	−6.29
10	汇总	−3.29	−6.29	−3.29	−15.87
11					
12			标准化		特征根
13	特征值 6.290	0.39	0.32	0.00	0.24
14		0.61	0.52	0.30	0.48
15		0.00	0.16	1.61	0.59

四、Excel 主要工具和方法

Excel 提供了非常实用的数据分析工具，如模拟运算表、统计分析工具、工程分析工具、规划求解工具、方案管理器等，利用这些分析工具，可解决金融和财务管理中的许多问题。金融与财务管理中常用的一些数据分析工具。

1. 模拟运算表

模拟运算表（Data Tables）可以执行单元格公式一系列的重复计算，而不用拷贝或重新输入公式。模拟运算表就是将工作表中的一个单元格区域的数据进行模拟计算，测试使用一个或两个变量对运算结果的影响。在 Excel 表格中，可以构造两种模拟运算表：单变量模拟运算表和双变量模拟运算表。

（1）单变量模拟运算表

单变量模拟运算表就是基于一个输入变量，用它来测试对公式计算结果的影响。

【例 1-8】企业向银行贷款 500000 元，期限 10 年，还款时间在每个月的月末，则可以使用"模拟运算表"工具来测试不同的利率对月还款额的影响，步骤如下：

第一步：设计模拟运算表结构，贷款总额为 500000 元，还款时间为 5 年。

表 1-30　　　　　　　　　　　　　　　模拟运算表结构

	A	B	C	D
1	贷款金额	500000	贷款年限	10
2	年利息	5.00%	未来值	0
3	贷款利率	月支付额	本金	利息
4		=PMT（）	=PPMT（）	=IPMT（）
5	3.00%			
6	4.00%			
7	5.00%			
8	6.00%			
9	7.00%			
10	8.00%			
11	9.00%			
12	10.00%			

第二步：在单元格 B4 中输入等额还款公式"=-PMT（A5/12，D1*12，B1，D2）"。

第三步：选取包括公式和需要进行模拟运算的单元格区域 A5：B12，单击【数据】菜单，选择【模拟分析】项，弹出"数据表"对话框，由于本例中引用的是列数据，故在"输入引用列的单元格"中输入"＄A＄5"。

第四步：单击【确定】按钮，即得到单变量模拟运算表，如表 1-31 所示。

第五步：计算第一个月支付额中含有多少本金。在单元格 C4 输入公式"=-PPMT（A5/12，1，D1*12，B1，D2）"。

表 1-31　　　　　　　　　　　　　　　单变量模拟运算表

	A	B	C	D
1	贷款金额	500000	贷款年限	10
2	年利息	5.00%	未来值	0
3	贷款利率	月支付额	本金	利息
4		=-PMT（）	=-PPMT（）	=-IPMT（）
5	3.00%	4828.04	3578.04	1250.00
6	4.00%	5062.26		
7	5.00%	5303.28		
8	6.00%	5551.03		
9	7.00%	5805.42		
10	8.00%	6066.38		
11	9.00%	6333.79		
12	10.00%	6607.54		

第六步：计算第一个月支付额中含有多少利息。在单元格 D4 输入公式 "=-IPMT（A5/12，1，D1*12，B1，D2）"。

（2）双变量模拟运算表

双变量模拟运算表就是考虑两个变量的变化对公式计算结果的影响，在财务管理中应用最多的是长期借款双变量分析模型。

【例1-9】某员工向银行贷款 500000 元，期限 10 年，还款时间在每个月的月末，则可以使用"模拟运算表"工具来测试不同利率、不同还款期限两种因素对月还款额的影响。

步骤如下：

第一步：输入相关基础数据并设计模拟运算表结构，贷款总额为 500000 元，还款时间为 10 年，贷款利率为 3%，如表 1-32 所示。

在单元格 A2 中输入每月还款额计算公式 "=-PMT（H1/F1，D1*F1，B1，0）"，计算结果是每月还款额为 4828.04 元。

表 1-32　　　　　　　　　　设计模拟运算表结构

	A	B	C	D	E	F	G	H
1	贷款总额	500000	时间	10	还款周期	12	贷款利率	3.00%
2	-4828.04	5	10	15	20	25	30	40
3	3.00%							
4	3.50%							
5	4.00%							
6	4.50%							
7	5.00%							
8	5.50%							
9	6.00%							
10	6.50%							
11	7.00%							
12	7.50%							
13	8.00%							
14	8.50%							
15	9.00%							
16	9.50%							
17	10.00%							

第二步：选取包括公式和需要进行模拟运算的单元格区域 A2：H17。单击【数据】菜单，选择【模拟分析】项，弹出"模拟运算表"对话框，在"输入引用行的单元格"中输入 "$D$1"，表示还款时间作为一个因素变量，在"输入引用列的单元格"中输入 "$H$1"，表示还款利率作为另外一个因素变量。

第三步：单击【确定】按钮，即得到双变量模拟运算表结果，如表 1-33 所示。

表 1-33　　　　　　　　　　双变量模拟运算表

	A	B	C	D	E	F	G	H
1	贷款总额	500000	时间	10	还款周期	12	贷款利率	3.00%
2	4828.04	5	10	15	20	25	30	40
3	3.00%	8984.35	4828.04	3452.91	2772.99	2371.06	2108.02	1789.92
4	3.50%	9095.87	4944.29	3574.41	2899.80	2503.12	2245.22	1936.95
5	4.00%	9208.26	5062.26	3698.44	3029.90	2639.18	2387.08	2089.69
6	4.50%	9321.51	5181.92	3824.97	3163.25	2779.16	2533.43	2247.81
7	5.00%	9435.62	5303.28	3953.97	3299.78	2922.95	2684.11	2410.98
8	5.50%	9550.58	5426.31	4085.42	3439.44	3070.44	2838.95	2578.85
9	6.00%	9666.40	5551.03	4219.28	3582.16	3221.51	2997.75	2751.07
10	6.50%	9783.07	5677.40	4355.54	3727.87	3376.04	3160.34	2927.28
11	7.00%	9900.60	5805.42	4494.14	3876.49	3533.90	3326.51	3107.16
12	7.50%	10018.97	5935.09	4635.06	4027.97	3694.96	3496.07	3290.35
13	8.00%	10138.20	6066.38	4778.26	4182.20	3859.08	3668.82	3476.56
14	8.50%	10258.27	6199.28	4923.70	4339.12	4026.14	3844.57	3665.47
15	9.00%	10379.18	6333.79	5071.33	4498.63	4195.98	4023.11	3856.81
16	9.50%	10500.93	6469.88	5221.12	4660.66	4368.48	4204.27	4050.31
17	10.00%	10623.52	6607.54	5373.03	4825.11	4543.50	4387.86	4245.73

（3）单变量求解

单变量求解就是求解只有一个变量的方程的根，方程可以是线性方程，也可以是非线性方程。单变量求解工具可以解决许多金融和财务管理中涉及一个变量的求解问题，如求债券的市场收益率。

【例1-10】某债券的票面价值为1000元，息票率为5%，期限为4年，现以950元的发行价向社会公开发行，求该债券的到期收益率。

解答：

第一步：在 Excel 表格中输入该债券每一时间的现金流，现金流入为正，流出为负，先假定贴现率为5%，如表1-34所示。

表 1-34　　　　　　　　　　单变量求解

	A	B	C	D	E	F
1	时间	0	1	2	3	4
2	现金流	-950	50	50	50	1050
3	现金流贴现					
4	贴现率	5%				

第二步：在 B3 单元格输入公式"=SUM（C3：F3）"，在 C3 单元格输入公式"=C2/（1+$B$4）^C1"，然后选中 C3 单元格，鼠标移到单元格最下角，当鼠标变为黑色十字时，按下鼠标左键，往右移动到 F3 单元格进行填充。也可以分别在 D3、E3、F3 单元格输入贴现公式，结果如表 1-35 所示。

表 1-35　　　　　　　　　　　单变量求解

	A	B	C	D	E	F
1	时间	0	1	2	3	4
2	现金流	-950	50	50	50	1050
3	现金流贴现	1000.00	47.62	45.35	43.19	863.84
4	贴现率	5%				

第三步：点击菜单的【数据】→【数据工具】→【假设分析】→【单变量求解】，在弹出的对话框中输入相关变量和数据，具体如图 1-6 所示。

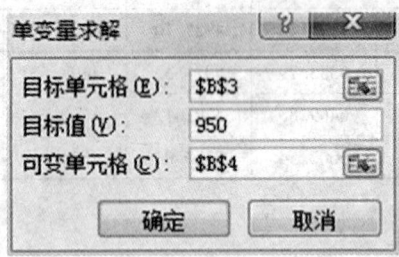

图 1-6　"单变量求解"对话框

第四步：点击【确定】按钮，得到表 1-36 所示结果，所求解的债券到期收益为 6.46%。

表 1-36　　　　　　　　　　　单变量求解

	A	B	C	D	E	F
1	时间	0	1	2	3	4
2	现金流	-950	50	50	50	1050
3	现金流贴现	950.00	46.97	44.12	41.44	817.47
4	贴现率	6.46%				

2. 开发工具

Excel 控件是放置于窗体上的一些图形对象，可用来显示或输入数据、执行操作或使窗体更易于阅读。这些对象包括文本框、列表框、选项按钮、命令按钮及其他一些对象。控件提供给用户一些可供选择的选项，或是某些按钮，单击后可运行宏程序。

(1) Excel 控件之窗体控件介绍

Excel 控件，其中，"窗体"有 16 个命令按钮，依次为标签、编辑框、分组框、按钮、复选框、选项按钮、列表框、组合框、组合式列表编辑框、组合式下拉编辑框、滚动条、微调项、控件属性、编辑代码、切换网格、执行对话框。如图 1-7 所示。

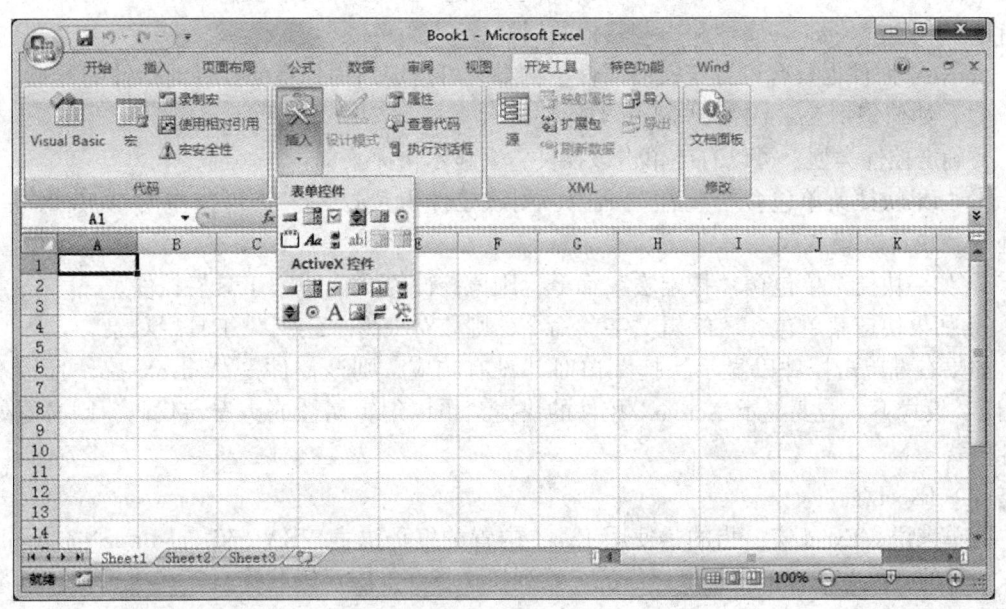

图 1-7 插入控件

以【数值调节钮】为例，介绍它在两种控件的制作方法。

单击窗体控件中的【数值调节钮】控件，然后在表格上拖动一个区域（区域大小决定控件的大小）。

插入好控件后，对控件的属性进行设置，右键单击【控件】，单击【设置控件格式】，在弹出的【设置控件格式】对话框中选择【控制】选项卡。

【当前值】：是控件当前的赋值，可以不去管它，它随着控件的变化而变化，不是固定的值。

【最小值】：如果我们需要用控件调整一年中月份的变化，最小值可设定为 1。

【最大值】：比如需要用控件调整一年中月份的变化，最大值可设定为 12。

【步长】：步长是指每次单击按钮值的增加或减少的幅度，月份的变化步长可设定为 1。

【单元格链接】：这个设置决定控件在表格中的赋值对象，也就是单击控件时希望哪个单元格随着变化。

【三维阴影】：如果希望控件具有立体阴影效果，可以勾选【三维阴影】前的复选框。

控制属性设置好后，单击【确定】按钮完成。

(2) Excel 控件之 ActiveX 控件

ActiveX 控件，比窗体工具条中的控件更灵活，是 VBE 中用户窗体控件的子集，在 Excel 工作表中和 VBE 编辑器中都是可用的，尤其在要对使用控件时发生的不同事件进行控制时。我们能捕获这些控件的事件，这也是其灵活的主要原因。这些事件可能是单击、双击、变化（如对组合框控件项目进行新的选择），用户能离开这个控件并转移焦点到另一个控件或返回到 Excel 界面，等等。

ActiveX 控件也有一个长的属性列表，如字体（Font）、标题（Caption）、名称（Name）、单元格链接（Linked Cell）、高度（Height）等。这些属性取决于控件的类型，但所有控件都有诸如名称（Name）属性和一些其他的属性。

ActiveX 控件也具有可自定义的属性。例如，可指定当用户指向控件时指针的外观。

(3) 如何识别 Excel 控件属于哪类控件

要确定控件类型，可以右键单击该控件，会显示快捷菜单：

① 如果快捷菜单包含"属性"命令，则该控件为"控件工具箱"中的 ActiveX 控件，且处于"设计"模式。

② 如果快捷菜单包含"指定宏"命令，则该控件为"窗体"工具栏控件。

③ 如果快捷菜单包含"编辑文字"命令，则该对象为"绘图"工具栏对象。

如果右键单击控件以显示快捷菜单时却没有响应，则该控件是 ActiveX 控件且您不在"设计"模式下。若要显示 ActiveX 控件的快捷菜单以编辑属性或查看宏代码，则必须处于设计模式。

(4) Excel 宏

简单来说，Excel 宏，指的是使用 Excel 内置的编程语言 VBA（Visual Basic for Applications）写的，能在 Excel 环境里运行的一系列操作指令。宏可以帮你自动完成重复、批量的任务。录制宏不需要其他技术，你只需把任务"演示"给 Excel 即可。它就是一个自动化完成重复工作的工具。

操作步骤：

第一步：在功能区任意一区域点击右键，弹出的菜单中选择【自定义功能区】。

第二步：在右侧选项卡列表中，找到【开发工具】并勾选。

第三步：点击确定，这时在功能区可以看到【开发工具】了。

第四步：设置宏安全性。在默认情况下，为防止来源不明的工作簿自带宏自动运行，Excel 会禁用宏的运行。为了运行自己录制的宏，按如下步骤设置宏安全性。先点击"开发工具"选项卡里【宏安全性】命令，在弹出的设置菜单中，按如下方式设置。

第五步：工作簿设置正确的文件类型。Excel 2007 及以后的版本中，工作簿中想要保存和运行宏，必须将其另存为【启用宏的工作簿】文件类型。点击【文件】命令，菜单中选择【另存为】，在弹出的【另存为】菜单中，保存类型列表中选择【Excel 启用宏的工作簿】，点击保存。

第六步：录制，设置要操作工作表的基本格式。

① 在【开发工具】选项卡→【代码】命令组中，点击【录制宏】按钮。

② 在弹出的对话框中，输入宏名"设置格式"，指定快捷键 CTRL+SHIFT+M，选择保存在【当前工作簿】，填写说明。点击【确定】开始录制。

③ 选中单元格区域最左上全选框，设置字体为宋体，字号为 12，行高为 18，列宽为 12，线条颜色为绿色。

④ 点击功能区【停止录制】按钮，停止录制。

⑤ 运行录制的宏。点击功能区【宏】按钮,弹出"宏"对话框,在"宏名(M)"菜单下选择需要运行的宏,点击右侧【执行】。

⑥ 管理已录制的宏。对已经录制的宏,使用宏管理菜单,对其进行编辑、删除、执行等操作。点击【开发工具】选项卡→【宏】命令,即可打开"宏"管理菜单。

3. 加载工具

(1) 规划求解

规划求解是 Excel 的一个非常有用的工具,不仅可以解决运筹学、线性规划等问题,还可以用来求解线性方程组及非线性方程组。

"规划求解"是 Excel 的一个可选安装模块,在安装 Microsoft Excel 时,如果采用"典型安装",则"规划求解"工具没有被安装,只有在选择"完全/定制安装"时才可选择安装这个模块。(删除了重复段落)

在 Excel 的主菜单中点击【文件】→【选项】→【加载项】→【转到】,在"加载宏"对话框中选择【规划求解】和【分析工具库】。点击【确定】后,在工具菜单中将增加"规划求解"选项。注:不同版本会存在一些差异。这部分内容将在第 3 章详细介绍。

(2) 数据分析工具库

Excel 提供了一组数据分析工具,称为"分析工具库"。它包括方差分析、相关系数分析、协方差分析、描述统计分析、指数平滑分析、F-检验、傅里叶分析、直方图分析、移动平均分析、随机数发生器、排位与百分比排位、回归分析、抽样分析、t-检验、z-检验等,利用这些数据分析工具,可为金融与财务分析工作提供很大帮助,解决许多实际问题,如财务预测问题、金融风险分析等。有关数据分析工具库在金融与财务管理中的应用,在后面的第 2 章节中详细予以介绍。

(3) Wind Excel 数据插件

万得信息技术股份有限公司(以下简称 Wind)是中国大陆领先的金融数据、信息和软件服务企业,总部位于上海陆家嘴金融中心。Wind 的客户包括中国绝大多数的证券公司、基金管理公司、保险公司、银行和投资公司等国内金融企业,和已经被中国证监会批准的合格境外机构投资者(QFII)中的众多机构。同时国内多数知名的金融学术研究机构和权威的监管机构撰写的大量中英文媒体、研究报告、学术论文等经常引用 Wind 提供的数据。

Wind Excel 数据插件是 Wind 金融终端(以下简称 WFT)的一个外挂模块,由于数据提取和更新需要访问 WFT 的底层数据库,所以需要在 WFT 连通的状态下使用。关于 WFT 的安装说明,参见《Wind 资讯金融终端安装手册》。

Wind Excel 数据插件由一组功能各异的模块构成,核心模块包括插入函数、历史行情向导、实时行情向导、财务报表向导、自助报表。每个模块都具有独立、完整的功能,从不同的角度帮助用户完成单个数据或大批量数据的提取工作,是每个用户特定日常工作的最优解决方案。如图 1-8 所示。

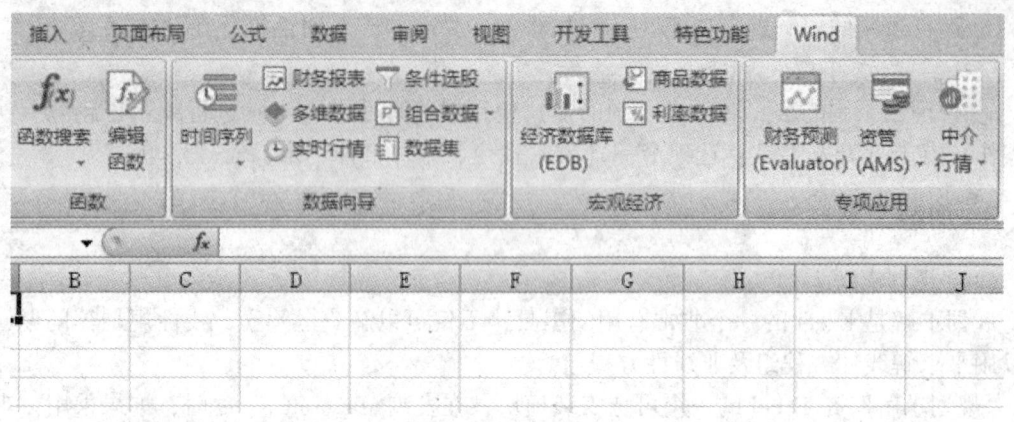

图 1-8

连接/断开：该功能用于启动或关闭 Excel 与 Wind.NET 的连接。该功能图标显示为"√"，表示可以直接读取 Wind.NET 数据库数据。该功能图标显示为"×"，表示连接断开，这时 Excel 单元格只记录了函数表达式，不执行数据提取和更新。启动 Excel 时，默认的连接状态为"连接"，如果您希望停止数据提取，只需单击该按钮将状态切换为"×"即可。

【插入函数】该功能用于在既定单元格插入函数表达式，或者运算值。用户选定某个单元格后，单击该按钮，将出现待选指标树和"搜索函数""选择函数"的工作框。您可以通过指标树查找指标，也可以在"搜索函数"中输入指标中文名称或英文简称查找。找到标的指标后，单击"确定"，进入"参数定义"。您可以不设置任何参数，直接"确定"，将该指标的函数表达式自动填充到已选定的单元格中，也可以设定指标参数，直接输出运算值。

【历史行情】这是一个快速提取历史行情数据的应用向导，生成结果是一个二维数据表。用户选定某个单元格（默认输出数组函数的位置），单击该按钮进入向导。全部操作由四步组成：选择证券>>选择指标>>设定时间区间>>设定输出格式。本向导可以同时支持股票、指数、基金、债券、权证等多品种历史行情数据的提取。

【实时行情】应用这个工具可以在 Excel 表格中生成一个分时刷新的报价表，数据刷新速度每分钟 4—5 次。用户选定某个单元格作为表格输出的首位置，单击该按钮进入向导。全部操作由两步组成：选择证券>>选择指标设定输出样式。本向导可以同时支持股票、基金、债券、指数、权证等多个交易品种。

【财务报表】这是一个报表向导，可以最快速、最便捷地生成单公司若干报告期的财务报表。单击该按钮进入向导，全部设置在一个界面内完成，程序会自动添加 Sheet 页作为结果导出页。该向导目前只能识别股票代码，只能生成旧会计准则非金融类报表。

【自助报表】这是 Wind 资讯在 Excel 插件上的独创功能，是指标最完整、功能最强大的批量数据提取工具。单击该按钮，程序将在 Excel 界面左侧打开此功能模块。自助报表可生成数据包括板块成分（Wind.NET 系统板块或用户自定义板块）、日期、指标，可以单独插入一项指标或者同时插入多项指标。执行多项指标同时插入时，要求这些指标具有相同参数。

【其他功能】其他功能包括"输出代码""输出日期""插入行情图""旧版财务数据向导""保存快照""定位数组"。"输出代码"可以在指定单元格所在行（列）插入一组板块成分（WFT 系统板块或用户自定义板块）；"输出日期"可以在指定单元格所在行（列）插入一组日期（日历日或交易日）；"插入行情图"可以在 Excel 表格中直接插入 K 线图形；"保存快照"可以只保存工作表的数据，去掉函数表达式。

如果您需要重新加载 Wind Excel 数据插件或者您当前的 Excel 数据插件不是最新版本，您可以通过本节所述方法进行修复和更新。首先关闭全部 Excel 文件，然后登录 Wind 金融终端，在 Wind 金融终端"工具"菜单上单击"修复 Excel"，系统会自动查找和下载最新 Excel 数据插件程序，并自动完成安装。

五、课后练习

【练 1-1】学习宏的录制。
【练 1-2】利用矩阵求特征根的方法，求解 AHP 的判断矩阵的权重系数。

六、参考视频

计算机应用基础，https：//www.icourse163.org/course/CAVTC--1206150813。
Excel 进阶教程，https：//www.icourse163.org/course/HAICT-1002125013。
高级 Office 应用，https：//www.icourse163.org/course/JSIE-1449609166。
Office 高级应用，https：//www.icourse163.org/course/CUIT-1002260004。
Office 高级应用，https：//www.icourse163.org/course/FAFU-1205710806。
Excel 商务应用与建模，https：//www.icourse163.org/course/SUIBE-1206697811。

第二章 统计分析实验

数理统计是金融与财务管理综合实验的理论基础，是财务管理和金融等专业人员依据数据对所研究问题进行描述和推断的主要理论依据。统计分析的主要任务是运用统计学原理和方法，对金融和财务活动内容进行分类、量化、数据收集和整理以及进行描述和分析，反映金融活动的规律性和揭示其基本数量关系，为金融和财务制度的设计、理论研究和宏观调控的实施提供参考依据，也为金融投资决策提供方法和工具。本章主要讲授如何利用 Excel 数据分析工具对收集的金融和财务数据进行简单的描述性统计、绘制直方图以及对数据进行简单的统计检验和技术分析等相关内容。

一、实验目的

1. 理解 Excel 中的数据分析工具的基本原理和主要使用过程。
2. 熟悉使用 Excel 的数据分析工具进行假设 T 检验、F 检验。
3. 熟悉使用 Excel 的数据分析工具进行单因素、双因素方差分析。
4. 能够利用股票模拟的数据进行技术指标分析。
5. 能够对金融和财务数据进行统计分析。

二、实验原理

1. 金融数据分析的基础知识

1.1 数据分类

（1）宏观金融数据

宏观金融数据是从中央银行、金融监管机构的视角进行统计、监测的数据，主要包括货币类数据、金融投资类数据、保险经营类数据等。货币类数据有货币供应量、金融机构信贷、外汇、黄金储备等；金融投资类数据有股票、债券的存量、交易额等数据，以及外汇交易数据、基金发行交易数据、期货交易数据等；保险经营类数据主要有保险收入、赔付状况、保费结构等数据。

（2）微观金融数据

微观金融数据是金融市场上单个经济主体的数据，如上市公司的资产负债表、保险公司的资产负债表；部分项目的金融数据，如三峡工程、青藏铁路等项目的融资数据；居民个人的金融数据等。微观金融数据一般需要通过社会调查和互联网才能获得。

1.2 数据的收集

每天我们都会通过各种传媒获得一些金融信息。互联网各大门户网站会在其主页面上发布最新的股票价格指数、外汇与黄金行情、中央银行发布的货币统计、国家统计局发布的物价指数等数据,我们可以通过这些网址来获得金融数据,也可以购买一些专业金融数据公司提供的数据,如国外的 Bloomberg、Thomson Reuters、Capital IQ,国内的东方财富、大智慧、同花顺、恒生电子(收购了恒生数据库)、港澳讯、万德(Wind)、国泰安等。

1.3 金融统计分析的基本方法

(1) 描述性分析方法

描述性统计分析是对调查总体所有变量的有关数据作统计性描述,主要包括数据的频数分析、数据的集中趋势分析、数据的离散程度分析、数据的分布以及绘制一些基本的统计图形。描述性统计分析的目的是发现其内在规律,再选择进一步分析的方法。主要有集中趋势分析和统计图形分析。

集中趋势分析主要靠平均数、中位数、众数等统计指标来表示数据的集中趋势。平均数可分为算术平均数、几何平均数和调和平均数。一组数据的简单算术平均数或加权算术平均数,适合于正态分布或对称分布数据。几何平均数和调和平均数都是算术平均数的变形,专门用来处理特殊数据,如经济发展速度等。众数是出现频率最高的数。中位数是将数据排序后位于正中间的数值。

离中趋势是指数列中各变量值之间的差距和离散程度。离中趋势小,平均数的代表性高;反之,则平均数的代表性低。离中趋势分析通过计算极差、标准差、方差、最大值、最小值、偏度、峰度、偏度系数、峰度系数等加以描述。极差是数据最大值减去最小值,也是最简单的离散程度测度值;标准差和方差是最常用的离散程度测度值,一般适合于正态分布数据资料。当分布对称时,偏度系数为0。当偏度系数为正值时,可以判断为右偏(正偏);反之,判断为左偏(负偏)。峰度系数是对数据分布平峰或尖峰程度的测度。峰度是针对标准正态分布而言的。峰度系数为0,表明数据为标准正态分布。若峰度系数大于0,则数据为尖峰分布;反之,为平峰分布。

一般采用直方图、PP 图、茎叶图、股价图等对观察数据进行直观描述,可以清晰地看出数据的分布特征和结构状况,其是用于观察数据的分布形态的辅助工具。

(2) 回归分析方法

回归分析(Regression Analysis)是确定两种或两种以上变量间相互依赖的定量关系的一种统计分析方法。在回归分析中,有一个因变量、一个或多个自变量,自变量和因变量常被假设为定距的(间隔或比率尺度一定)。运用最小二乘法可以拟合一个能够更好地描述数据关系的模型(这部分内容在第4章金融计量实验中有详细介绍)。

(3) 方差分析方法

金融与财务统计分析的对象一般是比较复杂的系统,其中往往有许多因素互相制约又互相依存。方差分析(Analysis of Variance)的目的是通过数据分析找出对该事物有显著影响的因素或各因素之间的交互作用,以及显著影响因素的最佳水平等。用于两个及两个以上样本均值差别的显著性检验,也称为变异数分析或检验。

(4) 主成分分析与因子分析方法

主成分分析是通过高精度转换将一个多变量数据系统转化为低维系统或一维系统,用于分析系统中最主要的变量，为构建模型奠定基础。

因子分析是将多个实测变量转换为少数几个不相关的综合指标的多元统计方法，目的是定义数据矩阵的基本结构。它通过定义一套通用的基本维度（因子）来解决那些多变量之间相关性的结构分析问题。具体操作可参见 SPSS 相关软件说明。

（5）判别与聚类分析方法

判别分析是在已知的分类下，遇到有新的样本时，利用已经选定的判别标准，判定如何将新样本放置于哪个族群中。它是一种预测导向型的统计方法，通常用于事后分析。

聚类分析是对金融经济统计指标进行分类的一种多元统计分析方法，它能够分析事物的内在特点和规律，并根据相似性原则对事物进行分组，是数据挖掘中常用的一种技术和探索性的方法。具体操作可参见 SPSS 软件相关说明。

除了上述主要的分析方法外，在金融统计分析过程中还要使用指数分析、时间序列分析及弹性分析等方法。

2. 随机变量的基本统计特征

为了描述和研究某些金融指标（如股票价格）的统计性质，可以将该指标看作随机变量。例如，在实际经济生活中，受宏观经济因素及市场力量等因素的影响，金融资产价格走势和金融投资的收益率是不确定的。针对不同的金融资产投资，价格或收益率的变化特征及决定因素是分析师和投资经理进行投资决策时思考的重点，也成为现代财务与金融市场理论中极为重要的研究内容。而金融资产的价格或收益率具有不确定性这一特征使得我们可以将其看作随机变量，进而借助统计学及计量经济学的方法加以研究。

随机变量分为两类：离散型随机变量和连续型随机变量。若随机变量 X 只取或可列无限个特定值，且 X 以确定的概率取到这些值，则称 X 为离散型随机变量，如硬币的正反面 1 或 0，骰子 1—6 个数字。而连续型随机变量的取值则可以是整个数轴或数轴上某个区间内的任何值。随机变量 X 所取的一系列值 x 及其相应的概率称作概率分布 $f(x)$，如一个人的身高。通常用大写字母，如 X、Z 等代表随机变量；而用小写字母 x、z 表示随机变量 X、Z 等的数值。

若 X 为连续型随机变量，则用概率密度函数 $f(x)$ 表示其概率分布，$f(x)$ 满足：

$$P(X \mid a \leq X \leq b) = \int_a^b f(x)dx$$

表示 X 取值在 [a, b] 内的概率为曲线 $f(x)$ 下的面积。

$\int_a^b f(x)dx = 1$ 说明 X 所有可能取值的概率之和为 1。如图 2-1 所示。

使概率密度函数 $f(x)$ 取最大值时的变量 x^* 被称为众数。随机变量 X 小于或等于 x 的概率记为 $F(x)$，$F(x)$ 被称为累积分布函数，显然有：

$$F(x) = P(X \mid X \leq x) = \int_{-\infty}^x f(x)dx$$

随机变量 X 在某个区间 [a, b] 取值的概率 $P(X \mid a \leq X \leq b)$ 也可表示为 $F(b) - F(a)$。可见，若已知 X 的概率密度函数或累积分布函数，就可知道其在任一区间取值的概率，所以概率密度函数及累积分布函数较完整地描述了随机变量的变化情况。根据概率分布形式的不同，有几种常用的概率分布，如正态分布、χ^2 分布、t 分布、F 分布、二项式分布、均匀分布、泊松分布和指数分布等，在经济分析与决策中使用最普遍的是正态分布。

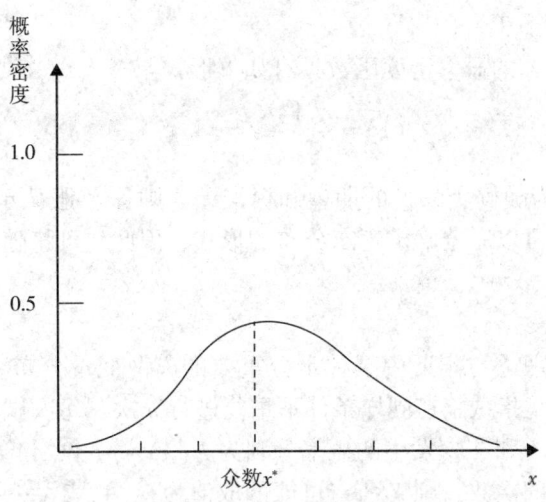

图 2-1　连续型随机变量

2.1　随机变量的数学期望

若 X 为离散型随机变量，有 n 个不同的可能取值 x_1，x_2，…，x_n，而 p_1，p_2，…，p_n 是它们相应被取到的概率，则随机变量 X 的期望值或均值是所有可能结果的一个加权平均值，表示为：

$$E(X) = \mu = p_1 x_1 + p_2 x_2 + \cdots + p_n x_n = \sum_{i=1}^{n} p_i x_i$$

相应地，若 X 为连续型随机变量，则其期望值被定义为：

$$E(X) = \mu = \int_{-\infty}^{+\infty} x f(x) dx$$

数学期望是用来描述随机变量取值的一般水平。在实际应用中，常常只能得到随机变量 x 的一组观察值（称为样本），如 x_1，x_2，…，x_n，而无法得到每种取值的概率，在这种情况下，可用样本平均数 $\bar{x}$ 来描述该样本的一般水平。

$$\bar{x} = \frac{1}{n} \sum_{i=1}^{n} x_i$$

2.2　随机变量的方差和标准差

随机变量的方差描述了随机变量相对于其期望（均值）的偏差程度，记作 σ^2。这种偏差越大，表明随机变量的取值在其均值周围的分布越分散。其定义公式是：

$$\sigma^2 = E[(x - \mu)^2]。$$

其中，$\mu = E(x)$，σ 为标准差。

在 x 为离散型随机变量的情况下：

$$\sigma^2 = \sum_{i=1}^{n} p_i [x_i - \mu]$$

在 x 为连续型随机变量的情况下：

$$\sigma^2 = \int_{-\infty}^{+\infty} (x - \mu) f(x) dx$$

(1) 正态随机数的产生

若连续型随机变量 X 的概率密度函数具有如下形式：

$$f(x) = \frac{1}{\sqrt{2\pi}\sigma} e^{-(x-\mu)/(2\sigma^2)}$$

其中，μ 和 σ 分别为随机变量 X 的期望和标准差，则称 X 服从正态分布。由公式可见，已知期望和标准差，便可以完全确定正态分布的形式，因此，可将随机变量 X 服从正态分布直接简记为：$X \sim N(\mu, \sigma^2)$。

(2) 二项分布随机数

二项式分布是金融理论与实证中一种十分重要的离散变量分布。它主要来自贝努利试验。所谓贝努利试验，是指试验在同样条件下重复进行 n 次，每次试验结果相互独立，且每一次试验只有两种结果 A 和 $\overline{A}$，发生的概率分别为 $P(A) = p$，$P(\overline{A}) = 1 - p$。若以 x 记 n 次贝努利试验结果 A 发生的次数，则 X 所有可能的取值为 $0, 1, 2, \cdots, n$，显然 X 是一个离散型随机变量，其取值的概率分布被称为二项式分布，记为 $X \sim B(n, p)$。可以证明：

$$P(x = k) = C_n^k p^k (1-p)^{1-k}, k = 0, 1, 2, \cdots, n$$

其中，$C_n^k = \dfrac{n!}{k!(n-k)!}$ 为 n 中 k 次的组合数。

(3) 产生泊松分布随机数

一个事件在一段时间内，一般平均发生 λ 次，则这段时间内不同发生次数的概率。

设随机变量 X 的分布律为：

$$P(x = k) = \frac{\lambda^k}{k!} e^{-\lambda}, \lambda > 0, k = 0, 1, 2, \cdots, n$$

则称随机变量 X 服从参数为 λ 的泊松分布，记为 $X \sim \pi(\lambda)$ 或者 $P(\lambda)$。

2.3 随机变量的偏度和峰度

偏度是统计数据分布偏斜方向和程度的度量，是统计数据分布非对称程度的数字特征。其定义公式是：$E[(x-\mu)^3]$，又称为三阶矩，用于衡量随机变量的概率分布是否围绕其均值对称。当概率分布围绕均值 μ 对称时，对于其概率密度函数 $f(x)$，应有 $f(\mu - x) = f(\mu + x)$，即如图 2-2 所示。

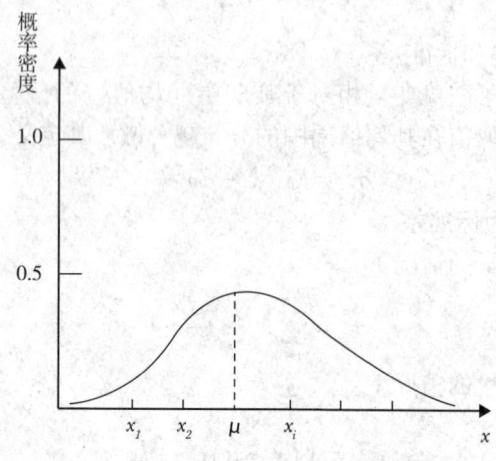

图 2-2 偏度为 0 时的概率密度函数

此时，偏度 $E[(x-\mu)^3] = 0$。若随机变量 X 的少数取值远远大于均值 μ，使概率密度曲线右侧尾部拖得很长，则称概率分布呈现为正偏态，此时偏度 $E[(x-\mu)^3] > 0$；反之，若少数变量值很小，使曲线左侧尾部拖得很长，则称负偏态（如图 2-3 所示）。

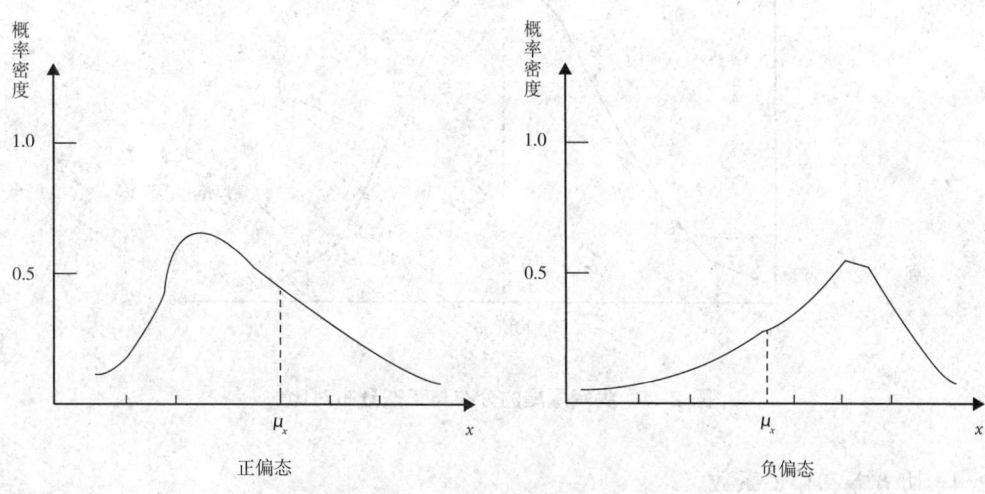

图 2-3　正偏态和负偏态的概率密度函数

峰度表示概率密度分布曲线在平均值处峰值高低的特征数。这一统计指标反映随机变量概率密度函数尾巴的厚度（或称为宽度），通常用于判断某个随机变量的概率分布是否呈正态分布。由于许多计量方法有效的前提是所研究的变量服从正态分布，因此对随机变量是否服从正态分布的检验具有十分重要的意义。

在实际应用中，通常将峰度值作减 3 处理，使得正态分布的峰度为 0。因此，在使用统计软件进行计算时，应注意该软件默认的峰度值计算公式。

峰度的定义公式为 $E[(x-\mu)^4]$，又称为四阶矩。

峰度系数则是在峰度的基础上进行标准化，计算式为：

$$K = \frac{E[(x-\mu)^4]}{\sigma^4}$$

若随机变量服从后面讲到的正态分布，则其 K 值接近 3。若随机变量的 K 值显著大于 3，意味着该变量概率分布的尾巴要比正态分布的尾巴厚，其分布密度曲线在距离均值较远的地方位于正态分布曲线的上方。这就意味着随机变量出现异常值（极大，表现为落在均值的极右端；极小，表现为落在均值的极左端）的概率要大于正态分布时的概率，即所谓的尖峰（Leptokurtosis）厚尾（Heavy-tailed）现象。如图 2-4 所示，对于具有尖峰厚尾现象的概率密度函数（如虚线所示），变量 X 大于某一极端值（如 x^*）的概率要大于正态分布情况下（如实线所示）的概率。此时可不严格地得出结论：该变量的概率分布不服从正态分布。

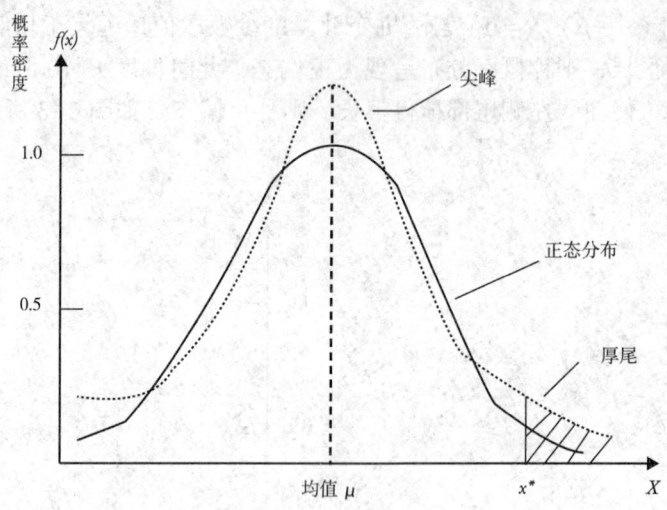

图 2-4 尖峰厚尾的分布与正态分布对比

2.4 协方差和相关系数

这两个指标用于研究多变量之间的关系。对于随机变量 X 和随机变量 Y 之间的协方差定义为：

$$Cov(X, Y) = \sigma_{XY} = E\{[X - E(X)][Y - E(Y)]\}$$

协方差是 X 与 Y 之间线性相关关系的一个度量。如果两个变量总是同时大于或小于各自的均值，则协方差为正。若两者相对于各自均值呈相反变化，如 y 小于其均值时 x 大于其均值，或者 y 大于其均值时 x 小于其均值，则协方差为负。协方差的值依赖于 X 与 Y 的度量单位。为了消除量纲的影响，经常用相关系数来表示。

样本相关系数则可按下式计算：

$$\rho_{XY} = \frac{\sum_{i=1}^{n}(X_i - \bar{X})(Y_i - \bar{Y})}{\sqrt{\sum_{i=1}^{n}(X_i - \bar{X})^2 \sum_{i=1}^{n}(Y_i - \bar{Y})^2}}$$

相关系数的取值在 -1 和 +1 之间。相关系数的绝对值越接近于 1，x 与 y 之间的相互关联度就越强。但它无法表明是 Y 影响 X，还是 X 影响 Y，或者是 X 与 Y 相互影响，或者另外因素引起 X 与 Y 的共同变化。

3. 假设检验

统计假设检验的问题可归结为：从一组观测值得到的某一统计量是否与声称的假设相符？这一"声称的假设"用统计学的语言说，即所谓的"虚拟假设"，又叫零假设（Null Hypothesis），并用符号 H_0 表示。其通常采取的形式是关于某个参数或变量取值范围的陈述。如对于某随机变量期望值 μ 的虚拟假设，"$H_0: \mu = \mu_0$"；又如，后面讲到的计量经济模型 $y_t = \alpha + \beta x_t + \varepsilon_t$，关于其回归系数 β 的虚拟假设，"$H_0: \beta > 0$"，等等。通常在检验虚拟假设时要有一个对立假设，又叫备择假设（Alternative Hypothesis），记为 H_1 或 H_a，则对于上

述两个虚拟假设 H_0，备择假设可分别为"$H_1: \mu \neq \mu_0$""$H_1: \beta = 0:$"。以上所说的"虚拟假设"只是一个设想，至于它是否成立，在建立假设时我们并不知道。假设检验的任务即根据随机变量 X 的一组观察值（样本）提供的信息，来确定拒绝或不拒绝某个虚拟假设。值得一提的是，在有些情况下，检验关于某个参数或变量取值范围的虚拟假设只是一个工具，而目的是推断随机变量本身（总体）的统计性质。

假设检验的一种方法是置信区间法。例如，已知随机变量 X 服从正态分布，但不知道期望值 μ 的真实值到底是多少，而只有 X 的一系列观察值（样本）$x_1, x_2, \cdots, x_n$。对于虚拟假设，"$H_0: \mu = \mu_0$"，检验方法是构造一区间 $[\theta_1, \theta_2]$，并且能确定待检验变量（此处为期望值 μ）的真值有 $1-\alpha$ 的概率落在这一区间内，即 $P(\theta_1 \leq \mu \leq \theta_2) = 1-\alpha$，而只有 α 的概率落在区间 $[\theta_1, \theta_2]$ 之外。这一区间被称为置信区间，置信区间的端点被称为临界值，$1-\alpha$ 被称为置信系数，α 被称为显著性水平，如图 2-5 所示。

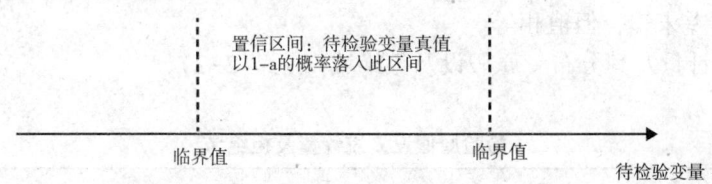

图 2-5 置信区间

α 可以设定为一较小值，如 1%、5% 等。当显著性水平 H_0 设定为 1% 时，意味着 μ 有 $1-\alpha=99\%$ 的概率落在区间 $[\theta_1, \theta_2]$ 内，而只有较小的概率 1% 落在区间 $[\theta_1, \theta_2]$ 之外。如果将虚拟假设中的 μ_0 与置信区间 $[\theta_1, \theta_2]$ 进行对照，发现 μ_0 落在这一区间之外，则显然应拒绝 $\mu = \mu_0$ 的假设（因为这一假设成立的概率只有 1%）；若 μ_0 落在置信区间之内，则可以接受 $\mu = \mu_0$ 的假设。置信区间越大，就越可能将 μ_0 包括进去，接受虚拟假设的概率也就越大。

3.1 t 检验：成对双样本平均值检验

（1）假设条件

① 两个总体配对差值构成的总体服从正态分布。
② 配对差是由总体差随机抽样得来的。
③ 数据配对或匹配[重复测量（前/后）]。

（2）检验统计量及其分布、原假设及拒绝域（见表 2-1）

表 2-1　　　　　　　　　　t 检验原假设、统计量及拒绝域

	双侧	单侧	
H_0	$\mu_1 = \mu_2$	$\mu_1 \geq \mu_2$	$\mu_1 \leq \mu_2$
统计量	$T = \dfrac{\bar{d} - d_0}{s_d/\sqrt{n}} \sim t(n-1), (d_0 = \mu_1 - \mu_2)$		

续表

	双侧	单侧	
	$\bar{d} = \frac{1}{n}\sum_{i=1}^{n} d_i$, $(d_i = X_i - Y_i)$; $s_d = \sqrt{\frac{1}{n-1}\sum_{i=1}^{n}(d_i - \bar{d})^2}$		
拒绝域	$|T| > t_{\alpha/2}$	$T < -t_\alpha$	$T > t_\alpha$

3.2 t检验：双样本等方差假设检验

（1）假设条件

① 两个独立的小样本。

② 两总体都是正态总体。

③ 两总体方差未知，但值相等。

（2）检验统计量及其分布、原假设及拒绝域（见表2-2）

表2-2　　　　　　　　t检验原假设、统计量及拒绝域

	双侧	单侧	
H_0	$\mu_1 = \mu_2$	$\mu_1 \geq \mu_2$	$\mu_1 \leq \mu_2$
统计量	$T = \dfrac{\bar{X} - \bar{Y}}{\sqrt{\dfrac{s_1}{n_1} + \dfrac{s_2}{n_2}}} \sim t(f)$, $f = \dfrac{(\dfrac{s_1^2}{n_1} + \dfrac{s_2^2}{n_2})^2}{\dfrac{(s_1^2/n_1)^2}{n_1 - 1} + \dfrac{(s_2^2/n_2)^2}{n_2 - 1}}$		
拒绝域	$|T| > t_{\alpha/2}$	$T < -t_\alpha$	$T > t_\alpha$

3.3 t检验：双样本异方差假设检验

（1）假设条件

① 两总体都是正态总体。

② 两总体方差未知，且值不等。

（2）检验统计量及其分布、原假设及拒绝域（见表2-3）

表2-3　　　　　　　　t检验原假设、统计量及拒绝域

	双侧	单侧	
H_0	$\mu_1 = \mu_2$	$\mu_1 \geq \mu_2$	$\mu_1 \leq \mu_2$
统计量	$T = \dfrac{\bar{X} - \bar{Y}}{\sigma\sqrt{\dfrac{1}{n_1} + \dfrac{1}{n_2}}} \sim t(n_1 + n_2 - 2)$, $\sigma = \sqrt{\dfrac{(n_1 - 1)s_1^2 + (n_2 - 1)s_2^2}{n_1 + n_2 - 2}}$		
拒绝域	$|T| > t_{\alpha/2}$	$T < -t_\alpha$	$T > t_\alpha$

3.4 z 检验：双样本均值差检验

（1）假设条件

① 两个样本是独立的样本。

② 正态总体或非正态总体大样本（样本量不小于30）。

③ 两样本方差已知。

（2）检验统计量及其分布、原假设及拒绝域（见表 2-4）

表 2-4　　　　　　　　　　z 检验原假设、统计量及拒绝域

	双侧	单侧	
H_0	$\mu_1 = \mu_2$	$\mu_1 \geq \mu_2$	$\mu_1 \leq \mu_2$
统计量	\multicolumn{3}{c	}{$z = \dfrac{\bar{X} - \bar{Y}}{\sqrt{\dfrac{\sigma_1^{\,2}}{n_1} + \dfrac{\sigma_2^{\,2}}{n_2}}} \sim N(0,\ 1)$}	
拒绝域	$\lvert T \rvert > t_{\alpha/2}$	$T < -t_\alpha$	$T > t_\alpha$

4. 方差分析

方差分析又称变异数分析或 F 检验，其基本思想是把全部观察值之间的变异（总变异），按设计和需要分为两个或多个组成部分，再作分析。即把全部资料的总的离均差平方和（SS）分为两个或多个组成部分，其自由度也分为相应的部分，每部分表示一定的意义，其中至少有一个部分表示各组均数之间的变异情况，称为组间变异（MS 组间）；另一部分表示同一组内个体之间的变异，称为组内变异（MS 组内），也叫误差。SS 除以相应的自由度（v），得均方（MS）。如 MS 组间 > MS 组内若干倍（此倍数即 F 值）以上，则表示各组的均数之间有显著性差异。

假设我们在实验中只考虑因素 A，该因素有 k 个水平，每个水平做 n 次重复试验，设第 j 个水平的第 i 次重复试验的数据为 x_{ij}，如表 2-5 所示。

表 2-5　　　　　　　　　　试验数据

	A_1	A_2	…	A_j	…	A_k
1	x_{11}	x_{21}	…	x_{i1}	…	x_{k1}
2	x_{12}	x_{22}	…	x_{i2}	…	x_{k2}
…	…	…	…	…	…	…
i	x_{1j}	x_{2j}	…	x_{ij}	…	x_{kj}
…	…	…	…	…	…	…
n	x_{1n}	x_{2n}	…	x_{in}	…	x_{kn}

根据这些数据，可以计算全体数据的均值 $\bar{x}$ 和各水平对应数据的均值 $\bar{x}_j$：

$$\bar{x} = \frac{1}{kn}\sum_{j=1}^{k}\sum_{i=1}^{n}x_{ij}, \ x_{j} = \frac{1}{n}\sum_{i=1}^{n}x_{ij}, \ j = 1, 2, \cdots, k$$

进一步，可以计算全体数据的偏差总平方和 $SS_{总}$、因素 A 对应的偏差平方和 $SS_{组间}$，以及误差的偏差平方和 $SS_{组内}$：

$$SS_{总} = \sum_{j=1}^{k}\sum_{i=1}^{n}(x_{ij} - \bar{x})^2$$

$$SS_{组间} = n\sum_{j=1}^{k}(x_{j.} - \bar{x})^2$$

$$SS_{组内} = \sum_{j=1}^{k}\sum_{i=1}^{n}(x_{ij} - x_{j})^2$$

下一步，需要计算这三个偏差平方和所对应的自由度。之所以要计算自由度，是因为如果用偏差平方和除以对应的数据项数，得到的统计量并不是方差的无偏估计。而偏差平方和与对应的自由度的商才是方差的无偏估计。

$$MS_{组内} = \frac{\sum_{j=1}^{k}\sum_{i=1}^{n}(x_{ij} - \overline{x_j})^2}{n - k}$$

组间变异的离均差平方和 $SS_{组间}$ 以及均方 $MS_{组间}$，即各季节的均数与总均数之差的平方和

$$MS_{组间} = \frac{n\sum_{j=1}^{k}(x_{j} - \bar{x})^2}{k - 1} \qquad F = \frac{MS_{组间}}{MS_{组内}}$$

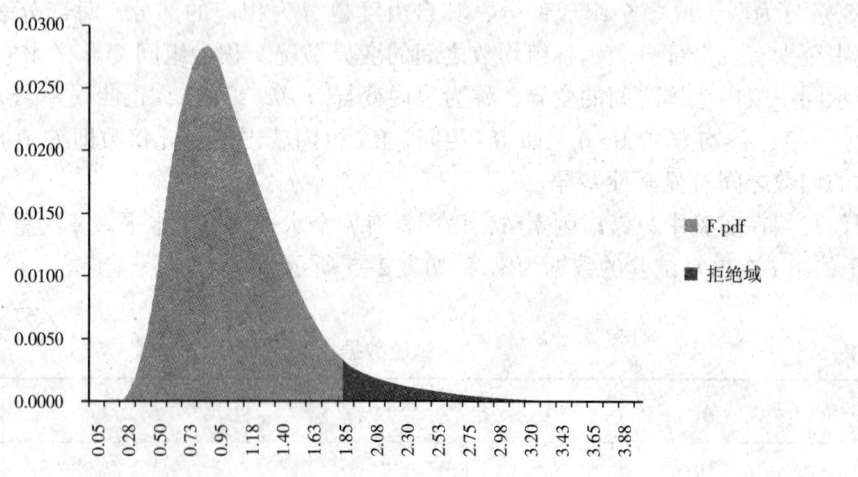

图 2-6

查 F 分布临界值表得临界值 F_{α}，如果 $F < F_{\alpha}$ 表明两组数据没有显著差异；$F \geq F_{\alpha}$ 表明两组数据存在显著差异。若能得到 F 所对应的截尾概率（P 值），则 P 值小于显著水平时差异显著。

方差分析又可分为单因素方差分析，计算公式如表 2-6 所示。

表 2-6　　　　　　　　　　　　　单因素方差分析表

方差来源	平方和	自由度	均方	F 比
误差	$SS_{组内}$	$s-1$		
因素 A	$SS_{组间}$	$n-s$		$F=\dfrac{MS_{组间}}{MS_{组内}}$
总和	$SS_{总}$	$n-1$		

可重复双因素方差分析，计算公式如表 2-7 所示。

表 2-7　　　　　　　　　　　　　双因素方差分析表

方差来源	平方和	自由度	均方	F 比
因素 A	SS_A	$r-1$	$MS_A=\dfrac{SS_A}{r-1}$	$F_A=\dfrac{MS_A}{MS_E}$
因素 B	SS_B	$s-1$	$MS_B=\dfrac{SS_B}{s-1}$	$F_B=\dfrac{MS_B}{MS_E}$
误差	SS_E	$rs(t-1)$	$MS_E=\dfrac{SS_E}{rs(t-1)}$	
总和	SS_T	$rst-1$		

无重复双因素方差分析，计算公式如表 2-8 所示。

表 2-8　　　　　　　　　　　　　双因素方差分析表

方差来源	平方和	自由度	均方	F 比
因素 A	SS_A	$r-1$	$MS_A=\dfrac{SS_A}{r-1}$	$F_A=\dfrac{MS_A}{MS_E}$
因素 B	SS_B	$s-1$	$MS_B=\dfrac{SS_B}{s-1}$	$F_B=\dfrac{MS_B}{MS_E}$
交互作用	$SS_{A\times B}$	$(s-1)(r-1)$	$MS_{A\times B}=\dfrac{SS_{A\times B}}{(r-1)(s-1)}$	$F_{A\times B}=\dfrac{MS_{A\times B}}{MS_E}$
误差	SS_E	$rs(t-1)$	$MS_E=\dfrac{SS_E}{rs(t-1)}$	
总和	SS_T	$rst-1$		

5. 股票技术指标分析

股票技术指标属于统计学的范畴，一切以数据来论证股票趋向、买卖等。技术指标主要分为三大类：一是属于趋向类的技术指标；二是属于强弱的技术指标；三是属于随机买入的技术指标。技术指标是由股价、成交量或涨跌指数等数据计算而得来的。

5.1 移动平均线 MA

（1）定义：是以道·琼斯的"平均成本概念"为理论基础，采用统计学中"移动平均"的原理，将一段时期内的股票价格平均值连成曲线，用来显示股价的历史波动情况，进而反映股价指数未来发展趋势的技术指标。

（2）计算方法

MA=最近 N 日收盘价的累计和/ N。

5.2 平滑 EXPMA

（1）定义：是一种趋向类指标，其构造原理是对价格收盘价进行算术平均，并根据计算结果进行分析，用于判断价格未来走势的变动趋势。

（2）计算方法

计算公式：

12 日的 $EXPMA(12)$：

$$EXPMA(12)_t = \frac{11}{13} \times EXPMA(12)_{t-1} + \frac{2}{13} \times CLOSE_t$$

26 日的 $EXPMA(26)$：

$$EXPMA(26)_t = \frac{25}{27} \times EXPMA(26)_{t-1} + \frac{2}{27} \times CLOSE_t$$

同花顺软件代码：

MA1：EMA（CLOSE，12）；

MA2：EMA（CLOSE，26）。

其中：COLOSE 为收盘价

5.3 平滑异同移动平均线 MACD

（1）定义：MACD 是从双移动平均线发展而来的，由快的移动平均线减去慢的移动平均线得到。

MACD 从负数转向正数，是买的信号；MACD 从正数转向负数，是卖的信号。当 MACD 以大角度变化时，表示快的移动平均线和慢的移动平均线的差距非常迅速地拉开，代表了一个市场大趋势的转变。

（2）计算方法

计算公式：MACD 指标默认参数为 12、26、9

同花顺软件代码：

DIFF：EMA（CLOSE，SHORT）- EMA（CLOSE，LONG）；

DEA：EMA（DIFF，M）；

MACD：2 * （DIFF-DEA）；

Zero：0。

其中：SHORT，LONG，M 为时间参数

5.4 布林带 BOLL

（1）定义：布林线属于路径指标。布林线的宽度可以随着股价的变化而自动调整位置。由于这种变异使布林线具备灵活和顺应趋势的特征，它既具备了通道的性质，又克服了通道

宽度不能变化的弱点。

（2）计算方法

同花顺软件代码：

MID：MA（CLOSE，N）；

UPPER：MID + P * STD（CLOSE，N）；

LOWER：MID - P * STD（CLOSE，N）；

N 默认值为 12。

5.5 随机指标 KDJ

（1）定义：KDJ 指标又叫随机指标，是一种相当新颖、实用的技术分析指标，它起先用于期货市场的分析，后被广泛用于股市的中短期趋势分析，是期货和股票市场上最常用的技术分析工具。

随机指标 KDJ 一般是用于股票分析的统计体系，根据统计学原理，通过一个特定的周期（常为 9 日、9 周等）内出现过的最高价、最低价及最后一个计算周期的收盘价及这三者之间的比例关系，来计算最后一个计算周期的未成熟随机值 RSV，然后根据平滑移动平均线的方法来计算 K 值、D 值与 J 值，并绘成曲线图来研判股票走势。这个指标做短线特别有用。

（2）计算方法

同花顺软件代码：

RSV =［CLOSE - LLV（LOW，N）］/［HHV（HIGH，N）- LLV（LOW，N）］* 100；

a = SMA（RSV，M1，1）；

b = SMA（a，M2，1）；

e = 3 * a - 2 * b；

K：a；

D：b；

J：e；

N 默认值都为 9；

M1、M2 默认值都为 3。

其中，HIGH 为最高价，LOW 为最低价

计算公式：

① $RSV(n) = 100 \times (C - L_n)/(H_n - L_n)$。

② 今日 K 值 = 2/3×昨日 K 值 + 1/3×今日 RSV。

③ 今日 D 值 = 2/3×昨日 D 值 + 1/3×今日 K 值。

④ $J = 3K - 2D$。

5.6 动向指标 DMI

（1）定义：DMI 指标又叫动向指标或趋向指标，其全称叫 Directional Movement Index，简称 DMI，是由美国技术分析大师威尔斯·威尔德所创造的一种中长期股市技术分析方法，通过分析股票价格在涨跌过程中买卖双方力量均衡点的变化情况，即多空双方的力量的变化受价格波动的影响而发生由均衡到失衡的循环过程，从而提供对趋势判断依据的一种技术指标。

(2) 计算方法

同花顺软件代码：

TR = SUM（MAX（HIGH − LOW，ABSHIGH − REF（CLOSE，1），ABS（LOW − REF（CLOSE，1）））,M1）；

HD = HIGH − REF（HIGH，1）；

LD = REF（LOW，1）− LOW；

DMP = SUM［IF（HD>0 AND HD>LD，HD，0），M1］；

DMM = SUM［IF（LD>0 AND LD>HD，LD，0），M1］；

DI1：DMP ∗ 100/TR；

DI2：DMM ∗ 100/TR。

其中，HIGH 表示今日最高价，LOW 表示今日最低价，REF（CLOSE，1）表示昨日收盘价，REF（LOW，1）表示昨日最低价，REF（HIGH，1）表示昨日最高价。

DMP 代表正趋向变动值即上升动向值，其数值等于当日的最高价减去前一日的最高价，如果≤0，则+DM = 0。

DMM 代表负趋向变动值即下降动向值，其数值等于前一日的最低价减去当日的最低价，如果≤0，则−DM = 0。注意：−DM 也是非负数。

TR 代表真实波幅，是当日价格较前一日价格的最大变动值。

DI1 代表上升方向线，DI2 代表下降方向线。

M1 默认值都为 14。

三、实验材料

【例 2-1】产生 80 个均值为 100、标准差为 20 的正态分布数，对之进行描述性统计分析，并画出直方图。

【例 2-2】产生 1000 个均值为 100、标准差为 20 的正态分布数，并画出直方图，与正态分布概率图进行比较。

【例 2-3】表 2-9 数据，利用 Excel 的 F 检验工具检验两组数据方差是否有显著差异。根据上述 F 检验结果，得出两总体方差相等，检验两总体均值是否存在显著差异（显著水平 0.05）。

表 2-9

X	50	51	54	42	54	47	48	58	36	61
Y	38	47	50	48	51	59	46	49	40	42

【例 2-4】某年度某股票在不同季节的股价的收盘价如表 2-10 所示。试比较不同季节股票价格有无显著性差异。分别用单因素方差分析和无重复双因素分析。

【例 2-5】某问题因素 A 有 4 个水平，因素 B 有 3 个水平，每一组合下做 3 次试验，试验结果如表 2-11 所示，试进行等重复双因素方差分析（α = 0.05）。

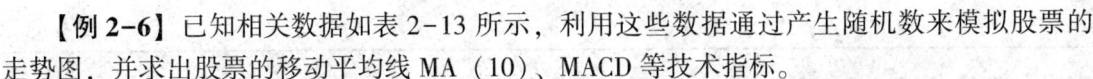

【例2-6】已知相关数据如表2-13所示,利用这些数据通过产生随机数来模拟股票的走势图,并求出股票的移动平均线 MA(10)、MACD 等技术指标。

表 2-10

春	夏	秋	冬
22.6	19.1	18.9	19.0
22.8	22.8	13.6	16.9
21.0	24.5	17.2	17.6
16.9	18.0	15.1	14.8
24.0	15.2	16.6	13.1
21.9	18.4	14.2	16.9
21.5	20.1	16.7	16.2
21.2	21.2	19.6	14.8

表 2-11

	A1	A2	A3	A4
B1	15	17	15	18
	15	17	17	20
	17	17	16	20
B2	19	15	18	15
	19	15	17	16
	16	15	16	17
B3	16	19	18	17
	18	22	18	17
	21	22	18	17

表 2-12 模拟股价假设条件

初始股价 S	波动率 σ	无风险利率 μ	每年交易星期数 T
10.00	35%	10%	52

表 2-13 东方财富 2019 年周数据

时间	开盘	最高	最低	收盘
2019/1/4	10.07	10.8	9.82	10.64
2019/1/11	10.57	10.93	10.39	10.53
2019/1/18	10.60	10.87	10.38	10.72

续表

时间	开盘	最高	最低	收盘
2019/1/25	10.74	10.94	10.55	10.76
2019/2/1	10.90	11.08	10.37	11.05
2019/2/15	11.06	11.79	10.98	11.28
2019/2/22	11.38	14.03	11.38	14.03
2019/3/1	15.44	17.80	14.98	17.40
2019/3/8	17.78	19.05	16.03	16.07
2019/3/15	16.17	17.58	15.74	16.03
2019/3/22	15.97	17.42	15.53	16.53
2019/3/29	16.07	16.23	14.99	16.13
2019/4/4	16.20	17.92	15.98	17.11
2019/4/12	17.32	17.33	15.64	15.95
2019/4/19	16.33	16.41	15.21	16.03
2019/4/26	16.19	16.29	15.01	15.14
2019/4/30	14.88	14.98	13.53	13.64
2019/5/10	12.53	13.44	12.09	13.35
2019/5/17	13.07	13.18	12.18	12.34
2019/5/24	12.31	12.96	12.17	12.53
2019/5/31	12.62	13.22	12.53	12.65
2019/6/6	12.81	12.95	12.23	12.27
2019/6/14	12.30	13.18	11.90	12.51
2019/6/21	12.53	14.26	12.38	14.05
2019/6/28	14.08	14.11	13.35	13.55
2019/7/5	14.07	14.18	13.45	13.65
2019/7/12	13.51	13.62	12.86	13.15
2019/7/19	13.21	14.96	13.10	14.79
2019/7/26	14.84	14.93	14.11	14.37
2019/8/2	14.29	14.78	13.84	14.08
2019/8/9	13.90	14.08	12.91	13.09
2019/8/16	13.22	14.09	13.08	13.82
2019/8/23	14.05	15.41	13.97	14.76
2019/8/30	14.40	15.25	14.26	14.47
2019/9/6	14.46	16.98	14.45	16.30
2019/9/12	16.66	16.84	16.14	16.55
2019/9/20	16.60	16.62	15.44	15.64
2019/9/27	15.50	15.79	14.93	15.22

续表

时间	开盘	最高	最低	收盘
2019/9/30	15.18	15.25	14.73	14.78
2019/10/11	14.84	15.52	14.51	15.31
2019/10/18	15.51	15.87	14.80	14.82
2019/10/25	14.86	15.12	14.58	15.08
2019/11/1	15.54	16.06	14.81	15.16
2019/11/8	15.22	15.58	14.96	15.07
2019/11/15	14.90	14.94	13.93	13.95
2019/11/22	13.96	14.45	13.91	14.02
2019/11/29	13.96	14.02	13.67	13.85
2019/12/6	14.03	14.39	13.75	14.32
2019/12/13	14.39	15.44	14.09	15.18

【例 2-7】已知东方财富 2019 年周数据如表 2-13 所示，请根据表中数据计算 KDJ 指标和 DMI 指标。

四、实验步骤

【例 2-1】

第一步：建立 Excel 工作簿 2-1，执行如下命令：【数据】→【数据分析】→【随机数发生器】→【确定】，弹出"随机数发生器"对话框，其中【变量个数】：在此输入输出表中数值列的个数 8。【随机数个数】：在此输入要查看的数据点个数。每一个数据点出现在输出表的一行中。【分布】：在此单击用于创建随机数的分布方法。包括以下几种：均匀分布、正态分布、贝努利分布、二项式、泊松、模式、离散，本例题选取正态分布。【随机数基数】：在此输入用来产生随机数的可选数值。可在以后重新使用该数值来生成相同的随机数，这里输入 1。【输出区域】：在此输入对输出表左上角单元格的引用$A$1，如图 2-7 所示。

第二步：单击【确定】按钮，生成随机数如表 2-14 所示，通过设置数据格式把小数点保留整数位。

第三步：对所产生的 80 个均值为 100、标准差为 10 的正态分布数进行描述性统计分析，如表 2-16 所示，通过【公式】→【定义名称】把这 80 个数定义为变量 A，计算结果如表 2-15 所示。

第四步：制定分类区域。在区域 A13：A27 输入 65，70，75，…，130，135…

第五步：对所产生的 80 个均值为 100、标准差为 10 的正态分布数绘制直方图，执行如下命令：【数据】→【数据分析】→【直方图】→【确定】，弹出"直方图"对话框，如图 2-8 所示。

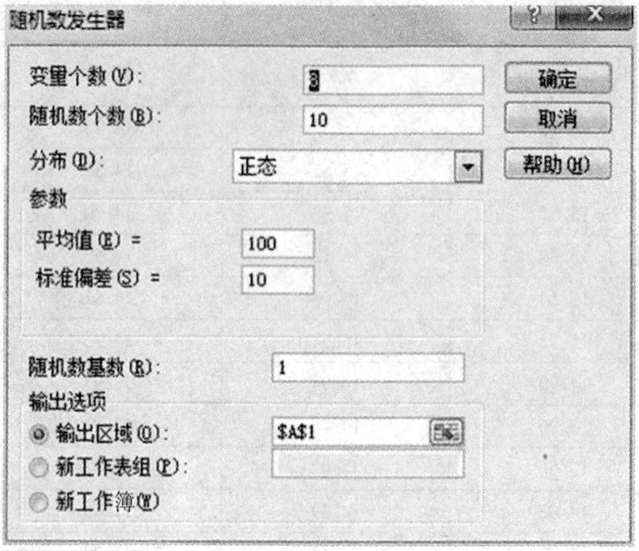

图 2-7

表 2-14

	A	B	C	D	E	F	G	H
1	70	102	91	109	102	99	96	113
2	109	107	91	111	106	100	95	78
3	87	97	90	90	123	99	88	74
4	76	97	101	102	103	103	90	104
5	99	96	84	103	108	109	100	95
6	112	106	117	114	101	89	99	93
7	111	92	108	110	127	134	103	97
8	94	95	110	80	97	87	105	84
9	76	114	94	94	102	105	110	106
10	100	92	107	99	99	116	107	88

表 2-15

单元格	公式	结果	备注
M2	=AVERAGE（A）	100	平均
M3	=MEDIAN（A）	100	中位数
M4	=IFERROR［MODE（A），"不存在"］	不存在	众数
M5	=STDEV（A）	12.00	标准差
M6	=VAR（A）	134.93	方差
M7	=KURT（A）	0.76	峰度

续表

单元格	公式	结果	备注
M8	=SKEW（A）	0.002	偏度
M9	=MIN（A）	70	最小值
M10	=MAX（A）	134	最大值
M11	=SUM（A）	7966	求和
M12	=COUNT（A）	80	计数

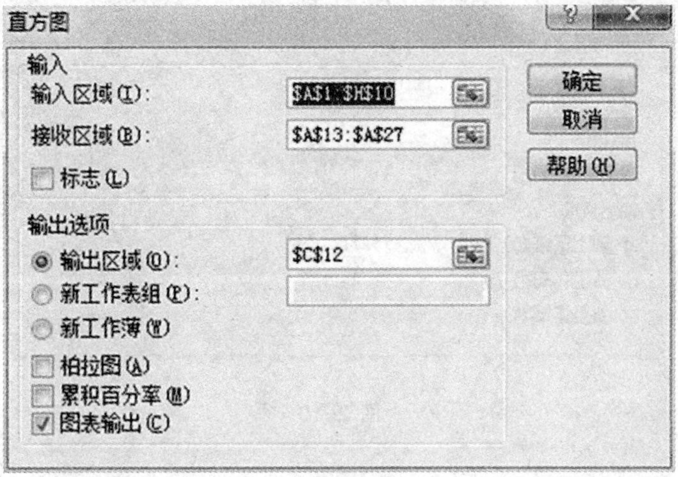

图 2-8

然后对直方图进行修整，在图标区域点击鼠标右键→【设置数据列格式】→【系列选项】里的“分类间距”为 10%，结果如图 2-9 所示。

	A	B	C	D
11			输出区域	
12	接收区域		接收	频率
13	65		65	0
14	70		70	1
15	75		75	1
16	80		80	3
17	85		85	3
18	90		90	6
19	95		95	13
20	100		100	13
21	105		105	15
22	110		110	13
23	115		115	7
24	120		120	2
25	125		125	1
26	130		130	1
27	135		135	1

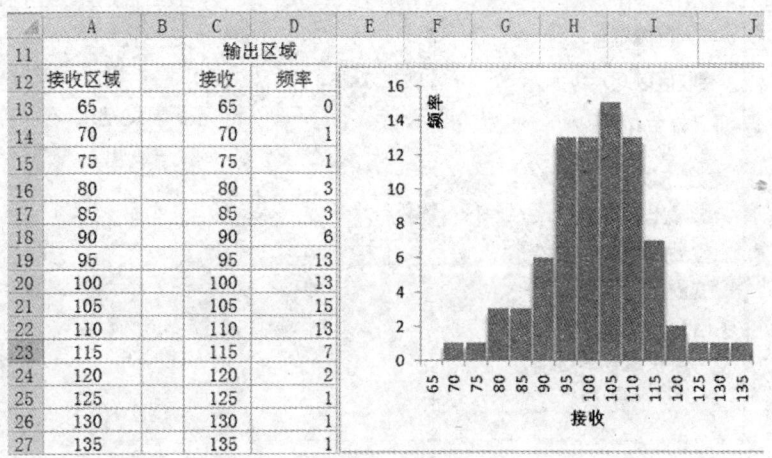

图 2-9

【例 2-2】

第一步：建立 Excel 工作簿，执行如下命令：【数据】→【数据分析】→【随机数发生器】→【确定】，如图 2-10 所示，并把这 1000 个数据定义为 B。

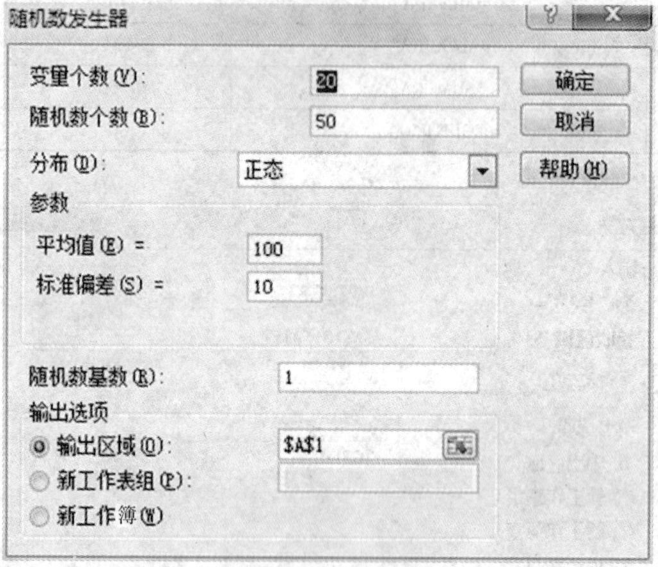

图 2-10

第二步：制定分类区域。在区域 A53：A67 输入 65，70，75，…，130，135…

第三步：对所产生的 1000 个均值为 100、标准差为 10 的正态分布数绘制直方图，执行如下命令：【数据】→【数据分析】→【直方图】→【确定】，如图 2-11 所示：

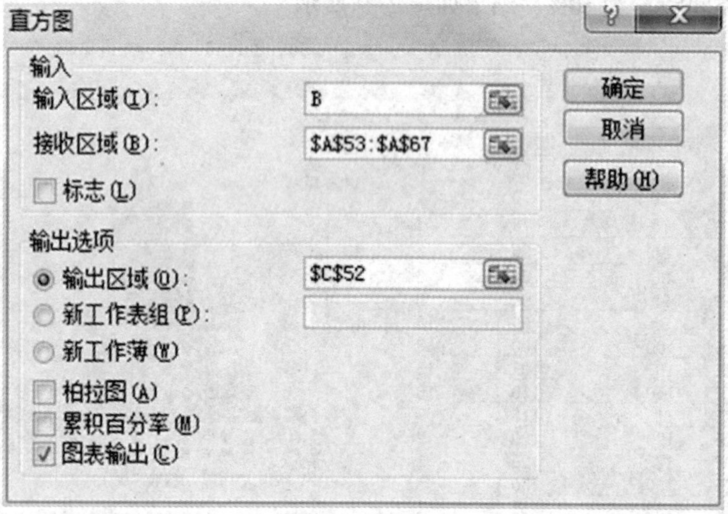

图 2-11

我们可以发现，1000个随机数的直方图比80个随机数的直方图更趋向于正态分布的走势。通俗一点来讲，就是样本数量很大的时候，样本均值和真实均值充分接近。这一结论与中心极限定理一起，成为现代概率论、统计学、理论科学和社会科学的基石。

第四步：用正态分布函数产生概率分布。

在频率列的右边，也就是单元格 E53 输入公式"=NORMDIST（C53，100，10，0）"，然后填充到单元格 E67。

第五步：在直方图中增加正态分布曲线图。

（1）在直方图内点出鼠标右键，在弹出的对话框中【选择数据】→【添加】。
（2）系列名称：概率。
（3）系列值：选中 E53：E67。
（4）确定。

第六步：修整图形。

在图表区柱形较下方选中正态分布曲线数据（正态分布密度值和频率数值相比太小了，实在看不清，多试几次，选中后，E53：E67数据处于选中状态）。

点击鼠标右键→【设置数据列格式】→【系列绘制在】→【次坐标轴】。

【系列选项】设置为：分类间距10%。

第七步：更改系列图表类型。选中正态分布柱形图→右键→【更改系列图表类型】，选中【折线图】。

第八步：平滑正态分布图。

选中正态分布曲线→右键→【设置数据列格式】→【线型】→勾选【平滑线】→【关闭】。结果如图2-12所示。

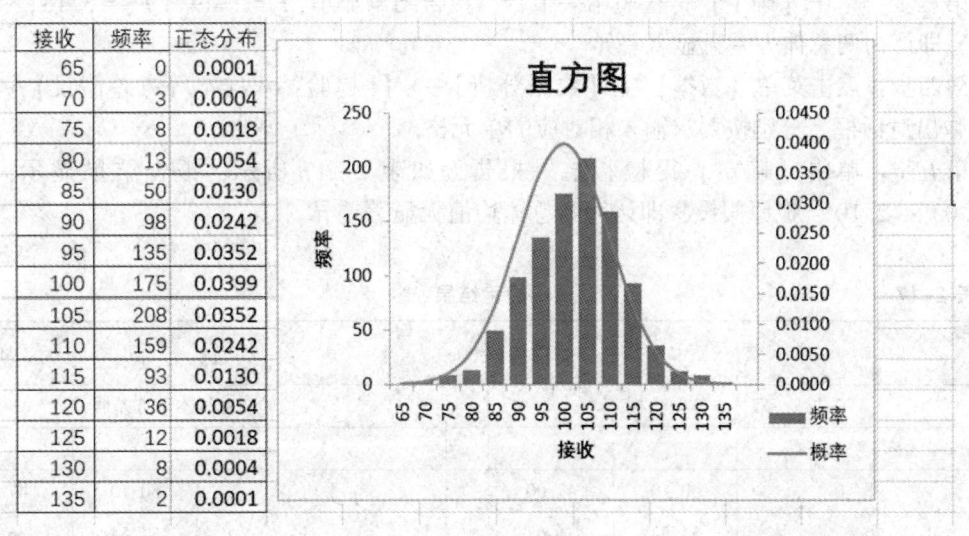

图 2-12

【例2-3】

第一步：将 X、Y 的基本数据输入新 Excel 工作簿。

表 2-16

	A	B	C	D	E	F	G	H	I	J	K
1	X	50	51	54	42	54	47	48	58	36	61
2	Y	38	47	50	48	51	59	46	49	40	42

第二步：点击菜单【数据】→【数据分析】→【F-检验-双样本方差】→【确定】弹出直方图对话框，分别按要求输入相对应的单元格，如图 2-13 所示：

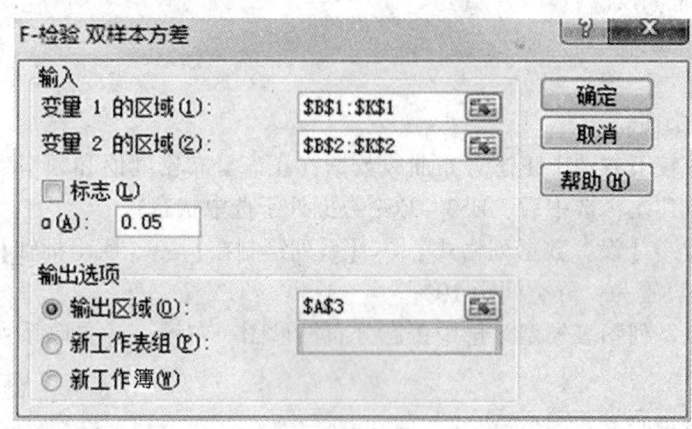

图 2-13

第三步：单击【确定】得检验结果报告，报告结果显示，$F = 1.49 < F_\alpha = 3.18$，接受原假设，即认为两总体方差无显著差异。

第四步：点击菜单【数据】→【数据分析】→【t 检验：双样本等方差假设】→【确定】弹出对话框，分别按要求输入相对应的单元格。

第五步：单击【确定】得检验结果报告，如表 2-17 所示，报告结果显示，双尾 $t = 1.03 < 2.10$，拟原假设，即认为两总体均值无显著差异。

表 2-17　　　　　　　　　　　　　　检验结果

	A	B	C	D	E	F	G	H	I
3	F-检验-双样本方差分析					t 检验：双样本等方差假设			
4		X		Y			X		Y
5	平均		50.10		47.00	平均		50.10	47.00
6	方差		54.54		36.67	方差		54.54	36.67
7	观测值		10		10	观测值		10	10
8	df		9		9	合并方差		45.6	
9	F		1.49			假设平均差		0	

续表

	A	B	C	D	E	F	G	H	I
10	P（F≤f）单尾		0.28				df		18
11	F 单尾临界		3.18				t Stat		1.03
12							P（T≤t）单尾		0.16
13							t 单尾临界		1.73
14							P（T≤t）双尾		0.32
15							t 双尾临界		2.10

【例 2-4】

第一步：将基本数据输入 Excel 工作簿 2-4 中，具体如表 2-18 所示。

表 2-18

	A	B	C	D
1	春	夏	秋	冬
2	22.6	19.1	18.9	19.0
3	22.8	22.8	13.6	16.9
4	21.0	24.5	17.2	17.6
5	16.9	18.0	15.1	14.8
6	24.0	15.2	16.6	13.1
7	21.9	18.4	14.2	16.9
8	21.5	20.1	16.7	16.2
9	21.2	21.2	19.6	14.8

第二步：执行如下命令：【数据】→【数据分析】→【方差分析：单因素方差分析】，弹出对话框，【输入区域】应包括因素名称等全部单元格区域，分组方式：若要指示数据源区域中的数据是按行还是按列排列，本例题按列排序。（标志位于第一行/标志位于第一列：如果数据源区域的第一行中包含标志项，请选中"标志位于第一行"复选框。如果数据源区域的第一列中包含标志项，请选中"标志位于第一列"复选框。如果数据源区域中没有标志项，则该复选框将被清除）。如图 2-14 所示。

第三步：单击【确定】得检验结果报告，如图 2-15 所示，是否具有显著性以 P 值（P-value），即截尾概率为观测值。当 $P = 0.00 < 0.05$ 时，则表明拒绝原假设，意味着不同季节股票价格有显著性差异。

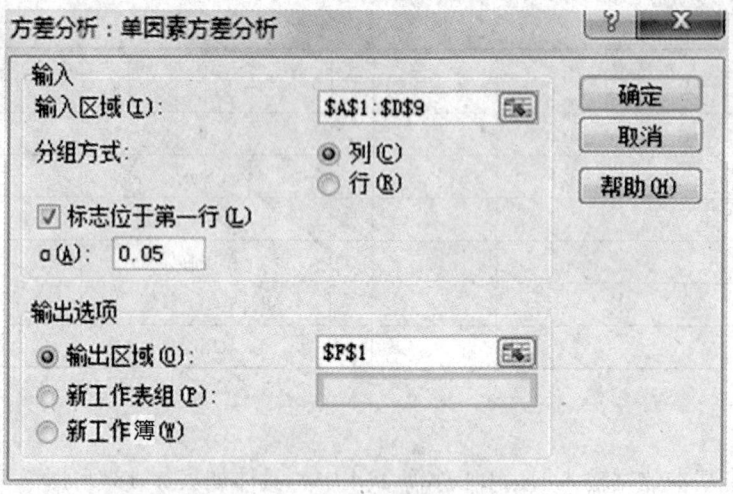

图 2-14

	A	B	C	D	E	F	G	H	I	J
1	春	夏	秋	冬		方差分析：单因素方差分析				
2	22.6	19.1	18.9	19		SUMMARY				
3	22.8	22.8	13.6	16.9		组	观测数	求和	平均	方差
4	21	24.5	17.2	17.6		春	8	171.9	21.49	4.40
5	16.9	18	15.1	14.8		夏	8	159.3	19.91	8.56
6	24	15.2	16.6	13.1		秋	8	131.9	16.49	4.51
7	21.9	18.4	14.2	16.9		冬	8	129.3	16.16	3.47
8	21.5	20.1	16.7	16.2						
9	21.2	21.2	19.6	14.8						
10			方差分析	差异源	SS	df	MS	F	P-value	F crit
11				组间	163.5	3	54.49	10.41	0.00	2.95
12				组内	146.6	28	5.23			
13				总计	310.0	31				

图 2-15

【例 2-5】

第一步：将基本数据输入 Excel 工作簿 2-5 中，具体如表 2-19 所示。

表 2-19

A	B	C	D	E
	A1	A2	A3	A4
B1	15	17	15	18
	15	17	17	20
	17	17	16	20

续表

A	B	C	D	E
B2	19	15	18	15
	19	15	17	16
	16	15	16	17
B3	16	19	18	17
	18	22	18	17
	21	22	18	17

第二步：执行如下命令：【数据】→【数据分析】→【方差分析：无重复因素方差分析】，弹出对话框，【输入区域】应包括因素名称等全部单元格区域，分组方式：若要指示数据源区域中的数据是按行还是按列排列，本例题按列排序，如表2-20所示。

表 2-20

	A	B	C	D	E	F	G
1	SUMMARY	观测数	求和	平均	方差		
2	B1	4	65	16.25	2.25		
3		4	69	17.25	4.25		
4		4	70	17.5	3		
5	B2	4	67	16.75	4.25		
6		4	67	16.75	2.91		
7		4	64	16	0.67		
8	B3	4	70	17.5	1.67		
9		4	75	18.75	4.97		
10		4	78	19.5	5.67		
11							
12	A1	8	9	156	17.33		
13	A2	8	9	159	17.67		
14	A3	8	9	153	17		
15	A4	8	9	157	17.44		
16	方差分析						
17	差异源	SS	df	MS	F	P-value	F crit
18	行	41.560	8	5.194	1.438	0.2316	2.355
19	列	2.083	3	0.694	0.192	0.900	3.008
20	误差	86.670	24	3.611			
21	总计	130.3056	35				

第三步：可重复双因素分析。点击菜单【数据】→【数据分析】→【方差分析：可重复双因素分析】，在弹出的对话框，如图2-16中输入相关参数。

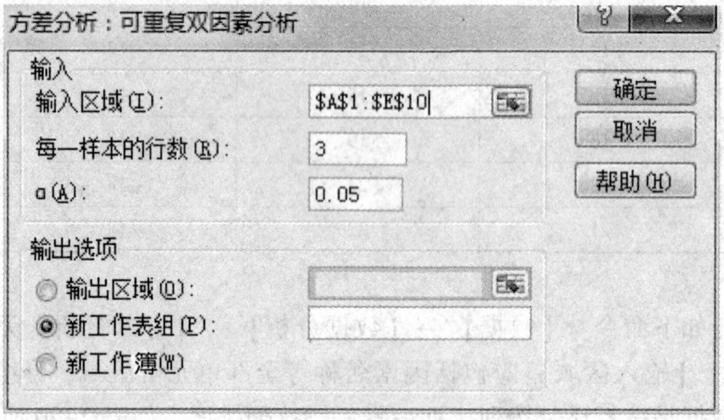

图 2-16

第四步：输出结果，如表2-21所示。

表 2-21

	A	B	C	D	E	F	G
1	SUMMARY	观测数	求和	平均	方差		
2	行1	4	79.6	19.90	3.25		
3	行2	4	76.1	19.03	20.82		
4	行3	4	80.3	20.08	11.61		
5	行4	4	64.8	16.20	2.30		
6	行5	4	68.9	17.23	22.47		
7	行6	4	71.4	17.85	10.31		
8	行7	4	74.5	18.63	6.68		
	行8	4	76.8	19.20	9.17		
	列1	8	171.9	21.49	4.40		
	列2	8	159.3	19.91	8.56		
	列3	8	131.9	16.49	4.51		
	列4	8	129.3	16.16	3.47		
	方差分析						
	差异源	SS	df	MS	F	P-value	F crit
	行	50.235	7	7.18	1.56	0.20	2.49
	列	163.470	3	54.49	11.88	0.00	3.07
	误差	96.330	21	4.59			
	总计	310.035	31				

【例 2-6】

根据股票价格模拟公式：$S' = \Delta S + S = S(1 + \mu dt + \sigma dz) = S(1 + \mu \Delta t + \sigma \varepsilon \sqrt{\Delta t})$

其中，$S = 10$，$\mu = 10\%$，$\sigma = 35\%$，$\Delta t = \dfrac{1}{52}$，$\varepsilon = \sum_{i=1}^{12} R_i - 6$

$R_i (1 \leq i \leq 12)$ 是相互独立的 0 到 1 均匀分布的随机数。

股票趋势模拟：

第一步：在各单元格输入股票价格模拟的基础数据，并对波动率 σ 制定一个控件，如表 2-22 所示。

表 2-22　　　　　　　　　　　股价路径模拟

	A	B	C	D	E	F	G	H	I
1					基本参数				
2	时间	52	漂移率	12%	波动率	=G2/100		▲▼	
3	周期	ε	股价	MA（10）	EXPMA（10）	EXPMA（20）	DIF	DEA	MACD
4	0		10						
5	1								
6	2								
	3								

第二步：计算平均均匀分布随机数 ε 和股票价格 S。

在 B5 单元格中输入"=RAND( )+RAND( )+RAND( )+RAND( )+RAND( )+RAND( )+RAND( )+RAND( )+RAND( )+RAND( )+RAND( )+RAND( )-6"。

在 C5 单元格中输入"=C4*（1+$D$2/$B$2+$F$2*B5/SQRT($B$2)）"。

第三步：产生 1—52 个序列数：用鼠标选中单元格 B4，然后点击菜单【开始】→【填充】→【系列】，弹出图 2-17 对话框，序列产生在列，步长值为 1，终止值为 52。

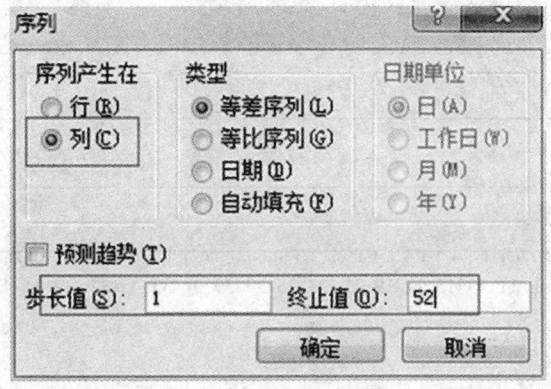

图 2-17

第四步：用鼠标选中单元框 B5：C5，并把鼠标置于单元框右下角，当鼠标变为黑十字星时，双击鼠标右键，得出表 2-23 结果。此处隐藏了 9—55 行单元格内容。说明：由于加入了随机数，每次得到的结果都不一样。

表 2-23　　　　　　　　　　　　　股价路径模拟

	A	B	C	D	E	F	G	H	I
1	基本参数								
2	时间	52	漂移率	12%	波动率	=G2/100		▲▼	
3	周期	ε	股价	MA（10）	EXPMA（10）	EXPMA（20）	DIF	DEA	MACD
4	0		10						
5	1								
6	2								
7	3								
8									
⋮	⋮								
56	52								

第五步：制定股票趋势图。用鼠标选中 C4：C56 区域，点出菜单【插入】→【折线图】，得到图 2-18。通过调整控件，股票价格趋势图也会随之改变。

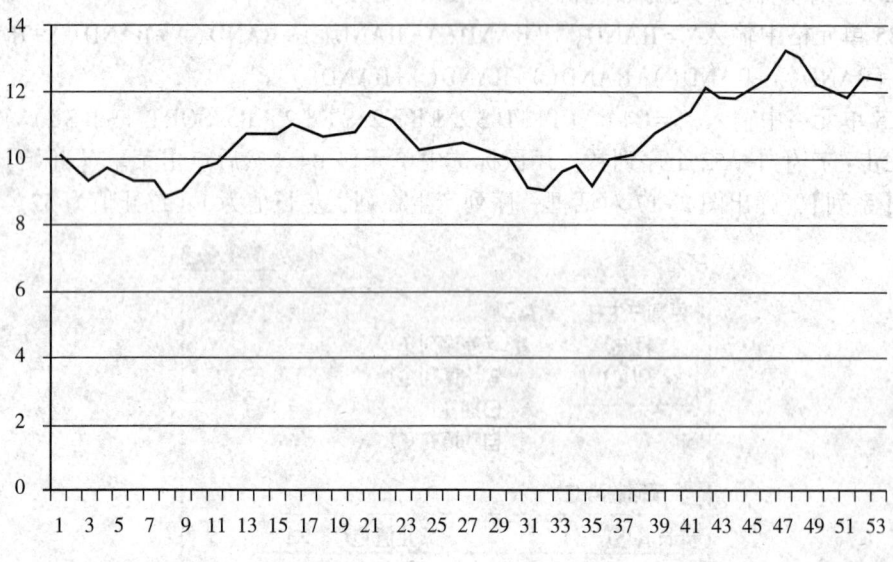

图 2-18

技术指标计算：

（1）计算移动平均线 MA（10）。

在单元格 D14 输入公式"=AVERAGE（C5：C14）"。然后在单元格右下角双击鼠标左键进行填充。

（2）计算指数异同移动平均线 EXPMA（10）和 EXPMA（20）。

在单元格 E14 输入公式"=E13*9/11+C14*2/11"。然后在单元格右下角双击鼠标左键进行填充。

在单元格 F14 输入公式"=F13*19/21+C14*2/21"。然后在单元格右下角双击鼠标左键进行填充。

（3）计算 DIF 和 DEA。

在单元格 G14 输入公式"=E14-F14"。然后在单元格右下角双击鼠标左键进行填充。

在单元格 H14 输入公式"=G14*2/3+H13/3"。然后在单元格右下角双击鼠标左键进行填充。

（4）计算 MACD。

在单元格 I14 输入公式"=2*（G14-H14）"。然后在单元格右下角双击鼠标左键进行填充。

（5）制作 MACD 指标曲线图。

选中单元格区域 G14：I56，然后点击【插入】→【折线图】。

（6）修整图形。

在图表区域选中 MACD 曲线，点击鼠标右键→【更改图表类型】→【柱状图】。

再一次在图表区域选中 MACD 曲线，点击鼠标右键→【设置数据系列格式】→【填充】，勾选"以互补色代表负值",选择红色为正值,绿色为负值。如图 2-19 所示。

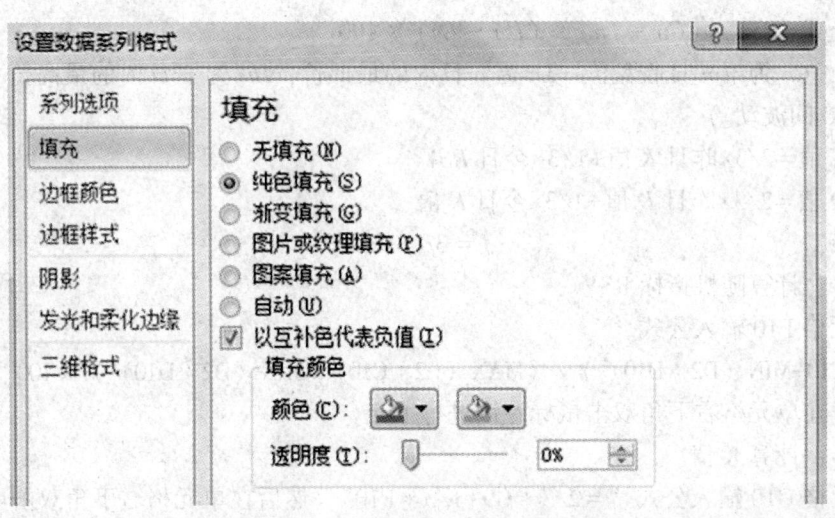

图 2-19

点击【确定】按钮,结果如图 2-20 所示。

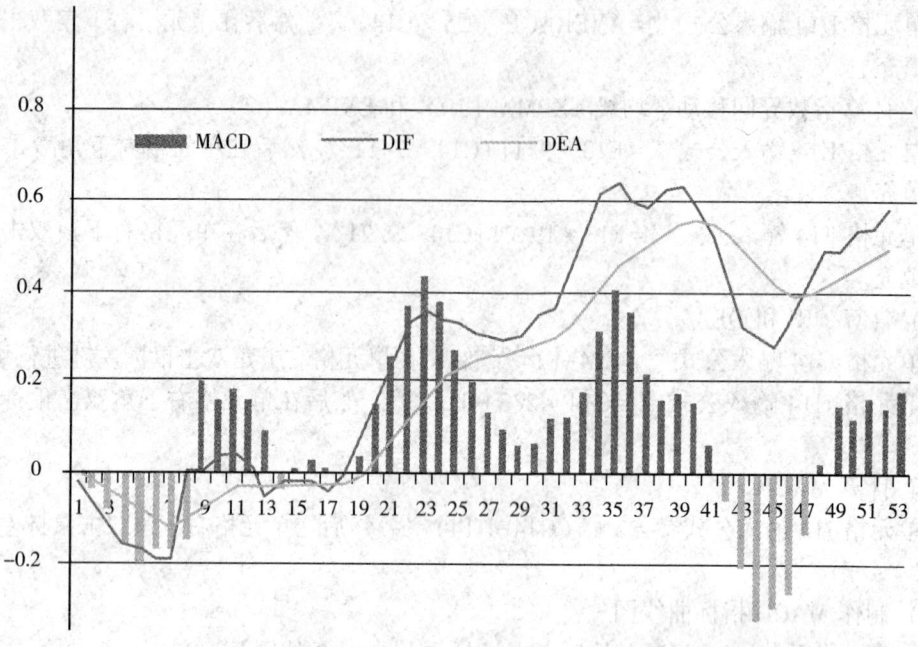

图 2-20

（7）调节波动率控件，分别得到不同的曲线图。

【例 2-7】

（1）计算 KDJ 指标

根据公式：$RSV = (C_n - L_n) \div (H_n - L_n) \times 100$

（式中，C_n 为第 n 日收盘价；L_n 为 n 日内的最低价；H_n 为 n 日内的最高价。RSV 值始终在 1—100 间波动。）

今日 K 值=2/3×昨日 K 值+1/3×今日 RSV

今日 D 值=2/3×昨日 D 值+1/3×今日 K 值

$$J = 3K - 2D$$

第一步：计算随机指标 RSV。

在单元格 F10 输入公式

"=（E10-MIN（D2：D10））/（MAX（C2：C10）-MIN（D2：D10））*100"。

然后，在单元格右下角双击鼠标左键进行填充。

第二步：计算 K 值。

在单元格 G10 输入公式 "=2/3*G9+1/3*F10"。然后在单元格右下角双击鼠标左键进行填充。

第三步：计算 D 值。

在单元格 H10 输入公式 "=2/3*H9+1/3*G10"。然后在单元格右下角双击鼠标左键进行填充。

第四步：计算 J 值。

在单元格 I10 输入公式 "=G10*3-2*H10"。然后在单元格右下角双击鼠标左键进行填充。

第五步：绘制图表。如图2-21所示。

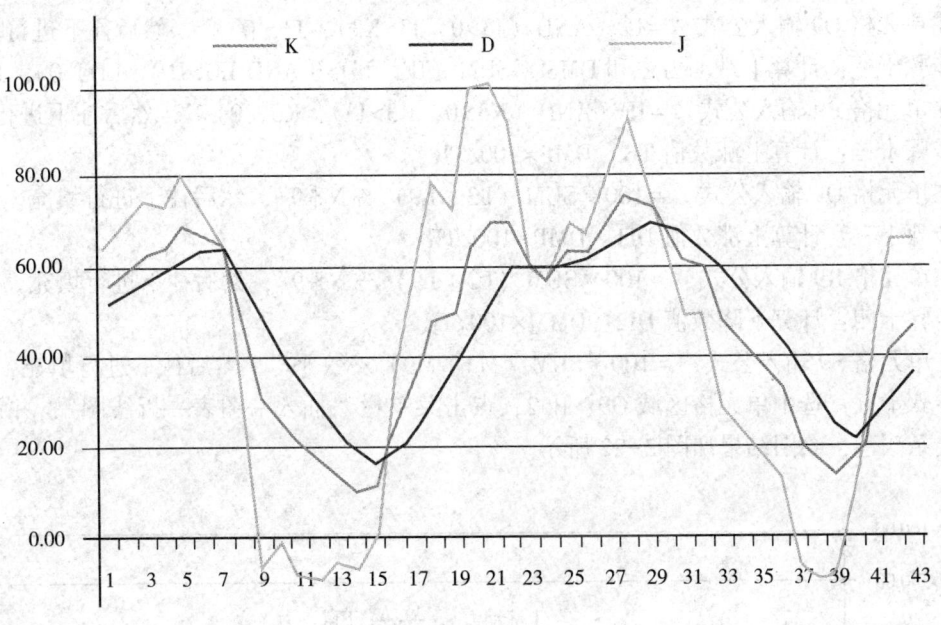

图2-21

(2) 计算DMI指标

步骤一：计算最高价-高低价：HIGH-LOW

在单元格F3输入公式"=C3-D3"，然后往下进行填充。

步骤二：计算最高价-昨日收盘价：HIGH-REF（CLOSE，1）

在单元格G3输入公式"=ABS（C3-E2）"，然后往下进行填充。

步骤三：计算最低价-昨日收盘价：LOW-REF（CLOSE，1）

在单元格H3输入公式"=ABS（D3-E2）"，然后往下进行填充。

步骤四：计算以上三个数据的最大值：MAX（HIGH-LOW，ABS（HIGH-REF（CLOSE，1）））

在单元格I3输入公式"=MAX（F3：H3）"，然后往下进行填充。

步骤五：计算最高价-昨日最高价：HIGH-REF（HIGH，1）

在单元格J3输入公式"=C3-C2"，然后往下进行填充。

步骤六：计算昨日最低价-今日最低价：REF（LOW，1）-LOW

在单元格K3输入公式"=D2-D3"，然后往下进行填充。

步骤七：计算上涨动力：IF（LD>0 AND HD>LD，LD，0）

在单元格L3输入公式"=IF（AND（J3>0，J3>K3），J3，0）"，然后往下进行填充。

步骤八：计算下跌动力：IF（LD>0 AND LD>HD，LD，0）

在单元格M3输入公式"=IF（AND（K3>0，K3>J3），K3，0）"，然后往下进行填充。

步骤九：计算 TR 的求和值：REF（LOW，1）-LOW

在单元格 N9 输入公式"=SUM（I3：I9）"，然后往下进行填充。

步骤十：计算上涨动力之和 DMP：SUM（IF（HD>0 AND HD>LD，HD，0），M1）

在单元格 O9 输入公式"=IF（AND（J3>0，J3>K3），J3，0）"，然后往下进行填充。

步骤十一：计算下跌动力之和 DMM：SUM（IF（LD>0 AND LD>HD，LD，0），M1）

在单元格 P9 输入公式"=IF（AND（K3>0，K3>J3），K3，0）"，然后往下进行填充。

步骤十二：计算上涨数值 TR：DMP×100/TR

在单元格 Q9 输入公式"=100＊SUM（L3：L9）/＄N＄9"，然后往下进行填充。

步骤十三：计算上涨数值 DI1：DMP×100/TR

在单元格 R9 输入公式"=100＊SUM（L3：L9）/＄N＄9"，然后往下进行填充。

步骤十四：计算下降数值 DI2：DMM×100/TR

在单元格 S9 输入公式"=100＊SUM（M3：M9）/＄N＄9"，然后往下进行填充。

步骤十五：选中单元格区域 O9：P52，点击菜单栏"插入—图表—折线图"，并调整线型、线条颜色，绘图结果如图 2-22 所示。

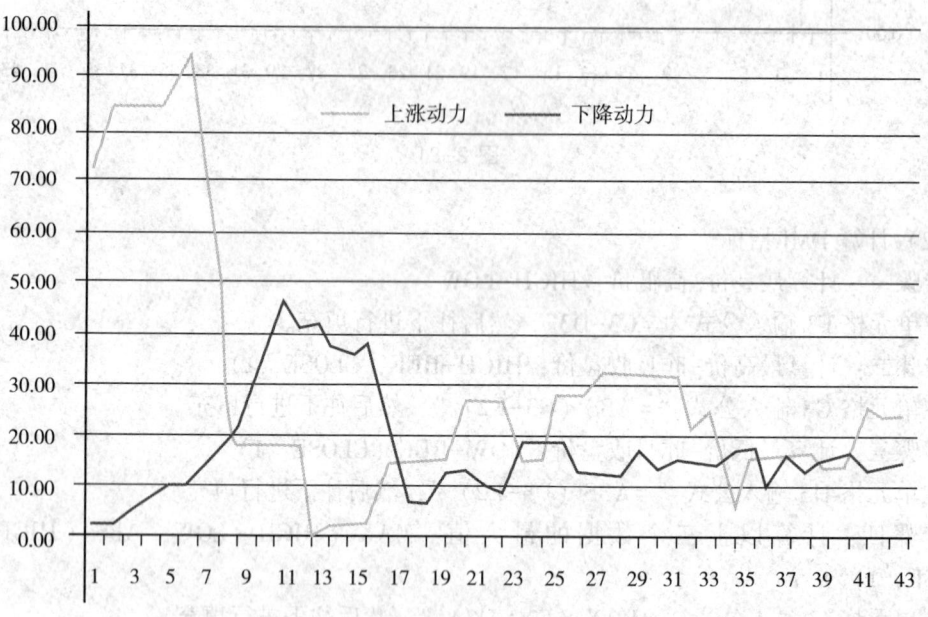

图 2-22

五、课后练习

【练 2-1】从同花顺股票软件下载上证指数 2019 年全年每周交易收盘数据，计算周平均收益率（%），波动率，并检验是否符合正态分布？

【练 2-2】从同花顺下载 2019 年上证和深证月度收益率数据，用方差分析这两个市场是否存在显著性差异。

【练 2-3】从同花顺软件下载同花顺股票 2019 年周数据，计算趋势指标 MACD，随机指标 KDJ 和动向指标 DMI，并绘制折线图。

【练 2-4】从同花顺软件里下载数据，统计分析股票涨停后买入的收益率情况。

六、参考视频

统计学，https：//www.icourse163.org/course/HZIC-1206693866。

统计学，https：//www.icourse163.org/course/LIXIN-1206515803。

走进统计学，https：//www.icourse163.org/course/ECNU-1003540115。

有用的统计学，https：//www.icourse163.org/course/CUFE-1003437002。

概率论与统计学，https：//www.icourse163.org/course/XMU-1206678826。

统计模型与统计实验，https：//www.icourse163.org/course/NJUE-1001752061。

经济生活与数学，https：//www.icourse163.org/course/HNU-483008。

第三章　规划求解实验

企业管理中经常碰到各种决策问题。线性规划，即在有限的资源和若干竞争约束下，求某个目标函数的最大值或最小值的最优策略。它是帮助财务管理者和金融分析师做出有约束最优化问题决策的强大工具。本章主要利用 Excel 工具来理解线性规划单纯形法求解的原理，求解投入产出效率，熟悉资产组合原理，掌握解决生产过程中的资源分配、最优安排、最优运输路线和网络分析问题等。

一、实验目的

1. 理解线性规划单纯形法的基本原理。
2. 能够用单纯形法求解最优值。
3. 能够寻找最大流以及最小费用流。
4. 熟悉掌握资产投资组合。
5. 熟练掌握投入产出方法。

二、实验原理

1. 线性规划数学模型

一般线性规划数学模型有下面三个要素：

（1）决策变量集合，其每一组可能的取值代表问题的一个解决方案。通常决策变量要求非负。

（2）约束条件集合，即决策变量必须服从的条件。它是决策变量集的一组线性等式或不等式。

（3）目标函数，它是衡量决策变量集所形成决策方案优劣的数量指标。根据问题要求其在满足所有约束条件下的最大值或最小值。

线性规划的一般模型为：

目标函数：$\text{Max}(\text{或 Min})z = c_1x_1 + c_2x_2 + \cdots + c_nx_n$

约束条件：

$$\begin{cases} a_{11}x_1 + a_{12}x_2 + \cdots + a_{1n}x_n \leqslant (=, \geqslant) b_1 \\ a_{21}x_1 + a_{22}x_2 + \cdots + a_{2n}x_n \leqslant (=, \geqslant) b_2 \\ \cdots \\ a_{m1}x_1 + a_{m2}x_2 + \cdots + a_{mn}x_n \leqslant (=, \geqslant) b_m \\ x_1, x_2, \cdots, x_n \geqslant 0 \end{cases}$$

其中，$x = (x_1, x_2, \cdots, x_n)$ 称为决策变量（Decision Variable），在 Excel 中称为可变单元格，z 称为目标函数（Objective Function），目标函数必须为公式，它既包括基变量（$x_{n+1}, x_{n+2}, \cdots, x_{n+m}$），又包括非基变量（$x_1, x_2, \cdots, x_n$）。约束条件所确定的 x 的范围称为可行域，满足约束条件的解 x 称为可行解，同时满足目标函数和约束条件的解 x^* 称为最优解，整个可行域上的最优解称为全局最优解，可行域中某个邻域上的最优解称为局部最优解，最优解所对应的目标函数值称为最优值。

为了表达的方便性，也可以将上述线性规划的标准形式写成矩阵形式。

则线性规划的规范形式为：

$$\text{Min} \quad C^T X$$
$$AX \geqslant b$$
$$X \geqslant 0$$

$$A = \begin{pmatrix} a_{11} & a_{12} & \cdots & a_{1n} \\ a_{21} & a_{22} & \cdots & a_{2n} \\ \vdots & \vdots & & \vdots \\ a_{m1} & a_{m2} & \cdots & a_{mn} \end{pmatrix}$$

$X = (x_1, x_2, \cdots, x_n)^T$, $C = (c_1, c_2, \cdots, c_n)^T$, $b = (b_1, b_2, \cdots, b_m)^T$
$p_j = (a_{1j}, a_{2j}, \cdots, a_{mj})^T$

其中，C 称为价值行向量，b 称为资源列向量，X 为决策变量列向量，A 为系数矩阵，p_j 为对应于决策变量 x_j 的系数列向量。

线性规划的标准形式为：

$$\min \quad C^T X$$
$$AX = b$$
$$X \geqslant 0$$

假定在经过标准化和必要性处理后的线性规划模式中，其约束方程中已经存在 m 个线性独立的单位列向量 $p_{n+1}, p_{n+2}, \cdots, p_{n+m}$，一般形式可以表示为：

$$\begin{cases} a_{1,1}x_1 + \cdots + a_{1,n}x_n + x_{n+1} = b_1 \\ a_{2,1}x_1 + \cdots + a_{2,n}x_n + x_{n+2} = b_2 \\ \cdots \\ a_{m,1}x_1 + \cdots + a_{m,n}x_n + x_{n+m} = b_m \end{cases}$$

将其系数矩阵 A' 和资源列向量 b 写在同一个矩阵中，称为系数增广矩阵。

$$\begin{pmatrix} a_{1,1} \cdots a_{1,n} & 1 & 0 \cdots 0 & b_1 \\ a_{2,1} \cdots a_{2,n} & 0 & 1 \cdots 0 & b_2 \\ \cdots \\ a_{m,1} \cdots a_{m,n} & 0 & 0 \cdots 1 & b_m \end{pmatrix}$$

假设你是一个单位的采购经理,你有 2000 元经费,需要采购单价为 50 元的若干桌子和单价为 20 元的若干椅子,你希望桌椅的总数尽可能地多,但要求椅子数量不少于桌子数量,且不多于桌子数量的 1.5 倍,那你需要怎样的一个采购方案呢?

于是我们可以假设桌子数量和椅子数量为 x_1 和 x_2,为此目标函数为:$Z = Max \quad x_1 + x_2$

约束条件:
$$\begin{cases} x_1 \leq x_2 \\ 1.5x_1 \geq x_2 \\ 50x_1 + 20x_2 \leq 2000 \\ x_1, x_2 \geq 0 \end{cases}$$

上述既包含目标函数,又含有约束条件,就可以抽象为一个线性规划问题,即在有限的资源和若干竞争约束下,求某个目标函数的最大化或最小化的最优策略。

由上述案例来看,因为是只有两个变量属于二维空间,我们在笛卡儿坐标系中画出约束条件和目标函数。

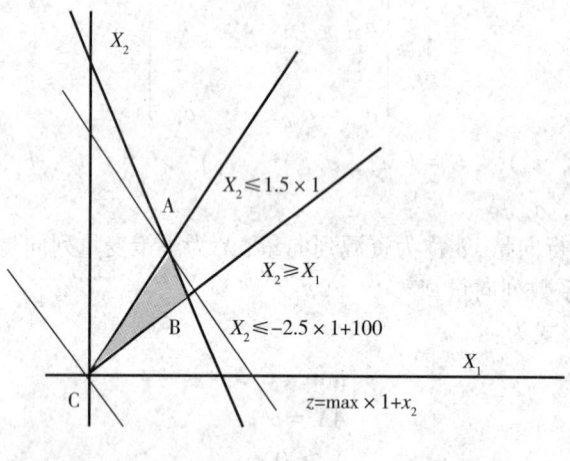

图 3-1

从二维空间中我们可以看出,灰色区域就是满足所有约束条件的安全区域,包括最优解也必须在其中,我们把这个区域叫作可行域。Z 函数即是目标函数,而要求目标函数达到最大值或最小值,就是平行的移动目标函数,让目标函数在可行域上达到截距最大(最小)。图 3-1 中的 A、B、C 三个点都属于目标函数与可行域的交点,我们称为可行解,而使得目标函数达到最大(最小)的可行解被我们定义为最优解,其对应图中的 A 点。

至此我们可以总结出线性规划的几个特征:

(1)线性规划的可行域总是 个凸集。

(2)目标函数的可行解(包括最优解)一定出现在可行域的一个顶点上。

（3）目标函数可以是直线（二维空间）或者超平面（高维空间）的线性变化，所以它的局部最优解实际上就是全局最优解。

标准形式如下：

目标函数为：$\text{Min} - x_1 - x_2$

约束条件：$\begin{cases} x_1 - x_2 \leq 0 \\ -1.5x_1 + x_2 \leq 0 \\ 50x_1 + 20x_2 - 2000 \leq 0 \\ x_1, x_2 \geq 0 \end{cases}$

可以看到，线性规划的标准型，是满足不等式约束的一个目标线性函数最小化（最大化）过程。

在求解线性规划算法中，我们更喜欢用等式约束来等价描述不等式约束，为此我们引入松弛形式。

为了将约束条件都变为等式，我们需要引入松弛变量进入 x 向量，下面我们将开头案例转化为松弛形式如下：

目标函数为：$\text{Min} - x_1 - x_2$

约束条件：$\begin{cases} x_1 - x_2 + x_3 = 0 \\ -1.5x_1 + x_2 + x_4 = 0 \\ 50x_1 + 20x_2 + x_5 - 2000 = 0 \\ x_1, x_2, x_3, x_4, x_5 \geq 0 \end{cases}$

此时增广矩阵如下：

$$B = \begin{bmatrix} 1 & -1 & 1 & 0 & 0 & 0 \\ -1.5 & 1 & 0 & 1 & 0 & 0 \\ 50 & 20 & 0 & 0 & 1 & 2000 \end{bmatrix}$$

可以看到松弛变量的意义，就是度量了等式约束与原不等式约束之间的松弛或差别，我们的单纯形算法都是建立在线性规划的松弛形式上。

我们将松弛变量单独提到等式左边，将松弛形式等价地变为：

$$\begin{cases} x_3 = -x_1 + x_2 \\ x_4 = 1.5x_1 - x_2 \\ x_5 = 2000 - 50x_1 - 20x_2 \\ x_1, x_2, x_3, x_4, x_5 \geq 0 \end{cases}$$

在上述等式中，我们将等式左边的部分称为基本变量，而右边部分称为非基本变量。

现在我们考虑这个状态下的基本解，其计算方式为：将等式右边的所有非基本变量设为 0，然后单独计算左边的基本变量值，为此我们得到第一个基本解为 $x = (0, 0, 0, 0, 2000)$。

而这组基本解没有违反任意约束条件，即该基本解就是一个可行解，也就是可行区域的一个顶点。

下面我们选出当前目标函数中第一个系数为负数的非基本变量，需要将其变化为基本变量，为此我们选出 x_1，我们也将这个非基本变量称为替入变量。紧接着我们需要在约束条件里找到一个对当前替入变量 x_1 最严格的一个约束，我们计算出第一个约束里 x_1 可以增大到 0，第二个约束里 x_1 可以增大到无穷，第三个约束里 x_1 可以增大到 40，因此第一个约束条件对 x_1 更为严格，我们选择第一个约束，而这个约束里的基本变量我们称为替出变量，得到 $x_1 = x_2 - x_3$，将其带入当前的约束集合变化得到：

目标函数为：$\text{Min} - 2x_2 + x_3$

$$\begin{cases} x_1 = x_2 - x_3 \\ x_4 = 0.5x_2 - 1.5x_3 \\ x_5 = 2000 - 70x_2 + 50x_3 \\ x_1, x_2, x_3, x_4, x_5 \geq 0 \end{cases}$$

上述的过程我们定义为一个转动（Pivot），而一次转动的目的，就是在当前的目标函数里选择一个替入变量，然后在约束集合里选择一个约束（替换变量），最后替换这组替入变量和替出变量的角色位置，其本质就是用替出变量来表示替入变量的代数式。

经过第一次旋转，此时的目标函数的值变为 $-2x_2 + x_3 = 0$。

接下来我们需要不断地执行转动过程，直到目标函数无法改进，即目标函数的系数全部为非负数。

由于目标函数里仍然存在系数为负数的项，我们继续执行第二次转动，选择替入/替出的算法，和第一次转动一样，我们从当前的目标函数里选择 x_2 为替入变量，在约束集合里因为第一个和第二个约束都可以让 x_2 增大到无穷，而第三个约束可以让 x_2 增大到 2000/70，为此我们选择第三个约束条件的 x_5 为替出变量，得到 $x_2 = \dfrac{2000}{70} + \dfrac{5}{7}x_3 - \dfrac{1}{70}x_5$，将其带入当前的约束集合变化得到：

目标函数为：$\text{Min} - \dfrac{4000}{70} - \dfrac{3}{7}x_3 + \dfrac{1}{35}x_5$

$$\begin{cases} x_1 = \dfrac{2000}{70} - \dfrac{2}{7}x_3 - \dfrac{1}{70}x_5 \\ x_4 = \dfrac{2000}{70} - \dfrac{16}{14}x_3 - \dfrac{1}{140}x_5 \\ x_2 = \dfrac{2000}{70} + \dfrac{5}{7}x_3 - \dfrac{1}{70}x_5 \\ x_1, x_2, x_3, x_4, x_5 \geq 0 \end{cases}$$

经过第二次旋转，此时的基本解变为：

$$x = (\dfrac{2000}{70}, \dfrac{2000}{70}, 0, \dfrac{1000}{70}, 0)$$

经过第二次旋转，此时的目标函数的值变为 $-4000/70$。

由于目标函数里仍然存在系数为负数的项，我们继续执行第三次转动，同理，我们选择 x_3 为替入变量，选择第二个约束里的 x_4 作为替出变量，得到 $x_3 = \dfrac{1000}{80} - \dfrac{16}{14}x_4 - \dfrac{1}{160}x_5$，将其带入当前的约束集合变化得到：

目标函数为：$\text{Min} - \dfrac{35000}{560} + \dfrac{6}{16}x_4 + \dfrac{35}{1120}x_5$

$$\begin{cases} x_1 = \dfrac{14000}{560} + \dfrac{1}{4}x_4 - \dfrac{1}{80}x_5 \\ x_3 = \dfrac{1000}{80} - \dfrac{16}{14}x_4 - \dfrac{1}{160}x_5 \\ x_2 = \dfrac{21000}{560} - \dfrac{10}{16}x_4 - \dfrac{6}{320}x_5 \\ x_1,\ x_2,\ x_3,\ x_4,\ x_5 \geqslant 0 \end{cases}$$

经过第三次旋转，此时的基本解变为 $x = (25,\ 37.5,\ 12.5,\ 0,\ 0)$。

经过第三次旋转，此时的目标函数的值变为 $-35000/560 = -62.5$。

而此时此刻，我们的目标函数里已经没有系数为负数的项了，说明我们无法再继续增大（减小）目标函数，算法达到了收敛，停止转动，此时求出的基本解就是线性规划的最优解！这个解也解释了在案例里，最优的方案是购买 25 张桌子，37 把椅子（椅子数量为整数），总的购买了 25 + 37 = 62 张桌椅，总花费了 25×50+37×20 = 1990 元。

我们从案例出发一步步介绍了单纯形算法的思想，经过一系列的旋转，最终得到了最优解和目标值，其中在旋转的操作里，我们涉及替入变量和替出变量的选择，这一步至关重要，因为它将决定目标函数的变化和是否需要继续旋转，如果选择不当，我们的算法很有可能进入循环旋转，并且不会停止，我们把这个现象称为退化。可以说退化是导致单纯形算法不会收敛的唯一原因，那么如何避免退化呢？在这里我们使用 Bland 规则来选择替入和替出变量。

Bland 规则定义：在执行换基操作（选择替入和替出变量并交换二者角色）的时候，我们总是选择下标最小的非基本变量去满足左侧的基本变量。

替入变量选择：在目标函数中，选择系数为负数的第一个非基本变量。

替出变量选择：在约束集合中，选择对当前替入变量约束最紧的第一个基本变量。

2. 单纯形法原理

单纯形法的基本思想是：先找出一个基本可行解，对它进行鉴别，判断其是否最优解；若不是，则按照一定法则转换到另一改进的基本可行解，再进行鉴别；若仍不是，则再转换，按以上步骤重复进行。因基本可行解的个数有限，故经有限次转换必能得出问题的最优解。如果问题无最优解也可用此法判别。

假定在经过标准化和必要性处理后的线性规划模式中，其约束方程中已经存在 m 个线性独立的单位列向量 $p_1,\ p_2,\ \cdots,\ p_m$，一般形式可以表示为：

$$\begin{cases} a_{1,1}x_1 + \cdots + a_{1,n}x_n + x_{n+1} = b_1 \\ a_{2,1}x_1 + \cdots + a_{2,n}x_n + x_{n+2} = b_2 \\ \cdots \\ a_{m,1}x_1 + \cdots + a_{m,n}x_n + x_{n+m} = b_m \end{cases}$$

将其系数矩阵 A' 和资源列向量 b 写在同一个矩阵中，称为系数增广矩阵 B。

$$\begin{pmatrix} a_{1,1} \cdots a_{1,n} & 1 & 0 \cdots 0 & b_1 \\ a_{2,1} \cdots a_{2,n} & 0 & 1 \cdots 0 & b_2 \\ \cdots \\ a_{m,1} \cdots a_{m,n} & 0 & 0 \cdots 1 & b_m \end{pmatrix}$$

现在我们要求只用非基变量来表示基变量,然后用非基变量的表示式代替目标函数中基变量,这样目标函数中只含有非基变量了,或者说目标函数中基变量的系数都为零了。此时目标函数中所有变量的系数即为各变量的检验数,记为 σ_j。对于当前的基变量 $X_B = (x_{n+1}, x_{n+2}, \cdots, x_{n+m})^T$,将 $x_i = b_i - \sum_{j=m+1}^{n} a_{ij}x_j (i=1, 2, \cdots, m)$,代入目标函数,得:

$$z = \sum_{i=1}^{m} c_i b_i - \sum_{j=m+1}^{n}(c_j - \sum_{i=1}^{m} c_i a_{ij})x_j$$

$$\sigma_j = c_j - C_B P_j$$

C_B 为基本变量目标函数系数,b 为约束条件常数,P_j 为对应 x_j 的列向量。将该方程中相应系数添加到系数增广矩阵的下方,并增加必要的说明信息以表格的形式表示,即得到表 3-1,称为单纯形表。

表 3-1　　　　　　　　　　　单纯形表

	c_j		c_1	$\cdots$	c_n	c_{n+1}	$\cdots$	c_{n+m}		
C_B	X_B		x_1	$\cdots$	x_n	x_{n+1}	$\cdots$	x_{n+m}	b	θ
C_{m+1}						1	0	0	b_1	θ_1
C_{m+2}						0	$\cdots$	0	b_2	θ_2
$\vdots$	$\vdots$		$\vdots$		$\vdots$	$\vdots$		$\vdots$	$\vdots$	$\vdots$
C_n	x_n					0	0	1	b_m	θ_m
	σ_j		0							

在此单纯形表中,粗线框中的数据就是系数增广矩阵。在增广矩阵的上方是对应的决策变量及其目标系数,左侧是当前的基变量及其目标系数,这两部分都是说明信息;在增广矩阵的下方是对应当前基的目标方程信息,即检验数和目标函数的取值,右侧是 θ 规则数据,这两部分是计算得出的信息。单纯形法就是此单纯形表的迭代过程。

单纯形法的计算步骤:

(1) 在系数矩阵 A 中找到或构造出单位阵 I 并确定为初始可行基,建立初始单纯形表,确定初始基本可行解。

(2) 检查单纯形表中最后一行中对应于非基变量的检验数 σ_j,若所有的 $\sigma_j \leq 0$,则当前解为最优解,停止迭代;否则转入下一步。

(3) 检查所有 $\sigma_j > 0$ 的列,若其中有一个 σ_k 所对应变量 x_k 的系数列向量 p_k 中的各分量均小于等于零,即 $p_k = (a'_{1k}, a'_{2k}, \cdots, a'_{mk})^T \leq 0$,则此问题无最优解,停止迭代;否则转入下一步。

(4) 选择 σ_j 中的任何一个,通常选择最大的一个 Max $\sigma_j = \sigma_k$,确定对应的非基变量 x_k

为进基变量，然后再根据 θ 规则，$\theta_l = \min\left\{\dfrac{b_i}{a_{ik}} \mid a_{ik} > 0\right\}$，确定 x_l 为出基变量。于是得到迭代主元素 a_{ik}，转入下一步。

（5）建立新的单纯形表。它是以 a_{ik} 为主元素对原单纯形表进行迭代运算（高斯消元法迭代）得出的，即把 a_{ik} 处理为 1，而把同列的其他元素处理为 0，得到新的基本可行解所对应的新的单纯形表。转入（2），重复以上步骤。

3. 目标规划

企业管理中经常碰到多目标决策的问题。企业拟订生产计划时，不仅要考虑总产值，而且要考虑利润、产品质量和设备利用率等。有些目标之间往往互相矛盾。例如，企业利润可能同环境保护目标相矛盾。如何统筹兼顾多种目标，选择合理方案，是十分复杂的问题。应用目标规划可以较好地解决这类问题。目标规划的应用范围很广，包括生产计划、投资计划、市场战略、人事管理、环境保护、土地利用等。

线性规划只寻求目标函数的最优值，即最大值或最小值。而目标规划，由于是多目标，其目标函数不是寻求最大值或最小值，而是寻求这些目标与预计成果的最小差距，差距越小，目标实现的可能性越大。

它的基本原理、数学模型结构与线性规划相同，也使用线性规划的单纯形法作为计算的基础。所不同之处在于，它从试图使目标离规定值的偏差为最小入手解题，并将这种目标和为了代表与目标的偏差而引进的变量规定在表达式的约束条件之中。目标规划有着极大的灵活性，表现在它可以模拟系统的约束和目标优先等级变化的各种模型，为管理决策提供众多的信息。解决目标规划问题首先要根据目标的重要性分清主次先后、轻重缓急，引入偏差变量，将目标按等级转化为目标约束，最终形成可用线性规划方法解决的问题。

偏差变量，用以表明实际值与超出或未达到目标值的差距。

d^+——超出目标的差距，称正偏差变量。

d^-——未达到目标的差距，称负偏差变量。

d^+，d^- 必有一个为 0，分三种情况：

目标约束与目标要求：

当期望结果不超过目标值时，目标函数求正偏差变量最小。

当期望结果不低于目标值时，目标函数求负偏差变量最小。

当期望结果恰好等于目标值时，目标函数求正负偏差变量之和最小。

将目标转换为目标约束后，目标要求仍然是多个，而优化时要求必须合并成一个目标。其方法是按轻重缓急划分优先级和冠以不同的权系数。

4. 投入产出分析（DEA）

DEA 是由著名运筹学家查纳斯和科波（Charenes and Copper）等于 1978 年首创的用来评价部门间相对有效性的系统分析方法。评价依据是决策单元的一组投入指标数据和一组产出指标数据。投入指标是决策单元在社会、经济和管理活动中需要耗费的经济量；产出指标是决策单元在某种投入要素的组合下，表明经济活动产出成效的经济量。根据投入指标数据和产出指标数据评价决策单元的相对效率，即评价部门、企业或时期之间的相对有效性。

$$\text{Min } \theta - \varepsilon(\sum S^- + \sum S^+)$$
$$s.t. \begin{cases} \sum \lambda_i X_i + S^- = \theta X_k \\ \sum \lambda_i Y_i - S^+ = Y_k \\ \lambda_i \geq 0 \\ S^- \geq 0, S^+ \geq 0 \end{cases}$$

5. 资产组合理论

设某个投资组合具有 N 种不同的风险证券，其中，第 i 种证券的收益序列为 r_{it}，其预期收益率为 E_i，方差为 σ_i^2，$i = 1, 2, \cdots, N$，它在投资组合中的权重为 w_i，则该投资组合中的所有权重必须满足约束条件：

$$\sum_{i=1}^{N} w_i = 1 \tag{1}$$

投资组合的期望收益 E_p 和方差 σ_p^2 分别为：

$$E_p = w_1 E_1 + w_2 E_2 + \cdots + w_N E_N \tag{2}$$

$$\sigma_p^2 = \sum_{i=1}^{N} \sum_{j=1}^{N} w_i w_j \sigma_{ij} \tag{3}$$

在（3）式中，当 $i \neq j$ 时，σ_{ij} 表示证券 i 和 j 的协方差，当 $i = j$ 时，$\sigma_{ij} = \sigma_i^2$ 为证券 i 的方差，故可把（3）式改写为：

$$\sigma_p^2 = \sum_{i=1}^{N} w_i^2 \sigma_i^2 + \sum_{i=1}^{N} \sum_{\substack{j=1 \\ j \neq i}}^{N} w_i w_j \sigma_{ij} \tag{4}$$

根据投资者均为理性经济人的假设，马柯维茨认为投资者在证券投资过程中总是力求在收益一定的条件下，将风险降到最小；或者在风险一定的条件下，获得最大的收益。为此，他提出了以下两种单目标的投资组合模型：

（Ⅰ）给定组合收益 $E_p = E_0$：

$$\text{Min } \sigma_p^2 = \sum_{i=1}^{N} w_i^2 \sigma_i^2 + \sum_{i=1}^{N} \sum_{\substack{j=1 \\ j \neq i}}^{N} w_i w_j \sigma_{ij}$$

$$s.t. \begin{cases} \sum_{i=1}^{N} w_i E_i = E_p = E_0 \\ \sum_{i=1}^{N} w_i = 1 \\ w_i \geq 0, i = 1, 2, \cdots, N \end{cases}$$

（Ⅱ）给定组合风险 $\sigma_p^2 = \sigma_0^2$：

$$\text{Max } E_p = \sum_{i=1}^{N} w_i E_i$$

$$s.t. \begin{cases} \sigma_p^2 = \sum_{i=1}^{N} w_i^2 \sigma_i^2 + \sum_{i=1}^{N} \sum_{\substack{j=1 \\ j \neq i}}^{N} w_i w_j \sigma_{ij} = \sigma_0^2 \\ \sum_{i=1}^{N} w_i = 1 \\ w_i \geq 0, \ i = 1, 2, \cdots, N \end{cases}$$

模型（Ⅰ）的意义是：在既定期望收益 E_0 的情况下，使投资风险最小。模型（Ⅱ）的意义是：在愿意承担风险 σ_0^2 的条件下，使期望收益最大。事实上，模型（Ⅰ）与模型（Ⅱ）是等价的，即无论是使用模型（Ⅰ）还是使用模型（Ⅱ）确定的最优证券组合投资策略的期望收益和风险一定满足期望收益率 $[E(r_p)]$ -风险（σ_p^2）平面上的同一条曲线方程。获得了足够的数据，投资者就可以根据自己的投资风格和对风险的偏好程度来选择模型（Ⅰ）或模型（Ⅱ）建立自己的投资组合，以达到满意的投资效果。

6. 图及网络模型

在现实生活中，许多系统各自构成网络中的流量问题，如供水系统中的水流，金融系统中的现金流，控制系统中的信息流，交通系统中的物资运输流等，在这些可行流中如何寻找最大流以及最小费用流等问题。

最短路问题就是从给定的网络图中找到了一点到各点或任意两点之间距离最短的一条。如选址、管道铺设时的选线、设备更新报、投资、某些整数规划和动态规划等。

第一步：构造网络图。

第二步：构造数学模型。

为每条弧定义一个二进制的决策变量。

目标函数为起点到终点的总量为最小。

确定约束条件：起点的净流量为1，中间点的净流量为0，终点的净流量为-1，决策变量为非负约束。

第三步：规划求解。

三、实验材料

【例3-1】某工厂生产甲、乙两种产品，消耗同一种原料并分别在A、B设备上加工，产品甲、乙在设备A、B上所需加工台时与原材料消耗量如表3-2所示，已知设备A、B在计划期内有效台数分别为16小时和12小时，原料总产品8个单位，求利润最大。

表 3-2　　　　　　　　　　　　　　　数据资料

	原材料	设备 A	设备 B	单件利润（千元）
甲	1	4	0	2
乙	2	0	4	3
资源数量	8	16	12	

【例 3-2】某公司生产两种型号的自行车 A、B，其单车利润及工时消耗如表 3-3 所示。假定产品销路不成问题，根据公司的要求设定了两个规划目标：第一个目标为利润不低于 600 元，第二个目标为生产设施超时使用时间最少，试求满足这两个目标的最优生产计划。

表 3-3　　　　　　　　　　　　自行车基本数据表

	装配	检验包装	利润
A	1	1	15
B	3	1	25
工时限额	60	40	

【例 3-3】江西银行在南昌有 4 个支行，各支行投入和产出具体情况如表 3-4 所示。请分析这些支行 DEA 是否有效？

表 3-4

		支行 1	支行 2	支行 3	支行 4
投入	职员数	15	20	21	20
	营业面积	140	130	120	135
产出	储蓄	1800	1000	800	900
	贷款	200	350	450	420
	中间业务	1600	1000	1300	1500

【例 3-4】已知证券市场有以下 5 种证券的协方差和收益率分别表如 3-5 所示，根据表中数据，构建一个投资组合，并画出投资组合图。

表 3-5

	A	B	C	D	E	F
1	协方差 P	A1	A2	A3	A4	A5
2	A1	0.460	0.052	0.218	0.397	0.541
3	A2	0.052	2.896	0.246	0.176	0.216
4	A3	0.218	0.246	1.728	0.521	0.216
5	A4	0.397	0.176	0.521	2.069	0.377
6	A5	0.541	-0.129	0.216	0.377	0.988
7	收益率 X	-8.56%	131.37%	46.97%	-41.68%	-51.87%
8	随机数					
9	权重 W					

【例3-5】在一家不断扩建的小型飞机场里，一家本地的航空公司购买了一辆新的牵引车作为拖车，在飞机间搬运行李。因为机场在3年后将安装一个新的机械行李搬运系统，所以到那时牵引车将被淘汰。然而，由于高负荷的工作，其使用费用与维修成本会随着年份的增加急剧增加，因此使用一两年后进行重置可能更加经济，如表3-6所示，（表中0表示现在）给出了在第 i 年年末购买的拖车在第 j 年末卖出的总净折现成本（购买价格减去交易抵偿，加上使用与维护费用）。为了使得3年内拖车的总成本最低，请你为管理层提供方案，确定何时进行拖车置换是合理的。

表 3-6

年份 i	j（万元）		
年份	1	2	3
0	8	18	31
1		10	21
2			12

【例3-6】某公司有4项任务需要3个人来完成，要求完成任务的时间越短越好。每个人完成每项任务的时间如表3-7所示，要求每个人必须完成一项任务，多余的任务可不完成。问应如何安排3个人的任务，使完成4项工作的总时间最短。

表 3-7　　　　　　　　　任务数据表

	任务1	任务2	任务3	任务4
甲	15	20	10	9
乙	6	5	4	7
丙	10	13	16	17

四、实验步骤

【例3-1】Excel 线性规划求解步骤：

线性规划的一般模型：

目标函数：Max $z = 2x_1 + 3x_2$

$$s.t. \begin{cases} x_1 + 2x_2 \leq 8 \\ 4x_1 \leq 16 \\ 4x_2 \leq 12 \\ x_1, x_2, \cdots, x_5 \geq 0 \end{cases}$$

第一步：将基础数据、决策变量、目标方程、约束条件输入工作簿中，如表3-8所示：

表 3-8　　　　　　　　　　　　　基础资料

	A	B	C	D	E	F	G	H
1			可变单元格	原材料	设备A	设备B	单件利润	总利润
2	甲			1	4	0	2	
3	乙			2	0	4	3	
4	约束条件						最大值	
5	符号			≤	≤	≤	最小值	
6	约束值			8	16	12		

第二步：设置计算公式。

(1) 目标单元格

在 H2 单元格输入公式 "=C2*G2"。

在 H3 单元格输入公式 "=C3*G3"。

在 H4 单元格输入公式 "=SUM（H2：H3）" 或 "=SUMPRODUCT（C2：C3，G2：G3）"。

(2) 约束条件

在 D4 单元格输入公式 "=SUMPRODUCT（$C$2：$C$3，D2：D3）"，点击单元格右下角黑十字填充至 F4 单元格。

第三步：规划求解。

(1) 在工具菜单【数据】中选择【规划求解】命令，将出现"规划求解参数"窗口。

(2) 在该窗口的"设置目标：(T)"的位置输入目标方程所在单元格的位置代号。目标为在有限条件下，使总利润最大，输入"$H$4"；并且选择"最大值（M）"。

(3) 在"通过更改可变单元格（B）"的位置输入决策变量所在单元格的代号，即输入"$C$2：$C$3"。

(4) 添加约束条件：点击"遵守约束（U）"右侧的【添加】按钮，弹出"添加约束"对话框。在该对话框中的"单元格引用：(E)"框中输入约束的左端项的位置，根据需要选择右端项的位置。单击希望在引用单元格和约束条件之间使用的关系（"≤"、"="、">="、"Int"或"Bin"）。如果单击"Int"，则"约束值"框中会显示"整数"；如果单击"Bin"，则"约束值"框中会显示"二进制"。在约束值框中，可以键入数字、单元格引用或名称，或键入公式。如此重复，添加完所有约束条件并返回到"规划求解参数"窗口（相同约束符号且集中放置的约束可以一次输入多个）。

本例题规划求解参数如图 3-2 所示：

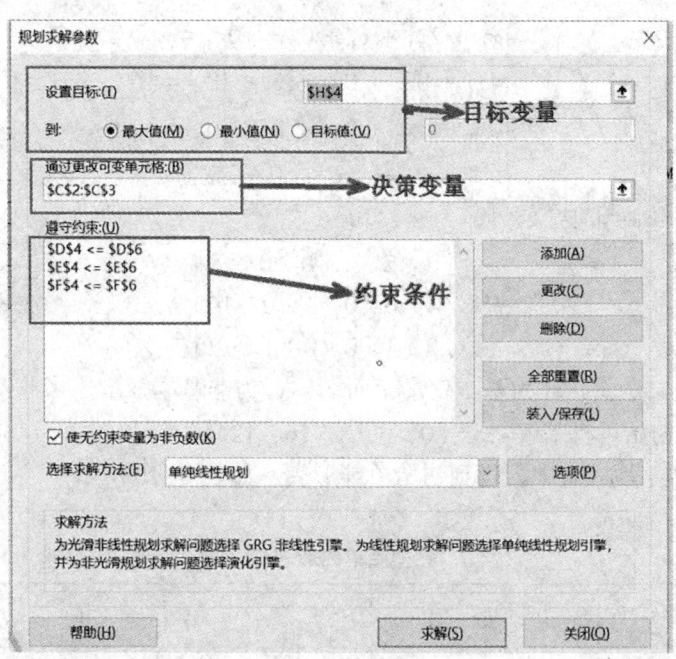

图 3-2 规划求解参数

（5）单击【求解】按钮，弹出"规划求解结果"对话框。根据需要选定"保留规划求解的解"单选按钮，单击【确定】按钮，则在电子表格界面的既定位置会出现求解的结果，如表 3-9 所示。

表 3-9　　　　　　　　　　　　　规划求解结果

	A	B	C	D	E	F	G	H
1			可变单元格	原材料	设备 A	设备 B	单件利润	总利润
2		甲	4	1	4	0	2	8
3		乙	2	2	0	4	3	6
4		约束条件		8	16	8	最大值	14
5		符号		≤	≤	≤	最小值	
6		约束值		8	16	12		

根据规划求解后的结果可知，在既定的约束条件下，目标利润的最大值为 14 万元。

Excel 单纯形法操作步骤：

第一步：建立初始单纯形表。

（1）根据题目要求，建立标准化模型如下：

$Max \quad z = 2x_1 + 3x_2 + 0x_3 + 0x_4 + 0x_5$

$$s.t. \begin{cases} x_1 + 2x_2 + x_3 + 0x_4 + 0x_5 = 8 \\ 4x_1 + 0x_2 + 0x_3 + x_4 + 0x_5 = 16 \\ 0x_1 + 4x_2 + 0x_3 + 0x_4 + x_5 = 12 \\ x_1, x_2, \cdots, x_5 \geq 0 \end{cases}$$

此时系数增广矩阵如下:

$$P = \begin{bmatrix} 1 & 2 & 1 & 0 & 0 & 8 \\ 4 & 0 & 0 & 1 & 0 & 16 \\ 0 & 4 & 0 & 0 & 1 & 12 \end{bmatrix}$$

此时松弛变量 x_3, x_4, x_5 为基本变量,而 x_1, x_2 为非基本变量。当非基本变量 x_1, x_2 设为 0,就计算得到初始可行基解: $x = (0, 0, 8, 16, 12)^T$, $z = 0$。

(2) 将有关数字填入表中,得到初始单纯形表,如表 3-10 所示。

表 3-10　　　　　　　　　　　　初始单纯形表

	B	C	D	E	F	G	H	I	J
1		c_j	0	2	3	0	0	0	
2	C_B	X_B	b	x_1	x_2	x_3	x_4	x_5	θ min
3	0	x_3	8	1	2	1	0	0	4
4	0	x_4	16	4	0	0	1	0	
5	0	x_5	12	0	4	0	0	1	3
6		σ_j	0	2	3	0	0	0	0

粗线框中 (D3:I5) 的数据就是系数增广矩阵 P,在增广矩阵的上方 (D1:I1) 是对应的决策变量 z 的目标系数,左侧 (B3:C5) 是当前的基变量及其目标系数。

在增广矩阵的下方 (D6:I6) 是对应当前基的目标方程信息,即检验数和目标函数的取值 σ_j。在 D6 输入公式"=SUMPRODUCT($B$3:$B$5,D3:D5)";在 E5 单元格输入公式"=E$1-SUMPRODUCT($B$3:$B$5,E3:E5)",点击单元格右下角黑十字向右填充至 I6 单元格。

在增广矩阵的右侧是 θ 规则数据。在 J3 单元格输入公式"=IFERROR(D3/F3,"——")",点击单元格右下角黑十字向下填充至 J5 单元格。

第二步:第一次迭代。

(1) 选择进基变量

在目标函数 $z = 2x_1 + 3x_2 + 0x_3 + 0x_4 + 0x_5$ 中,非基变量 x_1, x_2 系数都是正数,因此,x_1, x_2 进基都可以使目标函数 z 增大,但 x_2 的系数比 x_1 的系数大,因此进基可以使目标函数增加更快,选择 x_2 进基,使 x_2 的值从 0 开始增加,另一个非基变量 x_1 保持 0 不变。

也可以根据进基判断准则,根据检验数 σ_j 的最大值决定,由 $\sigma_1 = 2$, $\sigma_2 = 3$,因此选定 x_2 为进基变量。

$$\sigma_j = c_j - C_B P_j$$

（2）确定出基变量

在约束条件

$$\begin{cases} x_3 = 8 - x_1 - 2x_2 \\ x_4 = 16 - 4x_1 \\ x_5 = 12 - 4x_2 \end{cases}$$

中，由于进基变量在 3 个约束条件中的系数都是负数，当 x_2 值从 0 开始增加时，基变量的值分别从当前的值开始减少，当 x_2 增加到 3 时，x_5 首先下降，因此 x_5 成为出基变量。根据规则 $\theta_i =$ Min$\left\{\dfrac{b_i}{a_{ik}}, a_{ik} > 0\right\}$ 最小值决定出基变量，由于 $\theta_1 = 4, \theta_3 = 3$，因此选择 x_5 为出基变量。

（3）替换基系数

进基变量列和出基变量行分别用浅绿色背景表示（如表 3-11 所示）。

表 3-11　　　　　　　　　　初始单纯形表 I

	B	C	D	E	F	G	H	I	J
1		c_j		0	2	3	0	0	0
2	C_B	X_B	b	x_1	x_2	x_3	x_4	x_5	θ min
3	0	x_3	8	1	2	1	0	0	4
4	0	x_4	16	4	0	0	1	0	——
5	0	x_5	12	0	4	0	0	1	3
8		σ_j	0	2	3	0	0	0	0

进出基变量的交会点为主元素，同时基系数也相应替换，所在行（第三行）的系数分别除以主元素 4，把其他行 x_3、x_4 系数化为 0，Excel 操作步骤如下：

在 D7 的单元格输入公式"=D3-2*D9"，点击单元格右下角黑十字向左右填充。

在 D8 的单元格输入公式"=D4"，点击单元格右下角黑十字向左右填充。

在 D9 的单元格输入公式"=D5/4"，点击单元格右下角黑十字向左右填充。

（4）计算检验数 σ_j 和 θ 值

在 D10 的单元格输入公式"=SUMPRODUCT（B7:B9，D7:D9）"，在 E10 单元格输入公式"=E$1-SUMPRODUCT（$B7:$B9，E7:E9）"，点击单元格右下角黑十字向右填充至 I10 单元格。

在 J7 的单元格输入公式"=IFERROR（D7/E7,"——"）"，点击单元格右下角黑十字向下填充至 J9 单元格。

结果如表 3-12 所示。

表 3-12　　　　　　　　　　单纯形表 II

	B	C	D	E	F	G	H	I	J
1		c_j		2	3	0	0	0	0
2	C_B	X_B	b	x_1	x_2	x_3	x_4	x_5	θ min

续表

	B	C	D	E	F	G	H	I	J
...									
7	0	x_3	2	1	0	1	0	-0.5	2
8	0	x_4	16	4	0	0	1	0	4
9	3	x_2	3	0	1	0	0	0.25	—
10	σ_j		9	2	0	0	0	-0.75	

（5）判断最优解

检查单纯形表中最后一行中对应于非基变量的检验数 σ_j，若所有的 $\sigma_j \leq 0$，则当前解为最优解，停止迭代；否则转入下一步。

由于 $\sigma_2 = 2 > 0$，则需要进行第二次迭代。

第三步：进行第二次迭代。

（1）根据检验数 σ_j 选择进基变量

根据进基判断准则，根据检验数 σ_j 的最大值最定，由 $\sigma_1 = 2$ 为最大值，因此选定 x_1 为进基变量。

（2）依据 θ 值确定出基变量

由 $\theta_1 = 2$，$\theta_2 = 4$，根据最小值原则，因此选择 x_3 为出基变量。

（3）替换基系数

进基变量列和出基变量行分别用浅灰色背景表示。如表 3-13 所示。

表 3-13　　　　　　　　　单纯形表 II

	B	C	D	E	F	G	H	I	J
1		c_j	2	3	0	0	0	0	
2	C_B	X_B	b	x_1	x_2	x_3	x_4	x_5	θ min
...									
7	0	x_3	2	1	0	1	0	-0.5	2
8	0	x_4	16	4	0	0	1	0	4
9	3	x_2	3	0	1	0	0	0.25	—
10		σ_j	9	2	0	0	0	-0.75	

进出基变量的交会点为主元素 1，所在行（第一行）的系数保持不变，把其他行 x_1 系数化为 0 即可。Excel 具体步骤如下：

在 D11 的单元格输入公式"=D7"，点击单元格右下角黑十字向左右填充。

在 D12 的单元格输入公式"=D8-4*D11"，点击单元格右下角黑十字向左右填充。

在 D13 的单元格输入公式"=D9"，点击单元格右下角黑十字向左右填充。

(4) 计算检验数 σ_j 和 θ 值

在 D14 的单元格输入公式"=SUMPRODUCT（B11：B13，D11：D13）"，在 E14 单元格输入公式"=E＄1-SUMPRODUCT（＄B＄11：＄B＄13，E7：E9）"，点击单元格右下角黑十字向右填充至 I14 单元格。

在 J12 的单元格输入公式"=IFERROR（D12/I12,"——"）"，点击单元格右下角黑十字向下填充至 J13 单元格。

结果如表 3-14 所示。

表 3-14　　　　　　　　　　　　　　　单纯形表Ⅲ

	B	C	D	E	F	G	H	I	J
1		c_j	2	3	0	0	0	0	
2	C_B	X_B	b	x_1	x_2	x_3	x_4	x_5	θ min
...									
11	2	x_1	2	1	0	1	0	-0.5	
12	0	x_4	8	0	0	-4	1	2	4
13	3	x_2	3	0	1	0	0	0.25	12
14		σ_j	13	0	0	-2	0	0.25	

(5) 判断最优解

由于检验系数 $\sigma_5 = 0.25 > 0$，则需要继续进行第三次迭代。

第四步：进行第三次迭代。

(1) 根据检验数 σ_j 选择进基变量

根据进基判断准则，根据检验数 σ_j 的最大值最定，由 $\sigma_5 = 0.25$，因此选定 x_5 为进基变量。

(2) 依据 θ 值，确定出基变量

由 $\theta_2 = 4$，$\theta_3 = 12$，根据最小值原则，因此选择 x_4 为出基变量。

(3) 替换基系数

进基变量列和出基变量行分别用浅灰色背景表示。如表 3-15 所示。

表 3-15　　　　　　　　　　　　　　　单纯形表Ⅲ

	B	C	D	E	F	G	H	I	J
1		c_j	2	3	0	0	0	0	
2	C_B	X_B	b	x_1	x_2	x_3	x_4	x_5	θ min
...									
11	2	x_1	2	1	0	1	0	-0.5	
12	0	x_4	8	0	0	-4	1	2	4
13	3	x_2	3	0	1	0	0	0.25	12
14		σ_j	13	0	0	-2	0	0.25	

进出基变量的交会点为主元素 2，所在行（第二行）的系数除以 2，把其他行 x_5 系数化为 0 即可。

Excel 操作步骤如下：

在 D15 的单元格输入公式"=D11+0.5*D16"，点击单元格右下角黑十字向左右填充。

在 D16 的单元格输入公式"=D12/2"，点击单元格右下角黑十字向左右填充。

在 D17 的单元格输入公式"=D13-0.25*D16"，点击单元格右下角黑十字向左右填充。

（4）计算检验数 σ_j 和 θ 值

在 D18 的单元格输入公式"=SUMPRODUCT（B15：B17，D15：D17）"，在 E18 单元格输入公式"=E$1-SUMPRODUCT（$B$15：$B$17，E15：E17）"，点击单元格右下角黑十字向左右填充。

结果如表 3-16 所示。

表 3-16　　　　　　　　　　　　单纯形表Ⅳ

	B	C	D	E	F	G	H	I	J
1		c_j		2	3	0	0	0	0
2	C_B	X_B	b	x_1	x_2	x_3	x_4	x_5	θ min
...									
11	2	x_1	4	1	0	0	0.25	0	
12	0	x_5	4	0	0	-2	0.5	1	
13	3	x_2	2	0	1	0.5	-0.125	0	
14		σ_j	14	0	0	-1.5	-0.125	0	

（5）判断最优解

检验 $\sigma_j < 0$，这表示目标函数值已不可能再增大，故此时的解为最优解。

此时目标函数为 Max $z = 14 + 0x_1 + 0x_2 - 1.5x_3 - 0.125x_4 + 0x_5$。

最优解为 $X = (4, 2, 0, 0, 4)^T$，目标值 $z = 14$，因此，最大利润为 14000 元。

【例 3-2】

（1）求解第一优先目标：利润不低于 600 元

当期望结果不低于目标值时，目标函数求负偏差变量最小。

Min d_1^-

$$\begin{cases} 15x_1 + 25x_2 + d_1^- - d_1^+ = 600 \\ x_1 + 3x_2 + d_2^- - d_2^+ = 60 \\ x_1 + x_2 + d_3^- - d_3^+ = 40 \end{cases}$$

第一步：在 Excel 表格的 3-3 工作簿中建立表格，并输入基础数据，如表 3-17 所示。

表 3-17

	A	B	C	D	E	F	G	H	I	J
1			型号 A	型号 B	实际工时	负偏差	正偏差	约束左端	符号	目标工时
2	第一目标	装配	1	3					=	60
3		检验包装	1	1					=	40
4		单件利润	15	25					=	600
5		决策变量								

第二步：输入计算公式。

在 E2 单元格输入公式"=SUMPRODUCT（C2∶D2,$C$5∶$D$5）"，点击单元格右下角黑十字向下填充至 E4。

在 H2 单元格输入公式"=E2+F2-G2"，点击单元格右下角黑十字向下填充至 H4。

第三步：规划求解。

1）在工具菜单【数据】中选择【规划求解】命令，将出现"规划求解参数"窗口。

2）在该窗口的"设置目标：（T）"的位置输入目标方程所在单元格的位置代号。第一个目标为利润不低于 600 元，即第一目标利润的负偏差为最小值，输入"$F$4"；并且选择"最小值（N）"。

3）在"通过更改可变单元格（B）"的位置输入决策变量所在单元格的代号，单元格之间用","隔开，即输入"$F$2:$G$4,$C$5:$D$5"。

4）添加约束条件。

5）单击【求解】按钮，弹出"规划求解结果"对话框。根据需要选定"保留规划求解的解"单选按钮，单击【确定】按钮，则在电子表格界面的既定位置会出现求解的结果，如表 3-18 所示：

表 3-18　　　　　　　　　　　　第一次规划求解结果

	A	B	C	D	E	F	G	H	I	J
1			型号 A	型号 B	实际工时	负偏差	正偏差	约束左端	符号	目标工时
2	第一目标	装配	1	3	60	0	0	60	=	60
3		检验包装	1	1	30	10	0	40	=	40
4		单件利润	15	25	600	0	0	600	=	600
5		决策变量	15	15						

（2）求解第二优先目标：生产设施超时使用时间最少

当期望结果不高于目标值时，目标函数求两种生产步骤工时正偏差之和最小。

$Min\ d_2^+ + d_3^+$

$$\begin{cases} 15x_1 + 25x_2 + d_1^- - d_1^+ = 600 \\ x_1 + 3x_2 + d_2^- - d_2^+ = 60 \\ x_1 + x_2 + d_3^- - d_3^+ = 40 \\ d_1^- = 0 \end{cases}$$

第一步：在 Excel 表格的 3-3 工作簿中建立表格，并输入基础数据，如表 3-19 所示：

表 3-19

	A	B	C	D	E	F	G	H	I	J
1			型号A	型号B	实际工时	负偏差	正偏差	约束左端	符号	目标工时
6	第二目标	装配	1	3					=	60
7		检验包装	1	1					=	40
8		单件利润	15	25					=	600
9		决策变量								

第二步：输入计算公式。

在 E6 单元格输入公式"=SUMPRODUCT（C6：D6，＄C＄9：＄D＄9）"，点击单元格右下角黑十字向下填充至 E8。

在 H6 单元格输入公式"=E6+F6-G6"，点击单元格右下角黑十字向下填充至 H8。

在 G9 单元格输入公式"=G6+G7"。

第三步：规划求解。

1) 在工具菜单【数据】中选择【规划求解】命令，将出现"规划求解参数"窗口。

2) 在该窗口的"设置目标：（T）"的位置输入目标方程所在单元格的位置代号。第二个目标为生产设施超时使用时间最少，即两种生产步骤工时正偏差之和最小，输入"＄G＄9"；并且选择"最小值（N）"。

3) 在"通过更改可变单元格（B）"的位置输入决策变量所在单元格的代号，单元格之间用"，"隔开，即输入"＄F＄6：＄G＄8，＄C＄9：＄D＄9"。

4) 添加约束条件。

5) 单击【求解】按钮，弹出"规划求解结果"对话框。根据需要选定"保留规划求解的解"单选按钮，单击【确定】按钮，则在电子表格界面的既定位置会出现规划求解的结果，如表 3-20 所示。

根据两次优化结果可知，在满足利润不低于 600 元，且生产设施超时使用时间最少的情况下，生产两种型号的 24 辆 A 自行车和 12 辆 B 自行车，在检验包装工段空闲 4h。

表 3-20　　　　　　　　　　　第二次规划求解结果

	A	B	C	D	E	F	G	H	I	J
1			型号 A	型号 B	实际工时	负偏差	正偏差	约束左端	符号	目标工时
2	第一目标	装配	1	3	60	0	0	60	=	60
3		检验包装	1	1	30	10	0	40	=	40
4		单件利润	15	25	600	0	0	600	=	600
5		决策变量	15	15						
	第二目标	装配	1	3	60	0	0	60	=	60
		检验包装	1	1	36	4	0	40	=	40
		单件利润	15	25	660	0	60	600	=	600
		决策变量	24	12			0			

【例 3-3】

第一步：先将江西银行在南昌的四个支行基础数据输入工作簿中，如表 3-21 所示。

表 3-21

	A	B	C	D	E
1		支行 1	支行 2	支行 3	支行 4
2	职员数	15	20	21	20
3	营业面积	140	130	120	135
4	储蓄	1800	1000	800	900
5	贷款	200	350	450	420
6	中间业务	1600	1000	1300	1500

第二步：把表 3-21 中的数据带入对偶规划模型，我们分别建立四个支行的模型。

支行 1：$Min\ \theta 1 - \varepsilon(\sum S^- + \sum S^+)$

$15\lambda_1 + 20\lambda_2 + 21\lambda_3 + 20\lambda_4 + S_1^- = 15\theta_1$ (1)

$140\lambda_1 + 130\lambda_2 + 120\lambda_3 + 135\lambda_4 + S_2^- = 140\theta_1$ (2)

$1800\lambda_1 + 1000\lambda_2 + 800\lambda_3 + 900\lambda_4 - S_1^+ = 1800$ (3)

$200\lambda_1 + 350\lambda_2 + 450\lambda_3 + 420\lambda_4 - S_2^+ = 200$ (4)

$1600\lambda_1 + 1000\lambda_2 + 1300\lambda_3 + 1500\lambda_4 - S_3^+ = 1600$ (5)

第三步：先求支行 1 的效率。

首先，选 A8—L8 为决策变量符号，输入 λ_1，λ_2，λ_3，λ_4，S_1^-，S_2^-，S_3^+，S_4^+，S_5^+ 和 θ，z。

其次，选 A9—L9 为可变单元格，用来输入决策变量的初始值；初始值的选择应根据具体的约束条件来确定。本例中 A9 为 1，B9—J9 赋初值为 0，满足约束条件。

再次，确定目标函数单元格并输入目标函数计算公式：

目标函数 $z = \theta - 0.000001 \times (S_1^- + S_2^- + S_3^+ + S_4^+ + S_5^+)$。

在 J9 中放目标函数"=K9-0.000001＊（SUM（F9：J9））"。

最后，确定约束条件单元格，并依据方程（1）—方程（5）输入约束条件，分别为：

在 B12 单元格输入公式"=SUMPRODUCT（B2：E2，＄B＄9：＄E＄9）+F9"。
在 B13 单元格输入公式"=SUMPRODUCT（B3：E3，＄B＄9：＄E＄9）+G9"。
在 B14 单元格输入公式"=SUMPRODUCT（B4：E4，＄B＄9：＄E＄9）-H9"。
在 B15 单元格输入公式"=SUMPRODUCT（B5：E5，＄B＄9：＄E＄9）-I9"。
在 B16 单元格输入公式"=SUMPRODUCT（B6：E6，＄B＄9：＄E＄9）-J9"。
在 D12 单元格输入公式"=B2＊＄K＄9"。
在 D13 单元格输入公式"=B3＊＄K＄9"。
在 D14 单元格输入公式"=B4"。
在 D15 单元格输入公式"=B5"。
在 D16 单元格输入公式"=B6"。

约束条件输入后的表格，见表 3-22。

表 3-22　　　　　　　　　　　约束条件输入后的表格

	A	B	C	D	E	F	G	H	I	J	K
1		支1	支2	支3	支4						
2	职员数	15	20	21	20						
3	营业面积	140	130	120	135						
4	储蓄	1800	1000	800	900						
5	贷款	200	350	450	420						
6	中间业务	1600	1000	1300	1500						
7											
8	决策变量符号	λ_1	λ_2	λ_3	λ_4	S_1^-	S_2^-	S_3^+	S_4^+	S_5^+	θ
9	决策变量赋值	1	0	0	0	0	0	0	0	0	1
10											
11	约束条件	左边	符号	右边							
12	职员数	15	=	15							
13	营业面积	140	=	140							
14	储蓄	1800	=	1800							
15	贷款	200	=	200							
16	中间业务	1600	=	1600							

第四步：在工具菜单【数据】中选择【规划求解】命令，将出现"规划求解参数"窗口。如图 3-3 所示，分别按要求输入相关参数。

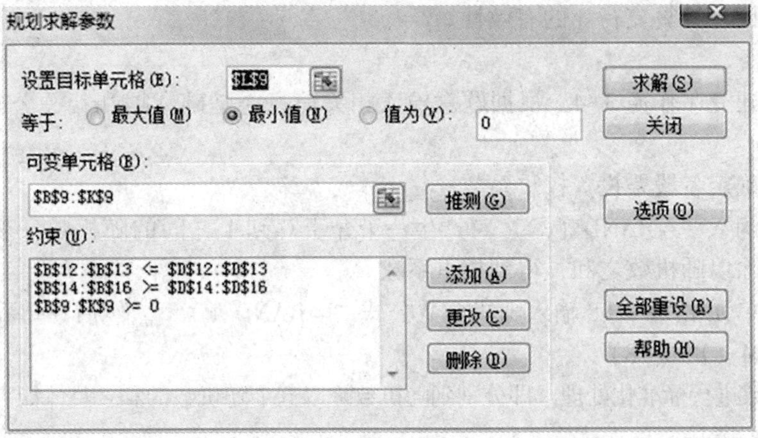

图 3-3

第五步：单击【求解】按钮，弹出"规划求解结果"对话框。根据需要选定"保留规划求解的解"单选按钮，单击"确定"按钮，则在电子表格界面的既定位置会出现求解的结果，则支行 1 的有效值如表 3-23 所示，支行 1 的效率为 1。

表 3-23

	A	B	C	D	E	F	G	H	I	J
1		支行1	支行2	支行3	支行4	S_1^+	S_2^+	S_3^-	S_4^-	S_5^-
2	职员数	15	20	21	20	1				
3	营业面积	140	130	120	135		1			
4	储蓄	1800	1000	800	900			−1		
5	贷款	200	350	450	420				−1	
6	中间业务	1600	1000	1300	1500					−1
7										
8	决策变量	λ_1	λ_2	λ_3	λ_4	S_1^+	S_2^+	S_3^-	S_4^-	S_5^-
9	赋值	0.00	0	0.00	1	0	0.00	0.00	0.0	0
10										
11										
12	约束条件	左边	符号	右边						
13	职员数	20	=	15			支行▼	支行1		
14	营业面积	135	=	140				支行2		
15	储蓄	900	=	1800				支行3		
16	贷款	420	=	200				支行4		

第六步：通过选择 H13 上的选择按钮，计算支行 2 的有效性。
第七步：同理计算支行 3 的有效性。

第八步：同理计算支行 4 的有效性。

【例 3-4】

第一步：建立工作簿 3-4，根据题意输入相关信息、基础数据和相关公式。如表 3-20 所示。

第二步：确定各股票投资权重系数。

利用随机函数"=RAND（）"产生一个介于 0 到 1 之间的随机数（变量），然后把产生的随机数除以随机数之和，得到权重系数。

先分别在单元格 B8：F8 输入随机函数公式"=RAND（）"。然后在单元格 G8 输入求和公式"=SUM（B8：F8）"。

对各随机数进行标准化处理，即分别到随机数除以五个随机数的和，具体如表3-24所示。

表 3-24

	A	B	C	D	E	F	G
8	随机数	=rand（）	=rand（）	=rand（）	=rand（）	=rand（）	=SUM（B8：F8）
9	权重 W	=B8/G8	=C8/G8	=D8/G8	=E8/G8	=F8/G8	

注意：由于随机数会一直发生变化，所以下文呈现的随机数值结果每次可能会不同，但不影响最终结果，因为同时采用 SUM 函数将权重相加，会发现其结果仍然为 1。

第三步：用符号来定义各变量。单击菜单【公式】→【定义名称】，弹出图3-10对话框，分别在名称里输入"W"用于代表各投资证券的权重，引用位置用鼠标选择单元格"B9：F9"，输入"X"表示各证券的预期收益率，引用位置用鼠标选择单元格"B7：F7"，输入"P"，表示协方差，引用位置用鼠标选择单元格"B2：F6"。

第四步：计算该组合下的方差和期望收益率。

在单元格 H9 输入组合方差公式"=MMULT（MMULT（W，P），TRANSPOSE（W））"。

输入定义公式后，按住 Ctrl+Shift+Enter 键。

在单元格 I9 输入组合期望公式"=SUMPRODUCT（X，W）"。

或输入矩阵公式"=MMULT（X，TRANSPOSE（W）），按住 Ctrl+Shift+Enter 键结束。

结果如表 3-25 所示。

表 3-25

	A	B	C	D	E	F	G	H	I
1	协方差 P	A1	A2	A3	A4	A5			
2	A1	0.46	0.052	0.218	0.397	0.541			
3	A2	0.052	2.896	0.246	0.176	0.216			
4	A3	0.218	0.246	1.728	0.521	0.216			
5	A4	0.397	0.176	0.521	2.069	0.377			
6	A5	0.541	-0.129	0.216	0.377	0.988			

续表

	A	B	C	D	E	F	G	H	I
7	收益率X	-8.56%	131.37%	46.97%	-41.68%	-51.87%	随机数的和		
8	随机数	0.146	0.842	0.393	0.627	0.967	2.975	期望值	方差
9	权重W	4.91%	28.31%	13.22%	21.07%	32.49%		19.43%	54.38%

备注：由于权重取的是随机数，每次计算的随机数的和结果都不一样。

第五步：产生1000个模拟数。

利用Excel的模拟运算表功能随机产生包含上述证券的1000个组合的期望收益率和方差。

首先，选中G9单元格，输入"1"，在编辑菜单栏中选择【填充】→【系列】，将序列产生修改为"列"，步长值为"1"，终止值为"1000"，点击【确定】按钮，如图3-4所示。

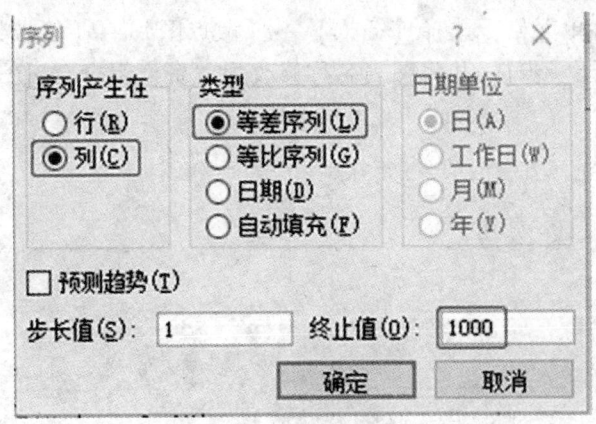

图3-4 序列填充

其次，先用鼠标选中G9：I9这三个单元格，然后用快捷键：Shift+Ctrl+↓，这样就选中要填充的1000×3个单元格，点击菜单【数据】→【模拟分析】→【模拟运算表】，在弹出的对话框中的"输入引用列的单元格"选择单元格"G9"（或者选择点击在这1000×3个单元格区域外其他区域的任意一个空白单元格），点击【确定】按钮。

部分运算结果如表3-26所示。

表3-26 模拟运算表运算结果

	G	H	I
7	随机数的和		
8	1.790	期望值	方差
9	1	13.42%	65.21%

续表

	G	H	I
10	2	-0.35%	65.20%
11	3	-11.07%	71.43%
12	4	26.47%	54.82%
13	5	29.67%	75.64%
14	6	31.22%	82.11%
15	7	8.55%	61.68%
16	8	50.12%	70.18%
…	…	…	…
1008	1000	4.26%	53.53%

第六步：绘制数据散点图。

选中 H8 至 I1008 单元格，选择【插入】→【散点图】→【仅带数据标记的散点图】，选中散点图，点击【下一步】，并将图表名称修改为"资产组合"，图表绘制结果如图 3-5 所示。

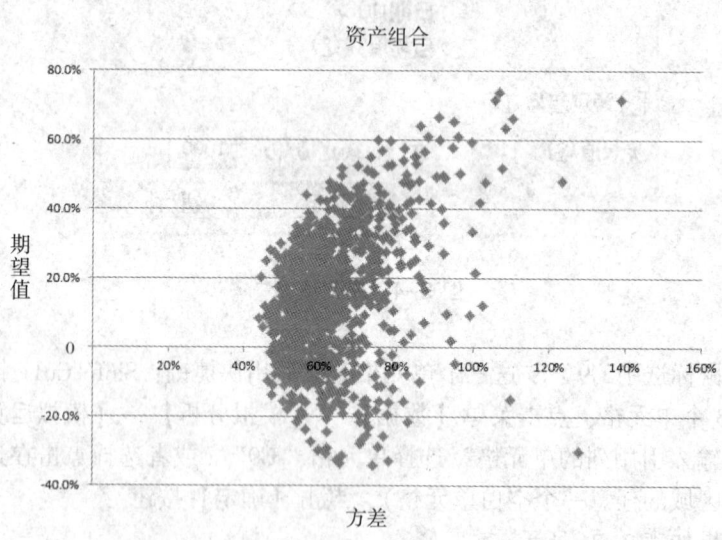

图 3-5 资产组合——收益率与方差组合图

第七步：求组合边界。

首先，在原有的单元格下方输入相关数据和计算公式。

把单元格区域 B11：F11 定义为变量 Y，参考前面变量方法。

在单元格 B12 输入五个可变单元格求和公式"=SUM（Y）"。

在单元格 D12 输入组合方差公式"=MMULT（MMULT（Y，P），TRANSPOSE

(Y)）"。

在单元格 F12 输入组合期望公式"=SUMPRODUCT（Y，X）"。

第八步：规划求解。

点击菜单【数据】→【规划求解】,【目标单元格】为 D11，选择最小值。添加约束条件，约束条件修改为①B11=1，即权数加总为 1；②期望值 F11=0（如图 3-6 所示）。

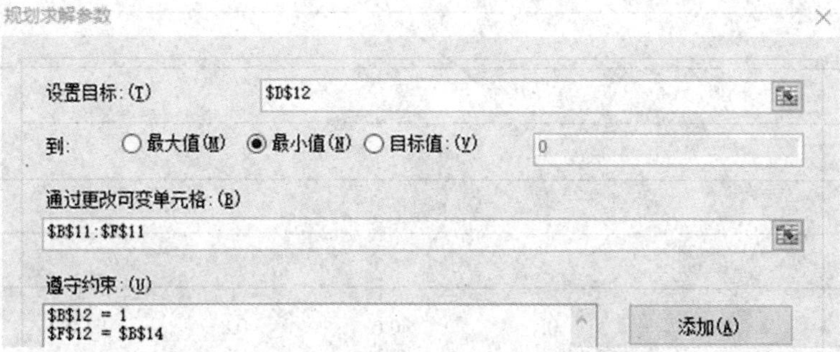

图 3-6 规划求解

点击"求解"即可得知结果。期望收益为 0 时，方差为 0.408。

第九步：重复第七步骤的规划求解的操作，即只需要依次改变 F12=B14，F12=B15……F12=B22，这样就可以分别求出不同目标期望收益率的前沿组合，具体结果如表 3-27 所示。

表 3-27

	A	B
13	方差	期望
14	0.409	0
15	0.389	10%
16	0.395	20%
17	0.430	30%
18	0.495	40%
19	0.588	50%
20	0.711	60%
21	0.864	70%
22	1.045	80%

第十步：制作散点图。

用 Excel 的绘图功能绘制散点图，就得到由这五个证券构成的投资组合前沿曲线。选中单元 A13：B22 区域，【插入】→【散点图】→【带平滑线和数据标记的散点图】，结果如图3-7所示。这样，利用 Excel 的规划求解功能，就可以非常直观地演示前沿组合的求解过程。

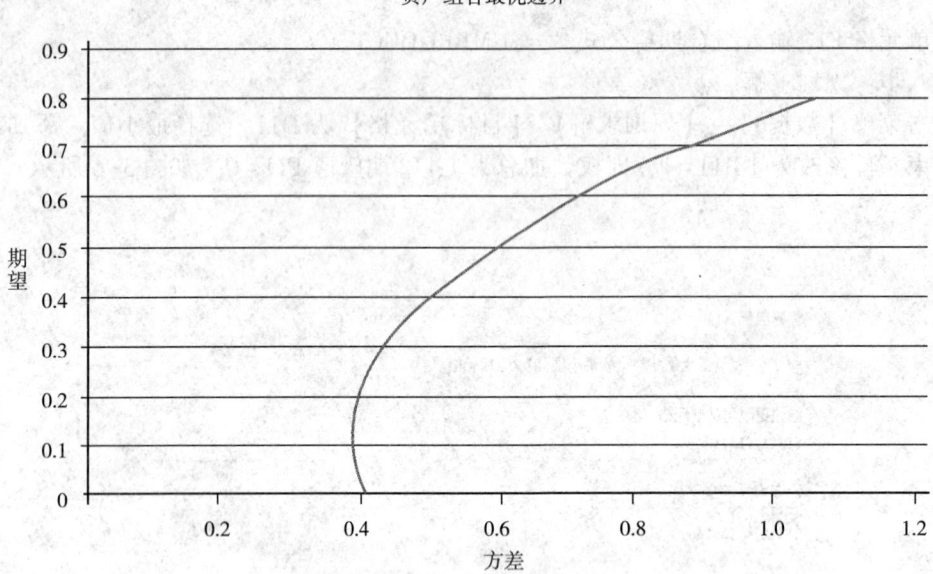

图 3-7 资产组合最优边界

【例 3-5】
答题思路：

1. 构造网络图，显示出可行路径和各条路径对应的成本。如图 3-8 所示。在图中找到从 0 到 3 的可行路径，使得总成本最小。

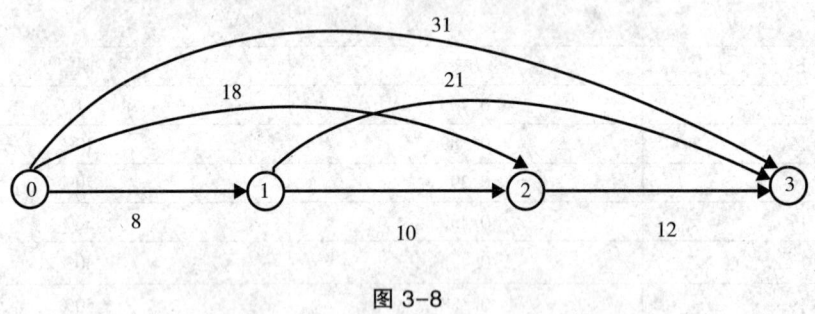

图 3-8

2. 构造数学模型

$$x_{ij} = \begin{cases} 1 & \text{选择从 } i \text{ 到 } j \text{ 这条弧走} \\ 0 & \text{不选择从 } i \text{ 到 } j \text{ 这条弧走} \end{cases}$$

从现在购置到第 3 年末卖出所需要的总成本为 z：

$Min \quad z = 8x_{01} + 18x_{02} + 31x_{03} + 10x_{12} + 21x_{13} + 12x_{23}$

中间的净流量为 0：$x_{01} = x_{12} + x_{13}$，$x_{02} + x_{12} = x_{23}$

起点的净流量为 1：$x_{01} + x_{02} + x_{03} = 1$

终点的净流量为 -1：$x_{03} + x_{13} + x_{23} = -1$

3. 进行规划求解，计算出使得总成本最低的路径，以此计算出最低总成本。

Excel 操作步骤如下：

第一步：在 Excel 中创建工作表，将基础数据、决策变量、目标方程、限量输入工作簿中。如表 3-28 所示。

表 3-28

	A	B	C	D	E	F	G	H	I
1	年份	1	2	3					
2	0		8	18	31				
3	1			10	21				
4	2				12				
5									
6	从	至	选定流量	距离		节点	净流量		给定流量
7	v0	v1		8		v0		=	1
8	v0	v2		18		v1		=	0
9	v0	v3		31		v2		=	0
10	v1	v2		10		v3		=	-1
11	v1	v3		21					
12	v2	v3		12					
13			总距离						

第二步：输入公式。

在 D13 单元格输入公式"=SUMPRODUCT（C7：C12，D7：D12）"。

在 G7 单元格输入公式"=SUMIF（A7：A12，F7，C7：C12）"。

在 G8 单元格输入公式：

"=SUMIF（＄A＄7：＄A＄12，F8，＄C＄7：＄C＄12）-SUMIF（＄B＄7：＄B＄12，F8，＄C＄7：＄C＄12）"，点击单元格右下角黑十字填充至 G10 单元格。

第三步：规划求解。

（1）在工具菜单【数据】中选择【规划求解】命令，将出现"规划求解参数"窗口。

（2）在该窗口的"设置目标：（T）"的位置输入目标方程所在单元格的位置代号。目标为三年内拖车的总成本最低，即从 1 到 3 的总距离最小，输入"＄D＄13"；并且选择"最小值（N）"。

（3）在"通过更改可变单元格（B）"的位置输入决策变量所在单元格的代号，即输入"＄C＄7：＄C＄12"。

（4）添加约束条件：本例题规划求解参数如图 3-9 所示。

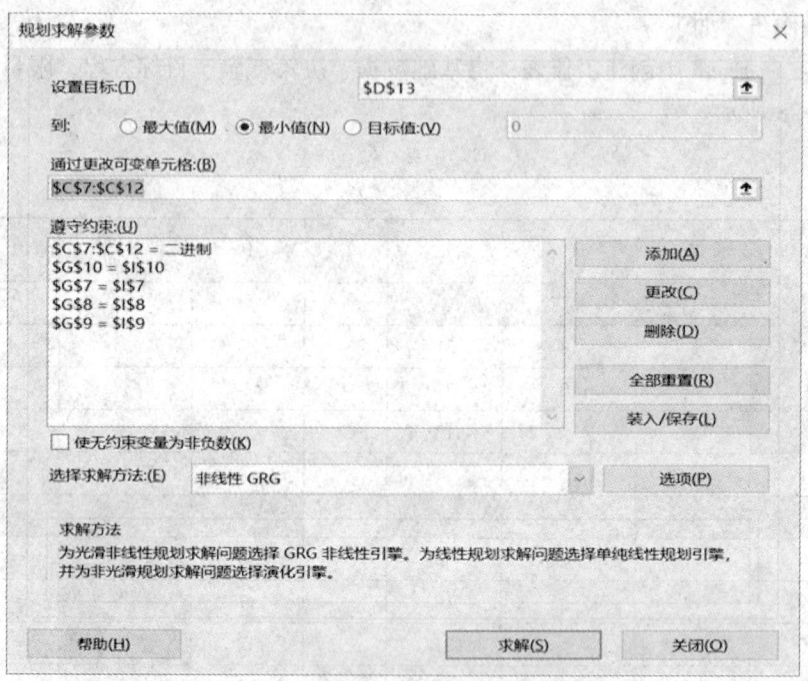

图 3-9　规划求解参数

（5）单击【求解】按钮，弹出"规划求解结果"对话框。根据需要选定"保留规划求解的解"单选按钮，单击【确定】按钮，则在电子表格界面的既定位置会出现求解的结果，如表 3-29 所示。

表 3-29　　　　　　　　　　规划求解结果

	A	B	C	D	E	F	G	H	I
1	年份	1	2	3					
2	0	8	18	31					
3	1		10	21					
4	2			12					
5									
6	从	至	选定流量	距离		节点	净流量		给定流量
7	v0	v1	1	8		v0	1	=	1
8	v0	v2	0	18		v1	0	=	0
9	v0	v3	0	31		v2	0	=	0
10	v1	v2	0	10		v3	−1	=	−1
11	v1	v3	1	21					
12	v2	v3	0	12					
13			总距离	29					

从规划求解后数据可知，选择从 0 到 1 再从 1 到 3 这种路径，能使得总距离最小。因此，现在买拖车，一年后报废再重新购买，重新购买后一直用到第三年末，能使拖车的总成本最低，且最低总成本为 29 万元。

【例 3-6】

第一步：将基础数据（B2：E4）、决策变量（B7：E9）、目标单元格（H11）、约束条件（B10：E10；F7：F9）输入工作簿中，依题意，3 个人完成 4 份工作，每个人必须完成一项任务，多余的任务可不完成，即 3 个人一定要有工作做，但 4 份工作具有"0"或"1"两种可能，即不超过限量 1，如表 3-30 所示：

表 3-30

	A	B	C	D	E	F	G	H
1		任务1	任务2	任务3	任务4			
2	甲	15	20	10	9			
3	乙	6	5	4	7			
4	丙	10	13	16	17			
5								
6		任务1	任务2	任务3	任务4	约束条件	符号	限量
7	甲	0	0	0	1	1	=	1
8	乙	0	0	1	0	1	=	1
9	丙	1	0	0	0	1	=	1
10	约束条件	1	0	1	1			
11	符号	≤	≤	≤	≤		目标值	23
12	限量	1	1	1	1			

第二步：分别在约束条件的 B10 单元格输入"=SUM（B7：B9）"，C10 单元格输入"=SUM（C7：C9）"，D10 单元格输入"=SUM（D7：D9）"，E10 单元格输入"=SUM（E7：E9）"，F7 单元格输入"=SUM（B7：E7）"，F8 单元格输入"=SUM（B8：E8）"，F9 单元格输入"=SUM（B9：E9）"，目标方程 H11 单元格输入"=SUMPRODUCT（B2：E4，B7：E9）"。

第三步：在工具菜单【数据】中选择【规划求解】命令，将出现"规划求解参数"窗口。按要求输入相关条件，如图 3-10 所示。

第四步：单击【求解】按钮，弹出【规划求解结果】对话框。根据需要选定"保留规划求解的解"单选按钮，单击【确定】按钮，则在电子表格界面的既定位置会出现求解的结果，则如表 3-31 所示，派甲做任务 4，乙做任务 3，丙做任务 1，耗时最短。

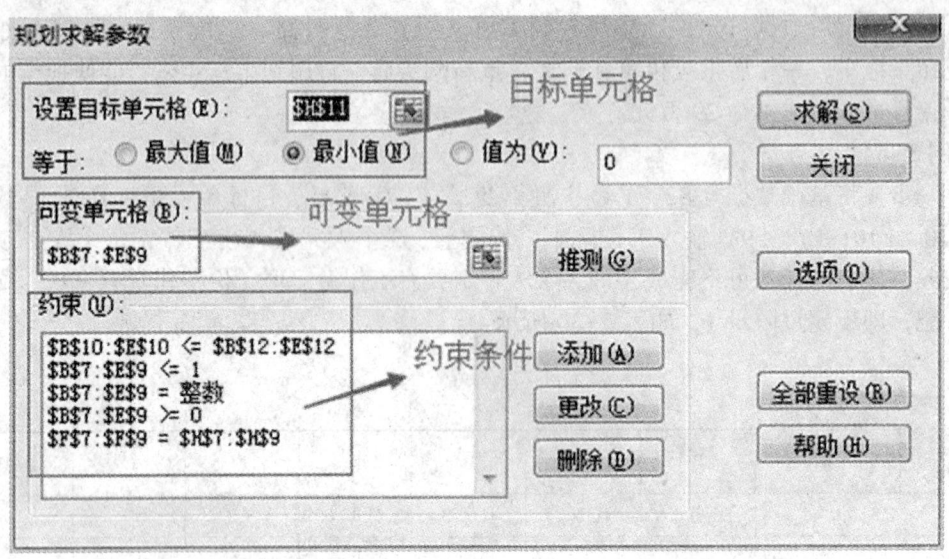

图 3-10

表 3-31

	A	B	C	D	E	F	G	H
1		任务1	任务2	任务3	任务4			
2	甲	15	20	10	9			
3	乙	6	5	4	7			
4	丙	10	13	16	17			
5								
6		任务1	任务2	任务3	任务4	约束条件	符号	限量
7	甲	0	0	0	1	1	=	1
8	乙	0	0	1	0	1	=	1
9	丙	1	0	0	0	1	=	1
10	约束条件	1	0	1	1			
11	符号	≤	≤	≤	≤		目标值	23
12	限量	1	1	1	1			

五、课后练习

【练 3-1】表 3-32 是某求极大化线性规划问题计算得到的单纯形表，表中无人工变量，a_1、a_2、a_3、d、c_1、c_2 为待定常数。试说明这些常数分别取何值时，以下结论成立。

表 3-32

X_b	b	x_1	x_2	x_3	x_4	x_5	x_6
x_3	d	4	a_1	1	0	a_2	0
x_4	2	-1	-3	0	1	-1	0
x_6	3	a_3	-5	0	0	-4	1
$c_j - z_j$		c_1	c_2	0	0	-3	0

(1) 表中解为唯一最优解；
(2) 表中解为最优解，但存在无穷多最优解；
(3) 该线性规划问题具有无界解；
(4) 表中解非最优，为对解改进，换入变量为 x_1，换出变量为 x_6。

【练 3-2】某工厂的某台机器可连续工作 4 年，决策者每年初都要决定机器是否需要更新，若购买新机器，就要支付购置费用，若继续使用，则需要支付维修与运行费用，而且随着机器使用的年限费用逐年增多。已知计划期（4 年）中每年的购置价格与维修与运行费用由表 3-33 给出，试制订今后 4 年的机器更新计划，使总的支付费用最少。

表 3-33

年　限	1	2	3	4
购置费	2.5	2.6	2.8	3.1
维修与运行费	1	1.5	2	4
使用年机器处理价格	2	1.6	1.3	1.1

【练 3-3】有甲、乙、丙三个工厂，每年分别需要煤炭 51kt、40kt、62kt，由 A、B 两给煤站供应。已知煤站年产量 A 为 70kt，B 为 75kt，从两煤站至各城市煤炭运价如表 3-34 所示。由于需求大于产量，经协商平衡，甲乙必要时可以少供 0—5kt，乙厂需求量必须满足，丙厂需求量不少于 52kt。试求得 A、B 两煤站全部分配出去，满足上述条件又使总费用为最低的调运方案。

表 3-34

产地＼销地	甲	乙	丙
A	15	18	22
B	21	25	16

【练 3-4】求下图所示多源点多收点网络的最大流。

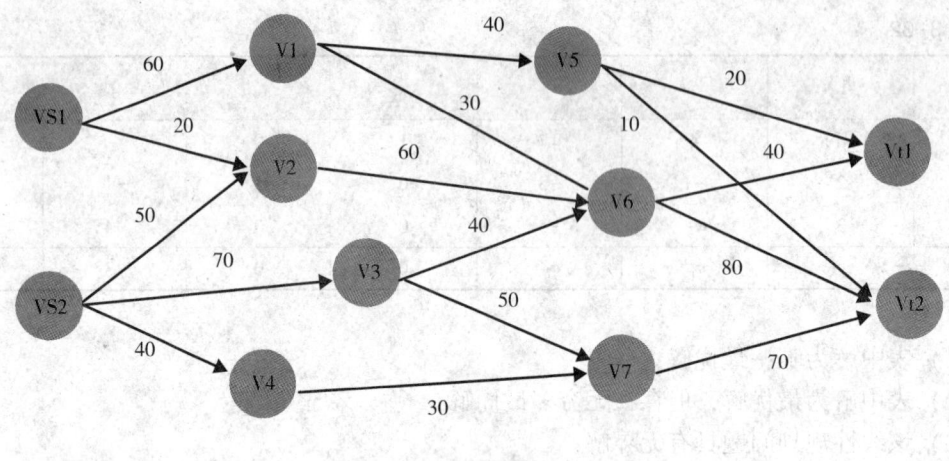

图 3-11

六、参考视频

运筹学，https://www.icourse163.org/course/HQU-1205834834。
运筹学，https://www.icourse163.org/course/HUST-1207167805。
运筹学，https://www.icourse163.org/course/NUAA-1001753428。
运筹学，https://www.icourse163.org/course/JXUFE-1002345001。
管理运筹学，https://www.icourse163.org/course/BIT-47012。
决策模拟，https://www.icourse163.org/course/UJS-1001753205。
系统工程，https://www.icourse163.org/course/XJTU-1001596005。

第四章 金融计量实验

计量经济学是将经济理论实用化、数量化的实证经济学。它是利用经济理论、数学、统计推断等工具对经济现象进行分析的经济学科的分支，具体包括模型设计和建立、参数估计和检验以及利用模型进行预测等过程。Excel 2007 工具基于工作表的数据分析提供了各类不同的工具和方法来对变量之间的内在关系建立回归方程。在本章中，我们利用矩阵及相关函数分别来计算回归分析中的相关系数、各统计量以及各检验值，以求更好地预测有关变量的发展趋势。

一、实验目的

1. 掌握用规划求解方法求解线性回归方程的系数。
2. 掌握利用代数法求解回归参数。
3. 掌握如何利用 Excel 的统计函数来求解各回归过程中的统计量及相关系数。
4. 掌握利用 Excel 数据分析工具求解回归参数。
5. 理解回归分析中各参数及各相关统计量的含义。
6. 理解使用三步回归方法求解中介变量的原理。
7. 理解如何利用通径方法求解中介变量对被解释变量的影响。

二、实验原理

1. 一元线性回归模型

一元线性回归模型是用于描述两个变量之间的线性关系的计量模型，它是多元线性回归模型和非线性回归模型的基础，在金融和财务管理分析中有着广泛的运用。

（1）模型简介

一元线性回归模型为：

$$y_t = \beta_0 + \beta_1 x_t + \mu_t$$

上式表示变量 y_t 和 x_t 之间的真实关系。其中，y_t 为被解释变量（因变量）；x_t 为解释变量（自变量）；μ_t 为随机误差项；β_0 为常数项；β_1 为回归系数（通常未知）。以上模型可以分为两部分。

① 回归函数部分：

$$E(y_t) = \beta_0 + \beta_1 x_t$$

② 随机误差部分：μ_t。

图 4-1 为真实的回归直线。

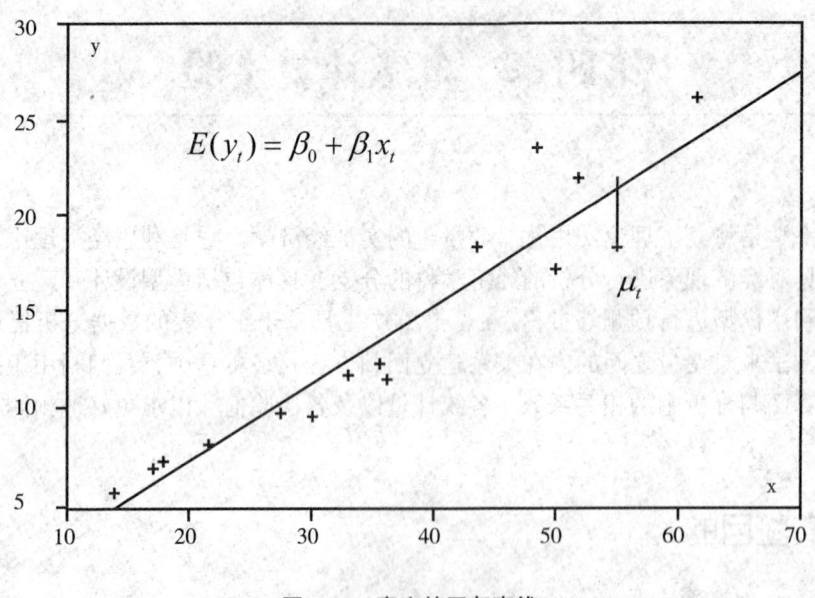

图 4-1 真实的回归直线

这种模型可以被赋予各种实际意义：GDP 与财政收入的关系；国债价格与市场利率的关系；股票价格与成交量的关系等。

回归模型的随机误差项中一般包括如下几项内容：①非重要解释变量的省略；②人的随机行为；③数学模型形式欠妥；④归并误差；⑤测量误差等。

回归模型存在两个特点：①建立在某些假定条件不变前提下抽象出来的回归函数不能百分之百地再现所研究的经济过程。②也正是由于这些假定与抽象，才使我们能够透过复杂的经济现象，深刻认识到该经济过程的本质。

通常，线性回归函数 $E(y_t) = \beta_0 + \beta_1 x_t$ 是观察不到的，利用样本得到的只是对 $E(y_t) = \beta_0 + \beta_1 x_t$ 的估计，即对 β_0 和 β_1 的估计。

（2）基本假设

① 解释变量：是确定性变量，不是随机变量。
$$Var(x_t) = 0$$

② 随机误差项：零均值、同方差，在不同样本点之间独立，不存在序列相关等。
$$E(\mu_t) = 0$$
$$Var(\mu_t) = 0$$
$$Cov(\mu_i, \mu_j) = 0$$

③ 随机误差项与解释变量：不相关。
$$Cov(x_t, \mu_t) = 0$$

④ （针对最大似然法和假设检验）随机误差项。
$$\mu \sim N(0, \sigma^2)$$

⑤ 回归模型正确设定。回归模型的正确设定有三个方面的要求：第一，选择正确的变

量进入模型；第二，对模型的形式进行正确的假定；第三，对模型的解释变量、被解释变量以及随机干扰项作出了正确的假定。

前四条为线性回归模型的古典假设，即高斯假设。满足古典假设的线性回归模型被称为古典线性回归模型。

（3）最小二乘估计（OLS）

对于所研究的经济问题，通常真实的回归直线是观测不到的。收集样本的目的就是要对这条真实的回归直线作出估计（如图4-2所示）。

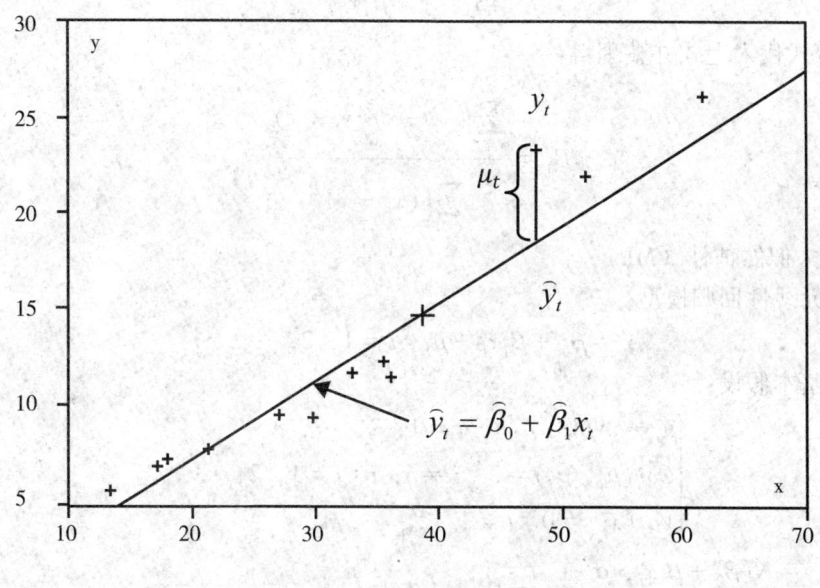

图4-2 估计的直线

怎样估计这条直线呢？显然，综合起来看，这条直线处于样本数据的中心位置最合理。怎样用数学语言描述"处于样本数据的中心位置"？设估计的直线用 $\hat{y}_t = \hat{\beta}_0 + \hat{\beta}_1 x_t$ 表示，如图4-2所示。其中，$\hat{y}_t$ 被称为 y_t 的拟合值（Fitted Value）；$\hat{\beta}_0$ 和 $\hat{\beta}_1$ 分别是 β_0 和 β_1 的估计量。观测值到这条直线的纵向距离用 $\hat{\mu}_t$ 表示，称为残差。

$$y_t = \hat{y}_t + \hat{\mu}_t = \hat{\beta}_0 + \hat{\beta}_1 x_t + \hat{\mu}_t$$

被称为估计的模型。假定样本容量为 n。

① 用"残差和最小"确定直线位置是一个途径，但很快发现计算"残差和"存在相互抵销的问题。

② 用"残差绝对值和最小"确定直线位置也是一个途径，但绝对值的计算比较麻烦。

③ 最小二乘法的原则是以"残差平方和最小"确定直线位置。用最小二乘法除了计算比较方便外，得到的估计量还具有优良特性（这种方法对异常值非常敏感）。设残差平方和用 Q 表示：

$$Q = \sum_{t=1}^{n} \hat{\mu}_t^2 = \sum_{t=1}^{n} (y_t - \hat{\beta}_0 - \hat{\beta}_1 x_t)^2$$

则通过 Q 最小确定这条直线，即确定 $\hat{\beta}_0$ 和 $\hat{\beta}_1$ 的估计值。以 $\hat{\beta}_0$ 和 $\hat{\beta}_1$ 为变量，把 Q 看作

$\hat{\beta}_0$ 和 $\hat{\beta}_1$ 的函数,这是一个求极值的问题。求 Q 对 $\hat{\beta}_0$ 和 $\hat{\beta}_1$ 的偏导数并令其为 0,得正规方程:

$$\begin{cases} \dfrac{\partial Q}{\partial \beta_0} = -2\sum_{t=1}^{n}(y_t - \hat{\beta}_0 - \hat{\beta}_1 x_t) = 0 \\ \dfrac{\partial Q}{\partial \beta_1} = -2\sum_{t=1}^{n}(y_t - \hat{\beta}_0 - \hat{\beta}_1 x_t)x_t = 0 \end{cases}$$

上式两侧用 n 除并整理得:

$$\hat{\beta}_0 = \bar{y} - \hat{\beta}_1 \bar{x}$$

把 $\hat{\beta}_0$ 等式代入上式并整理得:

$$\hat{\beta}_1 = \frac{\sum_{t=1}^{n}(x_t - \bar{x})(y_t - \bar{y})}{\sum_{t=1}^{n}(x_t - \bar{x})^2}$$

(4) 最大似然估计(ML)

对于一元线性回归模型:

$$y_t = \beta_0 + \beta_1 x_t + \mu_t \quad t = 1, 2, \cdots, n$$

重要的基本假设:

$$\begin{cases} \mu_t \sim N(0, \sigma^2) \quad t = 1, 2, \cdots, n \\ Cov(\mu_i, \mu_j) = 0 \quad i \neq j; \; i, j = 1, 2, \cdots, n \\ Var(x_t) = 0 \quad t = 1, 2, \cdots, n \end{cases}$$

得到: $y_t \sim N(\beta_0 + \beta_1 x_t, \sigma^2) \quad t = 1, 2, \cdots, n$
且 $Cov(y_i, y_j) = 0 \quad i \neq j; \; i, j = 1, 2, \cdots, n$,这个对最大似然法的估计很重要。
则目标为: $y_1, y_2, \cdots, y_n$ 的联合概率密度最大,即:

$$\text{Max } f(y_1, y_2, \cdots, y_n) = f(y_1)f(y_2)\cdots f(y_n)$$
$$= \frac{1}{(\sqrt{2\pi\sigma^2})^n} e^{-\frac{1}{2\sigma^2}\sum_{t=1}^{n}(y_t - \hat{\beta}_0 - \hat{\beta}_1 x_t)^2}$$

两边取对数,则得到结果如下:

$$L^* = \text{Ln}(L) = -n\,\text{Ln}(\sqrt{2\pi\sigma^2}) - \frac{1}{2\sigma^2}\sum_{t=1}^{n}(y_t - \hat{\beta}_0 - \hat{\beta}_1 x_t)^2$$

对 L^* 求极大值,等价于对 $\sum_{t=1}^{n}(y_t - \hat{\beta}_0 - \hat{\beta}_1 x_t)^2$ 求最小值。

(5) 随机误差项的估计

OLS 估计量(无偏): $\hat{\sigma}^2 = \dfrac{1}{n-k-1}\sum_{t=1}^{n}\mu_t^2$

ML 估计量(有偏): $\hat{\sigma}^2 = \dfrac{1}{n}\sum_{t=1}^{n}u_t^2$

(6) 拟合优度检验

拟合优度检验是检验模型对样本观测值的拟合程度。检验的方法,是构建一个可以表征拟合程度的指标,在这里被称为统计量,统计量是样本的函数。从检验对象中计算该统计量的数值,然后与某一标准进行比较,得出检验结论。

① 离差分解

总体平方和(或总离差平方和),反映样本观测值总体离差的大小。

$$TSS = \sum_{t=1}^{n}(y_t - \bar{y}_t)^2 = \sum_{t=1}^{n}[(y_t - \hat{y}_t) + (\hat{y}_t - \bar{y}_t)]^2$$
$$= \sum_{t=1}^{n}(y_t - \hat{y}_t)^2 + \sum_{t=1}^{n}(\hat{y}_t - \bar{y}_t)^2 + 2\sum_{t=1}^{n}(\hat{y}_t - \bar{y}_t)(y_t - \hat{y}_t)$$

其中,

$$\sum_{t=1}^{n}(\hat{y}_t - \bar{y}_t)(y_t - \hat{y}_t) = \sum_{t=1}^{n}\hat{y}_t(y_t - \hat{y}_t) - \bar{y}_t\sum_{t=1}^{n}(y_t - \hat{y}_t)$$
$$= \sum_{t=1}^{n}(\hat{\beta}_0 + \hat{\beta}_1 x_t)\mu_t - \bar{y}_t\sum_{t=1}^{n}\mu_t = 0$$

回归平方和 ESS(Explained Sum of Squares),反映由模型中解释变量所解释的那部分离差的大小。

$$ESS = \sum_{t=1}^{n}(\hat{y}_t - \bar{y}_t)^2$$

残差平方和 RSS(Residual Sum of Squares),反映模型中解释变量未解释的那部分离差的大小。

$$RSS = \sum_{t=1}^{n}(y_t - \hat{y}_t)^2$$

② 决定系数

$$R^2 = \frac{ESS}{TSS} = 1 - \frac{RSS}{TSS}$$

含义是总离差中回归平方和能够解释的部分所占的比重,值越大,表明回归的拟合值效果越好。

(7)假设检验

① 方程显著性 F 检验

方程的显著性检验,旨在对模型中被解释变量与解释变量之间的线性关系在总体上是否显著成立作出推断。

从上面的拟合优度检验中可以看出,当拟合优度高时,则表示解释变量对被解释变量的解释程度较高,可以推测模型总体线性关系成立。但这只是一个模糊的推测,不能给出一个在统计上严格的结论,这就要求进行方程的显著性检验。

提出关于 k 个总体参数的假设 $H_0: \beta_0 = \beta_1 = \cdots = \beta_k = 0$

备择假设 $H_1: \beta_i$ 不全为 0

根据样本观察值计算并列出方差分析表(如表 4-1 所示)。

表 4-1

方差来源	平方和	自由度	均方差
ESS	$\sum_{t=1}^{n}(\hat{y}_t-\bar{y}_t)^2$	k	$\sum_{t=1}^{n}(\hat{y}_t-\bar{y}_t)^2/k$
RSS	$\sum_{t=1}^{n}(y_t-\hat{y}_t)^2$	$n-k-1$	$\sum_{t=1}^{n}(y_t-\hat{y}_t)^2/(n-k-1)$
TSS	$\sum_{t=1}^{n}(y_t-\bar{y}_t)^2$		

在 H_0 成立的前提条件下计算 F 统计量：
$$F=\frac{\sum_{t=1}^{n}(\hat{y}_t-\bar{y}_t)^2/k}{\sum_{t=1}^{n}(y_t-\hat{y}_t)^2/(n-k-1)}$$

给定显著性水平 α，查 F 分布表，得临界值 $F_\alpha(k, n-k-1)$。

如果 $F > F_\alpha$，则拒绝原假设。

② 变量显著性的检验（t 检验）

当上述 F 检验结论是 y_t 与 x_t 存在线性回归关系时，并不见得每个解释变量都对 y_t 有显著作用（为重要解释变量），所以还应对每个解释变量的系数进行显著检验。

因为 $\hat{\beta}_i$ 服从正态分布（数理统计学中作为定理得到了证明），又因为 $\hat{\beta}_i$ 为无偏估计量，均值为 β，因此 $\hat{\beta}_i \sim N(\beta_i, \sigma^2 c_{ii})$。

在 H_0 成立条件下，

$$t=\frac{\hat{\beta}_i-\beta}{s(\hat{\beta}_i)}=\frac{\hat{\beta}_i-\beta}{\sqrt{c_{ii}\dfrac{\mu'\mu}{n-k-1}}} \sim t(n-k-1)$$

$$Cov(\hat{\beta})=\sigma^2(X'X)^{-1}$$

其中，$s(\hat{\beta}_i)$ 表示 $\hat{\beta}_i$ 的估计的标准差，σ 为随机误差项，c_{ii} 是 $(X'X)$ 主对角线上第 i 个元素。

如果变量 x_i 是显著的，那参数 β_i 应该显著地不为 0。于是，在变量显著性检验中设计的零假设与备择假设分别是：

$H_0: \beta_i = 0$

$H_1: \beta_i \neq 0$

给定一个显著性水平 α，查 t 分布表，得到一个临界值。

2. 多元线性回归模型

在上一部分中我们讨论了一元线性回归模型，然而现实经济中的各变量之间的相互关系是错综复杂的，往往一个经济指标会受到很多其他经济因素的影响，如果想要通过数量模型来描述这一影响关系的话，就要求我们在一元线性回归模型的基础上引入多元线性回归模型。

(1) 模型简介

设因变量 y 的解释变量为 x，且与各解释变量之间存在近似线性关系，则可建立如下含有 k 个解释变量的多元线性回归模型：

$$y_t = \beta_0 + \beta_1 x_{1t} + \beta_2 x_{2t} + \cdots + \beta_k x_{kt} + u_t \ (t=1,\ 2,\ 3,\ \cdots,\ n)$$

为公式推导和计算方便，将上式改写成矩阵模型：

$$\begin{bmatrix} y_1 \\ y_2 \\ \vdots \\ y_n \end{bmatrix} = \begin{bmatrix} 1 & x_{11} & x_{12} & \cdots & x_{1k} \\ 1 & x_{21} & x_{22} & \cdots & x_{2k} \\ \vdots & & & & \\ 1 & x_{n1} & x_{n2} & \cdots & x_{nk} \end{bmatrix} \begin{bmatrix} \beta_0 \\ \beta_1 \\ . \\ \beta_k \end{bmatrix} + \begin{bmatrix} \mu_1 \\ \mu_2 \\ \vdots \\ \mu_n \end{bmatrix}$$

简写为矩阵形式：$Y = X\beta + \mu$

估计的回归模型表示为

$$\hat{Y} = X\hat{\beta}$$

那么被解释变量的观察值与估计值之差的平方和为：

$$Q = \mu'\mu = (Y - X\hat{\beta})'(Y - X\hat{\beta})$$

根据最小二乘原理，参数估计值应该是下列方程组

$$\frac{\partial}{\partial \beta}(Y - X\hat{\beta})'(Y - X\hat{\beta}) = 0$$

的解。求解过程如下：

$$\frac{\partial}{\partial \beta}(Y' - \hat{\beta}'X')(Y - X\hat{\beta}) = 0$$

$$\frac{\partial}{\partial \beta}(Y'Y - \hat{\beta}'X'Y - Y'X\hat{\beta} + \hat{\beta}'X'X\hat{\beta}) = 0$$

$$\frac{\partial}{\partial \beta}(Y'Y - 2\hat{\beta}'X'Y + \hat{\beta}'X'X\hat{\beta}) = 0$$

$$-X'Y + X'X\hat{\beta} = 0$$

于是，参数的最小二乘估计值为：

$$\hat{\beta} = (X'X)^{-1}X'Y$$

(2) 参数估计量的性质

无偏性

$$Cov(\hat{\beta}) = E[\hat{\beta} - E(\hat{\beta})][\hat{\beta} - E(\hat{\beta})]'$$
$$= E(\hat{\beta} - \beta)(\hat{\beta} - \beta)'$$
$$= E((XX') - 1X'\mu\mu'X(X'X) - 1)$$
$$= E(\mu\mu')(X'X) - 1$$
$$= \sigma^2(X'X) - 1$$

其中利用了

$$\hat{\beta} = (X'X) - 1X'Y = (X'X) - 1X'(X\beta + \mu)$$
$$= \beta + (X'X) - 1X'\mu$$

$$E(\mu\mu') = \sigma^2 I$$

I 为单位矩阵。

(3) 加权最小二乘法（WLS）

如果模型被检验证明存在异方差，则需要发展新的方法估计模型，最常用的方法是加权最小二乘法。加权最小二乘法是对原模型加权，使之变成一个新的不存在异方差的模型，然后采用普通最小二乘法估计参数。

一般情况下，对于模型

$$Y = X\beta + \mu$$
$$E(\mu) = 0$$
$$Cov(\mu\mu') = E(\mu\mu') = \sigma^2 W$$

$$W = \begin{bmatrix} w_1 & & & & \\ & w_2 & & & \\ & & \vdots & & \\ & & & \vdots & \\ & & & & w_n \end{bmatrix}$$

即存在异方差性。设

$$W = DD'$$

用 D^{-1} 左乘，得到一个新的模型

$$D^{-1}Y = D^{-1}X\beta + D^{-1}\mu$$

即 $Y^* = X^*\beta + \mu^*$

该模型具有同方差性。因为

$$E(\mu^*\mu^{*'}) = E(D^{-1}\mu\mu'D^{-1'}) = D^{-1}E(\mu\mu')D^{-1'} = \sigma^2 I$$

如何得到权矩阵 W？仍然是对原模型首先采用普通最小二乘法，得到随机误差项的近似估计量，以此构成矩阵的估计量。

3. 中介效应模型

中介效应模型可以分析自变量对因变量影响的过程和作用机制，相比单纯分析自变量对因变量影响的同类研究，中介分析不仅方法上有进步，而且往往能得到更多更深入的结果，这可以解释为什么中介分析受到重视。

调节变量（Moderator）所要解释的是自变量在何种条件下会影响因变量，也就是说，当自变量与因变量的相关大小或正负方向受到其他因素的影响时，这个其他因素就是该自变量与因变量之间的调节变量。

在相关分析中，调节变量是影响两变量零阶相关的第三变量。当然，如果两变量的关系因第三因素而发生了方向性的改变，也可将这第三因素称为调节变量。在方差分析中，如果自变量与限定自变量作用之条件的另一因素之间出现了交互效应，则称另一因素为调节变量。

考虑自变量 X 对因变量 Y 的影响，如果 X 通过影响变量 M 而对 Y 产生影响，则称 M 为中介变量。例如，"家庭社会经济地位"影响"家庭功能"，进而影响"青少年疏离感"。为

了行文简便,避免在回归方程中出现与方法讨论无关的截距项,假设所有变量都已经中心化(将数据减去样本均值,中心化数据的均值为0)或者标准化(均值为0,标准差为1),可用下列回归方程来描述变量之间的关系(图4-3是相应的路径图):

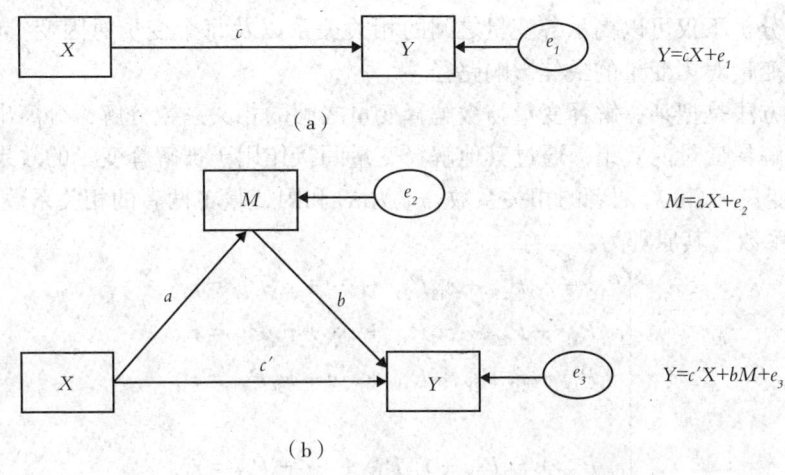

图 4-3

$$Y = cX + e_1 \quad (1)$$
$$M = aX + e_2 \quad (2)$$
$$Y = c'X + bM + e_3 \quad (3)$$

其中,方程(1)的系数 c 为自变量 X 对因变量 Y 的总效应;方程(2)的系数 a 为自变量 X 对中介变量 M 的效应;方程(3)的系数 b 是在控制了自变量 X 的影响后,中介变量 M 对因变量 Y 的效应;系数 c' 是在控制了中介变量 M 的影响后,自变量 X 对因变量 Y 的直接效应;e_1—e_3 是回归残差。对于这样的简单中介模型,中介效应等于间接效应(Indirect Effect),即等于系数乘积 ab,它与总效应和直接效应有下面关系。

$c = c' + ab$

检验中介效应最常用的方法是逐步检验回归系数,即通常说的逐步法:

第一步:检验方程(1)的系数 c(检验 $H_0: c=0$)。

第二步:依次检验方程(2)的系数 a(检验 $H_0: a=0$)和方程(3)的系数 b(检验 $H_0: b=0$),有文献称之为联合显著性检验(Test of Joint Significance,Hayes,2009)。如果(i)系数 c' 显著,系数 a 和 b 都显著,则中介效应显著。

第三步:完全中介过程还要加上:方程(3)的系数 c' 不显著。

4. 通径分析方法

数量遗传学家 Wright S(1921)提出通径分析(Path Coefficient)方法。通径分析是在相关性分析的基础上确切地分析每个因素对因变量的影响程度,并确定主要的影响因素。当研究多个因素对某一个因变量的影响时,该变量不仅会直接对因变量产生影响,还会通过先影响其他的自变量,然后再对因变量产生影响。通径分析就是先建立多元回归方程,然后将相关系数分解为直接通径系数和间接通径系数，直接通径系数是指某一个自变量对因变量的直接作用，等于回归方程的标准系数；间接通径系数是指某一自变量对因变量的间接作用，等于该变量和另一变量的相关系数与另一变量的直接通径系数的乘积。自变量与因变量之间的简单相关系数等于直接通径系数和所有间接通径系数之和，该系数就是该变量对因变量的总作用。通径分析不仅可以揭示各变量之间的相关关系以及每个变量对因变量的影响程度，还可以提供自变量对因变量的最佳影响路径。

通径分析方法是把某一解释变量与被解释变量之间的相关系数分解，分离出该解释变量直接作用于被解释变量的效果、通过其他解释变量间接作用于被解释变量的效果和总的作用效果。r_{ij} 为自变量 X_i 和 X_j 两者的相关系数，r_{iY} 为 X_i 和因变量 Y 两者的相关系数，P_{iY} 是 X_i 对 Y 的直接通径系数，其原理为：

$$\begin{cases} P_{1Y} + r_{12}P_{2Y} + r_{13}P_{3Y} + \cdots + r_{1k}P_{kY} = r_{1Y} \\ r_{21}P_{1Y} + P_{2Y} + r_{23}P_{3Y} + \cdots + r_{2k}P_{kY} = r_{2Y} \\ r_{31}P_{1Y} + r_{32}P_{2Y} + P_{3Y} + \cdots + r_{3k}P_{kY} = r_{3Y} \\ \vdots \\ r_{k1}P_{1Y} + r_{k2}P_{2Y} + r_{k3}P_{3Y} + \cdots + P_{kY} = r_{kY} \end{cases}$$

X_i 经过别的解释变量 X_j 对被解释变量 Y 的间接通径为 $r_{ij}P_{jY}$，解释变量 X_i 对被解释变量 Y 的决定系数为：

$$R^2_{(i)} = P^2_{iY} + 2\sum_{i \neq j} P_{iY}r_{ij}P_{jY} = 2r_{iY}P_{iY} - P^2_{iY}$$

为验证所选择变量的合理性，还需要计算剩余通径系数 b_{ey}，如果 b_{ey} 数值较小，说明已找出主要变量，否则表明还有更重要的因素需要补充。

$$b_{ey} = \sqrt{1 - D^2}$$

其中，$D^2 = \sum_{i=1}^{k} P_{iY}r_{iY}$

标准化系数 $bj' = bj \times \dfrac{Sx}{Sy}$

三、实验材料

表 4-2 为 2007—2019 年中国平安和上证指数的年度涨跌幅度，利用这些数据采用以下四种方法来计算平安银行与深证指数之间的回归系数 β 值。

表 4-2　　　　　　　　　　　　　　　　　　　　　　　　　　　　　　　　　　　单位：%

时间	中国平安涨跌	每股收益增长率	上证指数涨跌
	Y	X	M
2007	113.04	174.03	96.66
2008	−73.99	−91.00	−65.39
2009	103.39	894.74	79.98

续表

时间	中国平安涨跌	每股收益增长率	上证指数涨跌
	Y	X	M
2010	2.70	21.69	-14.31
2011	36.58	8.70	-21.68
2012	30.65	1.20	3.17
2013	6.38	40.71	-6.75
2014	75.01	38.48	52.87
2015	-2.35	-39.55	9.41
2016	-0.05	17.45	-12.31
2017	92.84	42.57	6.56
2018	-16.31	20.64	-24.59
2019	50.43	39.70	22.30

【例 4-1】根据表 4-2 中数据，利用规划求解方法求出中国平安涨跌幅度与每股收益的回归系数。

【例 4-2】根据表 4-2 中数据，利用代数法计算中国平安涨跌幅度与每股收益相关回归系数。

【例 4-3】根据表 4-2 中数据，利用统计函数求出中国平安涨跌幅度与每股收益回归系数（截距，斜率），R 平方，回归标准误并进行预测。

【例 4-4】根据表 4-2 中数据，利用 LINEST 函数计算中国平安涨跌幅度与每股收益相关回归系数。

【例 4-5】根据表 4-2 中数据，利用数据分析工具的回归方法求出中国平安涨跌幅度与每股收益回归系数。

【例 4-6】根据表 4-2 中数据，利用矩阵计算中国平安涨跌幅度与每股收益相关回归系数，即统计检验指标。并与例 4-5 计算结果进行验证。

【例 4-7】根据表 4-2 中数据，利用数据分析工具的回归方法计算中国平安涨跌幅度、上证指数涨跌幅度与每股收益回归结果。

【例 4-8】根据表 4-2 中数据，利用通径分析方法计算中国平安涨跌幅度、上证指数涨跌幅度与每股收益回归结果。

四、实验步骤

【例 4-1】

第一步：建立 Excel 工作簿，将原始数据自变量 x（每股收益增长率）和因变量 y（中国平安收益率）输入 Excel 单元格中，如表 4-3 所示：y 为收益率，x 为每股收益增长率。

表 4-3　　　　　　　　　　　　　　Excel 操作表

	A	B	C	D	E	F	G
1	时间	中国平安	每股收益增长率		预测值	残差	残差平方和
2		y	x		$\hat{y}$	$y - \hat{y}$	$(\hat{y}-y)^2$
3	2007	113.04	174.03				
4	2008	-73.99	-91.00				
5	2009	103.39	894.74				
6	2010	2.70	21.69				
7	2011	36.58	8.70				
8	2012	30.65	1.20				
9	2013	6.38	40.71				
10	2014	75.01	38.48				
11	2015	-2.35	-39.55				
12	2016	-0.05	17.45				
13	2017	92.84	42.57				
14	2018	-16.31	20.64				
15	2019	50.43	39.70				
16				汇总			
17	截距 a		斜率 b				

第二步：设置相关求解公式。

假定回归方程参数截距 a 和斜率 b（决策变量），根据一元回归模型计算因变量预测值 $\hat{y}$，即 $\hat{y} = b + ax$。根据最小二乘估计的模型计算实际值 y 和预测值 $\hat{y}$ 的残差 $\hat{\mu}_t$，最后求得残差的平方和 RSS（目标变量）。回归分析的目的即求出模型中残差平方和 RSS 的最小值，从而得到回归方程参数 a 和 b 的值。

根据 $\hat{y} = b + ax$，B17 单元格是截距 a，D17 单元格斜率 b。

在 E3 单元格输入公式"=$B$17+$D$17*C3"，点击单元格右下角黑十字向下填充至 E15 单元格，就可得到各年的预测值 $\hat{y}$。

根据最小二乘估计的模型 $\hat{\mu} = y - \hat{y}$，在 F3 单元格输入公式"=B3-E3"，点击单元格右下角黑十字向下填充至 F15 单元格即可得到每年实际值 y 和预测值 $\hat{y}$ 的残差 $\hat{\mu}_t$。

根据公式 $Q = \sum_{t=1}^{n} \mu_t^2 = \sum_{t=1}^{n} (y_t - \hat{\beta}_0 - \hat{\beta}_1 x_t)^2$，在 G3 单元格输入公式"G3=（E3-B3）^2"，点击单元格右下角黑十字向下填充至 G15 单元格。在 G16 单元格输入公式"=SUM（G3：G15）"，即可求出残差的平方和 RSS。

第三步：规划求解。

（1）在工具菜单【数据】中选择【规划求解】命令，将出现"规划求解参数"窗口。

（2）在该窗口的"设置目标（T）"的位置输入目标方程所在单元格的位置代号"$G$16"；根据模型要求"回归分析即残差平方和 RSS 最小"选定"最小值"单选按钮。

(3) 在"通过更改可变单元格（B）"的位置输入决策变量所在单元格的代号"$B$17，$D$17"，中间用","隔开。

(4) 单击【求解】按钮，弹出"规划求解结果"对话框，根据需要选定"保留规划求解的解"单选按钮，单击【确定】按钮，得出规划求解的结果，如表4-4所示。当残差平方和最小时，截距 a 为21.22，斜率 b 为0.12。

在A18单元格输入"=" y=&B17&" +" &D17&" x"，即回归方程为 $Y = 21.22 + 0.12X$，回归系数为0.12。

表4-4

	A	B	C	D	E	F	G
1	年度	y	x		$\hat{y}$	$y-\hat{y}$	$(y-\hat{y})^2$
2	2007	113.04	174.03		42.24	70.62	4987.06
3	2008	-73.99	-91.00		10.13	-84.12	7076.97
4	2009	103.39	894.74		130.22	-26.83	719.93
5	2010	2.70	21.69		23.86	-21.16	447.87
6	2011	36.58	8.70		22.28	14.30	204.50
7	2012	30.65	1.20		21.37	9.28	86.19
8	2013	6.38	40.71		26.18	-19.80	392.04
9	2014	75.01	38.48		25.91	49.10	2410.97
10	2015	-2.35	-39.55		16.40	-18.75	351.62
11	2016	-0.05	17.45		23.35	-23.40	547.37
12	2017	92.84	42.57		26.41	66.43	4413.41
13	2018	-16.31	20.64		23.73	-40.04	1603.59
14	2019	50.43	39.70		26.06	24.37	594.05
15				汇总	32.18	0.00	23835.56
16	截距	21.22	斜率	0.12			

【例4-2】

第一步：建立Excel工作簿，将原始数据输入表中。如表4-5所示：

表4-5　　　　　　　　　　　　Excle 操作表

	A	B	C	D	E	F	G	H	I
1	时间	平安银行	每股收益率						
2		y	x		$(x_i-\bar{x})$	$(y-\bar{y})$	$(x_i-\bar{x}) \cdot (y_i-\bar{y})$	$(x-\bar{x})^2$	$(y-\bar{y})^2$
3	2007	113.04	174.03						
…	…	…	…						

续表

	A	B	C	D	E	F	G	H	I
15	2019	50.43	39.70						
16	平均值				汇总				
					方差				

第二步：计算 x 的平均值 $\bar{x}$ 和 y 的平均值 $\bar{y}$。

将 B3：B15 单元格命名为"y"，在 B16 单元格输入公式"=AVERAGE（y）"，即可得到 y 的平均值 $\bar{y}$。

将 C3：C15 单元格命名为"x"，在 B16 单元格输入公式"=AVERAGE（x）"，即可得到 x 的平均值 $\bar{x}$。

第三步：计算 $x_i - \bar{x}$，$y_i - \bar{y}$，$(x_i - \bar{x})(y_i - \bar{y})$，$(x_i - \bar{x})^2$。

在 E3 单元格输入公式"=C3-$C$16"，点击单元格右下角黑十字向下填充至 E15 单元格。

在 F3 单元格输入公式"=B3-$B$16"，点击单元格右下角黑十字向下填充至 F15 单元格。

在 G3 单元格输入公式"=E3*F3"，点击单元格右下角黑十字向下填充至 G15 单元格。

在 H3 单元格输入公式"=E3^2"，点击单元格右下角黑十字向下填充至 H15 单元格。

在 I3 单元格输入公式"=F3^2"，点击单元格右下角黑十字向下填充至 I15 单元格。

第四步：计算汇总值。

在 E16 单元格输入公式"=SUM（E3：E15）"，点击单元格右下角黑十字向右填充至 I16 单元格。

第五步：计算 x 和 y 各自的方差，以及两者的协方差和相关系数。

根据公式，在 G17 单元格输入公式"=G16/13"，即可得到 x、y 的协方差。

$$\hat{\sigma}_{xy} = \frac{1}{n}\sum_{i=1}^{n}(x-\bar{x})(y-\bar{y})$$

根据公式，在 H17 单元格输入公式"=H16/13"，即可得到 x 的方差。

$$\hat{\sigma}_x^2 = \frac{1}{n}\sum_{i=1}^{n}(x-\bar{x})^2$$

根据公式，在 I17 单元格输入公式"=I16/13"，即可得到 y 的方差。

$$\hat{\sigma}_y^2 = \frac{1}{n}\sum_{i=1}^{n}(y-\bar{y})^2$$

第六步：计算 x 和 y 之间的相关系数。

相关关系是一种非确定性的关系，相关系数是研究变量之间线性相关程度的量，根据公式，在 G18 单元格输入公式"=G17/SQRT（H17*I17）"，即可得出 x 和 y 之间的相关系数。

$$\rho(x, y) = \frac{Cov(x, y)}{\sigma_x \sigma_y}$$

第七步：计算回归系数，得出回归方程。

根据公式 $\begin{cases} \hat{\beta}_1 = \dfrac{\sum(x_i - \bar{x}) \cdot (y_i - \bar{y})}{\sum(x_i - \bar{x})^2} \\ \hat{\beta}_0 = \bar{y} - \hat{\beta}_1 \bar{x} \end{cases}$

在 G20 单元格输入公式"=G16/H16"，即可得出回归系数。

在 G23 单元格输入公式"=B16-G20*C16"，即可得出 $\hat{\beta}_0$。

在 G24 单元格输入公式"=" y=" &G23&" +" &G20&" x" "，即可得出回归方程。

回归系数 $\hat{\beta}_1 = 0.12$，$\hat{\beta}_0 = 15.13$，回归方程为 $y = 15.13 + 0.12x$。

【例 4-3】

第一步：建立 Excel 工作簿，将原始数据自变量 x（深证指数）和因变量 y（平安银行）输入表中。如表 4-6 所示：

表 4-6　　　　　　　　　　　　　Excel 操作表

	A	B	C	D	E	F
1	时间	中国平安	每股收益率			
2		y	x		说明	公式
3	2007	113.04	174.03		截距 a	
4	2008	-73.99	-91.00		斜率 b	
5	2009	103.39	894.74		R 平方	
6	2010	2.70	21.69		回归标准误差 σ	
7	2011	36.58	8.70		预测	
16	2020		20.00			

第二步：利用 Excel 的统计函数计算截距 a。

将 B3：B15 单元格命名为 y，将 C3：C15 单元格命名为 x。在 F3 单元格输入公式"=INTERCEPT（y，x）"，即可求出截距 a 的值。

第三步：利用 Excel 的统计函数计算斜率 b。

在 F4 单元格输入公式"=SLOPE（y，x）"，即可求出斜率 b。

第四步：利用 Excel 的统计函数计算 R 平方。

在 F5 单元格输入公式"=RSQ（y，x）"，即可以求出 R 平方。

第五步：利用 Excel 的统计函数计算回归标准误差 σ。

在 F6 单元格输入公式"=STEYX（y，x）"，即可计算出标准误差。

第六步：利用 Excel 的统计函数预测以后年度（2020 年）平安银行的收益率。

在 F7 单元格输入公式"=FORECAST（C16，y，x）"，即可预测 2020 年平安银行的收益率。

回归系数计算结果如表 4-7 所示：

表 4-7　　　　　　　　　　　　　　操作结果数据

	A	B	C	D	E	F
1	时间	平安银行	每股收益率			
2		y	x		说明	公式
3	2007	113.04	174.03		截距 a	21.22
4	2008	-73.99	-91.00		斜率 b	0.12
5	2009	103.39	894.74		R 平方	0.32
6	2010	2.70	21.69		回归标准误差 σ	46.55
7	2011	36.58	8.70		预测	23.66
16	2020	23.66	20.00			

【例 4-4】

第一步：建立 Excel 工作簿，将原始数据自变量 x（深证指数）和因变量 y（平安银行）输入表中。LINEST 函数返回的结果排列格式如表 4-8 所示：

表 4-8　　　　　　　　　　LINEST 函数返回的结果排列格式

	E	F	G	H
1	linest () 回归结果			
2	斜率			截距
3	标准误			截标准误
4	R 平方			回归标准误
5	F 值			自由度
6	ESS			RSS
7				
8	$y=b_0+b_1x+b_2x+b_3x$			
9	b_3 值	b_2 值	b_1 值	b_0 值
10	标准差 SE（b_4）	标准差 SE（b_3）	标准差 SE（b_1）	标准差 SE（b_0）
11	R 平方	回归标准误		
12	F 值	自由度		
13	回归平方和 ESS	残差平方和 RSS		

第二步：利用 Excel 统计函数里的 LINEST 函数计算回归直线内的各个数据。

操作步骤：

(1) 将 B3：B15 单元格命名为"y"，将 C3：C15 单元格命名为"x"。

(2) 在 Excel 工作簿，选中单元格 F2：G6，点击【公式】菜单下【插入函数】命令，即会弹出"插入函数"对话窗口。

(3) 在该窗口"搜索函数（S）"框内输入"LINEST"，点击右侧【转到】按钮或在该窗口"选择类别（C）"下拉菜单中选择"统计"，然后在"选择函数（N）"框内选中"LINEST"，再点击【确定】按钮，即会弹出"函数参数"对话窗口。

（4）该窗口中，在"Known_y's"框中输入"y"，在"Known_x's"框中输入"x"，在"Const"框中输入"TRUE"，在"Stats"框中输入"TRUE"。

（5）输入数据完毕后，操作"Shift+Ctrl+Enter"得出的结果，结果如表4-9所示。

表4-9　　　　　　　　　　　　LINEST函数操作结果

	E	F	G	H
1		linest()回归结果		
2	斜率	0.12	21.22	截距
3	标准误	0.05	13.79	截标准误
4	R平方	0.32	46.55	回归标准误
5	F值	5.09	11	自由度
6	ESS	11031.60	23835.56	RSS
7				
8		$y=b_0+b_1x+b_2x+b_3x$		
9	b_3值	b_2值	b_1值	b_0值
10	标准差 SE(b_4)	标准差 SE(b_3)	标准差 SE(b_1)	标准差 SE(b_0)
11	R平方	回归标准误		
12	F值	自由度		
13	回归平方和 ESS	残差平方和 RSS		

【例4-5】

第一步：建立 Excel 工作簿，将原始数据自变量 x（深证指数）和因变量 y（平安银行）输入表中。

第二步：点击【数据】菜单下的【数据分析】命令，即会弹出"数据分析"对话窗口。在该对话窗口的"分析工具（A）"框下，选择【回归】，即会弹出"回归"对话窗口。分别在对话框里输入相关数据。

第三步：点击【确定】按钮，出现回归统计的结果，如表4-10所示：

表4-10

	E	F	G	H	I	J
1	Multiple R	0.562485				
2	R Square	0.316389				
3	Adjusted R Square	0.254243				
4	标准误差	46.54964				
5	观测值	13				

续表

	E	F	G	H	I	J
6						
7		df	SS	MS	F	Significance F
8	回归分析	1	11031.6	11031.6	5.091032	0.045383
9	残差	11	23835.56	2166.869		
10	总计	12	34867.16			
11						
12		Coefficients	标准误差	t Stat	P-value	
13	Intercept	21.22021	13.79382	1.538385	0.152209	
14	x Variable 1	0.121825	0.053992	2.256332	0.045383	

利用数据分析工具的回归方法求出回归系数，方便快捷。在【例4-6】中会讲到数据分析工具方法计算的原理，即矩阵计算统计检验指标的方法。

【例4-6】根据表4-2中数据，利用矩阵计算相关回归系数，即统计检验指标。

原理：

将线性回归一般模型改写成矩阵模型：

$$\begin{bmatrix} y_1 \\ y_2 \\ \vdots \\ y_n \end{bmatrix} = \begin{bmatrix} 1 & x_{11} & x_{12} & \cdots & x_{1k} \\ 1 & x_{21} & x_{22} & \cdots & x_{2k} \\ \vdots & & & & \\ 1 & x_{n1} & x_{n2} & \cdots & x_{nk} \end{bmatrix} \begin{bmatrix} \beta_0 \\ \beta_1 \\ \vdots \\ \beta_k \end{bmatrix} + \begin{bmatrix} \mu_1 \\ \mu_2 \\ \vdots \\ \mu_n \end{bmatrix}$$

简写为矩阵形式：$Y = X\beta + \mu$

估计的回归模型表示为：

$$\hat{Y} = X\hat{\beta}$$

根据最小二乘原理，参数的最小二乘估计值为：

$$\hat{\beta} = (X'X)^{-1}X'Y$$

第一步：建立Excel工作簿，将原始数据自变量X（深证指数）和因变量Y（平安银行）输入表中，并且在两者之间添加一"常数"列，并计算出平均值，如表4-11所示：

表4-11

	A	B	C	D
1	时间	平安银行	常数	每股收益增长率
2		y	c	x
3	2007	113.04	1	174.03
4	2008	-73.99	1	-91.00
5	2009	103.39	1	894.74

续表

	A	B	C	D
6	2010	2.70	1	21.69
7	2011	36.58	1	8.70
8	2012	30.65	1	1.20
9	2013	6.38	1	40.71
10	2014	75.01	1	38.48
11	2015	-2.35	1	-39.55
12	2016	-0.05	1	17.45
13	2017	92.84	1	42.57
14	2018	-16.31	1	20.64
15	2019	50.43	1	39.70
16	平均值	32.18		89.95

第二步：定义名称。

点击【公式】菜单下【定义名称】按钮，将单元格 B2∶B15 定义名称为 "y"，将单元格 C2∶D15 定义名称为 "H"。

第三步：计算 $(X'X)^{-1}$。

解释：

X' 为矩阵 X 的转置矩阵；$(X'X)^{-1}$ 为矩阵 X 的转置矩阵乘以矩阵 X 的逆。利用 MINVERSE（ ）、MMULT（ ）、TRANSPOSE（ ）三个矩阵函数来计算 $(X^T X)^{-1}$。

操作步骤：

用鼠标选中 2×2 单元格 G2∶H3，输入公式 "=MINVERSE（MMULT（TRANSPOSE（H），H））"，输入完成后按住 "Shift+Ctrl+Enter" 键得出结果。

第四步：计算 $X'Y$。

用鼠标选中 2×1 单元格 G5∶G6，输入公式 "=MMULT（TRANSPOSE（H），y）"，输入完成后同时按住 "Shift+Ctrl+Enter" 键，得出结果。

第五步：估计回归系数 $\hat{\beta} = (X'X)^{-1} X'Y$。

先选中 2 行 1 列的单元格 H7∶H8，输入公式 "=MMULT（G2∶H3，G5∶G6）"，输入完成后同时按住 "Shift+Ctrl+Enter" 键，得出结果。如表 4-12 所示：

表 4-12　　　　　　　　　　　　　操作结果

	F	G	H
1	C_{ii}		
2	$(X'X)^{-1}$	0.088	0.000
3		0.000	0.000

续表

	F	G	H
4			
5	X'Y	418.32	
6		128181.1	
7	$\hat{\beta} = (X'X)^{-1}X'Y$		21.22
8			0.12

综上所述，和因变量 Y（平安银行）估计值 $\hat{Y}$ 与自变量 X（常数项、每股收益）的关系如下：

$$\hat{y}_i = 21.22 + 0.12X$$

第六步：计算拟合值 $\hat{Y}$。

公式：$\hat{Y} = X\hat{\beta}$

操作步骤：

用鼠标选中单元格 J3：J15，在公式栏输入"=MMULT（H，H7：H8）"，输入完成后同时按住"Shift+Ctrl+Enter"键，得到结果。

第七步：求残差平方和 RSS。

公式：$RSS = \sum (Y_i - \hat{Y}_i)^2 = \sum \mu_i^2$

操作步骤：

在单元格 K3 中输入公式"=（B3-J3）^2"，点击单元格右下角黑十字向下填充至 K15 单元格。再利用 SUM（ ）语句求和，计算出 RSS。

第八步：求回归误差平方和 ESS。

公式：$ESS = \sum (\hat{Y}_i - \bar{Y})^2 = \sum \hat{y}_i^2$

操作步骤：

在单元格 L3 中输入公式"=（J3-$B$16）^2"，点击单元格右下角黑十字向下填充至 L15 单元格。再利用 SUM（ ）语句求和，计算出 ESS。

第九步：求总离差平方和 TSS。

公式：$TSS = \sum (Y_i - \bar{Y})^2 = \sum y_i^2$

在单元格 M3 中输入公式"=（B3-$B$16）^2"，点击单元格右下角黑十字向下填充至 M15 单元格。再利用 SUM（ ）语句求和，计算出 TSS。

结果如表 4-13 所示：

表 4-13　　　　　　　　　　　　　　操作结果

	J	K	L	M
1	拟合值	残差和	回归误差	总误差
2	$\hat{Y}$	RSS	ESS	TSS

续表

	J	K	L	M
3	42.4	4987	105	6538.59
4	10.1	7077	486	11271.74
5	130.2	720	9612	5071.08
6	23.9	448	69	868.98
7	22.3	205	98	19.37
8	21.4	86	117	2.34
9	26.2	392	36	665.56
10	25.9	2411	39	1834.54
11	16.4	352	249	1192.21
12	23.3	547	78	1038.67
13	26.406	4413	33	3679.82
14	23.735	1604	71	2351.13
15	26.06	594	37	333.12
16	32	23835.56	11032	34867

第十步：计算 R^2。

公式：$R^2 = \dfrac{ESS}{TSS} = 1 - \dfrac{RSS}{TSS}$

在单元格 H9 中输入公式"=L16/M16"，得到 $R^2 = 0.316$。

第十一步：计算显著性检验 F 检验的值。

公式：$F = \dfrac{ESS/k}{RSS/(n-k-1)}$

因为 k 代表解释变量的个数，本例解释变量"每股收益"一个变量，所以 $k=1$。n 为样本数，一共 13 年的数据，样本共 13 个，所以 $n=13$。

公式可以改写为 $F = \dfrac{ESS}{RSS/(13-1-1)} = \dfrac{ESS}{RSS/11}$

在单元格 H11 中输入公式"=L16*11/K16"，得到结果为 $F = 5.091$。

第十二步：求随机干扰项 μ_i 的方差，即 $Var(\mu_i) = \sigma^2$。

公式：$\hat{\sigma}^2 = \dfrac{\sum \mu_i^2}{n-k-1} = \dfrac{RSS}{11}$

在单元格 H14 中输入公式"=K16/11"，得到结果为 $\hat{\sigma}^2 = 2167$，在单元格 H15 中输入公式"=SQRT（H14）"，得到结果标准误差 $\hat{\sigma} = 46.55$。

第十三步：求标准误差 S.D。

公式：$S.D = \sigma \sqrt{c_{ii}}$

其中，C_{ii} 为 $(X^T X)^{-1}$ 中第 i 行第 i 列的元素。

在单元格 H16 中输入公式"=SQRT（H14*G2）"，得到结果为 $SD1 = 13.79$，在单元

格 H17 中输入公式"=SQRT(H14*H3)",得到结果标准误差 $SD2 = 0.05$。

第十四步:计算显著性检验 t 检验的值。

公式:$t = \dfrac{\hat{\beta} - \beta_i}{\sqrt{C_{ii}\sigma^2}}$

其中,$Var(\hat{\beta}) = \sigma^2 C_{ii}$;$C_{ii}$ 为 $(X^TX)^{-1}$ 中第 i 行第 i 列的元素。

操作步骤:

在单元格 H18 中输入公式"=H7/H16",得到结果 $t_1 = 1.54$;在单元格 H19 中输入公式"=H8/H17",得到结果 $t_2 = 2.26$。

所有结果如图 4-4 所示:

	A	B	C	D	E	F	G	H	I	J	K	L	M	N
1	时间	中国平安	常数	每股收益		C_{ii}				拟合值	残差和	回归误差	总误差	残差和
2		y	c	x	$(X'X)^{-1}$	0.088	0.000			$\hat{y}$	RSS	ESS	TSS	e
3	2007	113.04	1	174.03		0.000	0.000			42.4	4987	105	6538.59	70.62
4	2008	-73.99	1	-91.00						10.1	7077	486	11271.74	-84.12
5	2009	103.39	1	894.74	$X'Y$	418.32				130.2	720	9612	5071.08	-26.83
6	2010	2.70	1	21.69		128181.1				23.9	448	69	868.98	-21.16
7	2011	36.58	1	8.70	$\hat{\beta}=(X'X)^{-1}X'Y$		21.22			22.3	205	98	19.37	14.30
8	2012	30.65	1	1.20			0.12			21.4	86	117	2.34	9.28
9	2013	6.38	1	40.71	$R^2=\dfrac{ESS}{TSS}$					26.2	392	36	665.56	-19.80
10	2014	75.01	1	38.48			0.316			25.9	2411	39	1834.54	49.10
11	2015	-2.35	1	-39.55	$F=\dfrac{ESS/k}{RSS/(n-k-1)}$					16.4	352	249	1192.21	-18.75
12	2016	-0.05	1	17.45			5.091			23.3	547	78	1038.67	-23.40
13	2017	92.84	1	42.57						26.406	4413	33	3679.82	66.43
14	2018	-16.31	1	20.64	$\hat{\sigma}^2=\dfrac{\sum\mu_i^2}{n-k-1}$		2167			23.735	1604	71	2351.13	-40.04
15	2019	50.43	1	39.70			46.55			26.06	594	37	333.12	24.37
16	平均值	32.18		89.95	$SD=\sigma\sqrt{c_{ii}}$		13.79			32	23835.56	11032	34867	0.00
17							0.05							
18					$t=\dfrac{\hat{\beta}-\beta}{\sqrt{C_{ii}\sigma^2}}$		1.54							
19							2.26							

图 4-4 操作结果

【例 4-7】

第一步:建立 Excel 工作簿,将原始数据自变量 X(每股收益)、因变量 Y(中国平安)和新加入的变量 M(上证指数)输入表中,如表 4-14 所示:

表 4-14

	A	B	C	D
1	时间	平安银行	每股收益增长率	上证指数
2		Y	X	M
3	2007	113.04	174.03	96.66
4	2008	-73.99	-91.00	-65.39
5	2009	103.39	894.74	79.98
6	2010	2.70	21.69	-14.31

续表

	A	B	C	D
7	2011	36.58	8.70	-21.68
8	2012	30.65	1.20	3.17
9	2013	6.38	40.71	-6.75
10	2014	75.01	38.48	52.87
11	2015	-2.35	-39.55	9.41
12	2016	-0.05	17.45	-12.31
13	2017	92.84	42.57	6.56
14	2018	-16.31	20.64	-24.59
15	2019	50.43	39.70	22.30

第二步：定义名称。

点击【公式】菜单下【定义名称】命令，将 B2：B15 定义名称为"Y"，将 C2：C15 命名为"X"，D2：D15 命名为"M"。

第三步：检验 M 是否为中介变量。

原理：

考虑自变量 X 对因变量 Y 的影响，如果 X 通过影响变量 M 而对 Y 产生影响，则称 M 为中介变量。

设：自变量 X 对因变量 Y 的总效应的线性方程

$$Y = cX + e_1$$

自变量 X 对中介变量 M 的效应的线性方程

$$M = aX + e_2$$

控制了自变量 X 的影响后，中介变量 M 对因变量 Y 的效应的线性方程

$$Y = c'X + bM + e_3$$

b 为中介变量 M 对因变量 Y 的效应。

c' 为控制了中介变量 M 的影响后，自变量 X 对因变量 Y 的直接效应。

对于这样的简单中介模型，中介效应等于间接效应（Indirect Effect），即等于系数乘积 ab。

操作步骤：

（1）检验系数 c，观察自变量 X 对因变量 Y 的总效应

在【例 4-5】中我们已经检验了自变量 X 和因变量 Y 的线性关系，求出了回归系数。详情请见【例 4-5】。得出的结果如表 4-15 所示：

表 4-15　　　　　　　自变量 X 对因变量 Y 的效应数据分析结果

	H	I	J	K	L	M	N
1	Y	系数	标准误差	t Stat	P-value	R^2	标准误差
2	Intercept	21.220	13.794	1.538	0.152	0.316	46.550
3	X	0.122	0.054	2.256	0.045		

(2) 检验系数 a，观察自变量 X 对中介变量 M 的效应

点击【数据】菜单下的【数据分析】命令，即会弹出"数据分析"对话窗口。在该对话窗口的"分析工具（A）"框下，选择【回归】，即会弹出"回归"对话窗口。分别在对话框里输入相关数据，点击【确定】按钮后，得出结果如表4-16所示：

表 4-16　　　　　　　自变量 X 对中介变量 M 的效应数据分析结果

	H	I	J	K	L	M	N
5	M	系数	标准误差	t Stat	P-value	R^2	标准误差
6	Intercept	-0.520	10.623	-0.049	0.962	0.403	35.849
7	X	0.113	0.042	2.729	0.020		

(3) 检验系数 b，观察中介变量 M 对因变量 Y 的效应

点击【数据】菜单下的【数据分析】命令，即会弹出"数据分析"对话窗口。在该对话窗口的"分析工具（A）"框下，选择【回归】，即会弹出"回归"对话窗口。分别在对话框里输入相关数据，如图4-5所示：

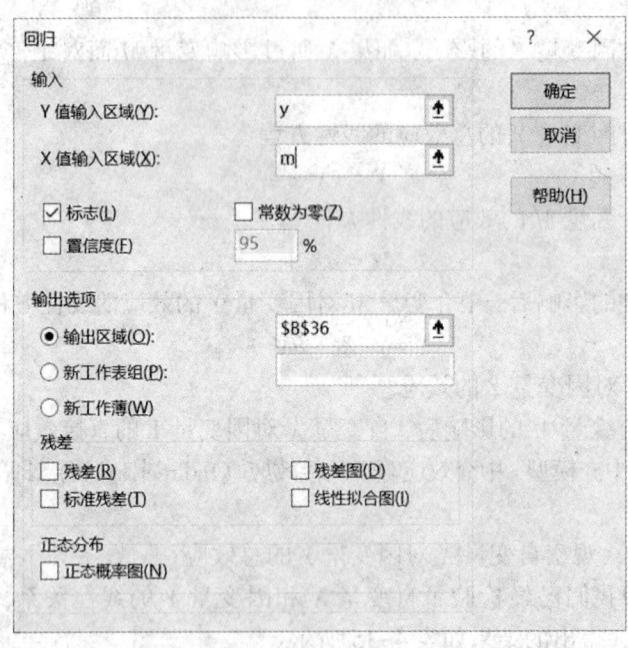

图 4-5　数据分析输入数据

点击【确定】按钮后，得出结果，如表4-17所示：

表 4-17　　　　　　　　中介变量 M 对因变量 Y 的效应数据分析结果

	H	I	J	K	L	M	N
12	Y	系数	标准误差	t Stat	P-value	R^2	标准误差
13	Intercept	21.773	8.331	2.614	0.026	0.773	28.110
14	X	0.001	0.042	0.032	0.975		
	M	1.062	0.236	4.490	0.001		

（4）检测 b，观察在中介变量 M 的影响后，自变量 X 对因变量 Y 的直接应效应

点击【数据】菜单下的【数据分析】命令，即会弹出"数据分析"对话窗口。在该对话窗口的"分析工具（A）"框下，选择【回归】，即会弹出"回归"对话窗口。分别在对话框里输入相关数据。

综合以上结果，我们发现：在没有变量 M 时，自变量 X 对因变量 Y 的效应中 R 平方为 0.316；而在受变量 M 时，整个效应的 R 平方为 0.773，比没有变量 M 时效果更加显著了。因此变量 M 为中介变量。

第四步：计算中介效应的系数 ab。

在表格中输入以下数据，如表 4-18 所示：

表 4-18

	E	F
1		
2	回归系数	数值
3	c	0.122
4	a	0.113
5	c'	0.001
6	b	1.066
7	ab	

在 F7 单元格输入公式"=F4*F6"，可以算出 $ab=0.12$。因此，在中介变量 M 的作用下，回归系数为 0.12。

【例 4-8】

第一步：建立 Excel 工作簿，将原始数据因变量 Y（平安银行）和自变量 X（深证指数）、M（每股收益）输入表中，如上例中表 4-15 所示。

第二步：计算各个变量之间的相关系数。

点击【数据】菜单下的【数据分析】命令，即会弹出"数据分析"对话窗口。在该对话窗口的"分析工具（A）"框下，选择【相关系数】，即会弹出"相关系数"对话窗口。分别在对话框里输入相关数据。如图 4-6 所示：

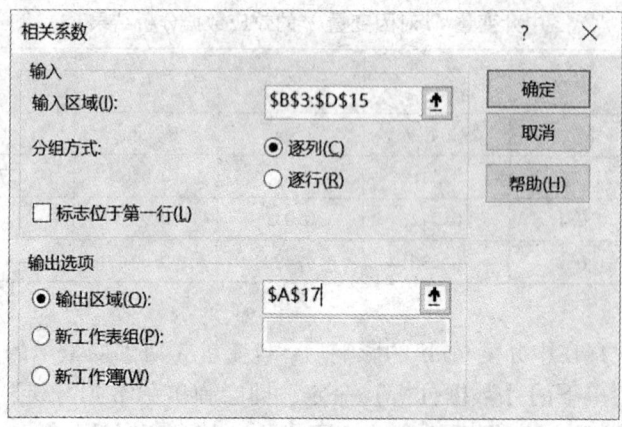

图 4-6 输入数据

点击【确定】按钮，即可得到各个变量之间的相关系数，如表 4-19 所示：

表 4-19　　　　　　　　　　　　相关系数

	A	B	C	D
17	相关系数	y	x	m
18	y	1	0.573	0.878
19	x	0.573	1	0.644
20	m	0.878	0.644	1

第三步：构建矩阵框架。

其原理为：

$$\begin{cases} P_{xy} + r_{12}P_{my} = r_{1y} \\ r_{21}P_{xy} + P_{my} = r_{2y} \end{cases}$$

转化为矩阵形式：

$$\begin{bmatrix} 1 & r_{12} \\ r_{21} & 1 \end{bmatrix} \times \begin{bmatrix} P_{xY} \\ P_{mY} \end{bmatrix} = \begin{bmatrix} r_{1Y} \\ r_{2Y} \end{bmatrix}$$

r_{12} 与 r_{21} 为自变量 X 和 M 两者的相关系数，r_{1Y} 为自变量 X 和因变量 Y 两者的相关系数，r_{2Y} 为自变量 M 和因变量 Y 两者的相关系数，P_{xY} 是 X 对 Y 的直接通径系数，P_{mY} 是 M 对 Y 的直接通径系数。

然后，在表 4-17 中找到矩阵里的每个元素，按矩阵格式，填入 Excel 表格中，如表 4-20 所示：

表 4-20　　　　　　　　　　　　矩阵

	F	G	H	I
4	相关系数		标准回归系数	相关系数
5	1.00	0.64		0.573
6	0.64	1.00		0.878

第四步：将非标准系数化为标准系数，即计算直接通径系数。

根据标准化公式：

$$bj' = bj \times \frac{Sx}{Sy}$$

其中，bj' 为标准化系数，bj 为非标准化系数，Sx 为自变量 X 的标准差，Sy 为因变量 Y 的标准差。

（1）计算三个变量的标准差

在 F20 单元格输入"=STDEV（B3：B15）"，即可得到 Sy 为 53.9。

在 G20 单元格输入"=STDEV（C3：C15）"，即可得到 Sx 为 248.88。

在 G20 单元格输入"=STDEV（D3：D15）"，即可得到 Sm 为 44.45。

（2）利用上例中数据分析结果

在上个例题中，我们利用数据分析工具已经得到了自变量 X、M 的回归系数，但是，为非标准化系数。将已经得到的非标准化数据输入在 F14：J17 单元格区域中，结果如表 4-21 所示：

表 4-21　　　　　　　　数据分析工具计算的非标系数

	F	G	H	I	J
14		非标系数	标准误差	t Stat	P-value
15	C	21.773	8.331	2.614	0.026
16	X	0.001	0.042	0.032	0.975
17	M	1.062	0.236	4.490	0.001
18					
19	Sy	Sx	Sm		
20	53.90	248.88	44.45		

（3）计算标准化系数，即直接通径系数

在 H5 单元格输入公式"=G16*G20/F20"，在 H6 单元格输入公式"=G17*H20/F20"，就可得到变量 X 和变量 M 的标准化系数，即直接通径系数。结果如表 4-22 所示。

（4）检验矩阵

可以运用 MMULT 函数来检验此矩阵。鼠标选中 J5：J6 单元格，在公式框输入公式"=MMULT（F5：G6，H5：H6）"，按住"Shift+Ctrl+Enter"键，即可得到结果。与"相关系数"列（单元格 I5：I6）的数据对比，结果一致。

表 4-22 矩 阵

	F	G	H	I
4	相关系数		标准回归系数	相关系数
5	1.00	0.64	0.006	0.573
6	0.64	1.00	0.875	0.878

第五步：计算间接通径系数。

X 经过别的解释变量 M 对被解释变量 Y 的间接通径为 $r_{12}P_{mY}$，M 经过别的解释变量 X 对被解释变量 Y 的间接通径为 $r_{21}P_{xy}$。

在 I9 单元格输入公式"=G5*H6"，得出自变量 X 对因变量 Y 的间接通径系数。
在 I10 单元格输入公式"=F6*H5"，得出自变量 X 对因变量 Y 的间接通径系数。
结果如表 4-23 所示。

表 4-23 通径分析结果

	F	G	H	I
4	自变量	相关系数	标准化回归系数	间接影响
5	X	0.573	0.006	0.564
6	M	0.878	0.878	0.004

从通径分析的结果看，变量 X 和变量 Y 都会对因变量 Y 产生影响，但 M 对 Y 产生主要影响。X 变量主要是通过中介变量 M，对 Y 产生影响。

五、课后练习

【练 4-1】为研究某只股票与大盘的 β 系数，从同花顺下载某只股票与对应交易所月周期数据，根据下载数据，各利用规划求解法、图表趋势线法、数据分析工具法、统计函数法、LINEST 函数法、代数法、矩阵法等来求解回归参数。

【练 4-2】从中国统计局网站下载 10 年期 GDP 和投资、消费相关数据，参照例题 7-8 的方法来建立它们之间的数量关系。

六、参考视频

计量经济学，https://www.icourse163.org/course/UESTC-1001807007。
商务统计，https://www.icourse163.org/course/DUFE-1206460837。
时间序列分析，https://www.icourse163.org/course/ZUEL-1207055804。
金融计量学，https://www.icourse163.org/course/tufc-1207415805。
计量经济学导论，https://www.icourse163.org/course/UIBE-1206456824。

第五章 债券定价实验

债券是政府、企业、金融机构等债务人为筹集资金,按照法定程序发行并向债权人承诺于指定日期还本付息的有价证券。根据债券价格可以很方便地计算出市场利率。本章利用Excel 2007,根据债券在不同时间段的现金流,利用财务函数、单变量求解以及规划求解工具分别来计算债券的应付利息、即时利率、远期利率、到期必要收益率,以及国债期货的转换因子,理论价值以及债券的久期,并通过久期来测算当利率波动时债券价格的变化率和商业银行的资产负债风险管理。

一、实验目的

1. 计算债券的现金流和现值。
2. 计算债券的收益率。
3. 如何利用套利来给债券定价。
4. 计算国债期货的转换因子和理论价值。
5. 计算债券的久期。
6. 债券免疫。

二、实验原理

1. 与债券相关的基础知识

(1) 利率

利率是利息率的简称,是指一定期间内利息与本金之间的比率。利率反映资金的成本或增值的能力,因此,利率是资金的价格。

利率是反映国民经济的重要指标,是经济运行的"晴雨表"。在其他条件不变的情况下,利率上升,资金成本增加,借贷资金会减少,社会投资也会减少,经济增长速度会降低;反之,降低利率可以刺激经济增长,各国央行都会通过提高或降低利率来抑制经济过热或刺激经济发展。

影响利率的主要因素有:通货膨胀率、货币供应量、国家资产投资规模、国民生产总值、国家的财政政策、国际上的利率与汇率水平等。

为了有效地管理利率风险,产生了利率期货。利率期货是以特定的,与利率变动密切相关的债权债务工具为标的物的期货。

那么,利率与债券价格之间是什么关系呢?一般而言,债券与市场利率成反方向变动关系，即利率上升，债券价格下跌；反之，则债券价格会上升。这种反向变动的关系使得债券价格能够明显地反映市场利率变动的状况，债券价格作为市场利率的载体，能够及时有效地反映市场利率的变化。

债券利率分为即期利率、远期利率和到期收益率。

① 即期利率

指债券票面所标明的利率或购买债券时所获得的折价收益与债券当前价格的比率。它是某一给定时点上无息证券的到期收益率。t 年期即期利率的计算公式：

$$P_t = \frac{M_t}{(1+y_t)^t}$$

其中，P_t 是 t 年期无息债券的当前市价，M_t 是到期价值，y_t 是 t 年期即期利率。

如 1 个 3 年期到期的零息票据的价格为 97 元，那么 3 年期的即期收益率 y_3 为多少？

根据公式 $97 = \frac{100}{(1+y_3)^3}$，求得 $y_3 = 1.01\%$。

② 远期利率

远期利率（Forward Interest Rate）是指现在时刻确定的将来一定期限的利率。远期利率是由一系列即期利率决定的。我们可以用远期对远期交易来理解和计算远期利率。如果我们已经确定了收益率曲线，那么所有的远期利率就可以根据收益率曲线上的即期利率求得。因此，远期利率并不是一组独立的利率，而是和收益率曲线紧密相连的。在成熟的市场中，一些远期利率也可以直接从市场上观察到，即根据利率远期或期货合约的市场价格推算出来。

远期利率可以进行如下分类：

1 × 2 远期利率，即表示 1 个月之后开始的期限 1 个月的远期利率。

远期利率较难直接观测到，但是确实影响投资者的收益率，在金融市场中，有利率期货（如欧洲美元期货）和远期利率协议可以对冲远期利率风险。

远期利率协议（FRA）是一种远期合约，买卖双方（客户与银行或两个银行同业之间）商定将来一定时间点（指利息起算日）开始的一定期限的协议利率，并规定以该利率为参照利率，在将来利息起算日，按规定的协议利率、期限和本金额，由当事人一方向另一方支付协议利率与参照利率利息差的贴现额。

利率用利差结算，资金流动量小，为银行提供了一种管理利率风险而又无须改变资产负债结构的有效工具。

远期利率协议保值，是在借贷关系确立以后，由借贷双方签订一项"远期利率协议"，约定起算利息的日期，并在起算利息之日，将签约时约定的利率与伦敦银行同业拆放利率（LIBOR）比较。倘若协议约定利率低于 LIBOR 利率，所发生的差额由贷方付给借方。如果协议约定利率高于 LIBOR 利率，则由借方将超过部分付给贷方。运用远期利率协议进行保值，既可以避免借贷双方远期外汇申请的烦琐，又可以达到避免利率变动风险的目的。

③ 到期收益率

到期收益率又称最终收益率，是投资购买国债的内部收益率，即可以使投资购买国债获得的未来现金流量的现值等于债券当前市价的贴现率。它相当于投资者按照当前市场价格购买并且一直持有到满期时可以获得的年平均收益率。

如假设 1 年后到期的国债，票面利率为 3%，面值 100 元，目前价格 98 元（全价），到期前无付息。到期日本金和最后一年利息一起支付，到期收益率的计算如下：

根据公式 $98 = \dfrac{100 + 3}{1 + y}$，求得 $y = 5.102\%$。

到期收益率假设再投资的收益率和到期收益率一样。

计算到期收益率首先要确定债券持有期应计利息天数和付息周期天数。从国际金融市场来看，计算应计利息天数和付息周期天数一般采用"实际天数/实际天数"法、"实际天数/365"法和"实际天数/360"法三种标准。2007 年开始，中国银行间债券市场使用的是"实际天数/实际天数"法。

中国人民银行专门针对银行间市场发布通知，公布了统一的债券收益率公式。通知中根据三种情形给出国债到期收益率的计算方法。

第一种：对于处于最后付息周期的附息债券和剩余流通期限在一年以内的到期一次性还本付息债券，到期收益率取单利计算，计算公式为：

$$y = \dfrac{FV - PV}{PV} \div \dfrac{D}{TY}$$

其中，y 为到期收益率，FV 到期兑付日债券本息和，PV 为债券全价，D 为债券结算日至到期兑付日的实际天数，TY 为当前计算年限的实际天数。

第二种：剩余流通期限在一年以上的到期一次还本付息债券的到期收益率采取复利计算，计算公式为：

$$PV = \dfrac{FV}{(1 + y)^{\frac{d}{TY}+m}}$$

其中，d 为结算日至下一最近理论付息日的实际天数，m 为结算日至到期兑付日的整年数。

第三种：不处于最后付息周期的固定利率附息债券和浮动利率债券的到期收益率采取复利计算，计算公式为：

$$Pv = \dfrac{C/f}{(1 + y/f)^w} + \dfrac{C/f}{(1 + y)^{w+1}} + \cdots + \dfrac{C/f}{(1 + y/f)^{w+n-1}} + \dfrac{M}{(1 + y/f)^{w+n-1}}$$

其中，M 为债券面值，$w = D/(365 \div f)$，n 为剩余的付息次数。

（2）债券价格表示方法

债券全价：债券买卖资金采用全价法交割，买入全价＝买入净价＋应计利息。

根据规定，柜台债券交易实现净价交易，其意义在于净价能真实地反映债券价值的变动情况，有利于投资人分析和判断债券走势。

债券应计利息计算公式：

$$AI = \dfrac{C}{f} \times \dfrac{t}{TS}$$

其中，AI 为每百元面值债券的应计利息额，C 为每百元面值年利息，f 为年付息频次，t 为上一付息日到结算日的实际天数，TS 为当前付息周期的实际天数。

如 7 月 17 日，020006 债券起算日为 6 月 6 日，持有天数为 41 天，100 元面值年利率为 2% 的债券内含利息为 $100 \times 2\% \times 41/365 = 0.22$ 元，若卖出净价为 100 元，卖出全价即为 100.22 元。

(3) 国债期货及转换因子

国债期货（Treasury Futures）是指通过有组织的交易场所预先确定买卖价格并于未来特定时间内进行钱券交割的国债派生交易方式。2012年2月13日，中国国债期货仿真交易重启，根据《中国金融期货交易所5年期国债期货仿真交易合约》规则，5年期国债期货合约代码TF，标的为面额为100万元人民币、票面利率为3%的每年付息一次的5年期名义标准国债。报价单位为百元人民币，以净价方式报价。

国债期货最特殊的地方就是其标的资产的"多样性"，满足一定要求的国债均是其标的资产，都可用于到期交割。通常的商品期货和股指期货都会制定一个特定的、确实存在的现货作为其交割标的物。但是，由于债券的特殊性，不同的债券有不同的现金流、票面利率、到期期限等，如果按照这些要素对可交割债券作出规定，则会造成仅有某一种、相对于整个债券市场总量很少的债券能够交割，显然是不够有效的。为了解决这一问题，国债期货在设计时引入虚拟标准券的概念，按照国际上较成功的期货合约的方法，采用现实中不存在的、虚拟的、剩余期限固定的"名义标准债券"作为交易标的，现实中的债券可以用转换因子 CF 折算成标准券进行交割，同时交易所公布所有可交割券与这一标准券之间的转换因子，实现标准券与真实券价格之间的转换。

具体来说，中国5年期国债期货合约规定，其标准券是在期货到期月时剩余期限5年整、票面利率3%的虚拟券，而只要是在期货合约到期月首日剩余期限为4年至7年的记账式附息国债均是其标的资产。每份期货合约上市交易时，中金所都会公布该合约对应的所有已发行可交割券及其相应的转换因子（Conversion Factor，以下用 CF 表示）。例如，转换因子为 0.9812，意味着该只真实可交割券的期货净价是标准券期货净价的 0.9812 倍。

转换因子的基本计算原理是：以相同的贴现率（3%）同时计算所有真实可交割券和虚拟标准券在期货到期时的净价，每个真实券的净价与标准券净价之比就是该真实券的转换因子。其基本逻辑是：当我们以同样的定价基准（相同贴现率）在同一个时刻（期货到期日）计算不同债券的价格，如果标准券净价为100元，而某真实券的净价为98.12元，可以认为真实券的期货价格应是标准券期货价格的 0.9812 倍。

转换因子计算如下：

$$CF = (1+r)^{-\frac{d}{y}} \times \left[C \times \sum_{i=0}^{n} (1+r)^{-i} + 1 \times (1+r)^{-n} \right] - C \times \frac{y-d}{y}$$

式中各项的含义是：

r 为国债期货合约标准票面利率；

C 为以年利率表示的可交割国债票面利率；

n 为可交割国债在到期日之间的剩余期限完整年数；

d 为合约第三交割日与随后可交割国债第一次利息支付之间的实际天数；

y 为可交割国债在相邻两次利息支付期间的实际间隔天数。

通过转换因子可以确定国债期货交割的发票价格。

发票价格＝交割结算价×转换因子＋应计利息

尽管具有一定的合理性，然而转换因子的计算却并非完美的。真正公平的转换因子应当是期货到期时可交割券的真实净价与标准券真实净价之比。但在期货到期前，由于无法事先预知这些债券的真实价值，交易所只能以假设的统一贴现率（3%）作为定价基准来实现尽量公平的转换。

由于转换并不完美,到期时不可避免地存在交割某只债券比其他债券更加合算的情形,而国债期货合约规定最终交割时由期货空方决定选择哪只债券进行交割,相对合算而会被期货空方选中进行交割的债券就被称为"最合算可交割券"(The Cheapest to Deliver,简称"CTD 券")。

2. 利率期限结构理论

利率期限结构是指在某一时点上,不同期限资金的收益率(Yield)与到期期限(Maturity)之间的关系,两者之间的关系就是利率期限结构。债券的收益率与债券到期期限构成的"利率—期限"曲线被称为收益率曲线,如水平线,向上倾斜和向下倾斜的曲线,甚至还可能出现更复杂的收益率曲线。利率的期限结构反映了不同期限的资金供求关系,揭示了市场利率的总体水平和变化方向,为投资者从事债券投资和政府有关部门加强债券管理提供了可参考的依据。

利率的期限结构理论包括无偏预期理论、市场分割理论和流动性溢价理论。

(1) 无偏预期理论

预期理论认为,长期债券的现期利率是短期债券的预期利率的函数,长期利率与短期利率之间的关系取决于现期短期利率与未来预期短期利率之间的关系。如果预期的未来短期债券利率与现期短期债券利率相等,那么长期债券的利率就与短期债券的利率相等,收益率曲线是一条水平线;如果预期的未来短期债券利率上升,那么长期债券的利率必然高于现期短期债券的利率,收益率曲线是向上倾斜的曲线;如果预期的短期债券利率下降,则债券的期限越长,利率越低,收益曲线就向下倾斜。这一理论最主要的缺陷是严格地假设人们对于未来短期债券的利率具有确定的预期;该理论还假设资金在长期资金市场和短期资金市场之间的流动是完全自由的。这两个假定都过于理想化,与金融市场的实际差距太大。

(2) 市场分割理论

预期假设对不同期限债券的利率不同的原因提供了一种解释,但预期理论有一个基本的假设是对未来债券利率的预期是确定的。如果对未来债券利率预期不确定,各种不同期限的债券就不可能完全相互替代,资金也不可能在长短期债券市场之间自由流动。市场分割理论认为,受该因素制约的借款人和贷款人将不会进行期限债券之间的任何替代,债券市场可分为期限不同的互不相关的市场,各有自己独立的市场均衡,长期借贷活动决定了长期债券利率,而短期交易决定了独立于长期债券的短期利率。市场分割理论最大的缺陷正是在于它旗帜鲜明地宣称,不同期限债券市场是互不相关的,因为它无法解释不同期限债券的利率所体现的同步波动现象,也无法解释长期债券市场的利率随着短期债券市场利率波动呈现的明显有规律性的变动。

(3) 流动性溢价理论

流动性溢价理论认为投资者是厌恶风险的,因为债券的期限越长,利率风险就越大。这一理论假定大多数投资者偏好持有短期证券。为了吸收投资者持有期限较长的债券,必须向他们支付流动性补偿,而流动性补偿随着时间的延长而增加,因此,实际观察到的收益率曲线总是要比预期假设所预计的高。

3. 债券定价原理

债券定价原理是指在 1962 年伯顿·马尔基尔（Burton Malkiel）在对债券价格、债券利息率、到期年限以及到期收益率之间进行研究后，提出了债券定价的五个定理。

定理一：债券的市场价格与到期收益率成反比关系。即到期收益率上升时，债券价格会下降；反之，到期收益率下降时，债券价格会上升。

定理二：当债券的收益率不变，即债券的息票率与收益率之间的差额固定不变时，债券的到期时间与债券价格的波动幅度之间成正比关系。即到期时间越长，价格波动幅度越大；反之，到期时间越短，价格波动幅度越小。

定理三：随着债券到期时间的临近，债券价格的波动幅度减少，并且是以递增的速度减少；反之，到期时间越长，债券价格波动幅度增加，并且是以递减的速度增加。

定理四：对于期限既定的债券，由收益率下降导致的债券价格上升的幅度大于同等幅度的收益率上升导致的债券价格下降的幅度。

定理五：对于给定的收益率变动幅度，债券的息票率与债券价格的波动幅度之间成反比关系。即息票率越高，债券价格的波动幅度越小。

4. 国债期货定价

国债期货价格 =（现货价格+融资成本−持有收益）/转换因子

$$IF = \frac{(S_0 + AI_0)(1 + r_1 t) - AI_t}{CF}$$

其中，S_0 是最便宜可交割券在 0 时刻的净价。

AI_0 是 0 时刻应计利息。

AI_t 是 t 时刻应计利息。

CF 是转换因子。

r 是对应的无风险利率。

t 是国债期货交割时间。

主要影响因子就是最便宜可交割券的净价、交易日的应计利息、交割日的应计利息、在交易日到交割日这段时间内的利息收入和转换因子。

5. 久期理论及经济含义

1938 年，麦考莱（Macaulay）提出了债券久期的概念，他利用债券的加权平均期限来计算债券的平均到期时间，权重由第 i 期的现金流对债券价格的比例决定，用公式可以表示为：

$$D = \frac{\sum Pv(C_i) \times i}{Pv} = \frac{\sum \frac{C_i}{(1+y)^i} \times i}{Pv}$$

其中，D 表示债券的久期，Pv 表示债券的市场价格，$Pv(C_i)$ 表示债券第 i 期收到的现金流的现值，C_i 表示第 i 期的现金流，y 表示贴现率。麦考莱认为债券的实际投资期限，即投资者收回债券的实际期限并不一定就是票面约定期限。对于某种分期付息的债券而言，尽管每期支付利息的绝对额是相同的,但它们的现值是不同的。假定贴现率是固定的,距离当期越远的现金流现值越小,那么对于收回债券初始投资成本的贡献就越小。

为了体现出久期的真正价值,研究者们对久期进行了深入研究。债券的价格等于债券所有未来现金流的现值之和:

$$P = \sum \frac{C_i}{(1+y)^i}$$

将上式对 y 求导得:

$$\frac{dP}{dy} = -\sum \frac{C \times i}{(1+y)^{i+1}}$$

整理得出:

$$\frac{dP}{P} = -D \frac{dy}{1+y}$$

由上式可以看出,债券价格变动率等于久期乘以(1+债券的到期收益率)的变动率。为了更加直观地反映出利率变动对债券价格变动的影响,Hicks 于 1939 年提出了修正久期,修正久期 $D^* = D/(1+y)$,则公式变为:

$$\Delta P/P = -D^* \times \Delta y$$

公式表示,债券价格变化的百分比刚好等于修正久期与债券到期收益率变化的乘积。负号表示债券到期收益率与价格呈反向变化。而且,D^* 越大,单位利率变动引起的债券价格变动就越大,利率风险也就越大;反之,D^* 越小,利率风险就越小。

简单来说,久期就是债券价格相对于利率水平正常变动的敏感度。如果一只短期债券型基金的投资组合久期是 2.0,那么利率每变化 1 个百分点,该基金价格将上升或下降 2%;如果一只长期债券型基金的投资组合久期是 12.0,那么利率每变化 1 个百分点,其价格将上升或下降 12%。

凸性(Convexity)是收益率变化 1% 所引起的久期的变化。用来衡量债券价格收益率曲线的曲度。凸性越大,债券价格曲线弯曲程度越大,用修正久期度量的利率风险所产生的误差越大。

当两个债券的久期相同时,它们的风险不一定相同,因为它们的凸性可能是不同的。在收益率增加相同单位时,凸性大的债券价格减少幅度较小;在收益率减少相同单位时,凸性大的债券价格增加幅度较大。因此,在久期相同的情况下,凸性大的债券其风险较小。数学上讲,凸性是债券价格对到期收益率二次微分,再除以债券价格,或者说是个二阶导数。

$$C = \frac{1}{P(1+y)^2} \sum_{t=1}^{T} \frac{C_t(t^2+t)}{(1+y)^t}$$

6. 久期与风险免疫

大型基金管理机构或保险公司有两个重要的金融目标:首先,要对资产组合将来某一特定时点的价值进行保值;其次,对于投资要获得预定的年化收益率(一般要等于现行到期收益率)。市场利率的变动不影响资产组合的期末价值,资产组合具有免疫性。在投资期末,资产组合的总价值等于投资期初预计的价值,这个过程即风险免疫。

利率风险表现在两个方面:价格风险和再投资风险。价格风险是由于市场利率上升引起债券价格下跌给债券投资者带来的资产损失；再投资风险是由于市场利率下降引起利息的再投资收入减少给债券投资者带来的收入损失。当市场利率上升时，债券投资者面临着资产损失和再投资收入增加；而当市场利率下降时，债券投资者面临着资产增加和再投资收入损失。因此，债券的价格风险和再投资风险有相互抵消的特性。正是基于这一抵消特性，投资者产生了免疫的想法，并提出免疫策略（Immunization Strategy），用以规避利率变动给投资者带来的价格风险或再投资风险。

在诸多免疫策略中，被学术界重点关注和被投资界广泛应用的一类免疫策略是持续期配比策略（Duration-matched Strategy）。考虑一个每年付息一次的中长期附息债券，如果持有期小于一年，投资者面临的风险只有价格风险，没有再投资风险。随着持有期的增加，价格风险减少而再投资风险增加。如果持有到期，则投资者面临的风险只有再投资风险，没有价格风险。由于价格风险和再投资风险具有相互抵消的特性，于是存在一个适当的持有期，使得在该持有期下投资者的利率风险为零，我们将它称为持续期（Duration）。因此，持续期配比策略就是持有期等于持续期的投资策略。

对于债券投资者而言，如果利率下降，从短期看，债券价格将上涨，债券的短期投资者将会从利率下降中获取资本利得；反之，则会受损失。但从长期投资看，情况会相反，因为债券到期时价格一定等于面值，但利率下降导致了债券利息的再投资收益率下降，因而债券投资者在长期内的全部收益下降。

利率变动在长期与短期出现相反的结果，意味着它们之间存在一个"中期"。

从"中期"看，投资者的收益基本不受利率变动的影响，就相当于投资一个期限与这个"中期"相等的贴现债券，在持有的"中期"内，其投资收益不受利率变动的影响。如果投资者建立的债券组合的久期等于这个"中期"，则可实现投资收益不受利率变动影响的目标，这就是债券投资组合管理中所通常采用的久期免疫策略。

免疫策略的目的就是通过持有债券至一定期限，利用两种风险互相抵消的作用来锁定投资收益率。通常的免疫策略是将债券持有到久期长度的期限，当长、短期利率平行变化时，则不论利率如何变动，到期时投资组合的价值将与预期的资产价值相同，而期末的实现报酬率也会等于目标报酬率。

零息债券显然是具有免疫的，因为它没有息票收入的再投资，零息债券的久期等于债券的期限。债券息票收入再投资收益率的变动是问题的关键。

7. 债券发行案例

启迪环境 2019 年公开发行绿色公司债券募集说明书。

（1）本次债券发行批准及核准情况

① 2018 年 4 月 8 日，发行人召开第八届董事会第三十三次会议，审议通过了发行人公开发行票面本金总额不超过 50 亿元人民币公司债券的相关议案，并提交发行人股东大会审核批准。

② 2018 年 5 月 3 日，公司召开 2017 年度股东大会会议，审议通过了发行人公开发行票面本金总额不超过 50 亿元人民币公司债券的相关议案。

③ 2019 年 4 月 22 日，经中国证监会证监许可〔2019〕796 号文核准，发行人获准采用分期发行方式，面向合格投资者公开发行不超过 50 亿元的公司债券，首期债券发行自中国

证监会核准之日起 12 个月内完成；其余各期债券发行，自中国证监会核准之日起 24 个月内完成。

（2）本次债券的主要条款

债券名称：启迪环境科技发展股份有限公司 2019 年公开发行绿色公司债券（面向合格投资者）（第一期），简称：19 启迪 G2，代码：112978。

发行主体：启迪环境科技发展股份有限公司。

发行规模：本次债券的发行规模为不超过 50 亿元（含 50 亿元），首期发行不超过 5 亿元（含 5 亿元）。

发行方式：本次债券拟分期发行。

债券品种和期限：本期债券为 5 年期，含第 3 年末发行人调整票面利率选择权和投资者回售选择权。发行人有权决定在本期债券存续期的第 3 年末调整本期债券后 2 年的票面年利率。投资者有权在本期债券存续期的第 3 年末选择是否将届时持有的全部或部分本期债券按面值回售给发行人。

发行人调整票面利率选择权：发行人有权在本期债券存续期第 3 年末调整本期债券后 2 年的票面利率。发行人将于本期债券第 3 个计息年度付息日前的 20 个交易日，在交易所指定的信息披露媒体上发布关于是否调整本期债券票面利率以及调整幅度的公告。若发行人未行使调整票面利率选择权，则本期债券后续期限票面利率仍维持原有票面利率不变。

投资者回售选择权：发行人发出关于是否调整本期债券票面利率及调整幅度的公告后，投资者有权选择在本期债券存续期第 3 个计息年度付息日将其持有的本期债券全部或部分按面值回售给发行人。本期债券存续期内第 3 个计息年度付息日即为回售支付日，发行人将按照深交所和登记机构相关业务规则完成回售支付工作。公司发出关于是否调整本期债券的票面利率及调整幅度的公告之日起 3 个交易日内，行使回售权的债券持有人可通过指定的交易系统进行回售申报，债券持有人的回售申报经确认后不能撤销，相应的公司债券份额将被冻结交易；回售申报期不进行申报的，则视为放弃回售选择权，继续持有本期债券并接受上述关于是否调整本期债券票面利率及调整幅度的决定。

债券形式：实名制记账式公司债券。投资者认购的本次债券在证券登记机构开立的托管账户托管记载。本次债券发行结束后，债券认购人可按照有关主管机构的规定进行债券的转让、质押。

票面金额：本次债券每一张票面金额为 100 元。

发行价格：本次债券按面值发行。

债券认购单位：合格投资者认购的债券金额为人民币 1000 元的整数倍且不少于人民币 1000 元。

债券利率及其确定方式：本次债券票面利率将通过询价方式，由发行人与主承销商协商确定利率区间，以簿记建档方式确定最终发行利率。本次发行的债券票面利率采取单利按年计息，不计复利。

起息日：2019 年 9 月 26 日。

付息日：本次债券的付息日为 2020 年至 2024 年每年的 9 月 26 日。如遇法定节假日或休息日，则顺延至其后的第 1 个交易日，顺延期间不另计息；若投资者行使回售选择权，则本期债券的付息日为 2020 年至 2022 年每年的 9 月 26 日。如遇法定节假日或休息日，则顺延至其后的第 1 个交易日，顺延期间不另计息。

兑付日：本次债券的本金支付日为 2024 年 9 月 26 日。如遇法定及政府指定节假日或休息日，则顺延至其后的第 1 个交易日，顺延期间不另计息；若投资者行使回售选择权，则本期债券的到期日为 2022 年 9 月 26 日。如遇法定及政府指定节假日或休息日，则顺延至其后的第 1 个交易日，顺延期间不另计息。

还本付息方式：本次债券采用单利按年计息，不计复利，逾期不另计息。

每年付息一次，到期一次还本，最后一期利息随本金的兑付一起支付。还本付息将按照证券登记机构的有关规定来统计债券持有人名单，本息支付方式及其他具体安排按照证券登记机构的相关规定办理。

担保情况：本次债券为无担保债券。

募集资金专项账户：11010260000000026。

信用级别：经中诚信证券评估有限公司综合评定，发行人的主体信用等级为 AA+，本次债券的信用等级为 AA+。

债券受托管理人：中德证券有限责任公司。

发行方式：本次债券的发行方式为面向合格投资者公开发行，具体发行方式请参见发行公告。

发行对象：发行对象为符合法律、法规规定的合格投资者。

配售规则：本次债券不向公司股东优先配售，具体配售规则请参见发行公告。

承销方式：本次债券由主承销商组织的承销团以余额包销的方式承销。本次债券发行最终认购不足部分全部由主承销商组织的承销团余额包销。

募集资金用途：本次债券所募集资金拟用于偿还借款、调整债务结构和补充流动资金。

拟上市交易场所：深圳证券交易所。

上市安排：本次债券发行结束后，发行人将尽快向深交所提出关于本次债券上市交易的申请。具体上市时间将另行公告。

税务提示：根据国家有关税收法律、法规的规定，投资者投资本次债券所应缴纳的税款由投资者承担。

三、实验材料

【例 5-1】已知某 5 年期债券，现价是 95 元，票面价值为 100 元，票面利率 3%，持有 2 年后准备卖出，卖出价为 98 元，分别计算该债券的市场贴现率（即时收益率）、第 2 年到第 5 年的远期收益率、持有期收益率分别为多少？

【例 5-2】已知债券的相关数据如表 5-1 所示，分别对年票面利率、市场利率、付息次数、到期时间设置数值调节控件，对付息类型设置控件，来计算在不同情景下该债券的现值。

【例 5-3】2015 年记账式（一期）国债［简称：15 国债（1）；代码：015101］，票面价值为 100 元，票面利率为 5.00%，每年付息一次，2015 年 2 月 28 日平价发行，2021 年 2 月 28 日到期，求 2015 年 2 月 28 日该债券的久期。

表 5-1　　　　　　　　　　　　债券基本信息

情景	含义	符号	数据
	面值	Par	100
	类型	Type	FALSE
情况一	年票面利率	Coupon	5.00%
情况二	市场利率	Rate	5.00%
情况三	每期付息次数	Frequency	1
情况四	到期时间	Nper	3
	未来值	FV	100
	现值	PV	

【例 5-4】某人 3 年后需要 200 万元资金，目前市场利率为 8%。有三个方案解决这个问题。

方案 1：如果有一个 3 年期债券，本金和利息再投资收益率都是 8%，则现在投入 158.77 万元（200/1.08³）即可。

方案 2：找到一个 3 年期的零息债券，其年收益率也为 8%，则 200 万元的到期面额债券，现在的发行和购买价格都是 158.77 万元（200/1.08³），购买即可。

方案 3：方案 1 和方案 2 要么没有保证，要么不存在。目前只有收益率为 8%，还有 2 年和 5 年到期的债券（面额都是 100 万元，票面利率分别为 6% 和 8%，每年支付利息，到期还本），可以采取组合的方式。

【例 5-5】假定某商业银行拥有一笔账面价值为 100 万元的贷款，其目前正处于平价状态。它的久期为 7.4387，凸度为 68.7748。再假定目前的市场利率为 6%。为了规避市场利率上升的风险，该商业银行准备构造一个等价的新资产组合。假定有下列三种债券资产可以用来构造新组合：1 年期的贴现债券，目前价格为 94.2596 元，久期为 0.9709，凸度为 1.4139；5 年期的平价债券，久期为 4.2651，凸度为 21.7665；30 年期的平价债券，久期为 13.8378，凸度为 296.47。

【例 5-6】本题为只考虑利率风险的模拟，假设某银行的资产负债基本情况如表 5-2 所示。

表 5-2　　　　　　　　　　　银行资产负债基本情况

	面值	票面利率
现金	25	0.00%
5 年期商业贷款	80	6.50%
10 年期国债	15	7.00%
资产总计	120	
活期存款	30	1.20%
2 年期定期存款	55	4.88%

续表

	面值	票面利率
5年期金融债券	20	7.92%
债务总计	105	
股东权益	15	
债务及股东权益总计	120	

我们想知道如果利率出现波动，银行的股权价值会如何变动。为简单起见，我们先考虑场景分析：所有利率平行变动的风险模拟。

【例5-7】单因子分析条件下的风险模拟：在例5-6的基础上，假设利率波动服从均值为0、年度标准差为5%的正态分布，估算银行股权价值的变化？

【例5-8】已知2011年附息国债21：国债票面利率为3.65%，2011年10月发行的7年期国债，到期日2018年10月13日，其距离2012年3月14日交割日约6年半，交割日的国债价格为100.5975元，国债期货IF1203价格为96.68元，试计算该国债的转换因子和理论价格。

【例5-9】小明是一家银行金融市场部的债券投资经理，他将于6月中旬收回一笔1亿元投资。他准备将这笔收回的款项都投入债券市场。但是，他预计所有债券的利率在6月之前都会下跌，因而他打算通过国债期货将未来投资债市的成本维持在3月债券市场的价格水平。3月行情如表5-3所示。请构建小明的债券交易策略。

表5-3

债券组合的市场价格	1亿元
3月份CTD债券的价格	96.8
3月份时6月份到期的国债期货合约价格	97.66
6月份CTD债券的价格	98.12
6月份时6月份到期的国债期货合约价格	98.988
债券组合的修正久期	8
CTD券的修正久期	6.8
CTD券的转换因子	0.9912

四、实验步骤

【例5-1】

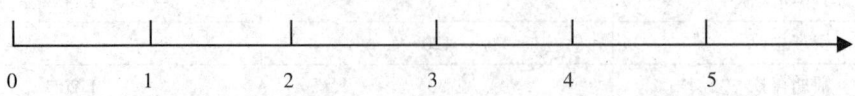

第一步：输入基本信息和设置单元格格式。

在 Excel 2007 中创建新工作簿，并命名为 5-1，选中要编辑的单元格 A1：G8，设置单元格行高为 18，列宽为 12，字体为宋体，字号为 12 号，线条颜色为绿色，依题意在相关的单元格输入原始数据，现金流入为正，流出为负，如表 5-4 所示：

表 5-4

	A	B	C	D	E	F	G
1	利用基本模型计算债券价格			面值	100	票面利率	3%
2	时间	0	1	2	3	4	5
3	现金流	−95	3	3	3	3	103
4	现金流贴现值						
5	短期持有者	−95	3	101			
6	远期购买者			−98	3	3	103
7	市场贴现率	5%	即时收益率				
8	持有期收益率		远期收益率				

第二步：计算市场贴现率。

首先在单元格 B7 先假定一个贴现率 5%，计算该债券的现金流现值，各单元格的公式如表 5-5 所示：

表 5-5　　　　　　　　　　　　　　输入公式

单元格	公式	单元格	公式
B4	=SUM（C4：G4）	C4	=C3/（1+$B$7）^C2
D4	=D3/（1+$B$7）^D2	E4	=E3/（1+$B$7）^E2
F4	=F3/（1+$B$7）^F2	G4	=G3/（1+$B$7）^G2

之后运用单变量求解算出该债券的贴现率，执行如下命令：【数据】→【模拟分析】→【单变量求解】①，弹出单变量求解对话框，目标单元格选取 B4 单元格，目标值为 95，可变单元格为市场利率 B7 单元格。

点击【确定】，可得出贴现率为 4.13%，结果如表 5-6 所示。

也可通过 Excle 里的财务内部收益率函数 IRR（）来求解。为了简化求解过程，持有期收益率和远期收益率就使用 IRR（）来求解。

第三步：计算即时收益率。

即期收益率等于第 1 期收到的现金流除以债券的现值。

在单元格 D7 中输入公式"=C3/-B3"，计算出即时收益率为 3.16%。

---

① 此处亦可使用规划求解，感兴趣的读者可以自己探索。

表 5-6　　　　　　　　　　　　　计算结果

	A	B	C	D	E	F	G
1	利用基本模型计算债券价格			面值	100	票面利率	3%
2	时间	0	1	2	3	4	5
3	现金流	-95	3	3	3	3	103
4	现金流贴现值	95.00	2.88	2.77	2.66	2.55	84.14
5	短期持有者	-95	3	101			
6	远期购买者			-98	3	3	103
7	市场贴现率	4.13%	即时收益率	3.16%			
8	持有期收益率	4.70%	远期收益率	3.72%			

注：把单元格 B7：B8，D7：D8 的格式设置为%，小数点两位。

第四步：计算持有期收益率。

从购买到卖出这段期间的收益率，在单元格 B7 中输入公式"=IRR（B5：D5）"，计算出从购买到卖出的持有 2 年期间收益率为 4.70%。

第五步：计算远期收益率。

从第 3 年到第 5 年的这三年期间的收益率：在单元格 D8 中输入公式"=IRR（D6：G6），计算出第 3 年至第 5 年的远期收益率为 3.72%。

【例 5-2】

第一步：在 Excel 创建新工作簿 5-2，点击菜单栏的"格式"设置好单元格的行高，列宽以及字体等格式，并依题输入相关信息和原始数据。如表 5-7 所示：

表 5-7　　　　　　　　　　　　　原始数据表

	A	B	C	D	E	F
1			债券估价动态模型			
2		含义	符号	数据	动态	备注
3	情况一	年票面利率	Coupon	5.00%	5	=E3/100
4	情况二	市场利率	Rate	5.00%	5	=E4/100
5	情况三	每期付息次数	Frequency	1	1	
6		面值	Par	100		
7		每期现金流	Pmt	5.00		=D3*D6/D5
8		类型	Type	FALSE		
9	情况四	到期时间	Nper	5		
10		未来值	FV	100		
11		现值	PV			

第二步：设置控件。

通过加载【开发工具】→【插入】→【表单控件】，选择"数值调节钮"控件，分别设置在年票面利率、市场利率、每期付息次数、到期时间对应的 E3、E4、E5、E9 单元格；选择"复选框"控件，设置在类型对应的 E8 单元格。

由于控件产生的数为正整数，对于不是正整数的数据，需要设立一个桥梁对数据进行转换，在 D3、D4 单元格分别输入备注里的公式。

点击【确定】后，对每一个控件均进行设置。最后结果如表 5-8 所示。

表 5-8　　　　　　　　　　　　债券估价动态模型

	A	B	C	D	E	F
1	债券估价动态模型					
2		含义	符号	数据	动态	备注
3	情况一	年票面利率	Coupon	5.00%	▲▼	=E3/100
4	情况二	市场利率	Rate	5.00%	▲▼	=E4/100
5	情况三	每期付息次数	Frequency	1	▲▼	
6		面值	Par	100		
7		每期现金流	Pmt	5.00		=D3*D6/D5
8		类型	Type	FALSE	☐	
9	情况四	到期时间	Nper	5	▲▼	
10		未来值	FV	100		
11		现值	PV			

第三步：设置现值。
原理：
现值计算公式：

$$Pv = \frac{C/f}{(1+y/f)^w} + \frac{C/f}{(1+y)^{w+1}} + \cdots + \frac{C/f}{(1+y)^{w+n-1}} + \frac{M}{(1+y)^{w+n-1}}$$

操作步骤：

在 D11 单元格输入公式"=PV（D4/D5，D9*D5，D7，D10，D8）"，得到如表 5-9 所示的结果，即当年票面利率为 5%、市场利率为 5%、每期付息次数为 1、到期年限为 3 年的情况下，现值为 100 元，负数表示资金流出：

表 5-9　　　　　　　　　　债券估价动态模型

	A	B	C	D	E	F
1			债券估价动态模型			
2		含义	符号	数据	动态	备注
3	情况一	年票面利率	Coupon	5.00%	▲▼	=E3/100
4	情况二	市场利率	Rate	5.00%	▲▼	=E4/100
5	情况三	每期付息次数	Frequency	1	▲▼	
6		面值	Par	100		
7		每期现金流	Pmt	5.00		=D3*D6/D5
8		类型	Type	FALSE	☐	
9	情况四	到期时间	Nper	5	▲▼	
10		未来值	FV	100		
11		现值	PV	81-100.00		

第四步：调节控件。

（1）点击单元格 E4 "数值调节钮"上下控制钮，就能控制相对应的指标上升或者下降 1 个百分比，债券现值的变化情况。当市场利率由 5% 变化为 3% 时，债券的现值由 100 元变为 109.16 元，如表 5-10 所示：

表 5-10　　　　　　　　　　债券估价动态模型

	A	B	C	D	E	F
1			债券估价动态模型			
2		含义	符号	数据	动态	备注
3	情况一	年票面利率	Coupon	5.00%	▲▼	=E3/100
4	情况二	市场利率	Rate	3.00%	▲▼	=E4/100
5	情况三	每期付息次数	Frequency	1	▲▼	
6		面值	Par	100		

续表

	A	B	C	D	E	F
7		每期现金流	Pmt	5.00		=D3*D6/D5
8		类型	Type	FALSE	☐	
9	情况四	到期时间	Nper	5	▲▼	
10		未来值	FV	100		
11		现值	PV	81-109.16		

（2）点击"复选框"按钮，即控制各期的付款时间是期末还是期初，从而观测现值的变化，FALSE 表示付款时间在期末，TRUE 表示付款时间在期初。付款时间的类型由 FALSE 变为 TRUE 时，现值由 109.16 变化 109.85。

（3）继续点击单元格 E5 "数值调节钮"上下控制钮。当每期付息次数由 1 变化为 4 时，债券的现值由 109.85 元变为 109.43 元，如表 5-11 所示：

表 5-11　　　　　　　　　　　债券估价动态模型

	A	B	C	D	E	F
1			债券估价动态模型			
2		含义	符号	数据	动态	备注
3	情况一	年票面利率	Coupon	5.00%	▲▼	=E3/100
4	情况二	市场利率	Rate	3.00%	▲▼	=E4/100
5	情况三	每期付息次数	Frequency	4	▲▼	
6		面值	Par	100		
7		每期现金流	Pmt	5.00		=D3*D6/D5
8		类型	Type	FALSE	✓	
9	情况四	到期时间	Nper	5	▲▼	
10		未来值	FV	100		
11		现值	PV	81-109.43		

【例 5-3】

久期计算公式：

$$D = \frac{\sum Pv(C_i) \times i}{Pv} = \frac{\sum \frac{C_i}{(1+y)^i} \times i}{Pv}$$

第一步：在 Excel 创建新工作簿 5-3，设置好单元格格式，依题输入相关债券信息和基础数据，其中日期的输入需用 DATE（）函数，以确保后续公式的引用。另外，对票面利率 B2 单元格和市场利率 F5 单元格设置一个控件来进行调整，如表 5-12 所示：

表 5-12　　　　　　　　　　　　　债券基本信息

	A	B	C	D	E	F	G
1		▲▼			债券代码：015101		
2	票面利率	5.00%	发行日期	2015/2/28	成交日期	2015/2/28	
3	票面价格	100	到期日期	2021/2/28	成交价格		
4	付息频率	1	全价		应付利息		
5	市场利率波动1%，债券价格变动多少				市场利率	5.00%	▲▼
6	付息期数	时间周期	现金流	现金流贴现	权重	久期	
7	2015/3/31						
8	2016/2/28						
9	2017/2/28						
10	2018/2/28						
11	2019/2/28						
12	2020/2/28						
13	2021/2/28						

第二步：计算债券价格。

债券的价格等于债券所有未来现金流的现值之和：

$$P = \sum \frac{C_i}{(1+y)^i}$$

利用 PV（）函数，根据已知债券信息，在 F4 单元格设置公式"=-PV（F5，6，B2*B3，B3，0）"。因为购买债券时为现金流出，在公式前加"-"使计算出的数值为正。得出的结果如表 5-13 所示。

第三步：计算应付利息和债券全价 Pv。

净价交易是指在现券买卖时，以不含有自然增长应计利息的价格报价并成交的交易方式。银行间债券市场已于 2001 年 7 月开始实行净价交易，沪深交易所市场也于 2002 年开始实行净价交易。也就是说，在债券现券买卖中，债券的报价采用净价，而实际买卖价格和结算交割价格为全价。

债券应计利息计算公式：

$$AI = \frac{C}{f} \times \frac{t}{TS}$$

其中，AI 为每百元面值债券的应计利息额，C 为每百元面值年利息，f 为年付息频次，t 为上一付息日到结算日的实际天数，TS 为当前付息周期的实际天数。

在单元格 F4 中输入公式"=（F2-DATE（2015,2,28））/365*B2*B3"，得出结果如 5-13 所示。

债券全价：债券买卖资金采用全价法交割，买入全价=买入净价+应计利息

在 D4 单元格中输入公式"=F3+F4"，得出结果如表 5-13 所示。

表 5-13　　　　　　　　　　　计算结果

	A	B	C	D	E	F	G
1		▲▼			债券代码：015101		
2	票面利率	5.00%	发行日期	2015/2/28	成交日期	2015/2/28	
3	票面价格	100	到期日期	2021/2/28	成交价格	100.00	
4	付息频率	1	全价	100.00	应付利息	0	
5	市场利率波动 1%，债券价格变动多少				市场利率	5.00%	▲▼
6	付息期数	时间周期	现金流	现金流贴现	权重	久期	
7	2015/3/31						
8	2016/2/28						
9	2017/2/28						
10	2018/2/28						
11	2019/2/28						
12	2020/2/28						
13	2021/2/28						

第四步：计算每期付息期数距离成交日的时间周期 i。

时间周期=（本期付息日期-期初日期）/365。

在单元格 B7 中输入公式"=（A7-$A$7）/365"，然后对 B8：B13 单元格进行公式填充。结果如表 5-14 所示。

第五步：计算现金流 C_i。

分别在单元格 C7 中输入公式"=D4"，在单元格 C8：C12 中输入"=$B$3*$B$2"，在单元格 C13 中输入"=$B$3*$B$2+B3"。结果如表 5-14 所示。

第六步：计算现金流贴现值 $\frac{C_i}{(1+y)^i}$。

在单元格 D7 中输入"=SUM（D8：D13）"，在单元格 D8 中输入"=C8/（1+$F$5)^B8"，然后对单元格 D9：D13 进行填充。结果如表 5-14 所示。

第七步：计算权重 $\frac{C_i}{(1+y)^i}/Pv$。

在单元格 E7 中输入"=SUM（E8：E13）"，在单元格 E8 中输入"=D8/\$D\$7"，然后对单元格 E9：E13 进行填充。结果如表 5-14 所示。

第八步：计算久期 D。

在单元格 F7 中输入"=SUM（F8：F13）"，在单元格 F8 中输入"=B8*E8"，然后对单元格 F9：F13 进行填充。结果如表 5-14 所示。

第九步：计算修正久期。

修正久期公式：$D* = D/(1+y)$

在 G7 单元格输入公式"=F7/（1+F5）"，即可得到修正久期。结果如表 5-14 所示。

表 5-14　　　　　　　　　　　　计算结果

	A	B	C	D	E	F	G
1		▲▼			债券代码：015101		
2	票面利率	5.00%	发行日期	2015/2/28	成交日期	2015/2/28	
3	票面价格	100	到期日期	2021/2/28	成交价格	100.00	
4	付息频率	1	全价	100.00	应付利息	0	
5		市场利率波动1%，债券价格变动多少			市场利率	5.00%	▲▼
6	付息期数	时间周期	现金流	现金流贴现	权重	久期	修正久期
7	2015/2/28	0	100.00	99.98	1.00	5.33	5.08
8	2016/2/28	1.00	5	4.762	4.76%	0.048	
9	2017/2/28	2.00	5	4.535	4.54%	0.091	
10	2018/2/28	3.00	5	4.319	4.32%	0.130	
11	2019/2/28	4.00	5	4.113	4.11%	0.165	
12	2020/2/28	5.00	5	3.917	3.92%	0.196	
13	2021/2/28	6.01	105	78.332	78.35%	4.705	

可算出当 2015 年 2 月 28 日债券平价发行，每张债券的全价为 100 元的情况下，得出久期为 5.33，修正久期为 5.08。

第十步：市场利率变动对久期的影响。

凸性（Convexity）是收益率变化1%所引起的久期的变化。用来衡量债券价格收益率曲线的曲度。凸性越大，债券价格曲线弯曲程度越大，用修正久期度量的利率风险所产生的误差越大。

当市场利率为5%时，修正久期为5.08（如表5-14所示）。通过调整市场利率控件，当市场利率由5%上升到6%时，修正久期为5.01，凸性（下降幅度）为1.31%。

第十一步：市场利率变动对债券价格的影响。

当市场利率为5%时,修正久期为5.08。通过调整市场利率控件,当市场利率由5%上升到6%时,债券的全价由100下降到95.08(如表5-15所示),价格下降了4.92%,此值与修正久期的值5.08几乎相等。

表 5-15　　　　　　　　　　　　　计算结果表

	A	B	C	D	E	F	G
1		▲▼			债券代码:015101		
2	票面利率	5.00%	发行日期	2015/2/28	成交日期	2015/2/28	
3	票面价格	100	到期日期	2021/2/28	成交价格	95.08	
4	付息频率	1	全价	95.08	应付利息	0	
5	市场利率波动1%,债券价格变动多少				市场利率	6.00%	▲▼
6	付息期数	时间周期	现金流	现金流贴现	权重	久期	修正久期
7	2015/2/28	0	95.08	95.06	1.00	5.31	5.01
8	2016/2/28	1.00	5	4.717	4.96%	0.050	
9	2017/2/28	2.00	5	4.449	4.68%	0.094	
10	2018/2/28	3.00	5	4.197	4.42%	0.133	
11	2019/2/28	4.00	5	3.960	4.17%	0.167	
12	2020/2/28	5.00	5	3.736	3.93%	0.197	
13	2021/2/28	6.01	105	73.997	77.85%	4.675	

【例 5-4】
第一步:为计算方案3组合债券权重问题,首先新建Excel工作簿5-4,依题输入原始数据,同时为了便于计算久期,现假设成交时间为2019年1月1日,2年期债券到期时间为2021年1月1日,5年期债券到期时间为2024年1月1日。并且利用PV()函数计算出方案1和方案2中3年期债券的现值,在D6单元格输入公式"=-PV(F6,E6,0,G6)",得出结果。如表5-16所示:

表 5-16　　　　　　　　　　　　　初始数据表

	A	B	C	D	E	F	G
1	证券	票面	期限	票面利率	权重	现值	久期
2	2年期债券	100	2	6%			
3	5年期债券	100	5	8%			
4	成交时间	2019/1/1		约束条件	1	目标值	
5	到期时间	2021/1/1		本金	期限	市场利率	本息和
6		2024/1/1		158.77	3	8%	200

153

第二步：计算 2 年期债券和 5 年期债券的现值与久期。

在 F2 单元格输入公式" =-PV（F6，C2，B2＊D2，B2）"，即可计算出 2 年期债券现值；

在 F3 单元格输入公式" =PV（F6，C3，B3＊D3，B3）"，即可计算出 5 年期债券现值；

在 G2 单元格输入公式" =MDURATION（B4，B5，D2，F6，1，1）"，即可计算出 2 年期债券久期；

在 G3 单元格输入公式" =MDURATION（B4，B6，D3，F6，1，1）"，即可计算出 5 年期债券久期。

注：久期均为修正久期。

得到结果如表 5-17 所示：

表 5-17　　　　　　　　　　　　　　数据表

	A	B	C	D	E	F	G
1	证券	票面	期限	票面利率	权重	现值	久期
2	2 年期债券	100	2	6%		96.43	1.799
3	5 年期债券	100	5	8%		100.00	3.993
4	成交时间	2019/1/1		约束条件	1	目标值	
5	到期时间	2021/1/1		本金	期限	市场利率	本息和
6		2024/1/1		158.77	3	8%	200

第三步：计算 2 年期债券和 5 年期债券的组合权重。

设定单元格 G4 为组合久期，公式为" =SUMPRODUCT（E2：E3，G2：G3）"。

在 E3 单元格输入公式" =1-E2"。

利用单变量求解。点击菜单【数据】→【假设分析】→【单变量求解】，在弹出的对话框中的目标单元格输入 G4，目标值为 3，可变单元格为 E2，点击【确定】，求解出结果，如表 5-18 所示。

在 E3 单元格输入公式" =1-E2"，得出结果，如表 5-18 所示。

表 5-18　　　　　　　　　　　　　　计算结果

	A	B	C	D	E	F	G
1	证券	票面	期限	票面利率	权重	现值	久期
2	2 年期债券	100	2	6%	0.452	96.43	1.799
3	5 年期债券	100	5	8%	0.548	100.00	3.993
4	成交时间	2019/1/1		约束条件	1	目标值	3
5	到期时间	2021/1/1		本金	期限	市场利率	本息和
6		2024/1/1		158.77	3	8%	200

第四步：分别计算 2 年期债券和 5 年期债券的价款和数量。

在单元格 D7 输入公式"=＄D＄6＊E2",即可求出购买 2 年期债券购买的价款。
在单元格 D8 输入公式"=＄D＄6＊E3",即可求出购买 5 年期债券购买的价款。
在单元格 D9 输入公式"=D7/F2",即可求出购买 2 年期债券购买的数量。
在单元格 D10 输入公式"=D8/F3",即可求出购买 5 年期债券购买的数量。
其计算结果如表 5-19 所示。

即买 0.745 张 2 年期面额 100 万元债券,买 0.869 张 5 年期面额 100 万元债券。这样组合,今后无论市场利率从现在的 8% 升或者降,都会因为债券价格和再投资收益率的相反变动而抵消,不影响 3 年后 200 万元本利和目标的实现。

表 5-19

	A	B	C	D	E	F	G
1	证券	票面	期限	票面利率	权重	现值	久期
2	2 年期债券	100	2	6%	0.452	96.43	1.799
3	5 年期债券	100	5	8%	0.548	100.00	3.993
4	成交时间	2019-1-1		约束条件	1	目标值	3
5	到期时间	2021-1-1		本金	期限	市场利率	本息和
6		2024-1-1		158.77	3	8%	200
7	现值	2 年期债券		71.83			
8		5 年期债券		86.94			
9	张数	2 年期债券		0.745			
10		5 年期债券		0.869			

第五步:验证当利率发生波动,导致以上 2 年期债券和 5 年期债券的价格波动后,两个债券在第 3 年末的价格之和是否能始终接近于 200 万元。

(1) 在 G8 单元格设置控件,对一年后的利率(F8 单元格)进行调控。

(2) 计算 2 年期债券和 5 年期债券每年的现金流。

在 B13 单元格输入公式"=-D7",在 C13 单元格输入公式"=＄D＄2＊＄D＄9＊＄B＄2",在 D13 单元格输入公式"=(1+＄D＄2)＊＄D＄9＊＄B＄2",即可得出 2 年期债券在持有期内各年的现金流。结果如表 5-20 所示。

在 B16 单元格输入公式"=-D8";在 C16 单元格输入公式"=＄B＄3＊＄D＄3＊＄D＄10",点击单元格右下角黑十字向右填充至 F16 单元格;在 F17 单元格输入公式"=＄B＄3＊＄D＄10＊(1+＄D＄3)";即可得出 5 年期债券在持有期内各年的现金流。结果如表 5-20 所示。

表 5-20

	A	B	C	D	E	F	G
1	证券	票面	期限	票面利率	权重	现值	久期
2	2年期债券	100	2	6%	0.452	96.43	1.799
3	5年期债券	100	5	8%	0.548	100.00	3.993
4	成交时间	2019-1-1		约束条件	1	目标值	3
5	到期时间	2021-1-1		本金	期限	市场利率	本息和
6		2024-1-1		158.77	3	8%	200
7	现值	2年期债券		71.83			
8		5年期债券		86.94	1年后利率	8%	
9	张数	2年期债券		0.745			
10		5年期债券		0.869			
11							
12	时间	0	1	2	3	4	5
13	2年期债券	−71.83	4.469	78.956			
14	折算到第三年末						
15	汇总						
16	5年期债券	−86.94	6.955	6.955	6.955	6.955	93.891
17	折算第三年末						
18	汇总						
19	总值						

(3) 分别计算 2 年期债券和 5 年期债券每年的现金流折算到第三年末的值。

在 C14 单元格输入公式"=C13*（1+$F$8)^（3-C12)"，点击单元格右下角黑十字向右填充至 D14 单元格。

在 C17 单元格输入公式"=C16*（1+$F$8)^（3-C12)"，点击单元格右下角黑十字向右填充至 G14 单元格。

(4) 分别计算 2 年期债券和 5 年期债券在第三年末的价格。

在 E15 单元格输入公式"=SUM（C14：D14)"，即可得到 2 年期债券在第三年末的价格。

在 E18 单元格输入公式"=SUM（C17：G17)"，即可得到 5 年期债券在第三年末的价格。

(5) 计算 2 年期债券和 5 年期债券在第三年末的价格之和。

在 E19 单元格输入公式"=E15+E18"，即可得到两个债券在第三年末的价格之和。计算结果如表 5-21 所示。

表 5-21

	A	B	C	D	E	F	G
1	证券	票面	期限	票面利率	权重	现值	久期
2	2 年期债券	100	2	6%	0.452	96.43	1.799
3	5 年期债券	100	5	8%	0.548	100.00	3.993
4	成交时间	2019-1-1		约束条件	1	目标值	3
5	到期时间	2021-1-1		本金	期限	市场利率	本息和
6		2024-1-1		158.77	3	8%	200
7	现值	2 年期债券		71.83			
8		5 年期债券		86.94	一年后利率	8%	
9	张数	2 年期债券		0.745			
10		5 年期债券		0.869			
11							
12	时间		0	1	2	3	4	5
13	2 年期债券		−71.83	4.469	78.956			
14	折算到第三年末			5.213	85.272			
15	汇总					90.485		
16	5 年期债券		−86.94	6.955	6.955	6.955	6.955	93.891
17	折算第三年末			8.112	7.511	6.955	6.440	80.497
18	汇总					109.515		
19	总值					200.0		

(6) 调节 G8 单元格的控件，使得一年后的利率发生变化，观察 E19 单元格的数值，是否始终接近于 200。

我们可以观察到，不管利率发生怎样的变化，2 年期债券和 5 年期债券在第三年末的价格之和始终接近于 200。因此，利用久期规划这样的债券组合实现了风险免疫。

【例 5-5】

第一步：新建 Excel 工作簿 5-5，依题意输入相关信息和基础数据，如表 5-22 所示：

表 5-22

	A	B	C	D	E
1		数量	现值	久期	凸度
2	1 年期的贴现债券		94.26	0.97	1.41
3	5 年期的平价债券		100	4.27	21.77
4	30 年期的平价债券		100	13.84	296.47

续表

	A	B	C	D	E
5					
6	约束条件				
7	符号		=	=	=
8	约束值		100	743.87	

第二步：为计算新资产组合结构分布，假定 B2：B4 区间分别为三种债券的组合结构，则有组合现值、久期、凸度的计算公式如表 5-23 所示：

表 5-23

	公式	符号	限制
组合现值	=SUMPRODUCT（B2：B4，C2：C4）	=	100
组合久期	=SUMPRODUCT（B2：B4，D2：D4）	=	7.4387
组合凸度	=SUMPRODUCT（B2：B4，E2：E4）	=	68.7748

第三步：通过"规划求解"来计算组合结构分布，执行如下命令：【数据】→【规划求解】，弹出"规划求解"对话框，参数的选择如图 5-1 所示：

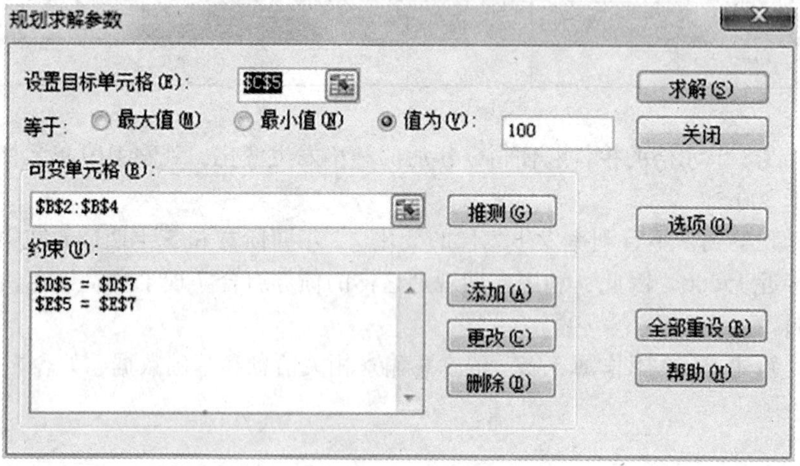

图 5-1

第四步：点击【求解】，得出的结果如表 5-24 所示：

表 5-24

	A	B	C	D	E
1		数量	现值	久期	凸度
2	1 年期的贴现债券	-0.641	94.26	0.97	1.41
3	5 年期的平价债券	1.478	100	4.27	21.77
4	30 年期的平价债券	0.127	100	13.84	296.47
5					
6	约束条件		100	7.439	68.775
7	符号		=	=	=
8	约束值		100	7.43	

因此,新组合结构为：买进 94.26×0.641 万元 1 年期的贴现债券；卖空 100×1.478 万元的 5 年期的平价债券；再卖空 100×0.127 万元的 30 年期的平价债券。

【例 5-6】

第一步：在 Excel 创建新工作簿 5-6,依题输入相关信息、基础数据,并且在 D14 单元格对利率变动添加控件。如表 5-25 所示：

表 5-25

	A	B	C	D	E	F	G
1		面值	票面利率	到期收益率	市值	久期	权重
2	现金	25	0.00%				
3	5 年贷款	80	6.50%				
4	10 年国债	15	7.00%				
5	资产总计	120					
6							
7	活期存款	30	1.20%				
8	2 年期存款	55	4.88%				
9	5 年期债券	20	7.92%				
10	债务总计	105					
11	股东权益	15					
12	债务及权益	120					
13	股东权益变动		利率变动				
14			0.00%	▲▼			

第二步：计算出到期收益率、市值、久期和权重。

设置公式,如表 5-26 所示：

表 5-26

	D	E	F	G	I
1	0	25	0		=DATE(2019,12,31)
2	=C3+C14	=-PV(D3,2,C3,1)*B3	=MDURATION(I2,I3,C3,D3,1,1)	=B3/$B$5	=DATE(2021,12,31)
3	=C4+C14	=-PV(D4,5,C4,1)*B4	=MDURATION(I2,I4,C4,D4,1,1)	=B4/$B$5	=DATE(2024,12,31)
4		=SUM(E2:E4)	=SUMPRODUCT(F3:F4,G3:G4)		
5	=C7	30	0		
6	=C14+C8	=-PV(D8,3,C8,1)*B8	=MDURATION(I2,I8,C8,D8,1,1)	=B8/$B$12	=DATE(2023,12,31)
7	=C14+C9	=-PV(D9,5,C9,1)*B9	=MDURATION(I2,I9,C9,D9,1,1)	=B9/$B$12	=DATE(2024,12,31)
8		=SUM(E7:E9)			
9		=E5-E10			
10		=E10+E11	=SUMPRODUCT(F8:F9,G8:G9)		

当利率变动为 0 时，计算结果如表 5-27 所示：

表 5-27

	A	B	C	D	E	F	G
1		面值	票面利率	到期收益率	市值	久期	权重
2	现金	25	0.00%	0.00%	25	0.000	
3	5年贷款	80	6.50%	6.50%	80	1.821	0.667
4	10年国债	15	7.00%	7.00%	15	4.100	0.125
5	资产总计	120			120	1.726	
6							
7	活期存款	30	1.20%	1.20%	30	0.000	
8	2年期存款	55	4.88%	4.88%	55	3.556	0.458
9	5年期债券	20	7.92%	7.92%	20	4.001	0.167
10	债务总计	105			105		
11	股东权益	15			15		
12	债务及权益	120			120	2.297	
13	股东权益变动			利率变动			
14			0.00%	▲▼			

第三步：调节控件，使利率发生变化，观察股东权益变动。

当利率变动为 0 时，股东权益为 15，在 A14 单元格输入格式"=E11-15"，调节控件，当利率变动为 1% 时，股东权益增加 0.218；当利率变动为 -1% 时，股东权益减少 0.248。股东权益随着利率变化而变化，且呈正相关关系，具有一定风险。

第四步：进行风险免疫。

（1）在 B6 单元格输入公式"=B3+B4"。

（2）通过规划求解，在使得资产的久期与负债的久期相等的情况下，求出各个资产应有的面值。

点击【数据】菜单下【规划求解】按钮，即会弹出"规划求解参数"对话框，在设置目标框输入 B6，目标值 95，可变单元格为 B3：B4，约束为 F5=F12。

点击【求解】按钮，选择"保留规划求解的解"，点击【确定】按钮，即可得到结果，5 年期商业贷款的面值为 49.987，10 年期国债的面值为 45.013。如表 5-28 所示：

表 5-28

	A	B	C	D	E	F	G
1		面值	票面利率	到期收益率	市值	久期	权重
2	现金	25	0.00%	0.00%	25.000	0.000	
3	5 年贷款	49.99	6.50%	6.50%	49.987	1.821	0.417
4	10 年国债	45.01	7.00%	7.00%	45.013	4.100	0.375
5	资产总计	120			120.000	2.296	
6		95					
7	活期存款	30	1.20%	1.20%	30	0.000	
8	2 年期存款	55	4.88%	4.88%	55	3.556	0.458
9	5 年期债券	20	7.92%	7.92%	20	4.001	0.167
10	债务总计	105			105		
11	股东权益	15			15		
12	债务及权益	120			120	2.297	
13	股东权益变动		利率变动				
14	0.00		0.00%				

（3）调节控件，使得利率发生变动，观察股东权益变动情况。观察后发现，股东权益变动幅度比实施风险免疫前要小，但是仍然有略微波动，这主要和凸度有关。

【例 5-7】

第一步：同例 5-6 的第一、二步的步骤，结果如表 5-29 所示：

表 5-29

	A	B	C	D	E
1		面值	票面利率	到期收益率	市值
2	现金	25	0	0.00%	25.00
3	5年贷款	65	6.5%	6.50%	65.00
4	10年国债	30	7%	7.00%	30.00
5	资产总计	120			120.00
6					
7	活期存款	55	1.2%	1.20%	55.00
8	2年期存款	25	4.88%	4.88%	25.00
9	5年期债券	20	7.92%	7.92%	20.00
10	债务总计	100			100.00
11	股东权益	20			20.00
12	债务及权益	120			120.00
13		股东权益变动	利率变动		
14		0	0.00%		

第二步：讨论如果利率出现波动，银行的股权价值会如何变动。单因子分析条件下的风险模拟，假设利率波动服从均值为0、年度标准差为5%的正态分布，估算银行股权价值的变化。在估值时，我们只需要在付息工具的到期收益率上加上一个相同的利率变动量（对于久期是0的现金和活期存款，我们不需要计算它们的利率风险），因此在单元格C14加入共同利率变动量。随着单元格C14的改变，股权价值也会发生相对应的变化。为设置服从均值为0、年度标准差为5%的正态分布的利率值，在C14单元格输入以下公式：（公式原理）

C14=（RAND（）+RAND（）+RAND（）+RAND（）+RAND（）+RAND（）+RAND（）+RAND（）+RAND（）+RAND（）+RAND（）+RAND（）-6）*5%

注意：RAND（）函数表示随机产生0—1的数值，这里写入12个RAND（）函数再减去6，表示消减随机性。

这样每按一次回车，我们将获得一个新的利率变动。为了解股权价值在未来各种情况下的变动状况，假设做300次模拟来分析股权价值的变动，那么我们可以通过在C14单元格以下的单元格双击黑色小十字进行复制公式，从而产生300个服从均值为0、年度标准差为5%的正态分布的利率变动值。

但由于产生的随机数列的值会随着我们的操作不断发生变化，不符合随机运算表的输入要求，因此我们插入"利率变动（固定值）"这一栏，通过"选择性粘贴"操作（仅复制结果，不复制公式）将300个随机数列转成为固定的值。虽然经过粘贴的数列已经不再变化，但它们是随机产生的。

同时在商业贷款、国债、定期存款、金融债券的到期收益率上加上利率变动（固定值）。在利率变动（固定值）的单元列后插入"股东权益变动"，公式为"=E10-$B$10"，如表 5-30 所示：

表 5-30

	A	B	C	D	E
1		面值	票面利率	到期收益率	市值
2	现金	25	0	0.00%	25.00
3	5年贷款	65	6.5%	6.50%	65.00
4	10年国债	30	7%	7.00%	30.00
5	资产总计	120			120.00
6					
7	活期存款	55	1.2%	1.20%	55.00
8	2年期存款	25	4.88%	4.88%	25.00
9	5年期债券	20	7.92%	7.92%	20.00
10	债务总计	100			100.00
11	股东权益	20			20.00
12	债务及权益	120			120.00
13		序号	利率随机变动	股东权益变动	
14		1			
15		2			

第三步：选择"C14：D313"，执行如下命令：【数据】→【数据工具】→【模拟分析】→【模拟运算表】，弹出"模拟运算表"对话框，"输入引用列的单元格"选择"C14"。

单击"确定"，得到的估计股东权益变化值。因为利率是随机变量，每次运行的结果都不一样。

第四步：为观测股权价值与利率变动之间的关系，因此选中单元格"C13：D313"，执行如下命令：【插入】→【图表】→【散点图】，修改 X、Y 轴的名称信息，生成散点图，如图 5-2 所示：

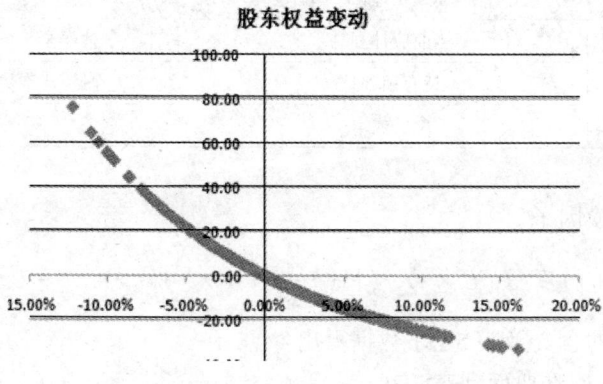

图 5-2

我们可以发现股权价值变动与利率变动之间并不是纯粹的线性关系，而是有一定的凸度，并且有一定的偏正趋向。

第五步：通过改变随机变量，观察在不同利率情况下的股权价值变动图。

【例 5-8】

第一步：建立工作簿 5-8，按题意要求，设置好单元格格式，在相应的单元格输入相关信息和基础数据。

在单元格 D2：D3 和 F2：F5 分别输入日期函数，如 F2=DATE（2012，10，13），在 D6 单元格输入公式"=F2-F3"，在 F6 单元格输入公式"=F3-D2"，具体结果如表 5-31 所示。

表 5-31

	A	B	C	D	E	F
1			债券基本信息			
2	面值	100	发行日期	2011/10/13	下一付息日期	2012/10/13
3	票面利率 c	3.65%	当前日期	2011/11/16	交割日期	2012/03/14
4	无风险利率	3.50%	国债标准利率 r	3.00%	到期日期	2018/10/13
5	国债现价	100.597	国债期货	96.68	周期天数 y	366
6	计息周期	1	交割日到付息 d	213	交割日到付息	153
7			转换因子计算			
8	时间点	年周期	现金流 C	贴现到付息日	贴现到交割	应计利息
9	交割日					
10	第 1 次付息日	0	3.65%			
11	第 2 次付息日	1	3.65%			
12	第 3 次付息日	2	3.65%			
13	第 4 次付息日	3	3.65%			
14	第 5 次付息日	4	3.65%			
15	第 6 次付息日	5	3.65%			
16	第 7 次付息日	6	103.65%			
17			国债期货理论价值计算			
18	当前到起息日		当前应计利息		债券全价	
19	发行到交割日		持有期利息		融资成本	
20	当前到交割日		融资成本			

第二步：计算转换因子。

$$CF = (1+r)^{-\frac{d}{y}} \times \left[C \times \sum_{i=0}^{n} (1+r)^{-i} + 1 \times (1+r)^{-n} \right] - C \times \frac{y-d}{y}$$

根据上式中各项的含义及表 5-31 数据得出：

r 为国债期货合约标准票面利率，3%；

C 为以年利率表示的可交割国债票面利率，3.65%；

n 为可交割国债在到期日之间的剩余期限完整年数，6；
d 为合约交割日与随后可交割国债第一次利息支付之间的实际天数，213；
y 为可交割国债在相邻两次利息支付期间的实际间隔天数，366。
国债期货运行周期，如图 5-3 所示。

图 5-3　国债期货运行周期示意图

（1）计算每期现金贴现至第一次付息日的现值

$$C \times \sum_{i=0}^{n} (1+r)^{-i} + 1 \times (1+r)^{-n} = 1.0717$$

在 D10 单元格输入"=C10/（1+\$D\$4）^B10"，点击单元格右下角黑十字向下填充至 D16 单元格，即可计算出每期现金贴现至每期付息日的值。

在单元格 D9 输入汇总公式"=SUM（D10：D16）"，即可求出在第一次付息日的现值。

（2）交割日至第 1 次付息日的年周期为 $\dfrac{d}{y} = \dfrac{213}{366} = 0.582$

在单元格 B9 输入公式"=-D6/F5"。

（3）计算第一次付息日现值贴现到交割日的现值

$$(1+r)^{-\frac{d}{y}} \times \left[C \times \sum_{i=0}^{n} (1+r)^{-i} + 1 \times (1+r)^{-n} \right] = 1.0534$$

在 E9 单元格输入公式"=D9＊（1+\$D\$4）^B9"。

（4）计算起息日到交割日这段期间的应计利息

$$C \times \frac{y-d}{y} = 3.65\% \times \frac{366-213}{366} = 0.0153$$

在单元格 F9 输入公式"=（F5-D6）/F5＊B3"。

（5）计算转换因子

在单元格 F7 输入公式"=E9-F9"，得出转换因子为 1.0382。

结果如表 5-32 所示：

表 5-32

	A	B	C	D	E	F
7	转换因子计算					1.0382
8	时间点	年周期	现金流	贴现到付息日	贴现到交割日	应计利息
9	交割日	-0.582		1.0717	1.0534	0.0153
10	第 1 次付息日	0	3.65%	3.65%		
11	第 2 次付息日	1	3.65%	3.54%		

续表

	A	B	C	D	E	F
12	第3次付息日	2	3.65%	3.44%		
13	第4次付息日	3	3.65%	3.34%		
14	第5次付息日	4	3.65%	3.24%		
15	第6次付息日	5	3.65%	3.15%		
16	第7次付息日	6	103.65%	86.81%		

第三步：计算国债期货的理论价值。

$$IF = \frac{(S_0 + AI_0)(1 + r_1 t) - AI_t}{F}$$

其中，S_0 是最便宜可交割券在 0 时刻的净价。

AI_0 是 0 时刻应计利息。

AI_t 是 t 时刻应计利息。

F 是转换因子。

r_1 对应的无风险利率。

t 是国债期货交割时间。

（1）计算债券的全价

$$AI_0 = \frac{34}{366} \times 3.65 = 0.3391$$

则债券的全价为 100.5975 + 0.3391 = 100.9366

在单元格 F18 输入公式 "=D18+B5"。

（2）计算持有收益 AI_t

发行日到交割日这段时间持有的利息收益为 $AI_t = \frac{153}{366} \times 3.65 = 1.5258$

在单元格 D19 输入公式 "==B19/F5*B3*B2"。

（3）计算融资成本

由购买债券所需要的本金为 100.9366 元，根据无风险利率为 3.5%，则在购买到交割日这段时间，即由 2011 年 11 月 16 日至 2012 年 3 月 14 日这段时间共有 119 天，则融资成本为 $100.9366 \times 3.5\% \times \frac{119}{366} = 1.1486$。

在单元格 D20 输入公式 "=B20*F18/F5*B4"。

（4）计算 TF1203 合约的理论价格

国债期货价格 =（现货价格+融资成本-持有收益）/转换因子

在单元格 F17 输入公式 "=（F18+D20-D19）/F7"。

计算结果如表 5-33 所示。

表 5-33

	A	B	C	D	E	F
17			计算期货理论价值			96.8617
18	当前到起息日	43	当前应计利息	0.3391	债券全价	100.9366
19	发行到交割日	153	持有期利息	1.5258		
20	当前到交割日	119	融资成本	1.1486		

【例 5-9】

第一步：建立工作簿 5-9，按以下单元格输入相关数据，如表 5-34 所示。

表 5-34

	A	B	C	D	E
1		债券组合久期	8	CTD 久期	0.9912
2		CTD 久期	6.8	对冲比例	
3			计算结果		
4	日期	债券组合价值	CTD 价格	期货价格	数量（手）
5	3月份	100000000	96.8	97.66	120
6	6月份		98.12	98.988	120
7	盈亏				

第二步：计算对冲比例。

用修正久期法计算对冲比例。对冲比例 $= \dfrac{100000000}{968000} \times \dfrac{8}{6.8} \times 0.9912 = 120.47$ 手

= B5/C5 * C1/C2 * E1/10000

第三步：计算交易盈利，结果如表 5-35 所示。

表 5-35

	A	B	C	D	E	F
1		债券组合久期	8	CTD 久期	0.9912	
2		CTD 久期	6.8	对冲比例		
3			计算结果			
4	日期	债券组合价值	CTD 价格	期货价格	数量	6月份合约
5	3月份	100000000	96.8	97.66	120	-117192000
6	6月份	101363636	98.12	98.988	120	118785600
7	盈亏	-1363636				1593600

五、课后练习

【练5-1】已知A银行计划在3个月后筹集3个月短期资金1000万美元,为避免市场利率上升,该行买入远期利率协议。设协议利率为8%,金额为1000万美元,协议天数为91天,参照利率为3个月的LIBOR。在结算日LIBOR分别为7.9%和8.10%两种情况下,该行会受到什么影响(保留小数点后2位,即0.01美元)?

【练5-2】2013年记账式(二十期)国债[简称:13国债(20);代码:101320]票面价值为100元,票面利率为4.07%,每年付息一次,2013年10月17日平价发行,2023年10月17日到期,2015年6月26日其成交价格为97.57元(净价),求2020年6月26日该债券的久期。

六、参考视频

金融学基础,https://www.icourse163.org/course/UESTC-1001536001。
公司金融,https://www.icourse163.org/course/UIBE-1003020012。
CFA固定收益证券,https://www.icourse163.org/course/CUEB-1206627804。
金融资产定价,https://www.icourse163.org/course/SCU-1207125815。
金融学原理,https://www.icourse163.org/course/SJTU-1207394802。

第六章 期权定价实验

期权，是一种合约，该合约赋予持有人在某一特定日期或该日之前的任何时间以固定价格购进或售出一种资产的权利，是适应国际上金融机构和企业等控制风险、锁定成本的需要而出现的一种重要的避险衍生工具。本章利用 Excel 2007 软件对期权进行定价，并通过控件来模拟现货价格、无风险利率、波动率、时间等因素对期权价格的影响，以及构造不同的期权投资组合模型。

一、实验目的

1. 熟悉风险中性定价原理。
2. 熟悉二叉树期权定价模型。
3. 熟悉 B-S 期权定价公式。
4. 熟悉现货价格、无风险利率、波动率、时间等因素对期权价格的影响。
5. 熟悉不同期权的组合交易策略。

二、实验原理

1. 期权的基础知识

期权：期权交易是指在未来一定时期可以买卖的权利，是买方向卖方支付一定数量的权利金后拥有的在未来一段时间内或未来某一特定日期以事先商定的价格向卖方购买或出售一定数量标的物的权利，但不负有必须买进或卖出的义务。

期权主要有如下几个构成因素：①执行价格（又称履约价格、敲定价格）。期权的买方行使权利时事先规定的标的物买卖价格。②权利金。期权的买方支付的期权价格，即买方为获得期权而付给期权卖方的费用。③履约保证金。期权卖方必须存入交易所用于履约的财力担保。④看涨期权和看跌期权。看涨期权，是指在期权合约有效期内按执行价格买进一定数量标的物的权利；看跌期权，是指卖出标的物的权利。当期权买方预期标的物价格会超出执行价格时，他就会买进看涨期权；相反就会买进看跌期权。每一期权合约都包括四个特别的项目：标的资产、期权行使价、数量和行使时限。

（1）期权行使价（Strike Price 或 Exercise Price）

在行使期权时，用以买卖标的资产的价格。在大部分交易的期权中，标的资产价格接近期权的行使价。行使价格在期权合约中都有明确的规定，通常是由交易所按一定标准以减增的形式给出，故同一标的的期权有若干个不同价格。

一般来说，在某种期权刚开始交易时，每一种期权合约都会按照一定的间距给出几个不同的执行价格，然后根据标的资产的变动适时增加。至于每一种期权有多少个执行价格，取决于该标的资产的价格波动情况。投资者在买卖期权时，对执行价格选择的一般原则是：选择在标的资产价格附近交易活跃的执行价格。

（2）数量（Quantity）

期权合约明确规定合约持有人有权买入或卖出标的资产数量。例如，一张标准的期权合约所买卖股票的数量为100股，但在一些交易所亦有例外，如在香港交易所交易的期权合约，其标的股票的数量等于该股票每手的买卖数量。

（3）行使时限（到期日）（Expiration Date 或 Expiry Date）

每一期权合约具有有效的行使期限，如果超过这一期限，期权合约即失效。一般来说，期权的行使时限为一个至三个、六个、九个月不等，单个股票的期权合约的有效期间至多为九个月。在期权交易场所内，任何一只股票都要归入一个特定的有效周期，有效周期可分为这样几种：①一月、四月、七月、十月；②二月、五月、八月和十一月；③三月、六月、九月和十二月。它们分别称为一月周期、二月周期和三月周期。

表6-1为上证50ETF期权合约基本条款。

表 6-1　　　　　　　　　上证 50ETF 期权合约基本条款

合约标的	上证50交易型开放式指数证券投资基金（"50ETF"）
合约类型	认购期权和认沽期权
合约单位	10000 份
合约到期月份	当月、下月及随后两个季月
行权价格	9个（1个平值合约、4个虚值合约、4个实值合约）
行权价格间距	3元或以下为0.05元，3元至5元（含）为0.1元，5元至10元（含）为0.25元，10元至20元（含）为0.5元，20元至50元（含）为1元，50元至100元（含）为2.5元，100元以上为5元
行权方式	到期日行权（欧式）
交割方式	实物交割（业务规则另有规定的除外）
到期日	到期月份的第四个星期三（遇法定节假日顺延）
行权日	同合约到期日，行权指令提交时间为9：15—9：25，9：30—11：30，13：00—15：30
交收日	行权日次一交易日
交易时间	上午9：15—9：25，9：30—11：30（9：15—9：25为开盘集合竞价时间） 下午13：00—15：00（14：57—15：00为收盘集合竞价时间）
委托类型	普通限价委托、市价剩余转限价委托、市价剩余撤销委托、全额即时限价委托、全额即时市价委托以及业务规则规定的其他委托类型
买卖类型	买入开仓、买入平仓、卖出开仓、卖出平仓、备兑开仓、备兑平仓以及业务规则规定的其他买卖类型
最小报价单位	0.0001 元
申报单位	1张或其整数倍

续表

涨跌幅限制	认购期权最大涨幅=Max ｛合约标的前收盘价×0.5%，Min［（2×合约标的前收盘价-行权价格），合约标的前收盘价］×10%｝ 认购期权最大跌幅=合约标的前收盘价×10% 认沽期权最大涨幅=Max ｛行权价格×0.5%，Min［（2×行权价格-合约标的前收盘价），合约标的前收盘价］×10%｝ 认沽期权最大跌幅=合约标的前收盘价×10%
熔断机制	连续竞价期间，期权合约盘中交易价格较最近参考价格涨跌幅度达到或者超过50%且价格涨跌绝对值达到或者超过5个最小报价单位时，期权合约进入3分钟的集合竞价交易阶段
开仓保证金最低标准	认购期权义务仓开仓保证金=［合约前结算价+Max（12%×合约标的前收盘价-认购期权虚值，7%×合约标的前收盘价）］×合约单位 认沽期权义务仓开仓保证金=Min［合约前结算价+Max（12%×合约标的前收盘价-认沽期权虚值，7%×行权价格），行权价格］×合约单位
维持保证金最低标准	认购期权义务仓维持保证金=［合约结算价+Max（12%×合约标的的收盘价-认购期权虚值，7%×合约标的的收盘价）］×合约单位 认沽期权义务仓维持保证金=Min［合约结算价+Max（12%×合约标的的收盘价-认沽期权虚值，7%×行权价格），行权价格］×合约单位

2. 风险中性原理

假设股票的价格是 S_0，该股票的一个期权的价格为 f。假设期权所具有的期限为 T，在期权的有效期内，股票的价格也许会由 S_0 上涨到 $S_0 u$，也许会由 S_0 下跌到价格 $S_0 d$（$u > 1, d < 1$）。当股票价格上涨时，增长的比例为 $u - 1$；当股票价格下跌时，下跌的比例为 $1 - d$。现假设若股票价格上涨到 $S_0 u$，对应期权的价值为 f_u；若股票价格下跌到 $S_0 d$，对应期权的价值为 f_d。

考虑一个看涨期权的空头与一个由 Δ 股股票的多头组合而成的投资组合，那么一定存在一个 Δ 可以使得投资组合没有任何风险。若股票价格上涨，当期权到期时投资组合具有的价值为：

$$S_0 u \Delta - f_u$$

若股票价格下跌，当期权到期时投资组合具有的价值为：

$$S_0 d \Delta - f_d$$

令以上两个投资组合价值相等，可以得到：

$$S_0 u \Delta - f_u = S_0 d \Delta - f_d$$

得出：

$$\Delta = \frac{f_u - f_d}{S_0 u - S_0 d}$$

这时这个投资组合是无风险的，所以它的收益率为无风险利率，即不存在风险溢价。表示，当股票价格在两个节点变动时，Δ 表示期权价格变化与股票价格变化的利率。

如果将无风险利率记为 r，那么交易组合的贴现值为：

$$(S_0 u \Delta - f_u) e^{-rT}$$

则构造投资组合的起始成本为：

$$S_0 \Delta - f$$

由于市场无套利原则，所以：

$$S_0 \Delta - f = (S_0 u \Delta - f_u) e^{-rT}$$

即

$$f = S_0 \Delta (1 - u e^{-rT}) + f_u e^{-rT}$$

将中的 Δ 代入上式并化简，得到：

$$f = e^{-rT} [p f_u + (1-p) f_d]$$

其中，e^{-rT} 为连续复利现值系数。

股票上涨的概率：$p = \dfrac{e^{rT} - d}{u - d}$

3. 多期二叉树模型

我们可以将单期二叉树模型的结论推广到多期二叉树模型，因为二叉树的任何一个节点与下期两个节点都构成一个单期二叉树（如图6-1所示）。

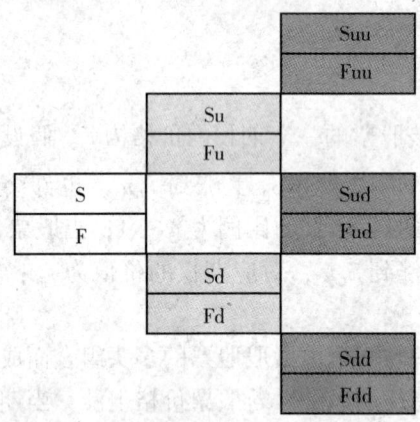

图 6-1 多期二叉树模型

根据风险中性原理及单期二叉树模型结论我们可以得到：

$$Su = e^{-rt} [p \times Suu + (1-p) \times Sud]$$

得 $p = \dfrac{e^{rt} - d}{u - d}$

$$f_u = e^{-rT} [p f_{uu} + f_{ud}(1-p)]$$
$$f_d = e^{-rT} [p f_{ud} + f_{dd}(1-p)]$$
$$f = e^{-rT} [p f_u + f_d(1-p)]$$

4. Black-Scholes 期权定价模型

(1) 模型的假设条件

① 标的证券的价格遵循几何布朗运动。

$$\frac{dS}{S} = \mu dt + \sigma dW$$

其中，标的资产的价格 S 是时间 t 的函数，μ 为标的资产的瞬时期望收益率，σ 为标的资产的波动率，dW 是维纳过程。

② 证券允许卖空、证券交易连续和证券高度可分。

③ 不考虑交易费用或税收等交易成本。

④ 在衍生证券的存续期内不支付红利。

⑤ 市场上不存在无风险的套利机会。

⑥ 无风险利率 r 为一个固定的常数。

下面，通过构造标的资产与期权的资产组合并根据无套利定价原理建立期权定价模型。首先，为了得到期权的微分形式，先介绍随机微积分中最重要的伊藤公式。

伊藤 ITO 公式：设 $V = V(S, t)$，V 是二元可微函数，若随机过程 S 满足如下的随机微分方程 $\frac{dS}{S} = \mu(S, t)dt + \sigma(S, t)dW$，利用泰勒展开式得：

$$dV = [\frac{\partial V}{\partial t} + \mu(S, t)S\frac{\partial V}{\partial S} + \frac{1}{2}\sigma^2(S, t)S^2\frac{\partial^2 V}{\partial S^2}]dt + \sigma(S, t)S\frac{\partial V}{\partial S}dW$$

根据伊藤公式，当标的资产的运动规律服从假设条件中的几何布朗运动时，期权的价值 $V = V(S, t)$ 的微分形式为：

$$dV = (\frac{\partial V}{\partial t} + \frac{1}{2}\sigma^2 S^2 \frac{\partial^2 V}{\partial S^2} + \mu S \frac{\partial V}{\partial S})dt + \sigma S \frac{\partial V}{\partial S}dW$$

现在构造无风险资产组合 $\Pi = V - \frac{\partial V}{\partial S}S$，即有 $d\Pi = r\Pi dt$，经整理后得到：

$$\frac{\partial V}{\partial t} + \frac{1}{2}\sigma^2 S^2 \frac{\partial^2 V}{\partial S^2} + rS\frac{\partial V}{\partial S} - rV = 0$$

这个表达式就是表示期权价格变化的 Black-Scholes 偏微分方程。它同时适合欧式看涨期权、欧式看跌期权、美式看涨期权和美式看跌期权，只是它们的终值条件和边界条件不同，其价值也不相同。

欧式看涨期权的终值条件分别为：

$$C(S, T) = \text{Max}\{0, S_T - X\}, \quad C(S, T) = \begin{cases} 0 & S \to 0 \\ S & S \to \infty \end{cases}$$

通过求解带有终值条件的偏微分方程，得出欧式看涨期权的解析解：

$$C(S, t) = SN(d_1) - Xe^{-r(T-t)}N(d_2)$$

其中，$N(d) = \frac{1}{\sqrt{2\pi}}\int_{-\infty}^{d} e^{-\frac{x^2}{2}}dx$，$d_1 = \frac{\ln(S/X) + (r + \sigma^2/2)(T-t)}{\sigma\sqrt{T-t}}$，$d_2 = d_1 - \sigma\sqrt{T-t}$，$T$ 为期权的执行日期，X 为期权的执行价格，r 为无风险利率的期利率。

欧式看跌期权的终值条件分别为：

$$V(S, T) = \text{Max}\{0, X - S_T\}, V(S, T) = \begin{cases} X & S \to 0 \\ 0 & S \to \infty \end{cases}$$

① Delta 值

定义：衡量期权价格 V 变动与期权标的物价格 S 变动之间的关系，是期权与标的物价格关系曲线的斜率，是用于衡量期权对期权标的物价格变动所面临风险程度的指标。

对投机者和套期保值者都很重要，投机者利用它来帮助识别对标的物反应最强的期权，套期者利用它来计算所需要期权的数量。

公式：Delta 值＝期权价格的变化 ΔV／期权标的物价格的变化 ΔS

$$\Delta = N(d_1)$$

$$N'(d_1) = \frac{1}{\sqrt{2\pi}} e^{-\frac{d_1^2}{2}}$$

如汇丰控股（005）150 元认购期权的 Delta 值等于 0.5 元，即表示汇丰控股股价上升 1 元时，认购期权价格将随之上升 0.5 元。

② Gamma 值

定义：衡量的是期权标的物价格变化所引起的 Gamma 值变化，Gamma 值是 Delta 值的二阶导数和二次微分，是 Delta 值变化的速度，是反映期权头寸风险的有关指标。

公式：Gamma 值＝Delta 值变化／期权标的物价格变化 ΔS

$$\Gamma = \frac{N'(d1)}{S\sigma\sqrt{T}}$$

如汇丰控股期权合约的 Delta 为 0.5，Gamma 值为 0.05，则表示标的价格上升 1 元，所引起 Delta 增加量为 0.05，Delta 将从 0.5 增加到 0.55。

期权交易者必须注意期权 Gamma 值的变化对部位风险状况的影响。当标的资产价格变化一个单位时，新的 Delta 值便等于原来的 Delta 值加上或减去 Gamma 值。因此 Gamma 值越大，Delta 值变化越快。进行 Delta 中性套期保值，Gamma 绝对值越大的部位，风险程度也越高，因为进行中性对冲需要调整的频率高；相反，Gamma 绝对值越小的部位，风险程度越低。

③ Theta 值

定义：衡量期权理论价值因时间经过而下降的速度，是时间变化的风险度量指标。

公式：Theta 值＝期权价格变化 ΔV／距到期日时间变化 ΔT

$$\Theta = -\frac{SN'(d1)\sigma}{2\sqrt{T}} - rXe^{-rt}N(d2)$$

表示时间每经过一天，期权价值会损失多少。

④ Vega 值

定义：衡量期权价格变化与标的物价格波动率变化的关系，即衡量标的物价格波动对期权价格的影响。

公式：Vega 值＝期权价格变化 ΔV／标的物价格波动率变化 $\Delta \sigma$

$$\Upsilon = S_0\sqrt{T}N'(d1)$$

如果某期权的 Vega 为 0.15，若价格波动率上升（下降）1%，期权的价值将上升（下降）0.15。若期货价格波动率为 20%，期权理论价值为 3.25，当波动率上升为 22%，期权理论价值为 3.25+2×0.15；当波动率下降为 18%，期权理论价值为 3.25-2×0.15。

⑤ Rho 值

定义：衡量期权理论价值对利率变化的敏感性。

公式：Rho 值 = 期权价格变化 ΔV / 利率变化 ΔR

$$\rho = XTe^{-rT}N(d2)$$

当利率上升时，发行人持有相关资产的利息成本增加，便会带动看涨期权价值上升；同理，当发行人沽出看跌期权时，须沽出相关资产对冲，加息可令发行人收取的利息增加，因而反映在认沽证上，其价值便会更加便宜。

例如，某金融机构出售了 10 万股不支付股利股票的欧式看涨期权，假设股票价格为 49 美元，执行价格为 50 美元，无风险利率为 5%，股票价格波动率为每年 20%，距离到期日时间为 26 周。请问该期权组合的 Delta 值（0.54），Gamma 值（0.06），Theta 值（-3.93），Vega 值（13.75），Rho 值（11.83）。

5. 期权的组合策略

期权交易的精妙之处在于可以通过不同的期权品种构成众多具有不同盈亏分布特征的组合。投资者可以根据各自对未来标的资产现货价格概率分布的预期，以及各自的风险—收益偏好，选择最适合自己的期权组合。

（1）期权单一投资策略

① 做多看涨期权

投资者预计未来某只股票将要上涨，但是怕由于外界不确定性导致下跌带来的损失。或者投资者希望通过期权的杠杆效应放大上涨所带来的收益。则股价与盈亏如图6-2所示。从图可知，到期损益为 $Max(0, S - X) - C$。

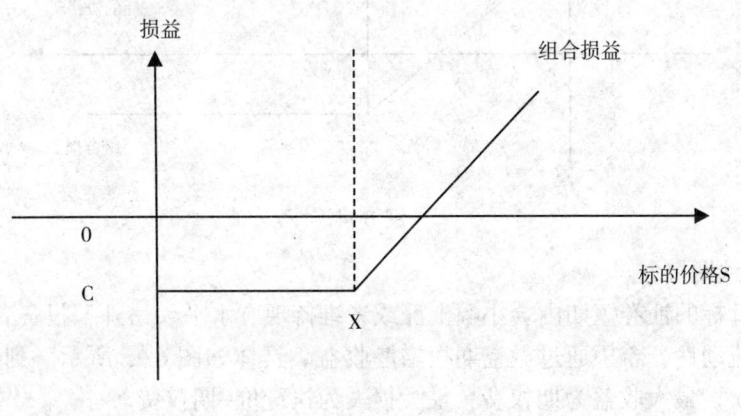

图 6-2

其中，C 为看涨期权费，X 为行权价，S 为当前股价。

② 做空看涨期权

由于外界不确定性增加以及经济下行的压力，投资者预计未来某只股票会下降。则投资者卖出一个看涨期权，此时到期收益为 $C - \text{Max}(0, S - X)$，具体如图 6-3 所示。从图中可知，此项投资最大收益为期权费，最大损失为无限。

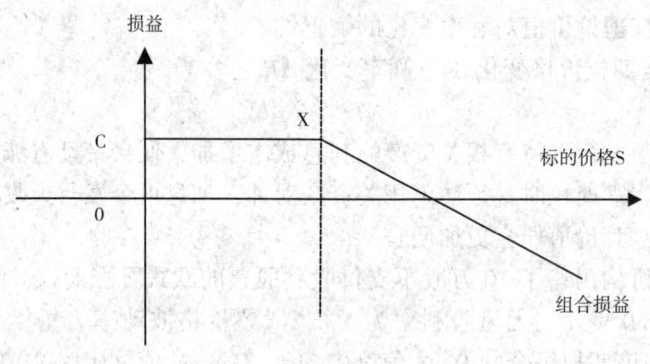

图 6-3

③ 做多看跌期权

由于外界不确定性增加以及经济下行的压力，投资者预计标的证券价格下跌幅度可能会比较大。如果标的证券价格上涨，投资者也不愿意承担过高的风险。此时，投资者可以买入一个看跌期权，则到期损益为 $\text{Max}(0, X - S) - P$，最大收益为执行价减少期权费；最大损失为期权费，如图 6-4 所示。其中，P 为看跌期权费。

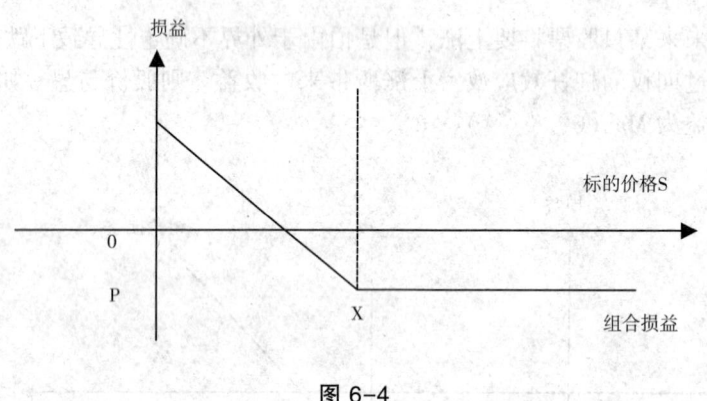

图 6-4

④ 做空看跌期权

投资者预计标的证券短期内会小幅上涨或者维持现有水平。另外，投资者不希望降低现有投资组合的流动性，希望通过做空期权增厚收益。具体如图 6-5 所示。到期损益为：$P - \text{Max}(0, X - S)$。最大收益为期权费；最大损失为执行价-期权费。

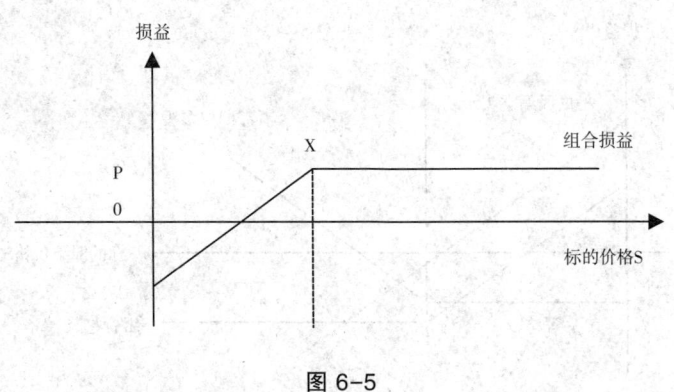

图 6-5

（2）期权组合投资策略

① 标的资产与期权组合

在 S_0 价位买入或卖出股票，期权的执行价格为 X，股票在 t 时刻的价格为 S_t。

标的资产与各种期权头寸的组合一般有四种，即股票多头与看涨期权空头（见图 6-6），股票多头与看跌期权多头（见图 6-7），股票空头与看跌期权多头（见图 6-8），股票空头与看跌期权空头（见图 6-9）。

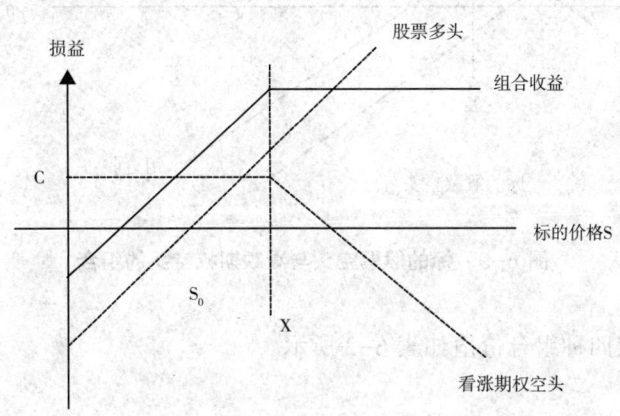

图 6-6　标的股票多头与看涨期权空头的组合

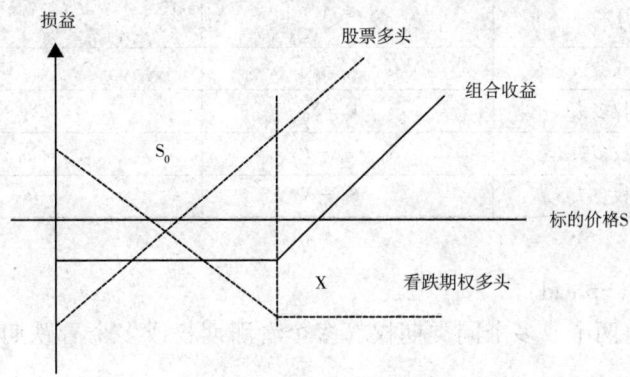

图 6-7　标的股票多头与看跌期权多头的组合

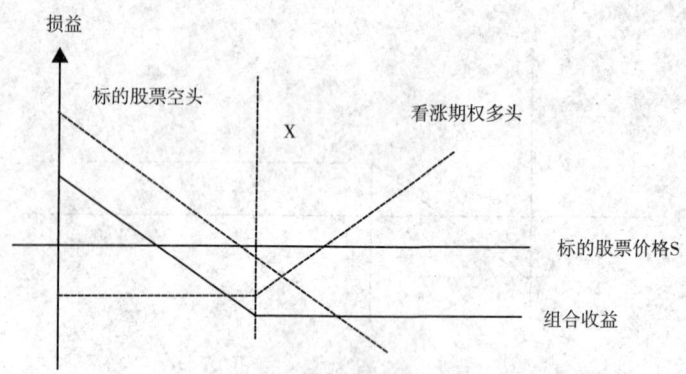

图 6-8 标的股票空头与看涨期权多头的组合

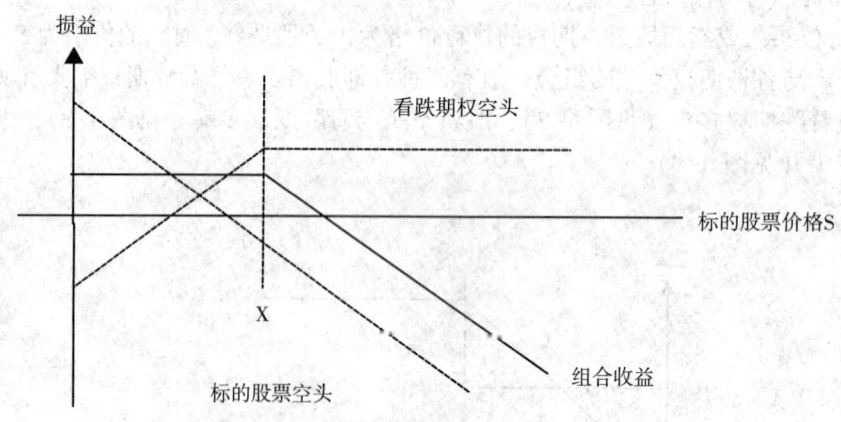

图 6-9 标的股票空头与看跌期权空头的组合

标的资产与期权四种组合价值如表 6-2 所示。

表 6-2

股票价格范围	$S_t \leq X$	$S_t \geq X$
股票多头+看涨期权空头	$C + S_t - S_0$	$C + X$
股票多头+看跌期权多头	$X - P - S_0$	$S_t - S_0 - P$
股票空头+看涨期权多头	$S_0 - S_t - P$	$S_0 - X - C$
股票空头+看跌期权空头	$P - S_0 - X$	$P + S_0 - S_t$

（3）差价策略（Spread）

差价策略是指将两个或多个同类期权（多个看涨期权或多个看跌期权）组合在一起的交易策略。

① 牛市差价（Bull Spread）：这种差价可以通过买入一个较低执行价格的个股看涨期权和卖出一个相同标的但具有较高执行价格的看涨期权组合而成，并且这两个期权的期限相

同，盈利模式如图 6-10 所示。牛市差价限制了投资者的收益同时也控制了损失的风险。

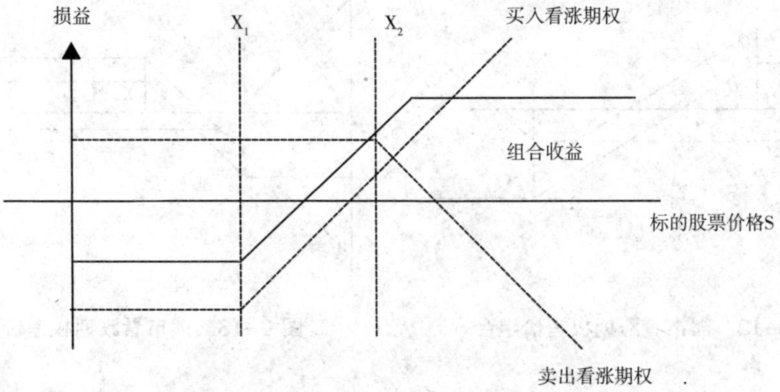

图 6-10　牛市看涨期权差价交易策略

如投资者同时买入 1 手 SR909SC5400 期权合约和 1 手 SR909P54PP 期权合约，委托成交价为 400 元/吨。当价格下跌超过 5000 元/吨，投资者盈利；反之，则最大亏损额为支付的权利金 400 元/吨。

也可以通过买入一个较低执行价格的个股看跌期权和卖出一个相同标的但具有较高执行价格的看跌期权组合而成。如图 6-11 所示。

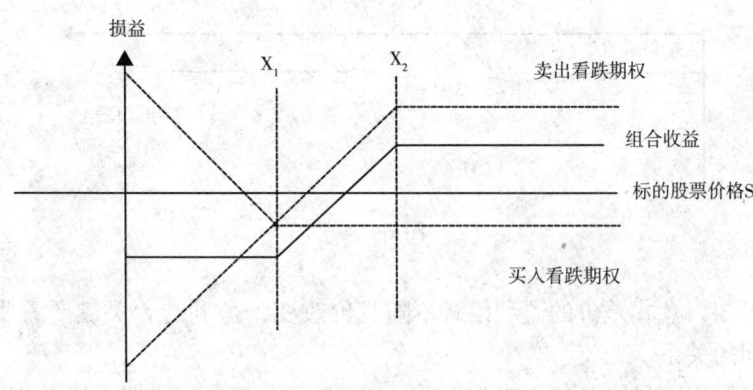

图 6-11　牛市看跌期权差价交易策略

整个交易策略的盈利为两个虚线表示的看涨期权多空头盈利之和，在图中由实线表示。需要注意的是，由于看涨期权的价格和行权价成反比，买入的那份看涨期权的权利金大于写出的那份看涨期权的权利金，所以由看涨期权组成的牛市差价策略是需要初始投资的。

② 熊市差价（Bear Spread）：与牛市差价相反，熊市差价买入一个较高执行价格的看跌期权并同时卖出一个较低执行价格的看跌期权，两个期权标的相同期限相同。与牛市差价类似，熊市差价限定了盈利的上限的同时也控制了损失的风险。

由看跌期权所构造的熊市差价的盈利如图 6-12、图 6-13 所示：

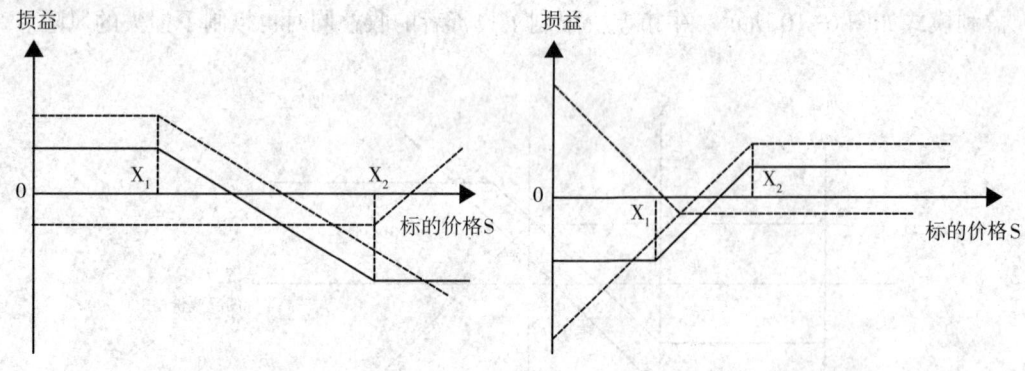

图 6-12 熊市看涨期权差价组合　　图 6-13 熊市看跌期权差价组合

③ 盒式差价（Box Spread）：由执行价格为 K_1 与 K_2 的看涨期权所构成的牛市差价与一个具有相同执行价格的看跌期权构成的熊市差价的组合。如图 6-14 所示，一个盒式差价的收益为 $K_2 - K_1$，盒式差价的贴现值为 $(K_2 - K_1)e^{-rT}$。

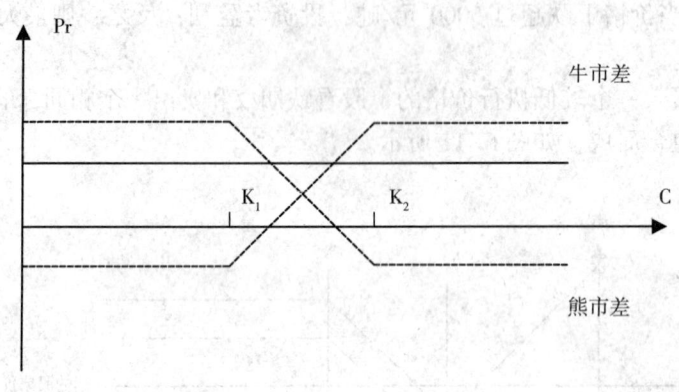

图 6-14

由盈利图可知，盒式差价的盈利模式不随股价改变，盈利与否关键要看收益（K_2-K_1）与交易成本之间的关系。

例如，现在假定一只股票的价格为 50 元，波动率为 30%，股票无股息。表 6-3 为某股票 2 个月期限期权价格。

表 6-3

股票价格	波动率	执行价格	看涨期权	看跌期权
50	30%	55	0.96	5.23
		60	0.26	9.46

我们就可以通过卖出盒式来盈利，具体操作为买入一个执行价格为 60 元的看涨期权，买入一个执行价格为 55 元的看跌期权，卖出一个执行价格为 55 元的看涨期权并卖出一个执

行价格为 60 元的看跌期权，这时看起来在 2 个月时的收益为一定量，即 5 元。一个执行价格为 55 元及 60 元的牛市差价的价格为 0.96-0.26 = 0.70。一个由同样执行价格的看跌期权所构造的熊市差价的价格为 9.46-5.23 = 4.23 元，两个差价期权的组合费用为 0.70+4.23 = 4.93 元。因此可以认为利润就是 5-4.93 = 0.07 元。这笔交易的机会成本是资金的占用成本，如今银行年利率是 3.5%，将期初权利金存 2 个月银行的收益为 4.93×（1+3.5%/12×2）= 4.96 元 < 5 元，因此这笔盒式差价能够给投资者带来较好的收益。

④ 蝶式差价（Butterfly Spread）：蝶式差价策略由三种具有不同执行价格的期权来组成。其构造方式为：买入一个具有较低执行价格 x_1 的看涨期权，买入一个具有较高执行价格 x_3 的看涨期权，以及卖出两个具有执行价格为 x_2 的看涨期权，其中 x_2 为 x_1 及 x_3 的中间值。一般来讲，x_2 接近于当前股票价格。这一交易策略的盈利表示如图 6-15 所示。

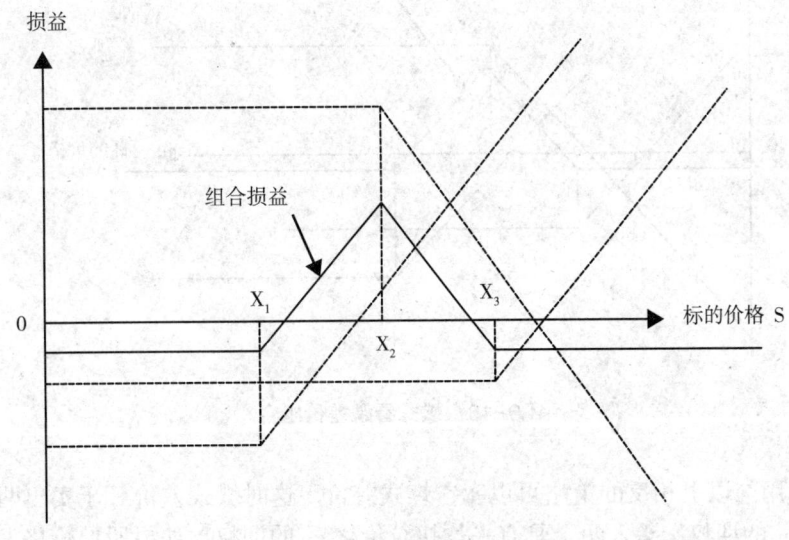

图 6-15 蝶式看涨差价组合

如图 6-15 所示，如果股票价格保持在 x_2 附近，蝶式差价会产生盈利，但如果股票价格远远偏离 x_2，蝶式差价会有小量的损失。因此蝶式差价对于那些认为股票价格不会有较大波动的投资者而言会非常合理。该策略需要少量的初始投资。

例如，假定某股票当前的价格为 61 元，某投资者认为在今后 6 个月股票价格不可能会发生重大变动，假定 6 个月的看涨期权价格如表 6-4 所示。

表 6-4

执行价格	55	60	65
看涨期权	10	7	5

投资者可以买入执行价格为 55 元的看涨期权，买入一个执行价格为 65 元的看涨期权，并同时卖出两个执行价格为 60 元的看涨期权来构造蝶式差价。构造这一蝶式差价的费用为

10+5−2×7=1元。如果在6个月后,股票价格高于65元或低于55元,蝶式差价的收益为0,这时投资者的净损失为1元,如果股票价格介于56元和64元之间,投资者会盈利。当在6个月时,股票价格为60元,投资者会有最大盈利,即4元。

当然,蝶式差价也可以由看跌期权来构成。投资者可以买入一个具有较低执行价格及一个具有较高执行价格的两个看跌期权,同时卖出2个具有中间执行价格的看跌期权。由看涨期权所构成的蝶式差价与由看跌期权所构造的蝶式差价盈利图完全一致(如图6-16所示)。

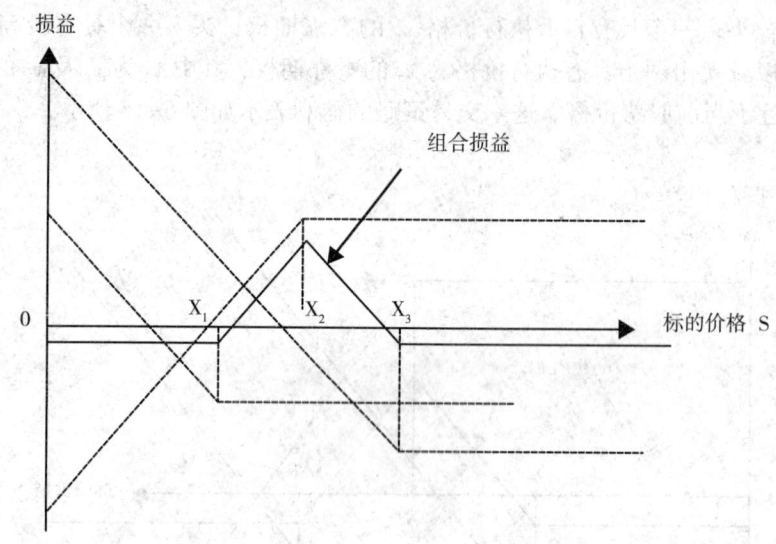

图 6-16　蝶式看跌差价组合

另外,利用与以上相反的策略可以卖空蝶式差价。这时蝶式差价等于卖出两个执行价格分别为 x_1 及 x_3 的期权,买入两个具有平均执行价格 x_2 的期权。如果股票价格发生较大的变动,这个交易策略会有一定数量的盈利。

从理论上讲,只要期权协议价格足够多,期权的组合种类是无限的。投资者可以根据自己对未来价格的判断、套期保值和套利的不同需要以及自己的风险—收益偏好,随心所欲地组建不同的期权组合,甚至构建新的金融品种。而金融工具的拆分和组合正是金融工程学研究的主要内容。在现实生活中,各种期权组合盈亏图的具体形状是由构成该组合的各种期权的价格决定的。从理论上讲,盈亏曲线在 X 轴上方的部分与下方的部分在概率上应该是平衡的,即各组合的净现值应等于零。但在现实生活中,由于各种期权价格是分别由各自的供求决定的,所以常常出现不平衡的情况。有时盈亏曲线甚至完全位于 X 轴的上方或下方,这时就出现了无风险套利的大好机会。

三、实验材料

【例6-1】假设一种不支付红利股票目前的市价为10元,我们知道在3个月后,该股票价格要么是11元,要么是9元。现在我们要找出一份3个月期协议价格为10.5元的该股票欧式看涨期权的价值。(利用风险中性原理定价)

【例 6-2】 某股票即期价格为 10 元,每期该股票价格都有可能上涨或者下跌 1 元。假设无风险利率为 8%,问一份在时点 3 到期(每一时点为 3 个月)的、行权价格为 10 元的欧式股票看涨期权即期价值为多少?(利用二叉树模型定价)

【例 6-3】 假设某种不支付红利的股票的市价为 49 元,该股票的年波动率为 20%,求该股票协议价格为 50 元、期限为 0.5 年的欧式看涨期权和看跌期权价格,无风险利率为 5%。

【例 6-4】 假设在 2018 年 12 月,投资者拥有汉莎航空公司的股票和期权的状况如表 6-5 所示,该股票期权合约的规模为 100 股,请问:(1)一旦汉莎航空公司的股价发生变化,该头寸会随之产生多大幅度的变化?(2)请计算头寸的 Delta 值(欧元/欧元)。(3)如果汉莎航空公司的股价上升 2.5 欧元,头寸价值将如何变化?(4)当该公司股价发生一个单位的变化,投资组合的 Delta 值将产生多少欧元的变化?(5)计算所持有头寸的 Vega 值。(6)如果市场波动加剧,当股份迅速波动 5%,头寸价值将如何变化?

表 6-5

头寸	价格	数量	Delta	Gamma	Vega
股票	14.5	1200	1	0	0
2019 年 4 月到期,执行价为 13 看跌期权多头	0.4	15	−0.28	0.15	0.0213
2019 年 4 月到期,执行价为 15 看跌期权空头	0.48	25	−0.36	−0.2	−0.0196

【例 6-5】 利用例 6-3 基础数据,加入相关控件,模拟在不同情况下,看涨期权和看跌期权的动态值,并画出动态图。

【例 6-6】 已知某股票现价为 55 元,协议价格为 55 元,期权价格为 2 元,制作出股票在 4 种不同价格下的股票和期权投资组合图。

【例 6-7】 利用例 6-6 计算的期权数据,求协议价格为 45 元和协议价格为 55 元 2 种情况下看涨期权和看跌期权的动态组合值,并画出动态图。

【例 6-8】 利用例 6-6 计算的期权数据,求协议价格为 45 元和协议价格为 55 元 2 种情况下,不同期限的看涨期权和看跌期权的动态值,并画出动态图。

四、实验步骤

【例 6-1】

第一步:在 Excel 中创建新工作簿 6-1,依据题意输入相关信息、基础数据,如表 6-6 所示:

表 6-6

	A	B	C	D	E	F	G	H
1	风险中性定价							备注
2	品种	策略	数量	价格	期初现金流	3 个月后现金流		期权协议价格
3						第一种状态	第二种状态	10.5
4	证券 A	买入		10		11	9	无风险利率
5	期权	卖出	1			0.5	0	0.1
6	组合							
7	现金	借入						
8	总现金流							

第二步：求购买股票数量 Δ。

计算公式：

$$S_0 u\Delta - f_u = S_0 d\Delta - f_d$$

其中，f_u 为上涨期权价格，f_d 为下跌期权价格，$S_0 u$ 为股票上涨价格，$S_0 d$ 为股票下跌价格。

为了找出该期权的价值，我们可构建一个由一单位看涨期权空头和 Δ 单位标的股票多头组成的组合。若 3 个月后该股票价格等于 11 元，该组合价值等于（11Δ - 0.5）元；若 3 个月后该股票价格等于 9 元，该组合价值等于 9Δ 元。为了使该组合价值处于无风险状态，我们应选择适当的 Δ 值，使 3 个月后该组合的价值不变，这意味着：11Δ - 0.5 = 9Δ。

在单元格 F6 中输入公式"=F4*C4-F5"，即可求出股价上涨时该组合的价值 $S_0 u\Delta - f_u$。

在单元格 G6 中输入公式"=G4*C4-G5"，即可求出股价下降时该组合的价值 $S_0 d\Delta - f_d$。

然后点击菜单【数据】→【规划求解】，按要求输入相关参数。

点击【确定】，得到 Δ = 0.25。因此，一个无风险组合应包括一份看涨期权空头和 0.25 股标的股票。无论 3 个月后股票价格等于 11 元还是 9 元，该组合价值都将等于 2.25 元。结果如表 6-7 所示：

表 6-7

	A	B	C	D	E	F	G	H
1	风险中性定价							备注
2	品种	策略	数量	价格	期初现金流	3 个月后现金流		期权协议价格
3						第一种状态	第二种状态	10.5
4	证券 A	买入	0.25	10		11	9	无风险利率
5	期权	卖出	1			0.5	0	0.1
6	组合					2.25	2.25	
7	现金	借入						
8	总现金流							

第三步:求组合的现值。

计算公式:$(S_0 u\Delta - f_u)e^{-rT}$

在没有套利机会的情况下,无风险组合只能获得无风险利率。假设现在的无风险年利率等于10%,期权的期限是3个月,则r=10%/4=2.5%。则该组合的现值应为:

$2.25e^{-0.25\times10\%} = 2.19$

在E6单元格输入公式"=F6*EXP(-0.25*0.1)",即可得到组合的现值。如表6-8所示。

表6-8

	A	B	C	D	E	F	G	H
1	风险中性定价							备注
2	品种	策略	数量	价格	期初现金流	3个月后现金流		期权协议价格
3						第一种状态	第二种状态	10.5
4	证券A	买入	0.25	10		11	9	无风险利率
5	期权	卖出	1			0.5	0	0.1
6	组合				2.19	2.25	2.25	
7	现金	借入						
8	总现金流							

第四步:求组合的成本。

组合的成本为购入证券A的付出价款减去卖出期权收到的价款。

根据公式:

$$S_0\Delta - f$$

在E7单元格输入公式"=C4*D4-D5",即可求得组合的成本。

第五步:求期权的价值。

根据市场无套利原则,令组合的现值等于组合的成本。

计算公式:$S_0\Delta - f = (S_0 u\Delta - f_u)e^{-rT}$

点击菜单【数据】→【模拟分析】→【单变量求解】,在弹出的对话框中,目标单元格中输入E7,目标值中输入2.19,可变单元格输入D5,点击【确定】,得到结果为0.31,这就是说,该看涨期权的价值为0.31元时,这时候就存在无风险套利机会,结果如表6-9所示。

第六步:构造自现金流为零的组合。

在E4单元格输入公式"=-C4*D4",即可得到买入股票的现金流。

在E5单元格输入公式"=C5*D5",即可得到卖出期权的现金流。

在E8单元格输入公式"=E4+E5+E7",在F8单元格输入公式"=F6+F7",且填充至G8单元格。

表 6-9

	A	B	C	D	E	F	G	H
1	风险中性定价							备注
2	品种	策略	数量	价格	期初现金流	3个月后现金流		期权协议价格
3						第一种状态	第二种状态	10.5
4	证券A	买入	0.25	10		11	9	无风险利率
5	期权	卖出	-1	0.31		0.5	0	0.1
6	组合				2.19	2.25	2.25	
7	现金	借入			2.19			
8	总现金流							

需要借入现金流单元格 F7、G7 结果分别为 -2.25、-2.25，总现金流单元格 E8、F8、G8 结果都为 0。期初购买股票的现金由两部分组成，一部分是出售期权获得 0.31 元现金，另一部分现金通过借入国债卖出获得 2.19 元现金。3 个月后，利用卖出股票的资金，一部分用于买入国债，另一部分用于期权的结算，如表 6-10 所示。

表 6-10

	A	B	C	D	E	F	G	H
1	风险中性定价							备注
2	品种	策略	数量	价格	期初现金流	3个月后现金流		期权协议价格
3						第一种状态	第二种状态	10.5
4	证券A	买入	0.25	10	-2.5	11	9	无风险利率
5	期权	卖出	-1	0.31	0.31	0.5	0	0.1
6	组合				2.19	2.25	2.25	
7	现金	借入			2.19	-2.25	-2.25	
8	总现金流				0	0	0	

【例 6-2】

第一步：在 Excel 中创建新工作簿 6-2，依题意输入基本信息和基础数据，建立股价二叉树，如表 6-11 的橘色区域所示。

第二步：计算不同股价的上涨概率 P。

计算公式：

$$Su = e^{-rt}[p \times Suu + (1-p) \times Sud]$$

$$p = \frac{e^{rt} - d}{u - d}$$

$$f_u = e^{-rt}[pf_{uu} + f_{ud}(1-p)]$$

$$f_d = e^{-rt}[pf_{ud} + f_{dd}(1-p)]$$

$$f = e^{-rt}[pf_u + f_d(1-p)]$$

注：r 为无风险利率。

表 6-11

	A	B	C	D	E	F
1	参数	时间	t_0	t_1	t_2	t_3
2	无风险利率	8%				13
3	股票现价	10			12	
4	行权价格	10		11		11
5	上涨概率		10		10	
6				9		9
7					8	
8						7
9						
10	上涨概率					
11	目标价位	12	11	10	9	

在 Excel 中通过利用单变量求解计算表 6-11 中目标价位所对应的上涨概率。

第 11 行的目标价位单元格的公式如表 6-12 所示：

表 6-12

单元格	公式	目标值
B11	＝（F2＊B10+F4＊（1-B10））＊EXP（-0.25＊B2）	12
C11	＝（C10＊F4+（1-C10）＊F6）＊EXP（-0.25＊B2）	10
D11	＝（E3＊D10+（1-D10）＊E5）＊EXP（-0.25＊B2）	11
E11	＝（E5＊E10+E7＊（1-E10））＊EXP（-0.25＊B2）	9

执行如下命令：【数据】→【模拟分析】→【单变量求解】，弹出单变量求解对话框，目标单元格选取 B11，目标值为 12，可变单元格为上涨概率 B10，依次计算剩余的上涨概率，所得的结果如表 6-13 所示：

表 6-13

	A	B	C	D	E
9					
10	上涨概率	0.621	0.611	0.601	0.591
11	目标价位	12	11	10	9

第三步：利用求解的目标价格上涨概率，计算各目标价格点的看涨期权的价格，建立期权价格二叉树，目标单元格的公式如表 6-14 所示。

$$fu = e^{-rt}[p \times fuu + (1-p) \times fud]$$

表 6-14

单元格	公式	价格
F3	=Max（F2-B4,0）	
F5	=Max（F4-B4,0）	20
E4	=（F3*B10+F5*（1-B10））*EXP（-0.25*B2）	23
F7	=Max（F6-B4,0）	
E6	=（F5*D10+（1-D10）*F7）*EXP（-0.25*B2）	
D5	=（E4*C10+E6*（1-C10））*EXP（-0.25*B2）	21
D7	=E6*E10*EXP（-0.25*B2）	
C6	=（D5*D10+D7*（1-D10））*EXP（-0.25*B2）	22
F9	=Max（F8-B4,0）	

第四步：计算所得结果如表 6-15 所示：

表 6-15

	A	B	C	D	E	F
1	参数	时间	t_0	t_1	t_2	t_3
2	无风险利率	8%				13
3	股票现价	10			12	3.000
4	行权价格	10		11	2.198	11
5	上涨概率		10	1.541	10	1
6			1.041	9	0.589	9
7				0.341	8	0
8					0	7
9						0
10	上涨概率	0.621	0.611	0.601	0.591	
11	目标价位	12	11	10	9	

【例 6-3】

第一步：先在 Excel 表中建立新工作簿 6-3，将实验的基本信息和基础数据输入表中，如表 6-16 所示：

表 6-16

	A	B	C
1	布莱克-舒尔斯期权定价模型—基础		
2	输入	数据及公式	
3	当前股价 S（元）	49.00	
4	年波动率 σ	20.00%	
5	无风险利率 r	5.00%	
6	协议价格 X（元）	50.00	
7	到期时间 T-t（年）	0.5	
8	输出	看涨期权	看跌期权
9	d_1		
10	d_2		
11	$N(d_1)$		
12	$N(d_2)$		
13	期权价格 c		

第二步：根据 Black-Scholes 期权定价模型原理公式，先计算 d_1、d_2 值，然后根据 d_1、d_2 值来计算 $N(d_1)$、$N(d_2)$ 值，在表 6-17 所示的单元格分别输入计算公式。

$$d_1 = \frac{\ln(S/K) + (r + \sigma^2/2)(T-t)}{\sigma\sqrt{T-t}}$$

$$d_2 = d_1 - \sigma\sqrt{T-t}$$

看涨期权的定价公式为：

$$C = SN(d_1) - Ke^{-r(T-t)}N(d_2)$$

看跌期权的定价公式为：

$$P = Ke^{-r(T-t)}N(-d_2) - SN(-d_1)$$

表 6-17

单元格	公式	单元格	公式
B9	=（LN（B3/B6）+（B5+0.5*B4^2）*B7）/（B4*SQRT（B7））	C9	=-B9
B10	=B9-B4*SQRT（B7）	C10	=-B10
B11	=NORMSDIST（B9）	C11	=NORMSDIST（C9）
B13	=B3*B11-B6*EXP（-B5*B7）*B12	B12	=NORMSDIST（B10）
C13	=-B3*C11+B6*EXP（-C5*C7）*C12	C12	=NORMSDIST（C10）

第三步：利用 Black-Scholes 期权定价模型最后计算得出该无收益资产欧式看涨期权的定价为 2.874 元，看跌期权的定价为 3.275 元，如表 6-18 所示：

表 6-18

	A	B	C
1	布莱克-舒尔斯期权定价模型—基础		
2	输入	数据及公式	
3	当前股价 S（元）	49.00	
4	年波动率 s	20.00%	
5	无风险利率 r	5.00%	
6	协议价格 X（元）	50.00	
7	到期时间 T-t（年）	0.5	
8	输出	看涨期权	看跌期权
9	d_1	0.105	-0.105
10	d_2	-0.037	0.037
11	$N(d_1)$	0.542	0.458
12	$N(d_2)$	0.485	0.515
13	期权价格 c	2.874	3.275

第四步：计算 Delta 值。

公式：Delta 值＝期权价价格的变化 ΔV /期权标的物价格的变化 ΔS

$$\Delta = N(d_1)$$

$$N'(d_1) = \frac{1}{\sqrt{2\pi}} e^{-\frac{d_1^2}{2}}$$

在 B14 单元格输入公式"＝B11"，即可求出看涨期权的 Delta 值为 0.542，表示当股价上升 1 元时，期权的价格上升 0.542 元。

在 C14 单元格输入公式"＝EXP（-0.5＊B9^2）/SQRT（2＊3.14）"，即可求出看跌期权的 Delta 值为 0.397，表示当股价上升 1 元时，期权的价格上升 0.397 元。结果见表 6-19 所示。

第五步：计算 Gamma 值。

公式：Gamma 值＝Delta 值变化/期权标的物价格变化 ΔS

$$\Gamma = \frac{N'(d1)}{S\sigma\sqrt{T}}$$

在 C15 单元格输入公式"＝C14/（B3＊B4＊SQRT（B7））"，计算出 Gamma 值为 0.057。表示当标的价格上升 1 元，所引起 Delta 值增加量为 0.057，Delta 值将从 0.397 增加到 0.454。结果如表 6-19 所示。

第六步：计算 Theta 值。

公式：Theta 值＝期权价格变化 ΔV /距到期日时间变化 ΔT

$$\Theta = -\frac{SN'(d_1)\sigma}{2\sqrt{T}} - rXe^{-rt}N(d_2)$$

在C16单元格输入公式"=-B3*C14*B4/（2*SQRT（B7））-B5*B6*EXP（-B5*B7）*B12"，即可求出Theta值为-3.93。表示时间每经过一天，期权价值会损失3.93。结果如表6-19所示。

第七步：求Vega值。

公式：Vega值=期权价格变化ΔV/标的物价格波动率变化$\Delta \sigma$

$$\Upsilon = S_0\sqrt{T}N'(d_1)$$

在C17单元格输入公式"=B3*C14*SQRT（B7）"，即可求出Vega值为13.75。结果如表6-19所示。

第八步：求Rho值。

公式：Rho值=期权价格变化ΔV/利率变化ΔR

$$\rho = XTe^{-rT}N(d_2)$$

在C18单元格输入公式"=B6*B7*EXP（-B5*B7）*B12"，即可求出Rho值为11.83。结果如表6-19所示。

表6-19

	A	B	C
1	布莱克-舒尔斯期权定价模型—基础		
2	输入	数据及公式	
3	当前股价S（元）	49.00	
4	年波动率s	20.00%	
5	无风险利率r	5.00%	
6	协议价格X（元）	50.00	
7	到期时间T-t（年）	0.5	
8	输出	看涨期权	看跌期权
9	d_1	0.105	-0.105
10	d_2	-0.037	0.037
11	N（d_1）	0.542	0.458
12	N（d_2）	0.485	0.515
13	期权价格c	2.874	3.275
14	Delta值		0.397
15	Gamma值		0.057
16	Theta值		-3.93
17	Vega值		13.75
18	Rho值		11.83

【例6-4】

第一步：先在Excel表中建立新工作簿6-4，将实验的基本信息和基础数据输入表中（如图6-20所示）。

表 6-20

	A	B	C	D	E	F
1	头寸	价格	数量	Delta	Gamma	Vega
2	股票	14.5	1200	1	0	0
3	执行价为13看跌期权多头	0.4	15	-0.28	0.15	0.0213
4	执行价为15看跌期权空头	0.48	25	-0.36	-0.2	-0.0196
5	计算区域					
6				Delta	Gamma	Vega
7	股票					
8	执行价为13看跌期权多头					
9	执行价为15看跌期权空头					
10	组合					

第二步：在计算区域输入公式，如表 6-21 所示。

表 6-21

单元格	公式	单元格	公式	单元格	公式
D7	=C2*D2	E7	=C2*E2	F7	=C2*F2
D8	=100*C3*D3	E8	=C3*E3*100	F8	=C3*F3*100
D9	=100*C4*D4	E9	=C4*E4*100	F9	=C4*F4*100
D10	=D7+D8-D9	E10	=E7+E8+E9	F10	=F7+F8+F9

第三步：计算结果。如表 6-22 所示。

表 6-22

	A	B	C	D	E	F
1	头寸	价格	数量	Delta	Gamma	Vega
2	股票	14.5	1200	1	0	0
3	执行价为13看跌期权多头	0.4	15	-0.28	0.15	0.0213
4	执行价为15看跌期权空头	0.48	25	-0.36	-0.2	-0.0196
5	计算区域					
6				Delta	Gamma	Vega
7	股票			1200	0	0
8	执行价为13看跌期权多头			-420	225	31.95
9	执行价为15看跌期权空头			-900	-500	-49
10	组合			1680	-275	-17.05

(1) 如果股票价格增加1欧元，头寸价值将增加1680欧元。
(2) Delta值为1680欧元。
(3) 如果股票价格上涨2.5欧元，头寸将变化4200欧元，也就是将盈利4200欧元。
(4) 当股价上涨1欧元，头寸Gamma值将减少275欧元。
(5) 头寸的Vega值为-17.05欧元。
(6) 如果股价波动率变化5%，头寸价值减少85.25欧元。

【例6-5】

第一步：先在Excel表中建立新工作簿6-5，将实验的基本信息输入对应的单元格中，分别在单元格C3：C7中插入"数值调节按钮"控件，单元格D3：D7分别列为单元格链接，在单元格B3中输入公式"=IF（D3>1，1，D3）"，在单元格B4中输入公式"=D4/1000"，在单元格B5中输入公式"=D5/1000"，在单元格B6中输入公式"=D6"，在单元格B7中输入公式"=D7/10"，结果如表6-23所示：

表6-23

	A	B	C	D
1		布莱克-舒尔斯期权定价模型—动态图		
2	参数	数据	输入	
3	期权种类：1=看涨，0=看跌	1	▲▼	1
4	年波动率 s	25.5%	▲▼	255
5	无风险利率 r	6.4%	▲▼	64
6	协议价格 X（元）	100.00	▲▼	100
7	到期时间 T-t（年）	1.7	▲▼	17

第二步：计算看涨期权和看跌期权的价值。

根据例6-6期权计算公式，分别按表6-24单元格中输入相关公式，结果如表6-25所示。

表6-24

单元格	含义	公式
B11	期权价格	=IF（$B$3=1，B18，B24）
B14	d_1	=（LN（B10/$B$6）+（$B$5+$B$4^2/2）*$B$7）/（$B$4*SQRT（$B$7））

续表

单元格	含义	公式
B15	d_2	=B14-$B$4*SQRT($B$7)
B16	N(d1)	=NORMSDIST(B14)
B17	N(d2)	=NORMSDIST(B15)
B18	看涨期权价格c	=B10*B16-$B$6*EXP(-$B$5*$B$7)*B17
B20	$-d_1$	=-B14
B21	$-d_2$	=-B15
B22	N($-d_1$)	=NORMSDIST(B20)
B23	N($-d_2$)	=NORMSDIST(B21)
B24	看跌期权价格d	=-B10*B22+$B$6*EXP(-$B$5*$B$7)*B23
J12	内在价值	=IF($B$3=1,Max(J10-$B$6,0),Max($B$6-J10,0))

表 6-25

	A	B	C	D	E	F	G	H
9	动态图输出							
10	当前股价S（元）	0.01	20.00	100.00	200.00	0.01	100.00	200.00
11	期权价格	0.00	0.00	0.00	0.00			
12	内在价值					0.00	0.00	100.00
13								
14	d_1	-27.209						
15	d_2	-27.541						
16	N(d_1)	0.000						
17	N(d_2)	0.000						
18	看涨期权价格c	0.00						
19								
20	$-d_1$	27.209						
21	$-d_2$	27.541						
22	N($-d_1$)	1.000						
23	N($-d_2$)	1.000						
24	看跌期权价格d	89.68						

第三步：对单元格进行公式填充。

用鼠标点中 B11 单元格，当鼠标变为黑十字星时，按鼠标左键向右边单元格进行填充。

用鼠标点中 B14：B18 单元格，当鼠标变为黑十字星时，按鼠标左键向右边单元格进行填充。

用鼠标点中 B20：B24 单元格，当鼠标变为黑十字星时，按鼠标左键向右边单元格进行填充。

最后结果如表 6-26 所示。

表 6-26

	A	B	C	D	E	F	G	H
9	动态图输出							
10	当前股价 S（元）	0.01	20.00	100.00	200.00	0.01	100.00	200.00
11	期权价格	0.00	0.00	18.33	110.42			
12	内在价值					0.00	0.00	100.00
13								
14	d_1	-27.209	-4.347	0.493	2.578	-27.209	0.493	2.578
15	d_2	-27.541	-4.680	0.161	2.246	-27.541	0.161	2.246
16	$N(d_1)$	0.000	0.000	0.689	0.995	0.000	0.689	0.995
17	$N(d_2)$	0.000	0.000	0.564	0.988	0.000	0.564	0.988
18	看涨期权价格 c	0.00	0.00	18.33	110.42			
19								
20	$-d_1$	27.209	4.347	-0.493	-2.578	27.209	-0.493	-2.578
21	$-d_2$	27.541	4.680	-0.161	-2.246	27.541	-0.161	-2.246
22	$N(-d_1)$	1.000	1.000	0.311	0.005	1.000	0.311	0.005
23	$N(-d_2)$	1.000	1.000	0.436	0.012	1.000	0.436	0.012
24	看跌期权价格 d	89.68	69.69	8.03	0.12	89.68	8.03	0.12

第四步：制定期权价值动态图。

制作动态图标题：在单元格 G1 中输入公式 "=IF（$B$3=1，'看涨期权'，'看跌期权'）"。然后选中单元格 B10：L12，在菜单工具点击【插入】→【散点图】→【带平滑线的散步图】。每一次单独右击一根曲线，弹出对话框，设置数据系列格式，在"标记线样式"里去除"平滑线"选项。这里我们只需要去除蓝色曲线的"平滑线"选项，现在呈现的图例是看涨期权的图，即我们的数值调节钮选择 1 时的动态图（见图 6-17）。

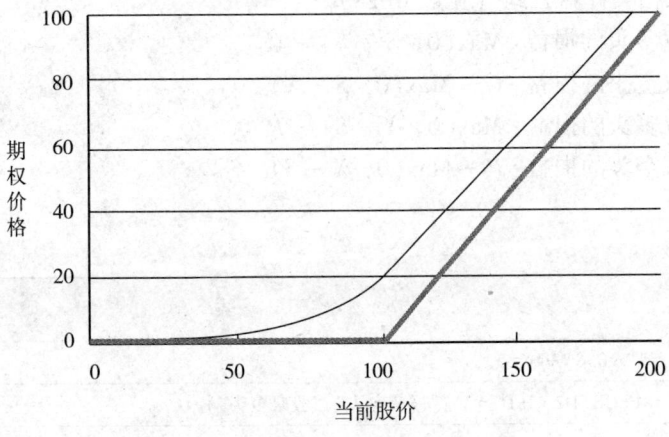

图 6-17　BS 期权定价动态图

第五步：分别调节数值调节钮动态控件，观察在标的价格变化、波动率变化、时间变化、利率等不同情景下，期权价格的动态变化图。

【例 6-6】

第一步：先在 Excel 表中建立新工作簿 6-6，将实验的基本信息输入，在单元格 C2 中通过菜单工具栏的【开发工具】，插入"数值调节按钮"控件，单元格 D2 列为单元格链接，最大值设为 4，控件数值 1 代表"股票空头+看涨期权多头"组合，控件数值 2 代表"股票多头+看涨期权空头"组合，控件数值 3 代表"股票空头+看跌期权空头"组合，控件数值 4 代表"股票多头+看跌期权多头"组合。详细情况如表 6-27 所示。

表 6-27

	A	B	C	D	E	F	G
1			股票与期权组合交易策略				
2		选择期权交易策略类型	▲▼	3			
3	输入	股票空头					
4		价格	55				
5		看跌期权空头					
6		协议价格	55				
7		期权价格	2				
8	输出	期权到期时的股价	30	55	60	68	80
9		股票盈亏					
10		期权盈亏					
11		组合的总盈亏					

第二步：输入相关计算公式（见表 6-28）。

（1）看涨期权多头的损益：$Max(0, S-X)-C$

（2）看涨期权空头的损益：$C-Max(0, S-X)$

（3）看跌期权多头的损益：$Max(0, X-S)-P$

（4）看跌期权空头的损益：$P-Max(0, X-S)$

表 6-28

单元格	公式
F1	=" "&B3&"+"&B5
B3	=IF(OR(D2=1,D2=3),"股票空头","股票多头")
B5	"=IF(D2=1,"看涨期权多头",IF(D2=2,"看涨期权空头",IF(D2=3,"看跌期权空头","看跌期权多头")))

续表

单元格	公式
C9	=IF($B$3="股票多头",C8-$C$4,$C$4-C8)
C10	=IF($B$5="看涨期权多头",Max(C8-$C$6,0)-$C$7,IF($B$5="看涨期权空头",-Max(C8-$C$6,0)+$C$7,IF($B$5="看跌期权多头",Max($C$6-C8,0)-$C$7,-Max($C$6-C8,0)+$C$7)))
C11	=C9+C10

然后分别对 D9：E11 单元格进行填充，结果如表 6-29 所示。

表 6-29

	A	B	C	D	E	F	G
1		股票与期权组合交易策略					
2		选择期权交易策略类型	▲▼	3			
3	输入	股票空头					
4		价格	55				
5		看跌期权空头					
6		协议价格	60				
7		期权价格	2				
8		期权到期时的股价	30	55	60	68	80
9	输出	股票盈亏	25.0	0.0	-5.0	-13.0	-25.0
10		期权盈亏	-23.0	2.0	2.0	2.0	2.0
11		组合的总盈亏	2.0	2.0	-3.0	-11.0	-23.0

第三步：制定期权价值动态图。

选中单元格 B9：E11&C8：G11，在菜单工具点击【插入】→【散点图】→【带平滑线的散步图】。然后对图形进行修改，每一次单独右击一根曲线，弹出对话框，设置数据系列格式，在"标记线样式"里去除"平滑线"选项。这里我们去除所有曲线的"平滑线"选项，现在呈现的图例是"股票空头+看跌期权空头"组合的图，即我们的数值调节钮选择 3 时的动态图（见图 6-18）。

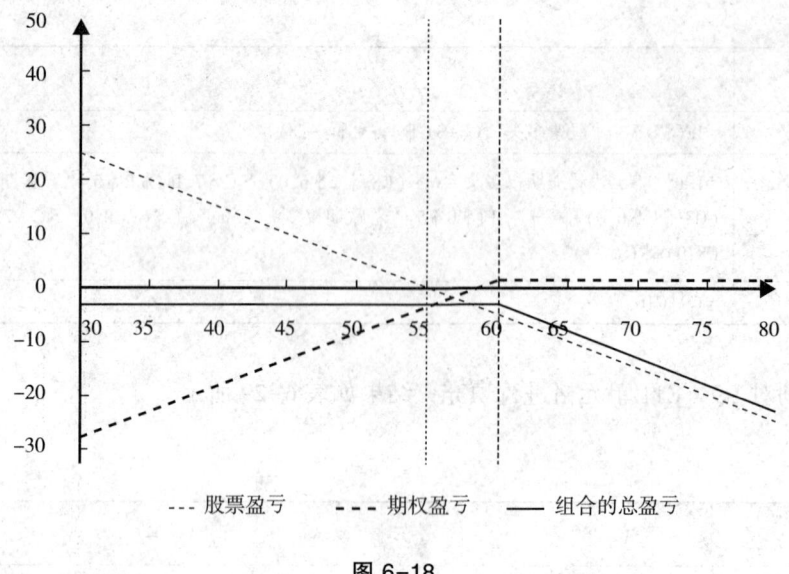

图 6-18

第四步：分别调节数值调节钮动态控件，选择不同的期权交易策略，观察在不同情景的组合下，期权价格的动态变化图。图 6-19 为选择 1 策略，即股票空头和看涨期权多头。图 6-20 为选择 2 策略，即股票多头和看涨期权空头。图 6-21 为选择 4 策略，即股票多头和看跌期权多头。

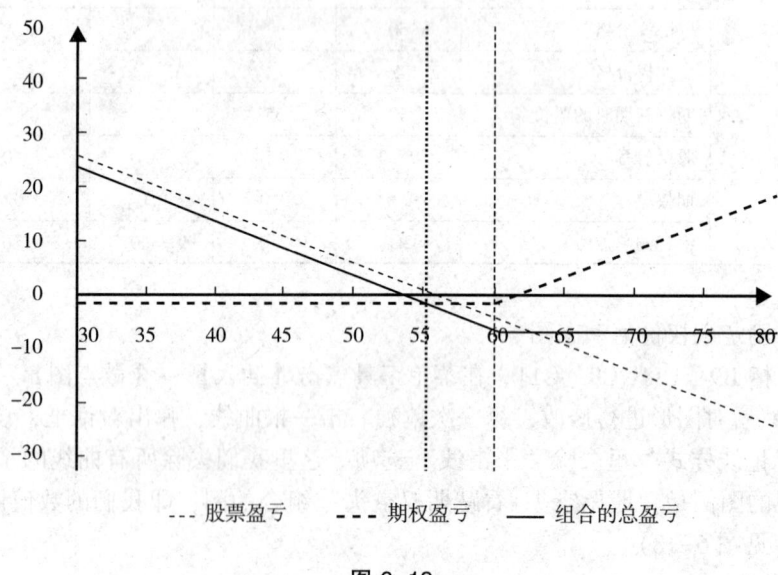

图 6-19

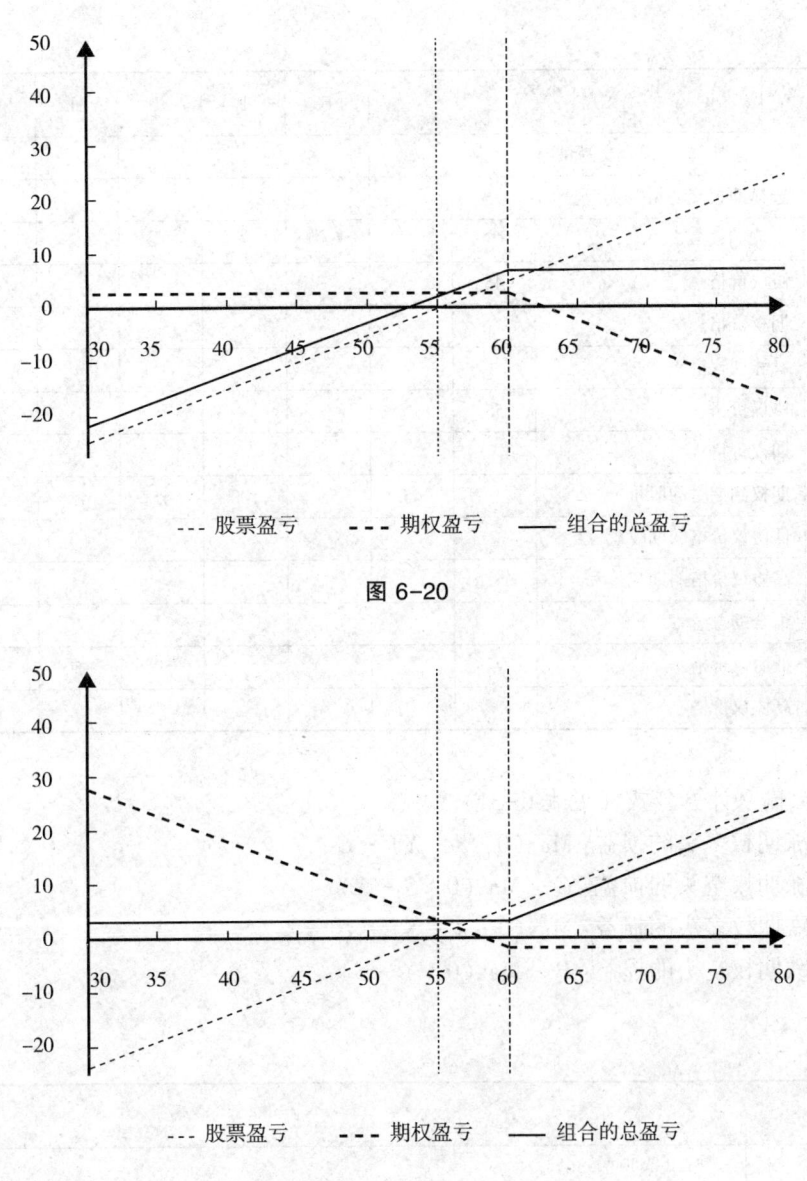

---- 股票盈亏   - - - 期权盈亏   —— 组合的总盈亏

图 6-20

---- 股票盈亏   - - - 期权盈亏   —— 组合的总盈亏

图 6-21

【例 6-7】

第一步：先在 Excel 表中建立新工作簿 6-7，将实验的基本信息输入，在单元格 C2 中通过菜单工具栏的【开发工具】，插入"数值调节按钮"控件，单元格 D2 分别列为单元格链接，最大值设为 4 控件数值 1 代表"看涨期权多头+看涨期权空头"组合，控件数值 2 代表"看跌期权多头+看跌期权空头"组合，控件数值 3 代表"看涨期权空头+看涨期权多头"组合，控件数值 4 代表"看跌期权空头+看跌期权多头"组合，具体情况见表 6-30。

表 6-30

	A	B	C	D	E	F	G	H	I	J
1			差价组合交易策略							
2		选择期权交易策略类型								
3		看涨期权多头								
4	输入	协议价格		45						
5		期权价格								
6		看涨期权空头								
7		协议价格		55						
8		期权价格								
9		期权到期时的股价		0	45	55	100	45	45	55	55
10		低协议价格的期权盈亏								
11	输出	高协议价格的期权盈亏								
12		组合的总盈亏								
13		低协议价格					50	-50		
14		高协议价格							50	-50

第二步：输入计算公式（见表6-31）。

（1）看涨期权多头的损益：$\text{Max}(0, S-X) - C$
（2）看涨期权空头的损益：$C - \text{Max}(0, S-X)$
（3）看跌期权多头的损益：$\text{Max}(0, X-S) - P$
（4）看跌期权空头的损益：$P - \text{Max}(0, X-S)$

表 6-31

单元格	公式
F1	=" "&B3&" +"&B6
B3	=IF(D2=1,"看涨期权多头",IF(D2=2,"看跌期权多头",IF(D2=3,"看涨期权空头","看跌期权空头")))
C5	=IF(OR(D2=1,D2=3),7,1.1)
B6	=IF(D2=1,"看涨期权空头",IF(D2=2,"看跌期权空头",IF(D2=3,"看涨期权多头","看跌期权多头")))
C8	=IF(OR(D2=1,D2=3),2,5.9)
C10	=IF($D$2=1,Max(C9-$C$4,0)-$C$5,IF($D$2=2,Max($C$4-C9,0)-$C$5,IF($D$2=3,-Max(C9-$C$4,0)+$C$5,-Max($C$4-C9,0)+$C$5)))
C11	=IF($D$2=1,-Max(C9-$C$7,0)+$C$8,IF($D$2=2,-Max($C$7-C9,0)+$C$8,IF($D$2=3,Max(C9-$C$7,0)-$C$8,Max($C$7-C9,0)-$C$8)))
C12	=C10+C11

然后分别对 D9：E12 单元格进行填充，结果如表 6-32 所示。

表 6-32

	A	B	C	D	E	F	G	H	I	J
9	输出	期权到期时的股价		0	45	55	100	45	45	55	55
10		低协议价格的期权盈亏		−7	−7	3	48				
11		高协议价格的期权盈亏		2	2	2	−43				
12		组合的总盈亏		−5	−5	5	5				

第三步：制定期权价值动态图。

选中单元格 B10：B14&C9：J14，在菜单工具点击【插入】→【散点图】→【带平滑线的散步图】。然后对图形进行修改，每一次单独右击一根曲线，弹出对话框，设置数据系列格式，在"标记线样式"里去除"平滑线"选项。这里我们去除所有曲线的"平滑线"选项，现在呈现的图例是"看涨期权多头+看涨期权空头"组合的图，即我们的数值调节钮选择 1 时的动态图（见图 6-22）。

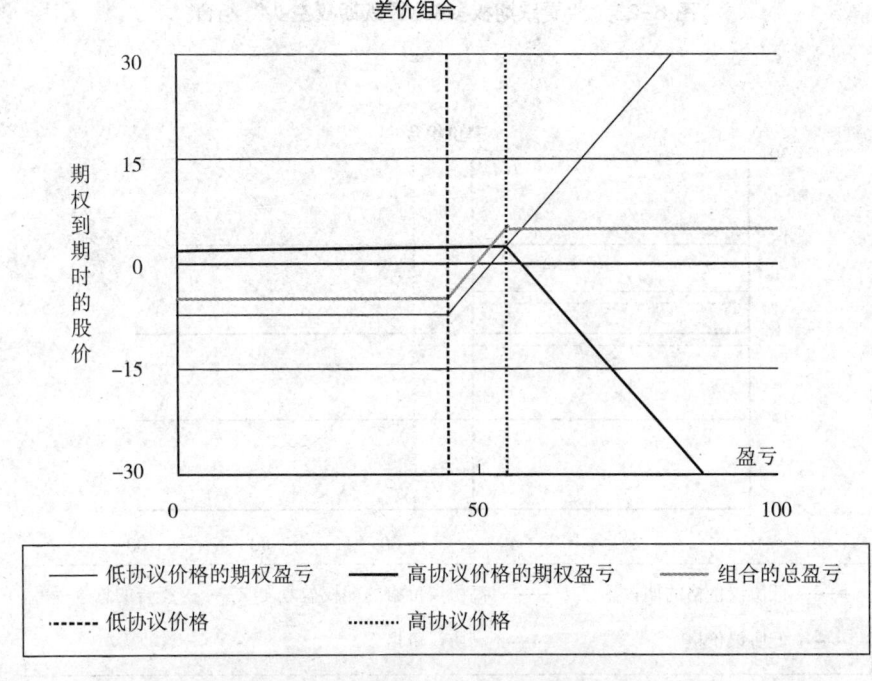

图 6-22 "看涨期权多头+看涨期权空头"组合

第四步：分别调节数值调节钮动态控件，选择不同的期权交易策略，观察在不同情景的组合下，期权价格的动态变化图。图 6-23 为选择 2 策略，即"看跌期权多头+看跌期权空头"组合。图 6-24 为选择 3 策略，即"看涨期权空头+看涨期权多头"。图 6-25 为选择 4 策略，即"看跌期权空头+看跌期权多头"。

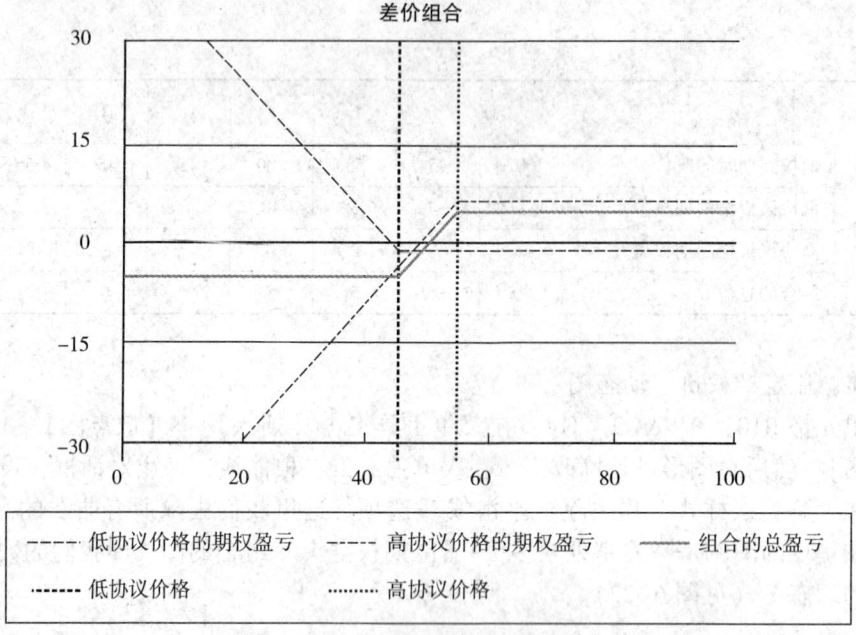

图 6-23 "看跌期权多头+看跌期权空头"组合

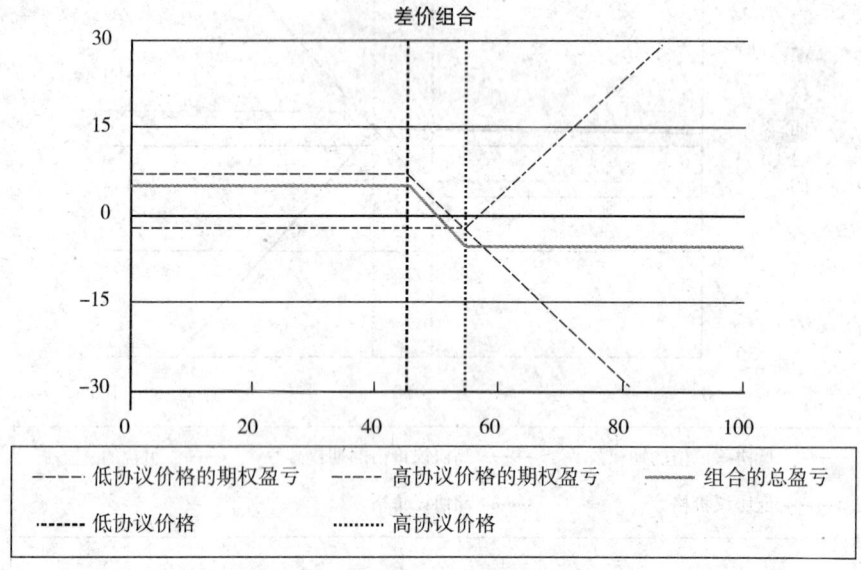

图 6-24 "看涨期权空头+看涨期权多头"

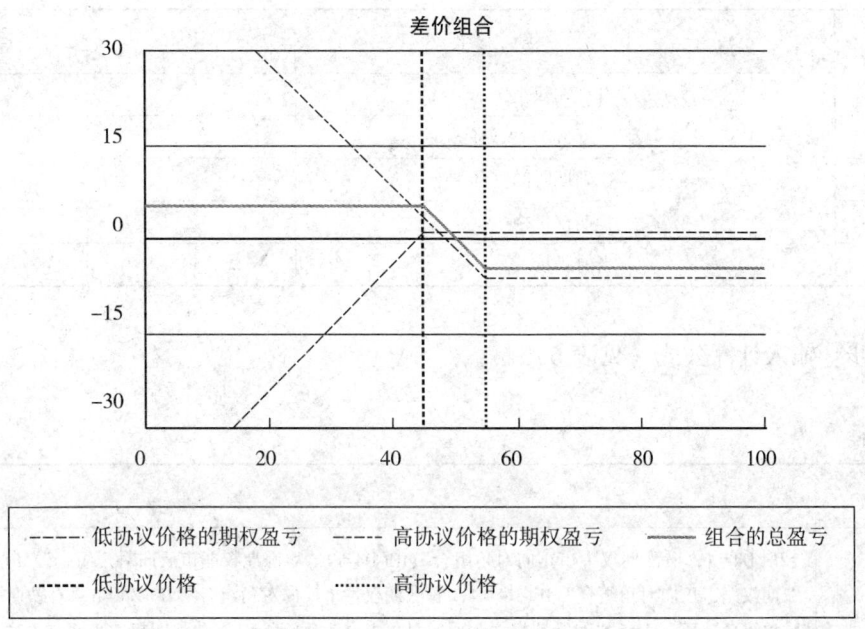

图 6-25 看跌期权空头+看跌期权多头

【例 6-8】

第一步：先在 Excel 表中建立新工作簿 6-8，将实验的基本信息输入，在单元格 C2 中通过菜单工具栏【开发工具】，插入"数值调节按钮"控件，单元格 D2 分别列为单元格链接，最大值设为 8，控件数值 1 代表"看涨期权多头+看涨期权空头"组合，控件数值 2 代表"看涨期权空头+看涨期权多头"组合，控件数值 3 代表"看涨期权空头+看涨期权多头"组合，控件数值 4 代表"看涨期权多头+看涨期权空头"组合，控件数值 5 代表"看跌期权多头+看跌期权空头"组合，控件数值 6 代表"看跌期权空头+看跌期权多头"组合，控件数值 7 代表"看跌期权空头+看跌期权多头"组合，控件数值 8 代表"看跌期权多头+看跌期权空头"组合，详情如表 6-33 所示。

表 6-33

	A	B	C	D
1		对角组合交易策略		
2		选择期权交易策略类型	▲▼	8
3	输入	看跌期权多头		
4		（低）协议价格	45	
5		到期时间（年）		
6		期权价格		

续表

	A	B	C	D
7		看跌期权空头		
8		（高）协议价格	55	
9		到期时间（年）		
10		期权价格		
11		当前股价	50	

第二步：输入计算公式（见表 6-34）。

表 6-34

单元格	公式
G1	=IF(D4=1,"看涨期权牛市正向对角组合",IF(D4=2,"看涨期权熊市反向对角组合",IF(D4=3,"看涨期权熊市正向对角组合",IF(D4=4,"看涨期权牛市反向对角组合",IF(D4=5,"看跌期权牛市正向对角组合",IF(D4=6,"看跌期权熊市反向对角组合",IF(D4=7,"看跌期权熊市正向对角组合","看跌期权牛市反向对角组合")))))))
G2	=" ="&B5&" +"&B9
B5	=IF(OR(D4=1,D4=4),"看涨期权多头",IF(OR(D4=2,D4=3),"看涨期权空头",IF(OR(D4=5,D4=8),"看跌期权多头","看跌期权空头")))
C7	=IF(OR(D4=1,D4=2,D4=5,D4=6),1,0.5)
C8	=IF(OR(D4=1,D4=2),8.78,IF(OR(D4=3,D4=4),7.06,IF(OR(D4=5,D4=6),2.01,1.17)))
B9	=IF(OR(D4=1,D4=4),"看涨期权空头",IF(OR(D4=2,D4=3),"看涨期权多头",IF(OR(D4=5,D4=8),"看跌期权空头","看跌期权多头")))
C11	=IF(OR(D4=1,D4=2,D4=5,D4=6),0.5,1)
C12	=IF(OR(D4=1,D4=2),2.03,IF(OR(D4=3,D4=4),3.82,IF(OR(D4=5,D4=6),5.94,6.66)))

得出结果如表 6-35 所示：

表 6-35

	A	B	C	D
1		对角组合交易策略		
2		选择期权交易策略类型	▲▼	8

续表

	A	B	C	D
3		看跌期权多头		
4		（低）协议价格	45	
5		到期时间（年）	0.50	
6		期权价格	1.17	
7	输入	看跌期权空头		
8		（高）协议价格	55	
9		到期时间（年）	1.00	
10		期权价格	6.66	
11		当前股价	50	

表 6-36

单元格	公式
C22	=IF($D$4=1,-Max(C21-$C$10,0)+$C$12,IF($D$4=2,Max(C21-$C$10,0)-$C$12,IF($D$4=3,-Max(C21-$C$6,0)+$C$8,IF($D$4=4,Max(C21-$C$6,0)-$C$8,IF($D$4=5,-Max($C$10-C21,0)+$C$12,IF($D$4=6,Max($C$10-C21,0)-$C$12,IF($D$4=7,-Max($C$6-C21,0)+$C$8,Max($C$6-C21,0)-$C$8)))))))
C23	=IF(OR(D4=1,D4=2,D4=3,D4=4),0,IF(D4=5,C6,IF(D4=6,-C6,IF(D4=7,C10,-C10))))
C24	=IF(OR($D$4=1,$D$4=5),C23-$C$8,IF(OR($D$4=2,$D$4=6),C23+$C$8,IF(OR($D$4=3,$D$4=7),C23-$C$12,C23+$C$12)))
C25	=C22+C24

输入公式后（见表 6-36），向右填充得到结果，如表 6-37 所示。

表 6-37

	A	B	C	D	E	F	G	H	I	J	K	L	M	N	O
12		短期权到期时的股价	0	30	40	45	50	55	60	70	100	-1.17	-1.17	0	0
13		期限短的期权盈亏	43.83	13.83	3.83	-1.17	-1.17	-1.17	-1.17	-1.17	-1.17				
14	输出	短期权到期时长期权的价值	0.00	-23.91	-14.07	-9.61	-5.94	-3.32	-1.68	-0.33	0.00				
15		期限长的期权盈亏	6.66	-17.25	-7.41	-2.95	0.72	3.34	4.98	6.33	6.66				
16		组合的总盈亏	50.49	-3.42	-3.58	-4.12	-0.45	2.17	3.81	5.16	5.49				
17		低协议价格										50	-50		
18		高协议价格												50	-50

第三步：制定期权价值动态图。

选中单元格 B13：B18&C12：O18，在菜单工具点击【插入】→【散点图】→【带平滑线的散步图】。然后对图形进行修改，每一次单独右击一根曲线，弹出对话框，设置数据系列格式，在"标记线样式"里去除"平滑线"选项。这里我们去除所有曲线的"平滑线"选项，现在呈现的图例是"看跌期权多头+看跌期权空头"组合的图，即我们的数值调节钮选择 8 时的动态图（见图 6-26）。

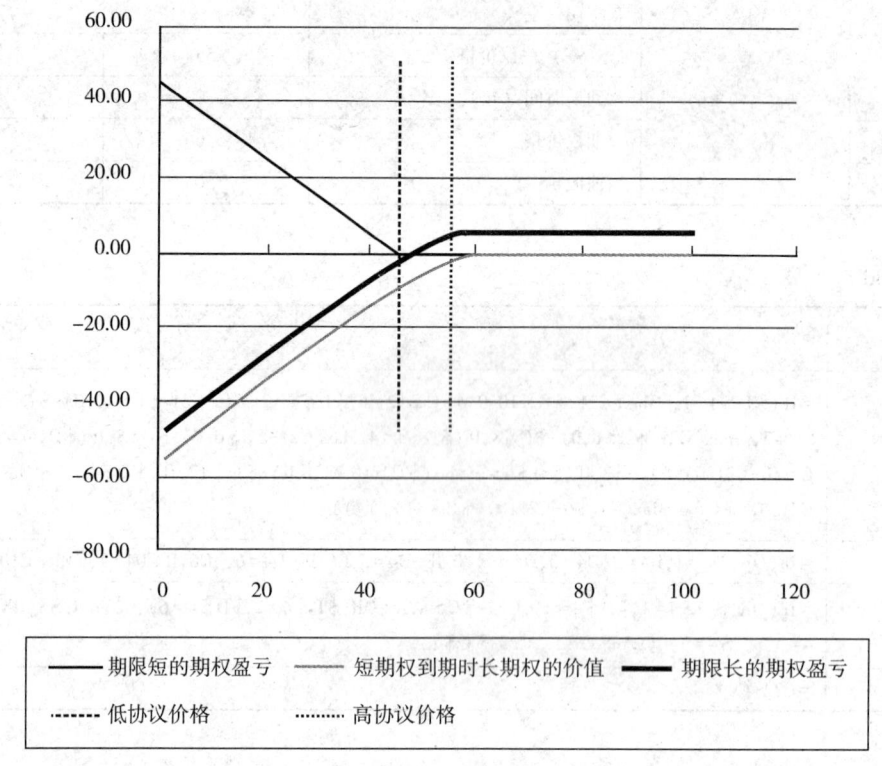

图 6-26

第四步：分别调节数值调节钮动态控件，选择不同的期权交易策略，观察在不同情景的组合下，期权价格的动态变化图。

五、课后练习

【练 6-1】D 公司是一家上市公司，其股票于 2019 年 6 月 1 日的收盘价为每股 40 元，有一种以该股票为标的看涨期权，执行价格为 42 元，到期时间是 3 个月。3 个月以内公司不会派发股利，3 个月以后股价有两种变动的可能：上升到 46 元或者下降到 30 元。3 个月到期的国库券利率为 4%（年名义利率）。

求：(1) 利用风险中性原理，计算 D 公司股价的上行概率和下行概率，以及看涨期权的价值。

（2）利用复制原理，计算看涨期权价值。

【练6-2】D股票的当前市价为25元/股，市场上有以该股票为标的资产的期权交易，有关资料如下：

（1）D股票的到期时间为半年的看涨期权，执行价格为25.3元；D股票的到期时间为半年的看跌期权，执行价格也为25.3元。

（2）D股票半年后的市价预测情况如表6-38所示：

表6-38　　　　　　　　　　D股票半年后的市价预测情况

股价变动幅度	-40%	-20%	20%	40%
概率	0.2	0.3	0.3	0.2

（3）根据D股票历史数据测算的连续复利收益率的标准差为0.4。

（4）无风险年利率为4%。

（5）1元的连续复利终值如表6-39所示：

表6-39　　　　　　　　　　　1元的连续复利终值

$\sigma\sqrt{t}$	0.1	0.2	0.3	0.4	0.5	0.6	0.7	0.8	0.9	1
$e^{\sigma\sqrt{t}}$	1.1052	1.2214	1.3499	1.4918	1.6487	1.8221	2.0138	2.2255	2.4596	2.7183

求：（1）若年收益的标准差不变，利用两期二叉树模型计算股价上行乘数与下行乘数，并确定以该股票为标的资产的看涨期权的价格。

（2）利用看涨期权-看跌期权平价定理确定看跌期权的价格。

（3）投资者甲以当前市价购入1股D股票，同时购入D股票的1份看跌期权，判断甲采取的是哪种投资策略，并计算该投资组合的预期收益。

【练6-3】根据雅虎数据，2014年5月7日百度公司的股价为157.83美元，选用2015年1月到期期权，协议价格为160美元，已知美国国债利率（无风险利率）为2.718%，设该股票的年波动率初始值为30%，求该股票的真实年波动率。

【练6-4】对歌华有线股份有限公司2010年11月份发行的可转换债券进行研究，歌华转债于2010年12月10日在上交所上市交易，规模16亿元。歌华转债初始转股价格为15.09元/股，对正股的稀释率为9.09%。转债期限为6年，票面利率分别为0.6%、0.8%、1.0%、1.3%、1.6%和1.9%，到期赎回价105元（包含最后一年利息），计算歌华转债的理论价值。

【练6-5】假设无红利的股票A，初始价格为6元，价格过程服从几何布朗运动，年预期收益率为10%，收益率的波动率为每年25%，时间步长为0.01年（1年为10时间步），给定数据，$S_0 = 6$，$\mu = 0.1$，$\sigma = 0.25$，以及$d = 100$，用蒙特卡洛方法模拟资产的价格路径，并计算出股票A期权的价格。

【练6-6】已知某股票的市价为45元，协议价格为45元，无风险利率为5%，到期时间为 0.75，试分别计算在不同股价情景下的看涨期权、看跌期权以及期权平价组合值以及不同因素变化情景下期权的变化值。

【练 6-7】 已知某股票现价为 60 元，协议价格为 60 元，时间为 3 个月，看涨期权价格为 2 元，看跌期权为 1 元，请分别构建"股票多头+看涨期权多头""股票多头+看涨期权空头""股票空头+看跌期权多头""股票空头+看跌期权空头"四种组合的盈亏图。

六、参考视频

期权定价，https：//www.icourse163.org/course/NJU-1003142006。
期货与期权，https：//www.icourse163.org/course/CUFE-1002751024。
金融工程概论，https：//www.icourse163.org/course/CUFE-1003037005。
金融工程学，https：//www.icourse163.org/course/WHU-1207425809。
创业型公司的股权结构与股权应用，https：//www.icourse163.org/course/CNU-1205968806。

第七章　基金定价及套利实验

我们为了避免因证券投资导致的风险，确保证券投资的盈利性、流动性和安全性而对各种证券投资进行的合理搭配或进行套期保值的过程。基金或资管产品就是管理者将投资者财富分配到不同资产从而使组合的效用达到最大的过程。本章利用 Excel 的数据运算和图表功能，通过构建随机函数产生投资比例，建立组合方差矩阵函数，来模拟风险证券的投资组合曲线，并计算证券市场线、资本市场线以及对投资组合业绩进行评价。同时将利用不同金融工具组合来设计保本基金。

一、实验目的

1. 能够根据市场已知债券价格的投资组合来构造新的债券价格。
2. 熟悉 ETF、跨期、跨品种等套利机制。
3. 熟悉套期保值的操作原理。
4. 通过股票组合模拟双曲线，来理解马柯维茨的资产组合原理。
5. 掌握利用不同证券的投资组合来设计一款保本基金。
6. 投资组合业绩评价。

二、实验原理

1. 基金基础知识

（1）基金

基金指通过发行基金单位（或基金券）将投资者分散的资金集中起来，交由专业的托管人和管理人进行托管、管理，投资于股票、债券、外汇、货币、实业等领域的投资工具。

（2）基金的种类

按投资标的划分，可分为国债基金、股票基金、货币市场基金、指数基金、黄金基金、混合型基金等。

① 国债基金。是一种以国债为主要投资对象的证券投资基金。由于国债的年利率固定，又有国家信用作为保证，因而这类基金的风险较低，适合于稳健型投资者。国债基金的收益会受市场利率的影响，当市场利率下调时，其收益将上升；若市场利率上调，其收益将下降。除此以外，汇率也会影响基金的收益，管理人在购买国际债券时，往往还需要在外汇市场上进行套期保值。

② 货币市场基金。是以货币市场工具为投资对象的一种基金，其投资对象期限在 1 年

以内，包括银行短期存款、国库券、公司短期债券、银行承兑票据及商业票据等货币市场工具。货币市场基金的优点是资本安全性高、购买限额低、流动性强、收益较高以及管理费用低，有些还不收取赎回费用。因此，货币市场基金通常被认为是低风险的投资工具。

③ 股票基金。是指以上市公司股票为主要投资对象的证券投资基金。该基金的投资目标侧重于追求资本利得和长期资本增值。基金管理人拟定投资组合，将资金投放到一个或几个国家甚至全球的股票市场，以达到分散投资、降低风险的目的。

④ 黄金基金。是指以黄金或其他贵金属及其相关产业的证券为主要投资对象的基金。其收益率一般随贵金属的价格波动而变化。

⑤ 指数基金。是以特定指数为标的，投资标的指数的成分股票，紧密跟踪复制标的指数表现的股票型基金。如有上证指数、深证成指、上证 50 指数、深成 100 指数、沪深 300 指数、中证 500 指数等，中国香港的有恒生指数、国企指数等，美国的有道琼斯工业平均指数、标普 500 指数、纳斯达克指数等。这些指数都能反映所在市场的一篮子股票的平均价格走势。

⑥ 混合型基金。投资范围更广，除了股票、债券以外包括不动产、衍生品、黄金白银等投资品（Exchange Traded Fund，以下简称 ETF）及时计算参考基金净值（Indicative Optimized Portfolio value，以下简称 IOPV）。

⑦ 国际（QDII）基金。是指在本国境内设立，经该国有关部门批准从事境外证券市场的股票、债券等有价证券业务的证券投资基金。和 QFII 一样，它也是在货币没有实现完全可自由兑换、资本项目尚未开放的情况下，有限度地允许境内投资者投资境外证券市场的一项过渡性的制度安排。

按基金的性质分类：

① 对冲基金

也称避险基金或套期保值基金，是指金融期货和金融期权等金融衍生工具与金融工具结合后以盈利为目的的金融基金。对冲基金采用各种交易手段进行对冲、换位、套头、套期来赚取巨额利润。

② ETF 基金

交易所交易基金（Exchange Traded Fund，ETF），是一种在交易所上市交易的、基金份额可变的一种开放式基金。它代表一篮子股票的所有权，是指像股票一样在证券交易所交易的指数基金，其交易价格、基金份额净值走势与所跟踪的指数基本一致。因此，投资者买卖一只 ETF，就等同于买卖了它所跟踪的指数，可取得与该指数基本一致的收益。ETF 基金上市之后，既可在证券交易所上市，像封闭式基金一样进行二级市场交易，投资者也可以用一篮子股票向基金管理人提出申购赎回申请。ETF 基金相对于传统封闭式基金一个重要优势就是可以通过有效的套利交易来尽量避免二级市场的折溢价交易状态，基金管理人在每一交易日开市前向交易所提供当日的申购赎回清单，交易所在开市后根据申购赎回清单中组合证券的价格行情变动，及时计算参考基金净值（Indicative Optimized Portfolio value，IOPV），供投资者、套利者作为买卖、套利的参考，买卖双方根据这些信息形成 ETF 基金在二级市场上的交易价格。

由于 ETF 在二级市场交易，受供需关系的影响，会造成 ETF 市场交易价格与其净值之间产生偏差。此外，ETF 收取管理费、付出交易成本以及分派股息红利，也会造成两者间一定的偏差。当这种偏差较大时，投资者就可以利用申购赎回机制进行套利交易。比如，当上证 50ETF 的市场交易价格高于基金份额净值时，投资者可以买入组合证券，用此组合证券申购 ETF 基金份额，再将基金份额在二级市场卖出，从而赚取扣除交易成本后的差额。相反，当 ETF 市场价格低于净值时，投资者可以买入 ETF，然后通过一级市场赎回，换取一篮子股票，再在 A 股市场将股票抛掉，赚取其中的差价。

套利机制给投资者提供了一种新的盈利机会，但其最大的作用其实在于，通过套利者的申购赎回交易，消除 ETF 交易价格与其净值之间的偏差，使 ETF 交易价始终与指数保持一致。

必须强调的是，由于套利交易需要操作技巧和强大的技术工具，且一两个机构的一次套利交易就消除了套利的机会，因此，对散户而言，套利交易并不合适。上证 50ETF 上市后的申购赎回的起点是 100 万份，也决定了中小散户无法参与套利。

2. 套利基础知识

套利交易是指利用相关市场或相关电子合同之间的价差变化，在相关市场或相关电子合同上进行交易方向相反的交易，以期望价差发生变化而获利的交易行为。套利通常涉及在某一市场或金融工具上建立头寸，然后在另一市场或金融工具上建立与先前头寸相抵消的头寸。在价格回归均衡水平后，所有头寸即可结清以了结获利。

（1）ETF 套利

① 一、二级市场间套利

传统 ETF 交易机制有两层：首先，在交易时间内，投资人在一级市场可以随时以组合证券的方式申购赎回 ETF 份额；其次，在二级市场上，ETF 在交易所挂牌交易，投资人可按市场价格买卖 ETF 份额。当 ETF 的二级市场价格高于其基金份额 IOPV 一定幅度时，投资者可用相对较低的价格申购 ETF 份额，以较高的价格在二级市场卖出获得套利收益；当 ETF 二级市场价格低于 IOPV 一定幅度时，投资人可以反向操作。该种套利模式需要投资者有一定的资金基础，过少资金无法操作。

② 期货现货市场间套利

期货现货市场间套利是利用指数期货和 ETF（代表一篮子股票现货）之间偏差赚取利润。如以沪深 300 指数期货为交易标的的套利。市场中有一些投资者，会利用期货现货市场与沪深 300 指数高度同步、偶有偏差的 ETF 来套利。

③ 不同盯住指数间套利

如果投资者判断虽然市场的整体方向向上，但是盯住 A 行业的 ETF 前景比盯住 B 行业的更好，投资者就可以通过卖出盯住 B 行业 ETF，同时买入盯住 A 行业 ETF，从而获得两支 ETF 之间的差价。

④ ETF 和盯住指数之间的套利

有些基金公司采用代表性复制法组建 ETF，通过优选部分成分股复制指数来降低交易成本。选择使用代表性复制法的 ETF 没有完全复制盯住指数中的成分证券，因此在 ETF 和盯住的指数之间不时存在变动方向和变动幅度的不同步。

（2）ETF 折溢价套利原理

由于 ETF 二级市场价格受供求关系等因素的影响，ETF 的净值与二级市场的价格常常发生背离，当 ETF 市场价格大于基金净值时，称为 ETF 溢价交易；当 ETF 市场价格小于基金净值时，称为 ETF 折价交易。当 ETF 的折价、溢价达到一定幅度时（高于套利成本时），则存在套利机会。

由于跟踪能力、管理费用、供求因素以及市场惯性与信息传播速率差异引起基金净值与ETF价格反应速度的差异等原因，ETF净值与市场价格之间有时会存在差异，并因此存在套利机会。

一般地，ETF基金存在以下两种套利机制：当ETF二级市场市价处于折价交易时，套利者就可以从二级市场买入ETF，然后到一级市场赎回得到一篮子股票，再到股票市场卖出股票获得套利收益；当ETF二级市场市价处于溢价时，套利者可以买一篮子股票从一级市场申购ETF，然后到二级市场以溢价卖掉ETF获得套利收益。有效的套利会使ETF的折溢价幅度迅速缩小，从而使ETF获得合理的市场定价（趋近于基金净值），套利机制在ETF定价过程中起着至关重要的作用（如图7-1所示）。

IOPV（实时估算净值），这个净值在交易所每15秒公告一次。

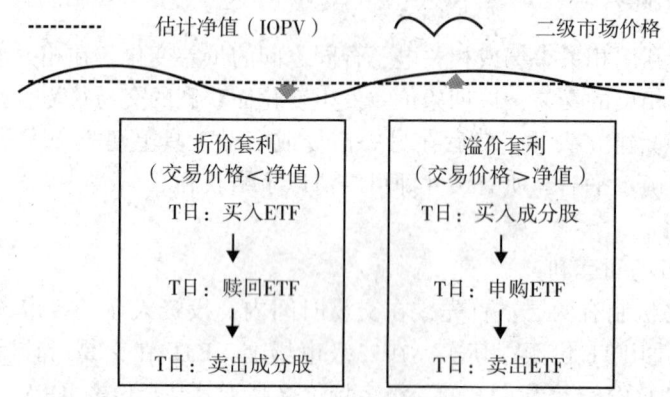

图7-1 两种套利机制

（3）上证50ETF的溢价套利流程及成本分析（如表7-1所示）

表7-1

	折价成本			溢价成本	
	费用明细	费率		费用明细	费率
买入ETF	经手费	0.0045%	买入股票	经手费	0.0110%
	证管费	0.0040%		证管费	0.0040%
	券商佣金	0.05%		过户费	0.1000%
赎回ETF	过户费	0.05%		印花税	
卖出股票组合	经手费	0.01%	申购ETF	券商佣金	0.05%
	证管费	0.004%		过户费	0.05%
	过户费	0.10%	卖出ETF	经手费	0.0045%
	印花税	0.10%		证管费	0.004%
	券商佣金	0.05%		券商佣金	0.05%
合计					

注：沪市：股票0.00015，其中经手费0.00011，证管费0.00004；基金0.000085，其中经手费0.000045，证管费0.00004。深市：股票0.0001875，其中经手费0.0001475，证管费0.00004；基金0.0001375，其中经手费0.0000975，证管费0.00004。

上证50ETF套利交易的成本包括：ETF和股票的交易佣金（假设为0.03%），卖出股票的印花税为0.1%，当前买入股票免收印花税，通过证券公司申购赎回ETF目前不收取费用，买卖ETF及股票的冲击成本。在当前的交易规则下，溢价套利（买入股票、申购ETF、卖出ETF份额）的固定交易成本为0.06%，折价套利（买入ETF份额、赎回ETF、卖出股票）的固定交易成本为0.16%，固定成本的差异主要来源于买入股票免收印花税。

（4）期货套利

① 跨期套利

跨期套利，是指投机者在同一市场利用同一种商品不同交割期之间的价格差距的变化，买进某一交割月份期货合约的同时，卖出另一交割月份的同类期货合约以谋取利润的活动。其实质是利用同一商品期货合约的不同交割月份之间的差价的相对变动来获利。这是最为常用的一种套利形式。比如，如果你注意到5月份的大豆和7月份的大豆价格差异超出正常的交割、储存费，你应买入5月份的大豆合约而卖出7月份的大豆合约。过后，当7月份大豆合约与5月份大豆合约更接近而缩小了两个合约的价格差时，你就能从价格差的变动中获得一笔收益。跨月套利与商品绝对价格无关，而仅与不同交割期之间价差变化趋势有关。

具体而言，这种套利又可细分为三种：牛市套利、熊市套利及蝶式套利。

② 跨市套利

跨市套利，是指投机者利用同一商品在不同交易所的期货价格的不同，在两个交易所同时买进和卖出期货合约以谋取利润的活动。

当同一种商品在两个交易所中的价格差额超出了将商品从一个交易所的交割仓库运送到另一交易所的交割仓库的费用时，可以预计，它们的价格将会缩小并在未来某一时期体现真正的跨市场交割成本。比如小麦的销售价格，如果芝加哥交易所比堪萨斯城交易所高出许多而超过了运输费用和交割成本，那么就会有现货商买入堪萨斯城交易所的小麦并用船运送到芝加哥交易所去交割。

③ 跨商品套利

所谓跨商品套利，是指利用两种不同的但是相互关联的商品之间的期货价格的差异进行套利，即买进（卖出）某一交割月份某一商品的期货合约，而同时卖出（买入）另一种相同交割月份、另一关联商品的期货合约。如棉花和PTA之间的套利，大豆和豆油或豆粕之间的套利，玻璃和纯碱之间的套利。

郑州商品交易所日前发布通知，自2020年5月8日晚夜盘起，推出玻璃、纯碱期货跨品种套利指令，旨在促进玻璃、纯碱期货服务产业企业能力提升。纯碱和玻璃分居产业链上下游。近年来，纯碱价格波动频繁且幅度较大，玻璃企业在收入、利润和成本管理上都面临较大风险。据了解，每生产1吨平板玻璃需要消耗0.2吨重质纯碱，且无法通过其他原料替代。平板玻璃生产成本中纯碱成本占比25%至30%，纯碱与玻璃市场生产、销售、价格等方面关系密切且相互影响。

据郑商所介绍，纯碱期货上市以来，期现货价格相关系数达到0.91，同时玻璃、纯碱之间表现出了极强的联动性，现货价格相关系数达到0.91，主力合约相关系数达到0.96。部分大型玻璃生产企业进行玻璃、纯碱套利以锁定加工利润的需求强烈。

买纯碱空玻璃套利操作依据：2020年玻璃行业潜在复产产能达到7.8%，而纯碱行业2020年没有新增产能。

目前玻璃行业利润达到近年来的高位，大部分生产线毛利不低于30%，有的烧石油焦的生产线利润率更高，以目前的利润率2年多就可以收回投资成本，大大刺激了潜在产能复产的动力，同时会延后准备检修产能的放水时间。

因此2020年很有可能再次出现纯碱产能与玻璃产能的错配。纯碱行业因产能扩张，价格持续下滑，利润受到挤压，纯碱、玻璃行业对纯碱过度去库存，但是玻璃行业高利润又导致玻璃产能复产积极，未来某个时间节点也会囤货积极。纯碱在2020年某个时点会从过度去库存转向全产业链补库存。

3. 套期保值

（1）套期保值基本经济原理

① 同种商品的期货价格走势与现货价格尽管变动幅度不会完全一致，但变动的趋势基本一致。即当特定商品的现货价格趋于上涨时，其期货价格也趋于上涨；反之亦然。这是因为期货市场与现货市场虽然是两个各自分开的不同市场，但对于特定的商品来说，其期货价格与现货价格主要的影响因素是相同的。这样，引起现货市场价格涨跌的因素，也同样会影响到期货市场价格同向的涨跌。套期保值就是利用这两个市场上的价格关系，分别在期货市场和现货市场作方向相反的买卖，取得在一个市场上亏损、在另一个市场上盈利的结果，以达到锁定生产成本的目的。

② 现货市场与期货市场价格随期货合约到期日的临近，两者趋向一致。这是因为，期货交易的交割制度，保证了现货市场价格与期货市场价格随期货合约到期日的临近，两者趋向一致。按规定，商品期货合约到期时，必须进行实物交割。到交割时，如果期货价格高于现货价格，就会有套利者买入低价现货，卖出高价期货，实现盈利。这种套利交易最终使期货价格和现货价格趋向一致。

正是上述经济原理的作用，使得套期保值能够起到为商品生产经营者最大限度地降低价格风险的作用，保障生产、加工、经营活动的稳定进行。

当然，期货市场并不等同于现货市场，它还会受一些其他因素的影响，因而，期货价格的波动时间与波动幅度不一定与现货价格完全一致，加之期货市场上有规定的交易单位，两个市场操作的数量往往不尽相等，这就意味着套期保值者在冲销盈亏时，有可能获得额外的利润，也可能产生小额亏损。

（2）套期保值的种类

套期保值有两种基本类型，即买入套期保值和卖出套期保值。两者是以套期保值者在期货市场上买卖方向来区分的。

① 买入套期保值。它是指交易者先在期货市场买入期货，以便将来在现货市场买进现货时不致因价格上涨而给自己造成经济损失的一种套期保值方式。这种用期货市场的盈利对冲现货市场亏损的做法，可以将远期价格固定在预计的水平上。买入套期保值是需要现货商品而又担心价格上涨的客户常用的保值方法，通常为加工商、制造业者和经营者所采用。

如果一位现货商现在缺少商品，将来要购买这一商品，那么他可以在期货市场中进行买入套期保值。买入套期保值为那些想在未来某时期购买一种商品而又想避开可能的价格上涨的现货商所采用。如果价格上涨，他将在现货市场购买该商品时支付更多资金，但同时能在期货市场中赚钱而抵销了在现货市场中的损失。例如，饲料企业在未来一段时期将购买饲料原料——豆粕，就可以预先买入豆粕期货，进行买入套期保值。即以在期货市场的买入头寸，替代未来在现货市场的购买。

例如，2003年3月26日，豆粕的现货价格为每吨1980元，某饲料企业为了避免将来现货价格可能上升，从而提高原材料的成本，决定在大连商品交易所进行豆粕套期保值交易。而此时豆粕8月份期货合约的价格为每吨1920元，基差为60元/吨，该企业于是在期货市场上买入10手8月份豆粕合约。6月2日，他在现货市场上以每吨2110元的价格买入豆粕100吨，同时在期货市场上以每吨2040元卖出10手8月份豆粕合约，来对冲3月26日建立的空头头寸。从基差的角度看，基差从3月26日的60元/吨扩大到6月2日的70元/吨。交易情况如表7-2所示：

表7-2   单位：元/吨

	现货市场	期货市场	基差
3月26日	豆粕现货价格1980	买入10手8月份豆粕合约价格1920	60
6月2日	买入100吨大豆价格2110	卖出10手9月份大豆合约价格2040	70
套保结果	亏损130	盈利120	亏损10

在该例中，现货价格和期货价格均上升，在期货市场的盈利在很大程度上抵销了现货价格上涨带来的亏损。饲料企业获得了较好的套期保值结果，有效地防止因原料价格上涨带来的风险。但是，由于现货价格的上升幅度大于期货价格的下降幅度，基差扩大，从而使得饲料企业在现货市场上因价格上升买入现货蒙受的损失大于在期货市场上因价格上升卖出期货合约的获利，盈亏相抵后仍亏损1000元，这是基差的不利变动引起的，是正常的。

② 卖出套期保值。它是指交易者先在期货市场卖出期货，当现货价格下跌时以期货市场的盈利来弥补现货市场的损失，从而达到保值目的的一种套期保值方式。卖出套期保值主要适用于拥有商品的生产商或贸易商，他们担心商品价格下跌使自己遭受损失，通常为农场主、矿业主等生产者和仓储业主等经营者所采用。

如果一位现货商在现货市场中拥有或将要拥有一种商品，他可以通过在期货市场中卖出等量的商品合约来套期保值。卖出套期保值能使现货商锁定利润。在商品持有期，如果商品价格下跌，商品持有者将在现货市场中亏钱。可是，当他在期货市场卖出该商品的期货合约，那么，他就可以从期货价格下跌中获利，从而弥补了现货市场的损失。盈利和损失相互抵销使该现货商所持有的商品的净价格与商品原有价值非常接近。例如，农民在大豆收获前，预先卖出大豆期货，进行卖出套期保值交易。

例如，假设7月份，一家农场了解到大豆现货价格为2410元/吨，该农场担心到9月份收获季节大豆价格下跌，从而减少收益。为避免将来价格下跌带来的风险，该农场决定在大连商品交易所进行大豆期货交易。假设期货价格与现货价格下跌幅度相同，交易情况如表7-3所示：

表 7-3　　　　　　　　　　　　　　　　　　　　　　　　　　　　　　　　单位：元/吨

	现货市场	期货市场
7月1日	大豆价格 2410	卖出 10 手 9 月份大豆合约价格 2450
8月1日	卖出 100 吨大豆价格 2380	买入 10 手 9 月份大豆合约价格 2420
套保结果	亏损 30	盈利 30

从上例可以得出：第一，完整地卖出套期保值实际上涉及两笔期货交易。第一笔为卖出期货合约，第二笔为在现货市场卖出现货的同时，在期货市场买进对冲原先持有的部位。第二，因为在期货市场上的交易顺序是先卖后买，所以该例是一个卖出套期保值。第三，通过这一套期保值交易，虽然现货市场价格出现了对该农场不利的变动，价格下跌了 30 元/吨，因而少收入了 3000 元，但是在期货市场上的交易盈利了 3000 元，从而消除了价格不利变动的影响。

在实际的期货交易中，绝大部分期货合约采用对冲的方式了结交易，这就意味着大多数期货交易者是在买进合约后又卖出，或卖出后又买进，很少交付或收受实货商品。这是因为对于期货市场上最基本的两类交易者——套期保值者和投机者来说，他们进入期货市场的目的不是实货商品的交割，他们买卖期货合约的目的只不过是把期货合约当作一种工具。套期保值者是把期货合约当作他在现货市场买卖现货商品的保值手段，投机者是把期货合约当作他获取利润的手段。因此，套期保值并不等于实物交割。

（3）基差

基差是指某一特定商品在某一特定时间和地点的现货价格与该商品近期合约的期货价格之差，即基差＝现货价格－期货价格。若不加说明，其中的期货价格应是离现货月份近的期货合约的价格。基差可以是正数也可以是负数，这主要取决于现货价格是高于还是低于期货价格。现货价格高于期货价格，则基差为正数，又称为远期贴水或现货升水；现货价格低于期货价格，则基差为负数，又称为远期升水或现货贴水。

基差包含着两个成分，即分隔现货与期货市场间的"时"与"空"两个因素。因此，基差包含着两个市场之间的运输成本和持有成本。前者反映着现货与期货市场间的空间因素，这也正是在同一时间里，两个不同地点的基差不同的基本原因；后者反映着两个市场间的时间因素，即两个不同交割月份的持有成本，它又包括储藏费、利息、保险费和损耗费等，其中利率变动对持有成本的影响很大。

由此可知，各地区的基差随运输费用而不同。但就同一市场而言，不同时期的基差理论上应充分反映着持有成本，即持有成本的那部分基差是随着时间而变动的，离期货合约到期的时间越长，持有成本就越大，而当非常接近合约的到期日时，就某地的现货价格与期货价格而言必然几乎相等，而农产品、矿产品等的基差将缩小成仅仅反映运输成本。

4. 资产组合

（1）两个风险资产的组合

当市场中的资产是两个风险资产时，比如一只股票和一个公司债券，且投资到股票上的财富比例为 w，我们可以将该资产组合的收益写为：

$$r_P = wr_1 + (1-w)r_2$$

此时资产组合的期望收益和标准差分别为:

$$E(r_P) = wE(r_1) + (1-w)E(r_2)$$
$$\sigma_P^2 = w^2\sigma_1^2 + (1-w)^2\sigma_2^2 + 2w(1-w)\mathrm{cov}(r_1, r_2)$$
$$= w^2\sigma_1^2 + (1-w)^2\sigma_2^2 + 2w(1-w)\rho_{12}\sigma_1\sigma_2$$

其中 ρ_{12} 为股票和债券收益率的相关系数。

此时,根据期望的表达式,我们可以求出投资权重为:

$$w = \frac{E(r_P) - E(r_2)}{E(r_1) - E(r_2)}$$

将其代入到标准差方程,可以得到该资产组合期望收益和标准差之间的关系式:

$$\sigma_P^2 = a \times E^2(r_P) - b \times E(r_P) + c$$

其中 $a = \dfrac{\sigma_1^2 + \sigma_2^2 - 2\rho_{12}\sigma_1\sigma_2}{[E(r_1) - E(r_2)]^2}$

$$b = \frac{2E(r_2)\sigma_1^2 + 2E(r_1)\sigma_2^2 - 2[E(r_1) + E(r_2)]\rho_{12}\sigma_1\sigma_2}{[E(r_1) - E(r_2)]^2}$$

$$c = \frac{2E^2(r_2)\sigma_1^2 + E^2(r_1)\sigma_2^2 - E(r_1)E(r_2)\rho_{12}\sigma_1\sigma_2}{[E(r_1) - E(r_2)]^2}$$

当市场中存在两个风险资产的情况下,我们对此分三种情况进行讨论。

① $\rho_{12} = 1$

在这种情况下,两个资产的收益率是完全相关的,这时,标准差变为:

$$\sigma_P^2 = [w\sigma_1 + (1-w)\sigma_2]^2$$

在不考虑卖空或借贷的情况下,即 $0 < w < 1$,标准差可写为:

$$\sigma_P = w\sigma_1 + (1-w)\sigma_2$$

结合期望收益式子,可以求出

$$E(r_P) = \frac{E(r_1) - E(r_2)}{\sigma_1 - \sigma_2} \times (\sigma_P - \sigma_2) + E(r_2)$$

当两个风险资产完全正相关时,上式是资产组合期望收益和标准差的关系。该式子在期望收益-标准差平面上是一条通过1点和2点的线段。

② $\rho_{12} = -1$

在这种情况下,两个资产的收益率是完全负相关的,这时,标准差变为:

$$\sigma_P^2 = [w\sigma_1 - (1-w)\sigma_2]^2$$

该方程对应着

$$\sigma_P = w\sigma_1 - (1-w)\sigma_2 \quad w \geq \frac{\sigma_2}{\sigma_1 + \sigma_2}$$

$$\sigma_P = (1-w)\sigma_2 - w\sigma_1 \quad w < \frac{\sigma_2}{\sigma_1 + \sigma_2}$$

再结合期望收益的表达式,可以求得资产组合期望收益和标准差之间的关系如下:

$$E(r_P) = \begin{cases} \dfrac{E(r_1) - E(r_2)}{\sigma_1 + \sigma_2} \times (\sigma_P + \sigma_2) + E(r_2) & w \geq \dfrac{\sigma_2}{\sigma_1 + \sigma_2} \\ \dfrac{E(r_1) - E(r_2)}{\sigma_1 + \sigma_2} \times (\sigma_P - \sigma_2) + E(r_2) & w < \dfrac{\sigma_2}{\sigma_1 + \sigma_2} \end{cases}$$

上式对应着两条斜率相反的折线,折线的一部分通过 1 点和 E1 点;另一部分则通过 2 点和 E1 点,其中 E1 点的坐标为 $(0, \dfrac{E(r_1)\sigma_2 + E(r_2)\sigma_1}{\sigma_1 + \sigma_2})$,为 $\rho_{12} = -1$ 时资产组合可行集内的最小方差点。

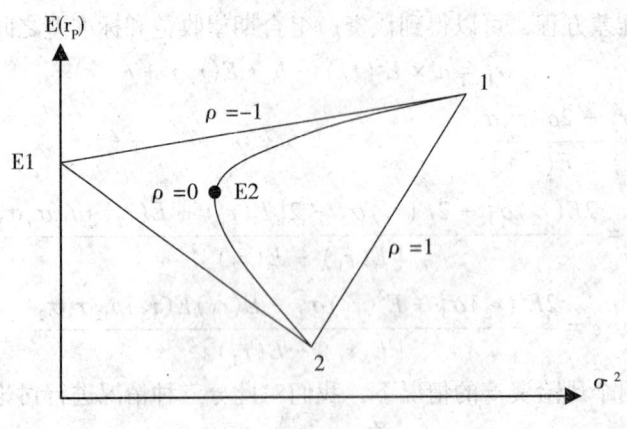

图 7-2

在完全正相关时,一种证券收益率高,另一种证券的收益率也高。这样,在做卖空时,可以从多头(购入方)位置中获益,而从空头(销售方)位置中受损,但得利于多投资的证券。当两种证券的收益率都低时,可以从多头中受损,而从空头中获益,投资较多的证券收益与卖空证券收益将相互抵销,投资组合的总体收益将较稳定。

③ $-1 < \rho_{12} < 1$

此时图 7-2 在期望收益—标准差平面对应着两条双曲线。考虑到经济意义,我们只保留双曲线在第一象限的部分。这条双曲线的顶点 E2 是 $-1 < \rho_{12} < 1$ 时,资产组合可行集内的最小方差点。

(2)一个无风险资产和一个风险资产的组合

当市场中只有一个无风险资产和一个风险资产的时候,我们可以假定投资者投资到风险资产上的财富比例为 w,投资到无风险资产上的财富比例为 $1-w$,这样一来,投资组合的收益就可以写为:

$$r_P = w\bar{r} + (1-w)r_f$$

其中,r_P 为风险资产收益,这是一个随机变量;r_f 为无风险资产的收益,这是一个常数。
这样,资产组合的期望收益和标准差就可以写下述形式:

$$E(r_P) = wE(\bar{r}) + (1-w)r_f$$

$$\sigma_P = w\sigma$$

[因为 $\sigma_P^2 = w^2\sigma_1^2 + (1-w)^2\sigma_2^2 + 2w(1-w)\sigma_{12}$，$\sigma_2 = 0$，$\sigma_{12} = \rho_{12}\sigma_1\sigma_2 = 0$]
其中 σ 为风险资产的标准差。

根据以上两式，我们可以消掉投资权重，并得到投资组合期望收益与标准差之间的关系：

$$E(r_P) = r_f + \frac{E(\bar{r}) - r_f}{\sigma}\sigma_P$$

当市场只有一个无风险资产和一个风险资产时，上式就是资产组合所有可能的风险—收益集合，又称为投资组合的可行集合。

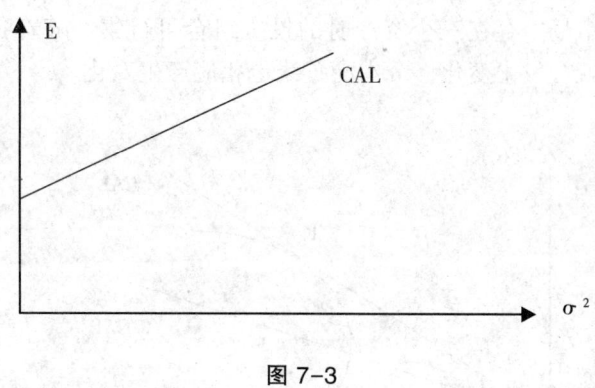

图 7-3

随着投资者改变风险资产的投资权重 w，资产组合就落在资本配置线上的不同位置。具体来说，如果投资者将全部财富都投资到风险资产上 $w > 1$，资产组合的期望收益和方差就是风险资产的期望收益和方差，资产组合与风险资产重合。如果投资者将全部财富都投资在无风险资产上 $w > 0$，资产组合的期望收益和方差就是无风险资产的期望收益和方差，资产组合与无风险资产重合。风险资产 r 与无风险资产 r_f 将配置线分为三段，其中，无风险资产和风险资产之间的部分意味着投资者投资在风险资产和无风险资产上的财富都是正值，此时 $0 < w < 1$。风险资产 r 的右侧的部分意味着投资者以无风险收益率借入部分资金，然后将其全部财富和借入的资金一起投资到风险资产中，此时 $w > 1$。由于我们没有考虑卖空风险资产的问题，所以不存在 $w < 0$ 的情况。

资本配置线的斜率等于资产组合每增加一单位标准差所增加的期望收益，即每单位额外风险的额外收益。因此，我们有时也将这一斜率称为报酬与波动性比率。

在资本配置线的推导中，我们假设投资者能以无风险收益率借入资金。然而，在实际的资本市场中，投资者在银行的存贷利率是不同的。一般来说，存款利率要低于贷款利率。因此如果把存款利率视为无风险收益率，那么投资者的贷款利率就要高于无风险资产收益率。在这种情况下，资本配置线就变为一条折线。我们可以假设无风险资产收益率为 r_f，投资者向银行贷款的利率为 r'_f。在这种情况下，若投资者需要借入资金投资到风险资产时，资本配置线的斜率就应该等于 $[E(\bar{r}) - r'_f]/\sigma$，该斜率小于 $[E(\bar{r}) - r_f]/\sigma$。

（3）一个无风险资产与两个或两个以上风险资产的组合

前面分别考察了一个无风险资产和一个风险资产构成的资产组合以及两个风险资产构成的资产组合。在此基础上，我们将这两种情况进行融合，进而引入第三种资产组合，即一个无风险资产和两个风险资产构成的资产组合。下面我们考察这种情况下投资组合可行集的状态。

我们首先假设两个风险资产的投资权重分别为 w_1 和 w_2，这样一来，无风险资产的投资组合权重就是 $1-w_1-w_2$。由于我们可以将两个风险资产视为一个风险资产组合，因此三个资产构成的投资组合可行集就等价于一个风险资产组合与一个无风险资产构成的可行集。但与前面不同，随着 w_1 和 w_2 变化，风险资产组合的期望收益和方差并不是确定的值，而是不断变化的。在图7-4中的收益—方差平面中，风险资产组合的位置不再是图7-3中确定的一点，而是图7-4中的某一点。给定 w_1 和 w_2 的某一比例 k，在期望收益-方差平面中就对应着一个风险资产组合。该组合与无风险资产的连线形成了一条资本配置线，如图7-4所示。这条资本配置线就是市场中存在三个资产时的投资组合可行集。随着我们改变投资比例 k，风险资产组合的位置就会发生变化，资本配置线也相应产生变化。

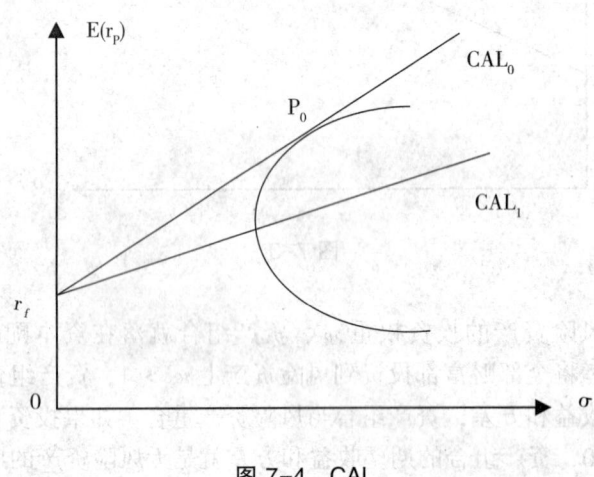

图7-4 CAL

从图7-4可以看出，两个风险资产组成的效率边界上的任何一点与无风险资产的连线都能构成一条资本配置线。然而，比较图7-4中的两条资本配置线 CAL_0 和 CAL_1 可以发现，对于任一标准差，资本配置线 CAL_0 上资产组合的期望收益率都比 CAL_1 上的高。换句话说，相对于 CAL_0 上的资产组合，CAL_1 上的资产组合是无效率的。事实上，我们可以很容易地发现，在所有的资本配置线中，斜率最高的资本配置线在相同标准差水平下拥有最大的期望收益率。从几何角度讲，这条资本配置线就是通过无风险资产并与风险资产组合的有效边界相切的一条线，我们称这条资本配置线为最优资本配置线。相应地，切点组合 P_0 被称为最优风险资产组合。因此，当市场中有一个无风险资产和两个风险资产的时候，有效地投资组合可行集就是通过无风险资产和风险资产组合，且斜率达到最大的资本配置线。

（4）证券市场线

如果投资者都持有充分分散化的投资组合，在市场均衡的条件下，从每个资产获得的每单位系统风险的风险溢价应该相等，即

$$\frac{E(R_1)-R_f}{\beta_1}=\frac{E(R_2)-R_f}{\beta_2}=\cdots=\frac{E(R_n)-R_f}{\beta_n}=\frac{E(R_M)-R_f}{\beta_M}=E(R_M)-R_f$$

$$\Rightarrow E(R_i) = R_f + \beta_i [E(R_M) - R_f]$$

这就是著名的资本资产定价模型 CAPM。资本资产定价模型认为，当市场处于均衡状态时，某种资产（或资产组合）的期望收益率是其贝塔值（β）的线性函数，即单个证券的期望收益率由无风险收益率和市场风险溢价两部分组成。

资本资产定价模型又可以写成：

预期收益率=无风险收益率+该证券的 beta 值×市场风险溢价

若 $\beta_i = 0$，则预期收益率即为 R_f；若 $\beta_i = 1$，则 $E(R_i) = E(R_M)$。

由于市场不总是处于均衡状态，投资者对某项资产的预期收益率往往与市场均衡时的合理收益率有差异，假设将这种差异定义为 α，则可以利用 α 的符号对资产价格是被高估还是低估做出判断：

① 当 α 大于零时，表明投资者的预期收益率比市场均衡时的合理收益率要高，即资产价格被低估了，因为只有价格被低估才能获得更高的收益率，投资者应该买进这项资产；

② 当 α 小于零时，表明投资者的预期收益率比市场均衡时的合理收益率要低，即资产价格被高估了，因为只有价格被高估获得的收益率才低，投资者应该卖出这项资产；

③ 当 α 等于零时，表明投资者的预期收益率等于市场均衡时的合理收益率，即资产价格被合理定价，投资者可以市场合理价格进行买卖。

资产定价的合理性可以在证券市场线上更直观地感受到（见图 7-5）。如合理定价的证券 S_A、S_B 会落在证券市场线上，被低估的证券 S_D 会落在证券市场线上方，被高估的证券 S_G 会落在证券市场线下方。

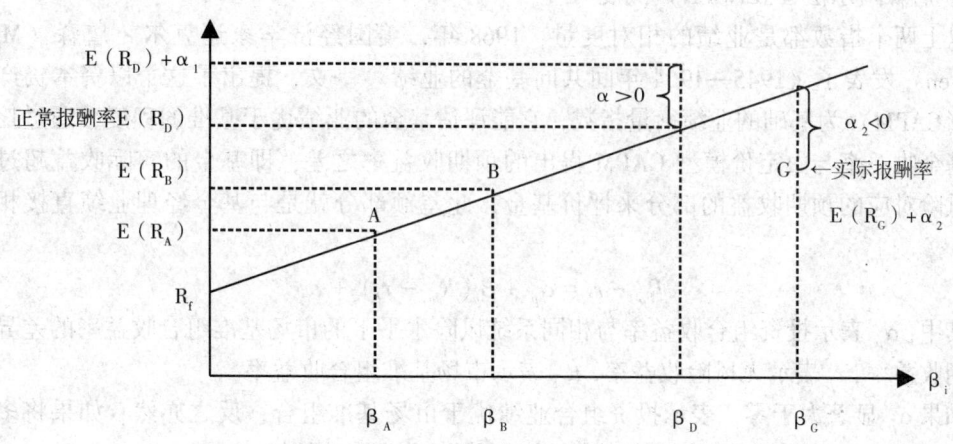

图 7-5 证券定价合理性的直观表示

（5）投资组合业绩评价

早期的投资组合业绩评价基本上是以投资收益率来刻画的，这种单一评价指标所存在的缺陷是显而易见的。为了解决证券投资中风险和收益的关系，以 CAPM 为核心，发展了期望值—标准差分析框架，即运用资本市场线（CML）和证券市场线（SML）提供的收益风险关系对不同投资组合业绩进行比较，于是便产生了以单一参数为基础来度量投资组合业绩的四个经典模型：

① 夏普（Sharpe）比率

夏普认为，在风险足够分散化的前提下，投资组合的总风险接近于系统性风险。这样，他以 CML 为基础，提出了用单位总风险所获得的风险溢价来衡量基金业绩。用公式表示为：

$$SharpeRatio = \frac{R_p - r_f}{\sigma_p}$$

其中，σ_p 表示投资组合的总风险，r_f 表示无风险收益率，R_p 表示投资组合收益。

如果夏普比率高于市场基准指数，即位于市场基准的 CML 之上，表明投资组合的业绩好于市场基准组合的业绩；反之，表明投资组合业绩差于市场基准组合业绩。如果将多个投资组合进行排序，则夏普比率越大，投资组合业绩就越好。

② 特雷诺指数

特雷诺指数是以反映收益率和系统性风险的 SML 为基础，来衡量每单位系统性风险资产所获得的溢价，是投资者判断某一基金管理者在管理基金过程中所冒风险是否有利于投资者的判断指标。

$$T = \frac{R_p - r_f}{\beta_p}$$

其中，R_p 表示投资组合预期收益率，r_f 表示无风险收益率，β_p 表示系统性风险。

特雷诺指数越大，单位风险溢价越高，开放式基金的绩效越好，基金管理者在管理的过程中所冒风险有利于投资者获利。相反，特雷诺指数越小，单位风险溢价越低，开放式基金的绩效越差，基金管理者在管理的过程中所冒风险不利于投资者获利。

③ 詹森阿尔法（JENSEN）测度

以上两个指数都是业绩的相对度量，1968 年，美国经济学家迈克尔·詹森（Michael C. Jensen）发表了《1945—1964 年间共同基金的业绩》一文，提出了这个以资本资产定价模型（CAPM）为基础的业绩衡量指数，它能评估基金的业绩优于基准的程度，通过比较考察期基金收益率与由定价模型 CAPM 得出的预期收益率之差，即基金的实际收益超过它所承受风险对应的预期收益的部分来评价基金，此差额部分就是与基金经理业绩直接相关的收益。

$$R_p - r_f = \alpha_p + \beta_p(R_m - r_f) + \varepsilon$$

其中，α_p 表示投资组合收益率与相同系统风险水平下的市场基准组合收益率的差异，如果预期收益率，r_f 表示无风险收益率，R_m 表示市场基准组合收益率。

如果 α_p 显著大于零，表示投资组合业绩优于市场基准组合；反之亦然。如果将多个投资组合进行排序，则詹森阿尔法指数越大，投资组合业绩就越好。

④ 信息比率（Information Ratio）

信息比率是以马克维茨的均异模型为基础，用来衡量超额风险所带来的超额收益。它表示单位主动风险所带来的超额收益。

$$IR = \frac{\alpha_p}{\sigma(\varepsilon)}$$

其中，$\sigma(\varepsilon)$ 表示回归的残差标准差。

IR 是投资组合相对于基准标的的超额收益比上收益波动性的度量。基准标的通常是市场、行业的指数，如沪深 300 等。被用于评价投资经理相对于市场而言获取超额收益的水

平。高 *IR* 代表着投资经理在给定的风险下有着较高的获取超过市场水平的超额收益的能力。*IR* 与 *Sharpe* 比率的对比,二者均为风险调整后的收益评价指标,*Sharpe* 比率采用的是相对于无风险收益的超额收益,例如相对于中国国债。*IR* 采用的是相对于某个基准标的的超额收益,例如相对于沪深 300,二者均为评价投资组合的有效指标,但 *IR* 对比的是基准标的,因此对于投资者而言更有比较意义,因为基准标的的收益往往高于无风险利率。

三、实验材料

【例 7-1】 假设目前债券市场上有三种面值均为 100 的付息债券:3 年期票面利率为 5% 的现价为 90.284 元,3 年期票面利率为 10% 的现价为 103 元,2 年期票面利率为 15% 的现价为 112.2 元,请利用以上信息构建一种 1 年期零息票债券价格的现价为多少?

【例 7-2】 有两种风险证券 A、B,根据效用函数,证券 A 的期望收益率为 10%,标准差为 20%;证券 B 的期望收益率为 20%,标准差为 30%。请根据两种证券的相关关系来构造一个投资组合实现在收益一定的情况下,风险最小。假设效用函数为 $U = E(R) - 2\sigma^2$。

【例 7-3】 根据表 7-4 数据,计算最优投资组合的有效前沿曲线。

表 7-4 单位:%

时间	中国平安	格力电器	五粮液	恒瑞医药	招商银行
2007	113.04	78.54	344.34	168.06	241.28
2008	-73.99	-194.2	-85.3	-20.9	-82.17
2009	103.39	120.84	331.59	72.35	193.27
2010	2.70	-44.09	13.05	39.11	-33.7
2011	36.58	-51.92	-5.66	-27.09	-8.42
2012	30.65	17.4	-15.96	13.7	32.18
2013	6.38	88.7	-54.92	41.37	-20.62
2014	75.01	34.33	67.7	9.14	98.9
2015	-2.35	45.37	39.38	72.95	16.29
2016	-0.05	22.24	35.43	11.59	2.03
2017	92.84	100.77	151.41	83.35	80.64
2018	-16.31	-19.25	-36.03	-0.39	-10.94
2019	50.43	95.24	170.46	99.91	54.91

【例 7-4】 根据表 7-4 数据,计算并画出资本市场线(SML 或 CAL)。

【例 7-5】 根据表 7-4 和表 7-5 数据,计算并画出证券市场线(SML)。

【例 7-6】 根据表 7-4 和表 7-5 数据,计算四种投资组合业绩评价指标。

表 7-5　　　　　　　　　　　　　　　　　　　　　　　　　　　　　　　　　　单位:%

时间	50ETF	沪深300	110022OF
2007	174.39	161.55	
2008	-73.32	-65.95	
2009	120.36	96.71	
2010	-25.85	-12.51	-1.70
2011	-20.91	-25.01	-15.06
2012	21.29	7.55	-2.28
2013	-14.79	-7.65	17.40
2014	77.28	51.66	8.46
2015	-5.79	5.58	26.85
2016	-3.43	-11.28	7.21
2017	29.25	21.78	64.97
2018	-18.94	-25.31	-23.47
2019	36.58	36.07	71.36

【例 7-7】 根据表 7-6 基本信息进行股票路径的模拟。然后根据利用模拟产生的股价结合表 7-5 的参数进行保本基金设计，在此基础上分析股价波动的三种情况下的投资组合价值受无风险率、波动率、保本率的影响。

表 7-6

	A	B	C	D	E	F	G	H
1				保本基金模拟				
2	协议价格 X	10			基金保本目标			
3	波动率 σ	30%						
4	无风险利率 r	10.00%			利率			
5	基金初始投资	1000			基金初始投资			
6	每年交易月	12						
7	时间 T	1.00			有效期的相对数			

四、实验步骤

【例 7-1】

第一步：建立工作簿 7-1，按题意要求，在单元格输入相关信息和基础数据，如表 7-7 所示。

表 7-7

	A	B	C	D	E	F
1	债券	数量	期间现金流			
2			0	1	2	3
3	A		-90.284			
4	B		-103.000			
5	C		-112.200			
6	组合证券 D	1				

第二步：在相应单元格输入公式，如表 7-8 所示。

表 7-8

单元格	公式	单元格	公式
D3	=$B$3*100*5%	E3	=$B$3*100*5%
D4	=$B$4*100*10%	E4	=$B$4*100*10%
D5	=$B$5*100*15%	E5	=$B$5*(100*(1+15%))
D6	=SUM(D3:D5)	E6	=SUM(E3:E5)
F3	=$B$3*(100*(1+5%))	F6	=SUM(F3:F5)
F4	=$B$4*(100*(1+10%))	C6	=SUMPRODUCT(B3:B5,C3:C5)

第三步：利用规划求解得出结果。"设置目标"选择 D6 单元格，选择"目标值"输入 100，"可变单元格"选择 B3：B5，"约束条件"为单元格 E6=0，F6=0。

第四步：点击【确定】后，结果如表 7-9 所示。即出售 25.3 份 3 年期票面利率为 5% 现价为 90.284 元的债券，买入 24.15 份 3 年期票面利率为 10% 的现价为 103 元的债券，出售 1 份 2 年期票面利率为 15% 的现价为 112.2 元的债券，这样可以构建一种 1 年期零息现价为 91.06 元的债券。

表 7-9

	A	B	C	D	E	F
1	债券	数量	期间现金流			
2			0	1	2	3
3	A	-25.30	-90.284	-126.5	-126.5	-2656.5
4	B	24.15	-103.000	241.5	241.5	2656.5
5	C	-1.00	-112.200	-15	-115	
6	组合证券 D	1	91.06	100	0	0

【例 7-2】

第一步：建立工作簿 7-2，根据题意，在单元格输入相关信息和基础数据，如表7-10所示。

表 7-10

	A	B	C	D	E
1		期望收益率	标准差		效用
2	证券 B	20%	30%		
3	证券 A	10%	20%		
4	相关系数				
5	证券 B 权重	证券 A 权重	组合标准差	期望收益率	效用
6	0				
7	0.1				
8	0.2				
9	0.3				
10	0.4				
11	0.5				
12	0.6				
13	0.7				
14	0.8				
15	0.9				
16	1				

第二步：制作一个调节相关系数的控件。

首先选中 B4 单元格，然后点击菜单【开发工具】→【插入】→【数值调节钮】，再次选中控件，点击鼠标右键，在显示的菜单中选中【设置控件格式】，在弹出的对话框中输入 B4 单元格，并把最大值设置为 20，然后点击确定。最后在 C4 单元格输入相关系数的公式 "=B4/10 - 1"。

第三步：计算组合的期望值、标准差和效用。

计算方法：

当市场中的资产是两个风险资产股票 A 和 B，且投资比例分别为 w，$1-w$，我们可以将该资产组合的收益与风险分别写为：

组合期望：$R_p = wR_A + (1-w)R_B$

组合方差：$\sigma_p^2 = (w\sigma_A)^2 + [(1-w)\sigma_B]^2 + 2w(1-w)Cov(R_A, R_B)$
$= (w\sigma_A)^2 + [(1-w)\sigma_B]^2 + 2w(1-w)\rho\sigma_A\sigma_B$

效用函数：$U = R_p - 2\sigma^2$

操作方法如表 7-11 所示：

表 7-11

单元格	公式
E2	=B2-2*C2^2
E3	=B3-2*C3^2
B7	=1-A7
C7	=SQRT((A7*C$2)^2+(B7*C$3)^2+2*A7*B7*C$4*C$2*C$3)
D7	=A7*B$2+B7*B$3
E7	=D7-2*C7^2

第四步：把单元格公式填充。

在输入单元格 B7：E7 第一排单元格公式基础上，可以有以下几种方式来对 B7：E17 单元格区域进行公式填充。

方法一：分别在这些单元格输入公式。

方法二：通过填充方式快速输入其他三个公式。用鼠标选中单元格 B7：E7，然后把鼠标置于选中单元格的右下角，当鼠标指针变为黑色十字星时，按住鼠标左键向下填充，或双击左键即可完成公式填充（双击填充时，单元格 B7：E7 必须先输入公式）。

方法三：利用模拟运算表进行填充。用鼠标选中单元格 A7：E17，然后点击菜单【数据】→【模拟分析】→【模拟运算表】，弹出对话框，在"输入引用列的单元格（C）"中输入权重系数的第一个单元格 A6，单击确定后即可完成公式填充。

第五步：制作标准差与期望收益率关系图。

选中单元格区域 C6：D17，然后点击菜单【插入】→【图表】→【散点图】→【带平滑线的散点图】，最后，可以选中图表的不同区域对图表进行修改和完善。图 7-6 是相关系数为 0.1 时，标准差与期望收益率关系图。

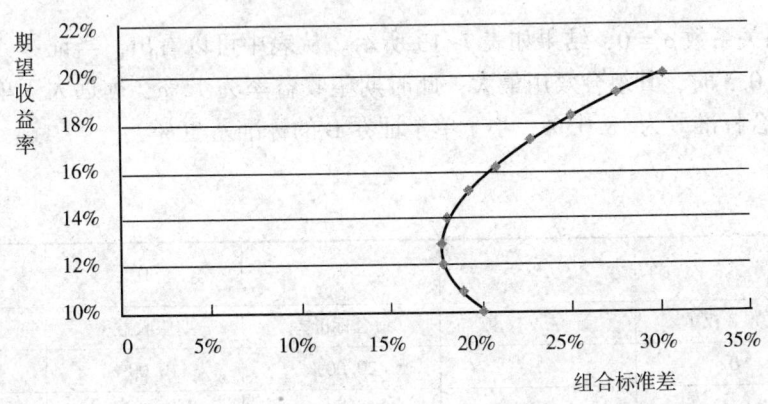

图 7-6

第六步：调节控件，观察不同相关系数情景下的组合标准差、期望收益率和效用的变化情况。

(1) 当相关系数 $\rho = 1$，结果如表 7-12 所示。从表中可以看出，当证券 A 与证券 B 相关系数都等于 0.5 时，其组合效用最大，此时期望收益率为 15%，远远大于单个证券 A 的 10%；同时组合标准差为 25.00%，小于单个证券 B 的标准差 30%。

表 7-12

	A	B	C	D	E
1		期望收益率	标准差		效用
2	证券 B	20%	30%		0.02
3	证券 A	10%	20%		0.02
4	相关系数	▲▼	1		
5	证券 B 权重	证券 A 权重	组合标准差	期望收益率	效用
6	0	1	20.00%	10.00%	0.02
7	0.1	0.9	21.00%	11.00%	0.02
8	0.2	0.8	22.00%	12.00%	0.02
9	0.3	0.7	23.00%	13.00%	0.02
10	0.4	0.6	24.00%	14.00%	0.02
11	0.5	0.5	25.00%	15.00%	0.03
12	0.6	0.4	26.00%	16.00%	0.02
13	0.7	0.3	27.00%	17.00%	0.02
14	0.8	0.2	28.00%	18.00%	0.02
15	0.9	0.1	29.00%	19.00%	0.02
16	1	0	30.00%	20.00%	0.02

(2) 当相关系数 $\rho = 0$，结果如表 7-13 所示。从表中可以看出，当证券 A 与证券 B 相关系数都等于 0.5 时，其组合效用最大，此时期望收益率为 15%，远远大于单个证券 A 的 10%；同时组合标准差为 18.03%，小于单个证券 B 的标准差 30%。

表 7-13

	A	B	C	D	E
5	证券 B 权重	证券 A 权重	组合标准差	期望收益率	效用
6	0	1	20.00%	10.00%	0.02
7	0.1	0.9	18.25%	11.00%	0.04
8	0.2	0.8	17.09%	12.00%	0.06
9	0.3	0.7	16.64%	13.00%	0.07
10	0.4	0.6	16.97%	14.00%	0.08
11	0.5	0.5	18.03%	15.00%	0.09

续表

	A	B	C	D	E
12	0.6	0.4	19.70%	16.00%	0.08
13	0.7	0.3	21.84%	17.00%	0.07
14	0.8	0.2	24.33%	18.00%	0.06
15	0.9	0.1	27.07%	19.00%	0.04
16	1	0	30.00%	20.00%	0.02

（3）当相关系数 $\rho = -1$，结果如表 7-14 所示。从表中可以看出，当证券 A 权重为 0.6，证券 B 权重为 0.4 时，组合标准差为 0，期望收益率为 14%，这表明如果能够找到一种相关系数为 -1 的两种证券，则意味着在实现较好收益的同时，不用承担风险。

表 7-14

	A	B	C	D	E
5	证券 B 权重	证券 A 权重	组合标准差	期望收益率	效用
6	0	1	20.00%	10.00%	0.02
7	0.1	0.9	15.00%	11.00%	0.07
8	0.2	0.8	10.00%	12.00%	0.10
9	0.3	0.7	5.00%	13.00%	0.13
10	0.4	0.6	0.00%	14.00%	0.14
11	0.5	0.5	5.00%	15.00%	0.15
12	0.6	0.4	10.00%	16.00%	0.14
13	0.7	0.3	15.00%	17.00%	0.13
14	0.8	0.2	20.00%	18.00%	0.10
15	0.9	0.1	25.00%	19.00%	0.07
16	1	0	30.00%	20.00%	0.02

【例 7-3】

最优投资组合是在投资收益一定的条件下，将风险降到最小的组合。

给定组合收益 $E_p = E_0$：

$$E_p = w_1 E_1 + w_2 E_2 + \cdots + w_N E_N$$

$$\text{Min } \sigma_p^2 = \sum_{i=1}^{N} w_i^2 \sigma_i^2 + \sum_{i=1}^{N} \sum_{N} w_i w_j \sigma_{ij}$$

其中，E_0 为既定的期望收益，σ_i^2 为单个证券的方差，σ_{ij} 为不同证券之间的协方差，w_i 为单个证券的权重。

第一步：建立工作簿 7-3，根据题意，将表 7-2 的数据输入在 A1：F14 单元格区域内，每个数值代表某年某股票的收益率。并且运用 AVERAGE（ ）函数计算出每种证券的期望收益率，如表 7-15 所示。

表 7-15　　　　　　　　　　　　　　　　　　　　　　　　　　　　　　　　　　　　单位：%

	A	B	C	D	E	F
1	时间	中国平安	格力电器	五粮液	恒瑞医药	招商银行
2	2007	113.04	78.54	344.34	168.06	241.28
3	2008	-73.99	-194.2	-85.3	-20.9	-82.17
4	2009	103.39	120.84	331.59	72.35	193.27
5	2010	2.70	-44.09	13.05	39.11	-33.7
6	2011	36.58	-51.92	-5.66	-27.09	-8.42
7	2012	30.65	17.4	-15.96	13.7	32.18
8	2013	6.38	88.7	-54.92	41.37	-20.62
9	2014	75.01	34.33	67.7	9.14	98.9
10	2015	-2.35	45.37	39.38	72.95	16.29
11	2016	-0.05	22.24	35.43	11.59	2.03
12	2017	92.84	100.77	151.41	83.35	80.64
13	2018	-16.31	-19.25	-36.03	-0.39	-10.94
14	2019	50.43	95.24	170.46	99.91	54.91
15	期望收益率	32.178	22.613	73.499	43.319	43.358

第二步：计算每支股票的方差 σ_i^2 以及各个股票之间的协方差 σ_{ij}。

选中菜单下【数据】→【数据分析】→【协方差】，即弹出"协方差"对话窗口，根据图 7-7 输入相关数据。

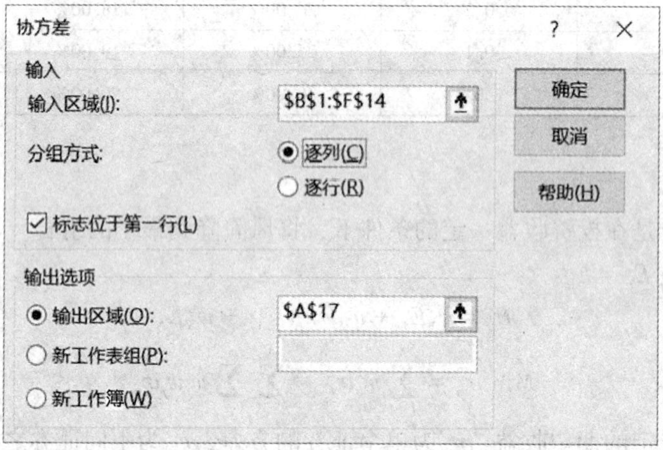

图 7-7

点击【确定】后，根据斜边对称，最后得到结果如表 7-16 所示。

表 7-16　　　单位:%

	A	B	C	D	E	F
17	协方差	中国平安	格力电器	五粮液	恒瑞医药	招商银行
18	中国平安	2682.09	3253.99	5845.06	1769.07	4112.99
19	格力电器	3253.99	6767.26	7209.72	2973.84	4916.63
20	五粮液	5845.06	7209.72	17670.2	5691.69	10950
21	恒瑞医药	1769.07	2973.84	5691.69	2780.91	3435.27
22	招商银行	4112.99	4916.63	10950	3435.27	7710.64

第三步：计算投资组合的标准差 σ_p。

计算公式：

$$\sigma_p = \sqrt{\sigma_p^2} = \sqrt{\sum_{j=1}^{N} w_i^2 \sigma_i^2 + \sum_{j=1}^{N} \sum_{\substack{j=1 \\ j \neq i}}^{N} w_i w_j}$$

转换为矩阵形式：

$$\sigma_p^2 = WUW^T$$

其中，W 代表权重的矩阵，U 代表协方差的矩阵。

操作步骤：

(1) 点击菜单【公式】→【定义名称】，将 B18：F22 定义名称为"U"。

(2) 在 O2 单元格输入公式："=SQRT（MMULT（MMULT（I2：M2，U），TRANSPOSE（I2：M2）））"，同时按住键盘"Ctrl+Shift+Enter"键结束公式。

其中，MMULT（）返回两个数组矩阵的乘积，TRANSPOSE（）返回矩阵的转置，SQRT（）返回数值的开方。

(3) 点击该单元格右下角黑十字，将其填充至 N15 单元格。

第四步：计算投资组合的投资收益率 E_p。

计算公式：

$$E_p = w_1 E_1 + w_2 E_2 + \cdots + w_N E_N$$

点击菜单【公式】→【定义名称】，将 B15：F15 单元格区域定义名称为"E"，在 P2 单元格输入公式"=SUMPRODUCT（I2：M2，E）"，并且填充至 P15 单元格。

第五步：通过规划求解，求出各个股票的权重 w_i。

点击菜单下【数据】→【规划求解】，弹出"规划求解参数"对话窗口。在该窗口中，设置目标值为标准差；使目标值为最小值；可变单元格为五种股票的权重；约束条件为期望收益率与必要报酬率相等且权重之和为1；取消勾选"使无约束变量为非负值"。

点击【确定】后，依次对每种情况进行规划求解。结果如表 7-17 所示。

当投资收益率为30时，标准差为25.38，此时可多买中国平安和恒瑞医药的股票，适当卖空格力电器、招商银行和五粮液的股票，这样的投资组合为投资收益率为30时的最优投资组合。当投资收益率为42时，标准差为35.39，此时可多买中国平安、恒瑞医药和五粮液的股票，适当卖空格力电器的股票，这样的投资组合为投资收益率为42时的最优投资组合。

表 7-17   单位:%

	I	J	K	L	M	N	O	P
	中国平安	格力电器	五粮液	恒瑞医药	招商银行	标准差	期望回报率	必要回报率
2	0.954	−0.14	−0.52	0.62	0.08	26.56	20.00	20.00
3	0.96	(0.17)	(0.47)	0.65	0.03	25.53	22.00	22.00
4	0.98	(0.21)	(0.42)	0.68	−0.03	24.88	24.00	24.00
5	0.99	(0.24)	(0.37)	0.71	−0.08	24.63	26.00	26.00
6	1.00	(0.27)	(0.32)	0.73	−0.14	24.80	28.00	28.00
7	1.01	(0.30)	(0.28)	0.76	−0.19	25.38	30.00	30.00
8	1.02	(0.33)	(0.23)	0.79	−0.25	26.34	32.00	32.00
9	1.03	(0.36)	(0.18)	0.82	−0.30	27.64	34.00	34.00
10	1.04	(0.40)	(0.13)	0.85	−0.36	29.24	36.00	36.00
11	1.05	(0.43)	(0.08)	0.87	−0.41	31.09	38.00	38.00
12	1.06	(0.46)	(0.03)	0.90	−0.47	33.15	40.00	40.00
13	1.07	(0.49)	0.02	0.93	−0.52	35.39	42.00	42.00
14	1.08	(0.52)	0.06	0.96	−0.58	37.76	44.00	44.00
15	1.09	(0.55)	0.11	0.99	−0.63	40.25	46.00	46.00

第六步：制作投资组合的有效前沿曲线。

选中单元格区域 N1：O15，然后点击菜单【插入】→【图表】→【散点图】→【带平滑线的散点图】，最后，可以选中图表的不同区域对图表进行修改和完善。图 7-8 是最优投资组合的有效前沿曲线图，曲线上的每一个点代表的都是在给定风险水平下的最优投资组合。

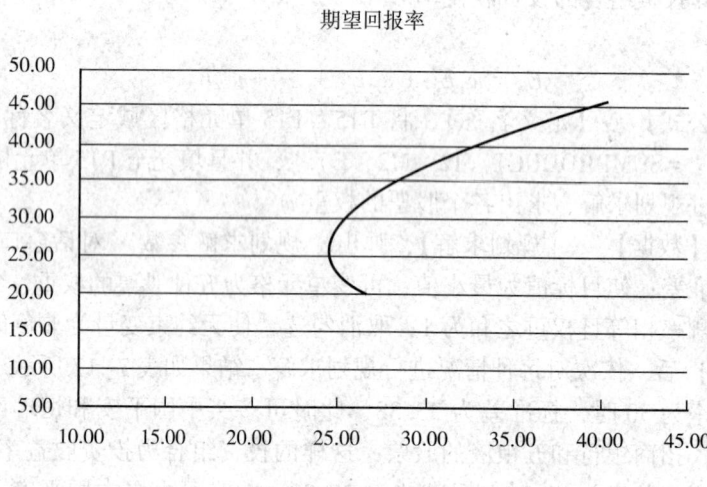

图 7-8 有效前沿曲线

【例7-4】根据表7-4数据，计算并画出资本市场线（CML或CAL）。

第一步：建立工作簿7-4，根据题意，将表7-4的数据输入在A13：G26单元格区域内，每个数值代表某年某股票的收益率，无风险收益率为3.6。如表7-18所示。

表 7-18 单位:%

	A	B	C	D	E	F	G
13	时间	中国平安	格力电器	五粮液	恒瑞医药	招商银行	无风险利率
14	2007	113.04	78.54	344.34	168.06	241.28	3.60
15	2008	-73.99	-194.2	-85.3	-20.9	-82.17	3.60
16	2009	103.39	120.84	331.59	72.35	193.27	3.60
17	2010	2.70	-44.09	13.05	39.11	-33.7	3.60
18	2011	36.58	-51.92	-5.66	-27.09	-8.42	3.60
19	2012	30.65	17.4	-15.96	13.7	32.18	3.60
20	2013	6.38	88.7	-54.92	41.37	-20.62	3.60
21	2014	75.01	34.33	67.7	9.14	98.9	3.60
22	2015	-2.35	45.37	39.38	72.95	16.29	3.60
23	2016	-0.05	22.24	35.43	11.59	2.03	3.60
24	2017	92.84	100.77	151.41	83.35	80.64	3.60
25	2018	-16.31	-19.25	-36.03	-0.39	-10.94	3.60
26	2019	50.43	95.24	170.46	99.91	54.91	3.60

第二步：计算每个股票的方差 σ_i^2 以及各个股票之间的协方差 σ_{ij}。

选中菜单下【数据】→【数据分析】→【协方差】，即弹出"协方差"对话窗口，在弹出的对话框输入区域输入"B14：G26"，分组方式为"逐列"，"勾选"标志位于第一行。

点击【确定】后，根据斜边对称，最后得到结果如表7-19所示。

表 7-19 单位:%

	A	B	C	D	E	F	G
5		协方差矩阵部分					
6	协方差	中国平安	格力电器	五粮液	恒瑞医药	招商银行	无风险利率
7	中国平安	2682	3254	5845	1769	4113	0
8	格力电器	3254	6767	7210	2974	4917	0
9	五粮液	5845	7210	17670	5692	10950	0
10	恒瑞医药	1769	2974	5692	2781	3435	0
11	招商银行	4113	4917	10950	3435	7711	0
12	无风险利率	0	0	0	0	0	0

第三步：计算各个股票的期望收益率、标准差和总体标准差。

在 B2 单元格输入公式"=AVERAGE（B14：B26）"，并且填充至 G2 单元格，得到各个股票的期望收益率。

在 B3 单元格输入公式"=STDEV（B14：B26）"，并填充至 G3 单元格，得到各个股票的标准差。

在 B4 单元格输入公式"=STDEVP（B14：B26）"，并填充至 G4 单元格，得到各个股票的总体标准差。结果如表 7-20 所示。

表 7-20 单位:%

	A	B	C	D	E	F	G
1		中国平安	格力电器	五粮液	恒瑞医药	招商银行	无风险利率
2	期望收益率	33.26	46.45	71.39	46.09	40.31	3.60
3	标准差	53.90	85.62	138.36	54.89	91.40	0.00
4	总体标准差	51.79	82.26	132.93	52.73	87.81	0.00

第四步：计算投资组合的标准差 σ_p。

（1）点击菜单【公式】→【定义名称】，将 B7：F11 定义名称为"U"。

（2）在 N3 单元格输入公式："=SQRT（MMULT（MMULT（I3：M3，U），TRANSPOSE（I3：M3）））"。

其中，MMULT（）返回两个数组矩阵的乘积，TRANSPOSE（）返回矩阵的转置，SQRT（）返回数值的开方。

（3）点击该单元格右下角黑十字，将其填充至 N19 单元格。

第五步：计算投资组合的投资收益率 E_p。

根据公式：

$$E_p = w_1 E_1 + w_2 E_2 + \cdots + w_N E_N$$

点击菜单【公式】→【定义名称】，将 B2：F2 定义名称为"E"，在 O3 单元格输入公式"=SUMPRODUCT（I2：M2，E）"，并且填充至 O19 单元格。

第六步：通过规划求解，求出各个股票的权重 w_i。

点击菜单下【数据】→【规划求解】，弹出"规划求解参数"对话窗口。在该窗口中，设置目标值为标准差，使目标值为最小值；可变单元格为五种股票的权重；约束条件为期望收益率与必要报酬率相等；取消勾选"使无约束变量为非负值"。

点击【确定】后，依次对每种情况进行规划求解。即可求出在不同既定的期望报酬率下的最优投资组合，结果如表 7-21 所示。

表 7-21　　　　　　　　　　　　　　　　　　　　　　　　　　　　　　　　　　　　单位:%

	I	J	K	L	M	N	O	P
	中国平安	格力电器	五粮液	恒瑞医药	招商银行	标准差	期望回报率	必要回报率
2						0.00		
3	0.902	0.01	-0.76	0.48	0.36	35.83	10.00	10.00
4	0.923	-0.05	-0.66	0.54	0.25	31.47	14.00	14.00
5	0.944	-0.11	-0.57	0.60	0.14	27.93	18.00	18.00
6	0.954	-0.14	-0.52	0.62	0.08	26.56	20.00	20.00
7	0.96	-0.17	-0.47	0.65	0.03	25.53	22.00	22.00
8	0.98	-0.21	-0.42	0.68	-0.03	24.88	24.00	24.00
9	0.99	-0.24	-0.37	0.71	-0.08	24.63	26.00	26.00
10	1.00	-0.27	-0.32	0.73	-0.14	24.80	28.00	28.00
11	1.01	-0.30	-0.28	0.76	-0.19	25.38	30.00	30.00
12	1.02	-0.33	-0.23	0.79	-0.25	26.34	32.00	32.00
13	1.03	-0.36	-0.18	0.82	-0.30	27.64	34.00	34.00
14	1.04	-0.40	-0.13	0.85	-0.36	29.24	36.00	36.00
15	1.05	-0.43	-0.08	0.87	-0.41	31.09	38.00	38.00
16	1.06	-0.46	-0.03	0.90	-0.47	33.15	40.00	40.00
17	1.07	-0.49	0.02	0.93	-0.52	35.39	42.00	42.00
18	1.08	-0.52	0.06	0.96	-0.58	37.76	44.00	44.00
19	1.09	-0.55	0.11	0.99	-0.63	40.25	46.00	46.00

第七步：制作投资组合的有效前沿曲线。

选中单元格区域 N1：O15，然后点击菜单【插入】→【图表】→【散点图】→【带平滑线的散点图】，最后，可以选中图表的不同区域对图表进行修改和完善。图 7-9 是最优投资组合的有效前沿曲线图，曲线上的每一个点代表的都是在给定风险水平下的最优投资组合。

第八步：计算夏普比率。

计算公式：

$$SharpeRatio = \frac{E(R_m) - r_f}{\sigma_m}$$

其中，$E(R_m)$ 为投资组合期望收益率；r_f 为无风险利率；σ_m 为投资组合的标准差。

在 Q3 单元格输入公式"=（O3-\$G\$2）/N3"，并填充至 Q19 单元格。在 Q20 输入公式"=Max（Q3：Q19）"，计算出最大值 1.11，为夏普比率。

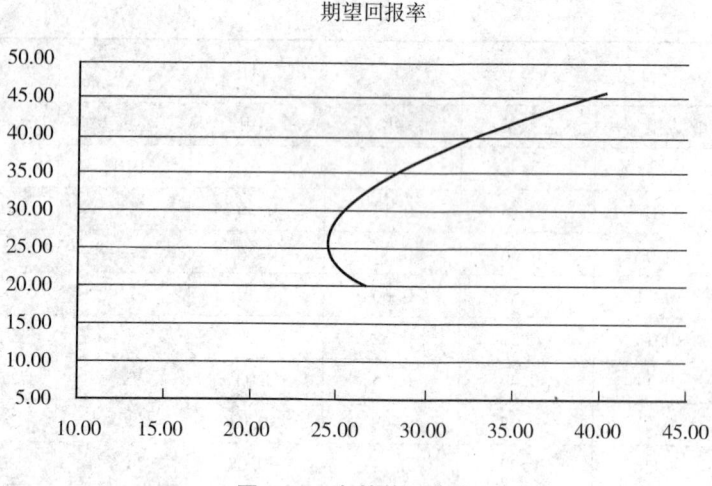

图 7-9 有效前沿曲线

第九步：计算预期收益率 $E(R_p)$。

计算公式：

$$E(r_p) = r_f + \frac{E(R) - r_f}{\sigma_m}\sigma_p$$

在 R3 单元格输入公式"=＄R＄2+＄Q＄20＊N3"，并填充至 R19 单元格。结果如表7-22所示。

表 7-22　　　　　　　　　　　　　　　　　　　　　　　　　　　　　　　单位:%

	N	O	P	Q	R
1	标准差	期望回报率	必要回报率	夏普比例	收益率-CML
2	0.00				3.60
3	35.83	10.00	10.00	0.18	43.30
4	31.47	14.00	14.00	0.33	38.47
5	27.93	18.00	18.00	0.52	34.54
6	26.56	20.00	20.00	0.62	33.03
7	25.53	22.00	22.00	0.72	31.89
8	24.88	24.00	24.00	0.82	31.17
9	24.63	26.00	26.00	0.91	30.89
10	24.80	28.00	28.00	0.98	31.08
11	25.38	30.00	30.00	1.04	31.72
12	26.34	32.00	32.00	1.08	32.78
13	27.64	34.00	34.00	1.10	34.23
14	29.24	36.00	36.00	1.11	36.00
15	31.09	38.00	38.00	1.11	38.05

续表

	N	O	P	Q	R
16	33.15	40.00	40.00	1.10	40.33
17	35.39	42.00	42.00	1.09	42.81
18	37.76	44.00	44.00	1.07	45.44
19	40.25	46.00	46.00	1.05	48.20
20				1.11	

第十步：制作证券市场线。

鼠标右击前沿曲线图（如图 7-9 所示），选中【选择数据】，弹出"选择数据源"对话窗口，在窗口左侧"图例项"下选择【添加】，弹出"编辑数据系列"对话窗口，将 X 轴设置为"标准差"对应的列值，Y 轴设置"预期收益率"对应的列值，输入的数据如图 7-10 所示。

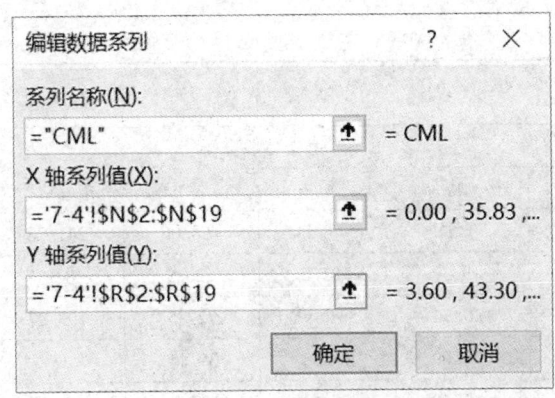

图 7-10

点击【确定】后，如图 7-11 所示，即可得到资本市场线（SML）。

【例 7-5】根据表 7-4 数据，计算并画出证券市场线（SML）。

第一步：建立工作簿 7-5，根据题意，将表 7-4 的数据输入在 A2：F15 单元格区域内，每个数值代表某年某股票的收益率。从 Wind 软件或同花顺中下载沪深 300 数据，代表市场收益率。并且运用 AVERAGE（ ）函数计算出每种证券的期望收益率，如表 7-23 所示。

第二步：计算超额收益率。

根据公式：

$$E(r_i) - r_f = \alpha_i + \beta_i [E(R) - r_f] + \varepsilon_i$$

其中，$E(r_i) - r_f$ 为各个证券的超额收益率，$E(R) - r_f$ 为市场的超额收益率

在 J3 单元格输入公式"= B3-$H3"，填充至 J15 单元格，鼠标选中 J3：J15 单元格区域，点击单元格区域右下角对 K3：P15 进行填充，即可得到各个证券和市场的超额收益率。

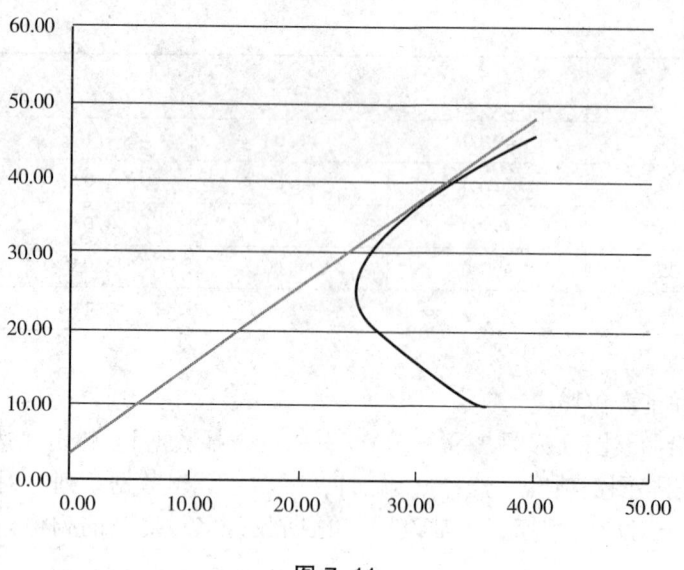

图 7-11

表 7-23 单位:%

	A	B	C	D	E	F	G	H
1	原始收益率							
2	时间	中国平安	格力电器	五粮液	恒瑞医药	招商银行	沪深300	无风险利率
3	2007	113.04	78.54	344.34	168.06	241.28	161.55	2.67
4	2008	−73.99	−194.2	−85.3	−20.9	−82.17	−65.95	3.20
5	2009	103.39	120.84	331.59	72.35	193.27	96.71	1.24
6	2010	2.70	−44.09	13.05	39.11	−33.7	−12.51	1.88
7	2011	36.58	−51.92	−5.66	−27.09	−8.42	−25.01	3.20
8	2012	30.65	17.4	−15.96	13.7	32.18	7.55	2.69
9	2013	6.38	88.7	−54.92	41.37	−20.62	−7.65	3.24
10	2014	75.01	34.33	67.7	9.14	98.9	51.66	3.50
11	2015	−2.35	45.37	39.38	72.95	16.29	5.58	2.58
12	2016	−0.05	22.24	35.43	11.59	2.03	−11.28	2.25
13	2017	92.84	100.77	151.41	83.35	80.64	21.78	3.23
14	2018	−16.31	−19.25	−36.03	−0.39	−10.94	−25.31	3.07
15	2019	50.43	95.24	170.46	99.91	54.91	36.07	2.62
16	期望收益	32.178	22.613	73.499	43.319	43.358	17.938	2.721

在 J16 单元格输入公式"=AVERAGE（J3：J15）"，并且填充至 O16 单元格，即可得到各个证券和市场的超额收益率的平均值。

第三步：计算 β 值。

方法一：β 代表证券超额收益率与市场超额收益率函数关系的斜率。

在 J17 单元格输入公式"=SLOPE（J3：J15,$O$3：$O$15）",并填充至 O17 单元格。并且,在 P17 单元格输入公式"=AVERAGE（J17：O17）",即可求得各个证券及市场 β 值的平均值。

方法二:β 值代表证券相对于市场的风险。

$$\beta_i = \frac{\sigma_{im}}{\sigma_m^2}$$

通过选中菜单下【数据】→【数据分析】→【协方差】,计算出各个证券相对市场的协方差 σ_{im} 和市场的方差 σ_m^2,带入以上公式即可计算出 β_i。

方法三:回归分析。

选中菜单下【数据】→【数据分析】→【回归】,点击【确定】后即可在 R19 单元格得到中国平安的 β 值。再按相同步骤,将"Y 值"改为对应证券的超额收益,即可计算出其他证券的 β 值。

第四步:计算证券的期望收益率。

计算公式:

$$E(r) = r_f + \beta[E(R) - r_f]$$

当无风险利率为 3.6 时,在 J18 单元格输入公式"=3.6+$O$16*J17",并填充至 P18 单元格,即可求出各个证券的期望收益率。结果如表 7-24 所示。

表 7-24　　　　　　　　　　　　　　　　　　　　　　　　　　　　　　　　　单位:%

	I	J	K	L	M	N	O
1		超额收益率					
2		中国平安	格力电器	五粮液	恒瑞医药	招商银行	沪深 300
3		110.37	75.87	341.67	165.39	238.61	158.88
4		-77.19	-197.40	-88.50	-24.10	-85.37	-69.15
5		102.15	119.60	330.35	71.11	192.03	95.47
6		0.82	-45.97	11.17	37.23	-35.58	-14.39
7		33.38	-55.12	-8.86	-30.29	-11.62	-28.21
8		27.96	14.71	-18.65	11.01	29.49	4.86
9		3.14	85.46	-58.16	38.13	-23.86	-10.89
10		71.51	30.83	64.20	5.64	95.40	48.16
11		-4.93	42.79	36.80	70.37	13.71	3.00
12		-2.30	19.99	33.18	9.34	-0.22	-13.53
13		89.61	97.54	148.18	80.12	77.41	18.55
14		-19.38	-22.32	-39.10	-3.46	-14.01	-28.38
15		47.81	92.62	167.84	97.29	52.29	33.45
16	平均值	29.46	19.89	70.78	40.60	40.64	15.22
17	β 值	0.790	0.985	2.159	0.757	1.512	1.000
18	$E(r)$	15.620	18.591	36.455	15.126	26.603	18.817

第五步：制作证券市场线。

选中单元格区域I16：P18，然后点击菜单【插入】→【图表】→【组合图】→【自定义组合】，将"$E(r)$"设置为"带平滑线的散点图"，将"β值"设置为"散点图"。最后，可以选中图表的不同区域对图表进行修改和完善。如图7-12所示。

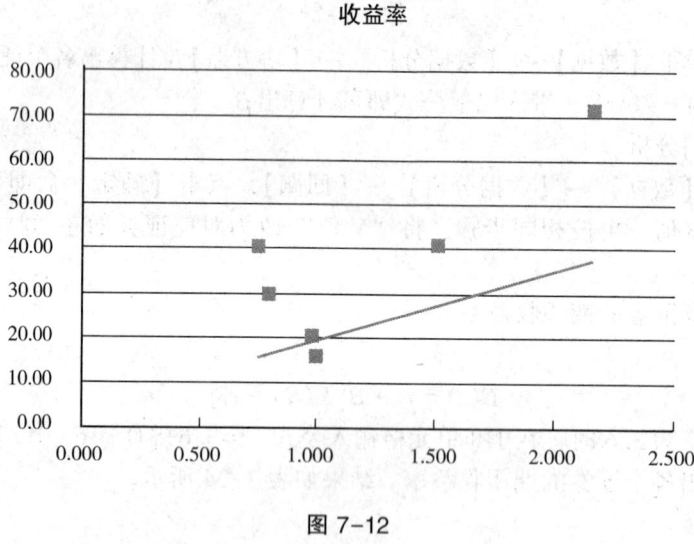

图 7-12

【例 7-6】

第一步：建立工作簿7-6，根据题意，将表7-4和表7-5的数据输入在A13：I26单元格区域内。如表7-25每个数值代表某年某股票的收益率。"沪深300"是代表市场的股票，"50ETF"是一种被动型股票，其投资目标是紧密跟踪上证50指数。

表 7-25　　　　　　　　　　　　　　　　　　　　　　　　　　　　　　　　单位:%

	A	B	C	D	E	F	G	H	I
13	时间	50ETF	中国平安	格力电器	五粮液	恒瑞医药	招商银行	沪深300	110022OF
14	2007	174.39	113.04	78.54	344.34	168.06	241.28	161.55	
15	2008	-73.32	-73.99	-194.2	-85.3	-20.9	-82.17	-65.95	
16	2009	120.36	103.39	120.84	331.59	72.35	193.27	96.71	
17	2010	-25.85	2.70	-44.09	13.05	39.11	-33.7	-12.51	-1.70
18	2011	-20.91	36.58	-51.92	-5.66	-27.09	-8.42	-25.01	-15.06
19	2012	21.29	30.65	17.4	-15.96	13.7	32.18	7.55	-2.28
20	2013	-14.79	6.38	88.7	-54.92	41.37	-20.62	-7.65	17.40
21	2014	77.28	75.01	34.33	67.7	9.14	98.9	51.66	8.46
22	2015	-5.79	-2.35	45.37	39.38	72.95	16.29	5.58	26.85
23	2016	-3.43	-0.05	22.24	35.43	11.59	2.03	-11.28	7.21
24	2017	29.25	92.84	100.77	151.41	83.35	80.64	21.78	64.97

续表

	A	B	C	D	E	F	G	H	I
25	2018	-18.94	-16.31	-19.25	-36.03	-0.39	-10.94	-25.31	-23.47
26	2019	36.58	50.43	95.24	170.46	99.91	54.91	36.07	71.36

第二步：计算夏普比率。

根据夏普比率公式：

$$SharpeRatio = \frac{R_p - r_f}{\sigma_p}$$

在 B2 单元格输入公式"=AVERAGE（B14：B26）"，并填充至 I2 单元格，即可计算出各个证券的平均收益率 R_p。

在 B3 单元格输入公式"=B2-3.6"，并填充至 I3 单元格，即可计算出各个证券的超额平均收益率 $R_p - r_f$。

在 B4 单元格输入公式"=STDEV（B14：B26）"，并填充至 I4 单元格，即可计算出各个证券的收益率标准差 σ_p。

在 B9 单元格输入公式"=B3/B4"，并填充至 I9 单元格，可计算出各个证券的夏普比率。

第三步：计算特雷诺指数。

根据特雷诺指数公式：

$$T = \frac{R_p - r_f}{\beta_p}$$

在 B6 单元格输入公式"=SLOPE（B14：B26，＄H＄14：＄H＄26）"，并填充至 I6 单元格，即可计算出各个证券的 β 值。

各个证券的超额平均收益率 $R_p - r_f$ 在上个步骤中已经求出，因此，在 B10 单元格输入公式"=B3/B6"，并填充至 I10 单元格，即可计算出各个证券的特雷诺指数 T。

第四步：计算詹森阿尔法指数。

根据詹森阿尔法测度模型：

$$R_p - r_f = \alpha_p + \beta_p(R_m - r_f) + \varepsilon$$

其中，α_p 表示投资组合收益率与相同系统风险水平下的市场基准组合收益率的差异。

在 B7 单元格输入公式"=INTERCEPT（B14：B26，＄H＄14：＄H＄26）"，并填充至 I7 单元格，即可计算出各个证券的 α 值。

第五步：计算信息指数。

根据信息指数公式：

$$IR = \frac{\alpha_p}{\sigma(\varepsilon)}$$

其中，$\sigma(\varepsilon)$ 表示回归的残差标准差。

在 B8 单元格输入公式"=STEYX（B14：B26，＄H＄14：＄H＄26）"，并填充至 I8 单元格，即可计算出各个证券的残差标准差 $\sigma(\varepsilon)$。

还可以通过选中菜单下【数据】→【数据分析】→【回归】进行回归分析，将"Y值"设置为各个证券的收益率，将"X值"设置为沪深300的收益率，即市场收益率，就可得到α值、β值和残差标准差$\sigma(\varepsilon)$。

在上个步骤已经计算出了各个证券的α值，在B11单元格输入公式"=B7/B8"，并填充至I11单元格，即可计算出各个证券的残差标准差*IR*。

以上结果如表7-26所示，从结果中可得知，恒瑞医药的夏普比率、特雷诺指数和信息比率都是最大的，那么恒瑞医药的投资效益是最好的。

表 7-26   单位:%

	A	B	C	D	E	F	G	H	I
1		50ETF	中国平安	格力电器	五粮液	恒瑞医药	招商银行	沪深300	110022
2	平均收益率	22.78	32.18	22.61	73.50	43.32	43.36	17.94	15.37
3	超额收益率	19.18	28.58	19.01	69.90	39.72	39.76	14.34	11.77
4	收益率标准差	67.01	53.90	85.62	138.36	54.89	91.40	58.99	31.41
5									
6	beta	1.12	0.79	0.98	2.16	0.76	1.51	1.00	0.79
7	alpha	2.64	18.01	4.96	34.78	29.76	16.21	0.00	12.15
8	残差标准差	10.54	28.30	65.72	56.53	33.40	20.41	0.00	25.43
9	夏普比率	0.29	0.53	0.22	0.51	0.72	0.44	0.24	0.37
10	特雷诺指数	17.08	36.18	19.32	32.38	52.53	26.27	14.34	14.94
11	信息比率	0.25	0.64	0.08	0.62	0.89	0.79		0.48

【例 7-7】

（1）股价路径模拟

第一步：建立工作簿7-7，根据题意，将表7-5和表7-6的数据输入表格中。如表7-27所示。并且在I1单元格插入控件，链接到I1单元格，当前值设置为30，在H1单元格输入公式"=I1/100"。

表 7-27

	A	B	C	D	E	F	G	H	I	J	K
1	周期	12	漂移率	10%	执行价	10	波动率	30%		期权数量	
2		第n个月	价格	d1	N（d1）	d2	N（d2）	期权	期权价值	国债	组合
3		0	10						95	905	
4		1									
5		2									

续表

	A	B	C	D	E	F	G	H	I	J	K
6		3									
7		4									
…		…									
15		12									

第二步：计算股票价格。

股票价格模拟公式：

$$S' = \Delta S + S = S(1 + \mu dt + \sigma dz) = S(1 + \mu \Delta t + \sigma \varepsilon \sqrt{\Delta t})$$

其中，根据表 7-27，可以得知 $S = 10$，$\mu = 10\%$，$\sigma = 30\%$，$\Delta t = \dfrac{1}{12}$，$\varepsilon = \sum_{i=1}^{12} R_i - 6$。

$R_i (1 \leqslant i \leqslant 12)$ 是相互独立的 0 到 1 均匀分布的随机数。

在 C3 单元格输入公式"=C3*（1+\$D\$1/\$B\$1+（RAND()-0.5）*\$H\$1/SQRT(\$B\$1））"，并且填充至 C15 单元格，计算结果如表 7-28 所示。（由于加入了随机数 RAND()-0.5，每次得到的结果都不一样。股价路径模拟在第二章统计实验也有例题讲解）。

表 7-28

	A	B	C	D	E	F	G	H	I	J	K
1		周期	12	漂移率	10%	执行价	10	波动率	30%		期权数量
2		第 n 个月	价格	d1	N（d1）	d2	N（d2）	期权	期权价值	国债	组合
3		0	10						95	905	
4		1	9.90								
5		2	9.95								
6		3	9.72								
7		4	9.55								
8		5	9.38								
9		6	9.31								
10		7	9.74								
11		8	9.41								
12		9	9.30								
13		10	9.16								
14		11	9.47								
15		12	9.80								

(2) 保本基金设计

因为该基金力求保本，故采取国债、股票与期权的组合，以国债保证本金，以股票与期权对冲规避风险。

第一步：计算期权价值。

计算公式：

求 d_1、$N(d_1)$、d_2、$N(d_2)$、C（看涨期权的价格）、P（看跌期权的价格）的数值的公式参见第六章 B-S 模型公式。

$$C = S \times N(d_1) - X \times EXP(-r \times T) \times N(d_2)$$

$$P = -S \times N(-d_1) + X \times EXP(-r \times T) \times N(-d_2)$$

$$d_1 = \left[\text{Ln}\left(\frac{S}{X}\right) + \left(r + \frac{\sigma^2}{2}\right) \times T \right] / (\sigma \times \sqrt{T})$$

$$d_2 = d_1 - \sigma \times \sqrt{T}$$

其中，C 为期权初始合理价格，X 为期权执行价格，S 为所交易金融资产现价，T 为期权有效期，r 为无风险利率，σ 为股票连续复利（对数）回报率的年度波动率（标准差），$N(d_1)$、$N(d_2)$ 为正态分布变量的累积概率分布函数"=NORMSDIST()"。期权有效期 T 的相对数表示，即期权有效月数与一年 12 月的比值。

在 D3：H3 单元格输入下列公式（如表 7-29 所示）。

表 7-29

单元格	公式
D3	=(LN(C3/＄F＄1)+(＄D＄1+0.5＊＄H＄1^2)＊(1-B3/＄B＄1)/(＄H＄1＊SQRT(1-B3/＄B＄1)))
E3	=NORMDIST(D3,0,1,1)
F3	=D3-＄H＄1＊SQRT(1-B3/＄B＄1)
G3	=NORMDIST(F3,0,1,1)
H3	=E3＊C3-EXP(-＄D＄1＊(1-B3/＄B＄1))＊G3＊＄F＄1
H15	=Max(0,C15-F1)

得到单个期权当前的价格为 1.67 元，在 K1 单元格输入公式"=95/H3"，即可计算出用 95 元购买该期权的数量，即用 95 元购买此期权，可买到 57 份。因此，在 I3 单元格输入公式"=H3＊K1"，得到当前期权价值。

输入完成后，点击鼠标，选中 D3：H3 单元格，将鼠标移到选中单元格右下角，待光标变成黑色实体十字时，双击鼠标左键，填充至 D4：I14 单元格区域，即可求出每期单个期权的价格。计算结果如表 7-30 所示。

第二步：计算国债价值。

设初始本金为 1000 元，利用公式 e^{-rt} ×本金进行贴现，计算国债现值为 905 元。

在 J4 单元格输入公式"=J3＊EXP（＄D＄1/12）"，并向下填充至 J15 单元格。即可求得每期国债的价值。计算结果如表 7-30 所示。

第三步：计算投资组合的价值。

在 K3 单元格输入公式"=I3+J3",并向下填充至 K15 单元格。即可求得每期投资组合的价值。计算结果如表 7-30 所示。

表 7-30

	A	B	C	D	E	F	G	H	I	J	K
1	周期	12	漂移率	10%	执行价	10	波动率	30%	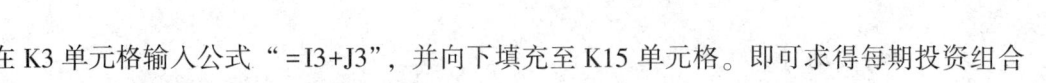	期权数量	57
2		第 n 个月	价格	d_1	$N(d_1)$	d_2	$N(d_2)$	期权	期权价值	国债	组合
3		0	10	0.483	0.686	0.183	0.573	1.67	95.4	905	1000.4
4		1	9.90	0.453	0.675	0.166	0.566	1.52	86.6	912.57	999.2
5		2	9.95	0.436	0.669	0.162	0.564	1.46	83.1	920.21	1003.3
6		3	9.72	0.390	0.652	0.130	0.552	1.21	69.2	927.91	997.1
7		4	9.55	0.349	0.636	0.104	0.541	1.01	57.8	935.68	993.5
8		5	9.38	0.305	0.620	0.076	0.530	0.81	46.1	943.50	989.7
9		6	9.31	0.270	0.606	0.058	0.523	0.67	38.1	951.40	989.5
10		7	9.74	0.286	0.612	0.092	0.537	0.82	46.6	959.36	1006.0
11		8	9.41	0.218	0.586	0.045	0.518	0.51	29.0	967.39	996.4
12		9	9.30	0.169	0.567	0.019	0.508	0.32	18.5	975.49	994.0
13		10	9.16	0.109	0.544	-0.013	0.495	0.11	6.4	983.65	990.1
14		11	9.47	0.085	0.534	-0.002	0.499	0.10	5.8	991.88	997.7
15		12	9.80					0.00	0.0	1000.18	1000.2

第四步:制作投资组合内在价值曲线。

选中 K3:K15 单元格区域,点击【插入】→【图表】→【折线图】,即可得到组合内在价值曲线,如图 7-13 所示。

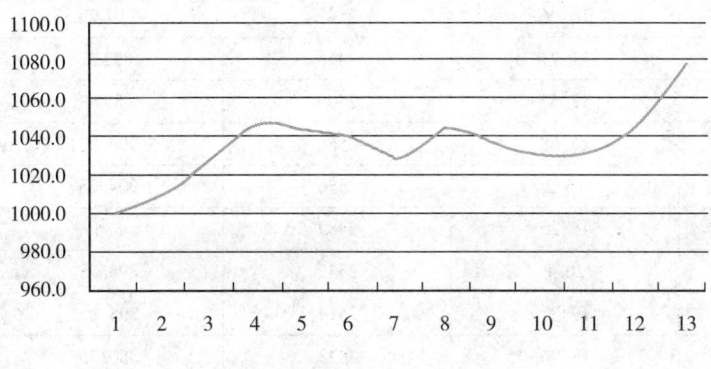

图 7-13 组合内在价值

此处讨论股价波动的三种情况下的投资组合价值:

(1) 股价波动时

在任意单元格插入控件，如在 A5 单元格插入控件，链接 A5 单元格，调动控件，使价格发生波动，观察组合内在价值曲线的变化情况。

(2) 敏感性分析

① 无风险利率的影响

对漂移率设置控件，调节控件，使得漂移率发生变动，观察组合内在价值曲线的变化。

② 波动率的影响

上步骤中，已经对波动率设置控件，调节控件，观察组合内在价值曲线的变化。

五、课后练习

【练 7-1】 从同花顺下载数据，同花顺、美的集团、贵州茅台、长春高新和招商银行共 5 家公司月收益率，请根据以上数据组建一个投资组合模型，并计算出夏普比率。

【练 7-2】 利用所学知识，设计一款基金产品或资管产品，在风险 5%情况下，实现最大的收益率。

【练 7-3】 利用所学的金融学综合知识，请根据以下数据（见表 7-31），结合 2019 年贸易战、非洲猪瘟等事件建立几种投资组合，套利或套期保值组合，并验证组合的效果。

表 7-31   单位:%

时间	正邦科技	豆粕	CBOT 大豆	豆粕期权
2017-01-04，五	5.57	2850	909.5	
2017-01-11，五	5.87	2839	910.5	
2017-01-18，五	6.17	2598	915	202
2017-01-25，五	6.36	2634	923.5	
2017-02-01，五	6.35	2623	917.5	
2017-02-15，五	7.93	2565	907.75	138
2017-02-22，五	10.96	2541	910.25	
2017-03-01，五	11.71	2476	899.5	
2017-03-08，五	17.54	2400	895	
2017-03-15，五	15.68	2566	909.25	157.5
2017-03-22，五	15.2	2556	904.25	
2017-03-29，五	16.25	2489	884	
2017-04-04，四	20.1	2542	898.75	
2017-04-12，五	19.31	2514	895.25	138.5
2017-04-19，五	18.96	2523	880.75	141.5
2017-04-26，五	21.96	2477	853.5	142.5
2017-04-30，二	22.29	2463	828.75	146.5

续表

时间	正邦科技	豆粕	CBOT 大豆	豆粕期权
2017-05-10，五	19.2	2636	808	121.5
2017-05-17，五	18.9	2697	820.75	100
2017-05-24，五	16.17	2796	829.25	97
2017-05-31，五	20.56	2885	878.5	54.5
2017-06-06，四	16.75	2815	855.5	70.5
2017-06-14，五	17.25	2850	897.25	53.5
2017-06-21，五	17.98	2817	903.5	59
2017-06-28，五	16.66	2801	900.5	63
2017-07-05，五	19.05	2779	875.25	59
2017-07-12，五	19.4		913	49.5
2017-07-19，五	20.79	2867	901	53
2017-07-26，五	19.69	2746	881.5	54
2017-08-02，五	20.03	2720	850.75	43
2017-08-09，五	18.03		881	25
2017-08-16，五	17.58	2869	866.5	30
2017-08-23，五	17.84	2960	842	17
2017-08-30，五	19.5	2979	857.5	16.5
2017-07-06，五	17.41	2940	857.5	18.5
2017-07-12，四	17.58	2860	898.25	22
2017-07-20，五	17.64	2896	882.25	15
2017-07-27，五	14.28	2889	883	20
2017-07-30，一	15.11	2917	916	13.5
2017-10-11，五	16.26	3011	934.25	4.5
2017-10-18，五	15.01	3015	933.75	2
2017-10-25，五	17.99	3055	922.75	1.5
2017-10-30，三	18.04	2959	920.25	2.5

六、参考视频

股权投资基金与创业投融资，https：//www.icourse163.org/course/UIBE-1003027008。
中国价值投资，https：//www.icourse163.org/course/CUEB-1206681827。
个人理财，https：//www.icourse163.org/course/LIXIN-1207124806。
家庭理财，https：//www.icourse163.org/course/DUT-1002083017。
金融资产定价，https：//www.icourse163.org/course/SCU-1207125815。
投资与理财，https：//www.icourse163.org/course/HZIC-1002603028。
金融风险管理，https：//www.icourse163.org/course/WHUT-1205977808。

第八章 财务报表分析实验

财务报表是企业向会计信息使用者提供信息的主要文件，反映了企业的财务状况、经营成果和现金流量等方面的信息。如何对企业的财务状况、经营成果和现金流量进行分析和评价，对投资者或企业的信息使用者来说非常重要。本章在介绍财务报表分析方法的基础上，将利用 Excel 强大的数据处理功能，分别对某一上市公司资产负债表、利润表以及现金流量表进行比较分析，发现差距，找出产生差异的原因，进一步判定企业的财务状况和经营成果，同时对央行资产负债表进行解读，为利益相关者（债权人、投资者、管理层、审计师和政府部门）进行决策提供依据。

一、实验目的

1. 了解不同的折旧方法。
2. 理解金融资产的计量方法。
3. 熟悉企业各种财务指标分析。
4. 熟悉如何利用杜邦分析净资产收益率。
5. 了解央行资产负债表，其他存款性金融公司资产负债表之间的关系。
6. 熟悉央行公开市场操作的基本原理以及对商业银行资产负债的影响。

二、实验原理

1. 企业基本情况分析

企业基本情况分析一般包括行业地位分析、产品分析、经营管理能力分析和企业成长性分析四个部分。

（1）行业地位分析

公司的行业地位分析就是找出公司在所在行业中的竞争地位，如是不是龙头企业，在价格上是否具有影响力，有没有竞争优势等。企业的行业定位决定了其盈利能力是高于还是低于行业平均水平，决定了其行业内的竞争地位。所以，经理人必须对本企业的行业定位有一个清楚的认识。衡量企业行业竞争地位的主要指标是产品的市场占有率、行业综合排名以及库货周转率和应收账款周转率等。

（2）产品分析

① 产品的竞争能力分析

产品的竞争能力主要依靠其成本优势、技术优势和质量优势来体现。

成本优势是指企业进行所有价值活动的累计成本低于竞争厂商的成本,从而获得高于同业其他企业的盈利能力。在很多行业中,成本优势是决定竞争优势的关键因素。取得了成本优势,企业在激烈的竞争中便处于优势地位。

技术优势是指企业拥有的比同行业其他竞争对手更强的技术实力及其研究与开发新产品的能力。这种能力主要体现在生产的技术水平和产品技术含量上,其中不仅包括产品技术,还包括创新人才,因为技术资源本身就包括人才资源。具有技术优势的企业往往具有更大的发展潜力。

质量优势是指企业的产品以高于其他企业同类产品的质量赢得市场,从而取得竞争优势。与技术优势一样,质量优势也不体现在财务数据中,但企业拥有的质量优势是其在未来期间内持续获利的关键因素之一。

② 产品的市场占有率分析

市场占有率即企业的产品在市场总量中占有的份额。市场占有率越高,表示企业的经营能力和竞争力越强,企业的销售和利润水平越好、越稳定。分析企业的产品市场占有率,在衡量企业产品竞争力问题上占有重要地位。

③ 品牌战略分析

一个品牌不仅是一种产品的标志,而且是产品质量、性能、满足消费者的可靠程度的综合体现。一个知名品牌是企业的宝贵资源,它能给企业带来比不具备品牌优势更丰富的经济利益。

(3) 经营管理能力分析

① 企业管理人员素质与能力分析

在现代企业里,管理人员不仅担负着对企业生产经营活动进行计划、组织、指挥、控制等的管理职能,而且从不同角度和方面负责或参与对各类非管理人员的选择、使用与培训工作。从一定意义上讲,是否有卓越的企业管理人员和管理人员集团直接决定着企业的经营成败。因此,管理人员的素质是决定企业能否取得成功的一个重要因素。它是选拔管理人员担任相应职务的依据和标准,也是决定管理者工作效能的先决条件。对管理人员的素质分析是公司分析的重要组成部分。

② 企业管理风格及经营理念分析

管理风格是企业在管理过程中所一贯坚持的原则、目标及方式等方面的总称。所谓经营理念,就是管理者追求企业绩效的根据,是对顾客、竞争者以及职工价值观与正确经营行为的确认,然后在此基础上形成企业基本设想与科技优势、发展方向、共同信念和企业追求的经营目标。分析公司的管理风格可以跳过现有的财务指标来预测公司是否具有可持续发展的能力,而分析公司的经营理念则可据以判断公司管理层制定何种公司发展战略。

③ 公司业务人员素质和创新能力分析

公司业务人员的素质也会对公司的发展起到很重要的作用。作为公司的员工,公司业务人员应该具有如下素质:熟悉业务工作,具备必要的专业技能,对企业具有忠诚度,对本职工作具有责任感,具有团队合作精神等。公司业务人员的素质,包括进取意识和业务技能在内都是公司发展不可或缺的要素,对员工的素质进行分析可以判断公司发展的持久力和创新能力。

(4) 企业成长性分析

① 企业经营战略分析

经营战略是企业面对激烈的变化与严峻挑战的环境，为求得长期生存和不断发展而进行的总体性谋划。全局性、长远性、抗争性和纲领性是经营战略的基本特征，它从宏观上规定了公司的成长方向、成长速度及其实现方式。由于经营战略决策直接牵涉企业的未来发展，因此其决策对象是复杂的，所面对的问题常常是突发性的、难以预料的。因而，对公司经营战略的评价比较困难，难以标准化。

② 公司规模变动特征及扩张潜力分析

公司规模变动特征和扩张潜力一般与其所处的行业发展阶段、市场结构、经营战略密切相关，它是从微观方面具体考察公司的成长性。

案例分析：

通用（GM）、福特（Ford）和戴姆勒·克莱斯勒（Daimler Chrysler）（简称"戴克"）三大汽车公司2006年合计的销售收入和资产余额分别为5676亿美元和7156亿美元，是微软（Microsoft）的11.1倍和11.3倍，三大汽车公司的员工总数高达91万人，是微软的12.9倍。但截至2006年年末，三大汽车公司的股票市值只有946亿美元，仅相当于微软2932亿美元股票市值的32%！堂堂的三大汽车巨头，为何敌不过一个做软件的？如何诠释这种有悖常理的现象？在资本市场上"做大"为何不等于"做强"？

这种经营规模与股票市值的背离现象，首先可从行业层面诠释，其次可从财务比较分析法得到答案。

从技术上说，股票价格的高低是由市盈率决定的。市盈率越高，意味着股票价格越昂贵；反之，越便宜。剔除投机因素，市盈率的高低受到公司盈利前景的显著影响。盈利前景越好的公司，其市盈率也越高。盈利前景既受特定公司核心竞争力的影响，还受该公司所处行业发展前景的影响。不同企业处于不同的行业生命周期，其发展前景截然不同。

从行业层面看，三大汽车公司与微软处于不同的行业生命周期。如同自然人一样，一个企业也好，一个行业也罢，都要经历"出生→成长→成熟→衰亡"阶段。三大汽车公司属于传统的制造行业，是"旧经济"的典型代表，目前处于成熟阶段。在这一阶段，竞争异常激烈，销售收入和经营利润的成长性很低，经营风险很高。对于这类发展前景有限的上市公司，投资者当然不愿意为之出太高的价钱，因而其市盈率和股票市值一般也很低。反之，微软属于高新技术行业，是"新经济"的典型代表，目前处于成长阶段。在这一阶段，竞争虽然日趋激烈，但销售收入和经营利润仍然高速成长，经营风险相对较低。对于这类具有良好发展前景的上市公司，投资者往往愿意为其股票支付额外的溢价，因而其市盈率和股票市值通常也较高。

2002—2006年，微软的市盈率介于22—52倍之间，而三大汽车公司的市盈率（剔除微利和亏损年度的影响）只有7—20倍，表明投资者愿意为高速成长的微软支付更高的价格。买股票就是买未来。尽管微软目前的市盈率较高，但投资者显然期望高速成长的经营业绩最终将降低微软的市盈率。只要微软的成长性符合投资者的预期，其股票价格和市盈率就会维持在较高的水平上。换言之，股票价格包含了投资者对上市公司发展前景的预期。

2. 资产负债表分析

在金融学中，只要在未来能够产生收益的一切经济资源，都属于资产。资产是指企业因过去的交易、事项和情况而拥有或控制的能够带来未来现金流量的资源。资产可分为经营资产和投资资产。经营资产是与企业的经营活动有关的资产，通常指货币资金、商业债权、存货、固定资产和无形资产等。投资资产主要包括流动资产中的交易性金融资产、部分其他应收款、部分投资性质的预付账款、部分其他流动资产以及非流动资产中的可供出售金融资产和长期股权投资等。

（1）资产结构分析

资产结构是指各类资产占资产总额的比例。分析资产结构，应重点分析：资产的营利性，即资产在使用过程中能够为企业带来经济效益的能力，它强调的是资产能够为企业创造价值的这一效用。资产的周转性，指资产在企业经营运作过程中被利用的效率和周转速度。资产的保值性，指企业的非现金资产在未来不发生减值的可能性。

① 货币资金质量分析

货币资金是指企业生产经营过程中处于货币形态的那部分资金，按其形态和用途的不同可分为库存现金、银行存款和其他货币资金。其他货币资金主要包括外埠存款、银行汇票存款、银行本票存款、信用证存款、信用卡存款、在途资金以及保证金等。应注意的是，银行存款中有些资金只能专款专用，而其他货币资金中的存款质押、外埠存款不能随时用于支付的存款，如康得新手握150亿元的货币资金却还不了10亿元的债务。

货币资金质量分析应从以下三个方面进行：

货币资金规模的恰当性。

货币资金的币种构成及其自由度。

货币资金规模的持续性，重点考虑企业经营活动引起货币资金规模的变化。

表8-1为微软和三大汽车公司现金性资产占资产总额的情况。

表 8-1   单位：亿美元

	年份	2001	2002	2003	2004	2005	2006
微软公司	现金性资产	529	627	728	487	433	335
	占资产总额比例	78.2%	78.8%	77.1%	68.7%	63.6%	53.0%
通用汽车	现金性资产	350	276	476	494	354	241
	占资产总额比例	10.9%	7.5%	10.6%	10.2%	7.4%	12.9%
福特汽车	现金性资产	247	321	344	300	402	503
	占资产总额比例	8.9%	10.8%	11.0%	10.0%	14.6%	18.1%
戴克汽车	现金性资产	145	124	143	117	126	131
	占资产总额比例	7.0%	6.6%	8.0%	6.4%	6.3%	6.9%

首先，资产的现金含量越高，企业的财务弹性就越大。对于拥有充裕现金储备的企业而言，一旦市场出现千载难逢的投资机会或其他有利可图的机遇，它们就可迅速加以利用，而对

于出现的市场逆境，它们也可以坦然应对；反之，对于现金储备严重匮乏的企业，面对再好的投资机会和其他机遇，也只能望洋兴叹，对于始料不及的市场逆境，它们往往一蹶不振。

其次，资产的现金含量越高，企业发生潜在损失的风险就越低；反之，发生潜在损失的风险越高。如果企业的大部分资产由非现金资产（如应收款项、存货、长期股权投资、固定资产和无形资产）所组成，那么该企业发生坏账损失、跌价损失和减值损失的概率就越大。

② 交易性金融资产质量分析

企业为了近期出售而持有的（短期），以赚取差价为目的从二级市场购入的股票、债券和基金等，持有期间的损益按公允价值计算，计入利润表中公允价值变动损益，如果卖出，则收益计入投资收益。

如果这类资产占比较小，则可以忽略。

③ 应收账款质量分析

应收账款是伴随企业的销售行为因向对方提供商业信用而形成的一项债权。它的最主要特征是不确定性。应收账款会影响资产和利润的质量，一家企业应收账款规模的占比大小反映了该企业在行业的竞争激烈程度和未来的可持续发展潜力。对应收账款的分析，应从以下几个方面进行。

关注企业应收账款的规模及变动情况。

分析会计政策变更和会计估计变更的影响。

分析企业是否利用应收账款进行利润调节。

关注企业是否有应收账款巨额冲销行为。

关注应收账款周转率。

应收账款周转率（次）= 销售收入/平均应收账款

其中，平均应收账款 =（期初应收账款+期末应收账款）/2

一般来说，应收账款周转率越高，平均收账期越短，说明应收账款的收回越快。否则，企业的营运资金会过多地呆滞在应收账款上，影响正常的资金周转。存在一些影响该指标正确计算的因素：季节性经营的企业使用这个指标时不能反映实际情况；大量使用分期付款结算方式；大量地使用现金结算的销售；年末大量销售或年末销售大幅度下降，这些因素都会对计算结果产生较大的影响。

其他应收账款与应收账款区别：与销售商品和经营业务有直接关系的应收款项属于"应收账款"科目，而与销售商品和经营业务无直接关系的应收款项则属于"其他应收账款"科目。

其他应收账款分析应关注以下几个方面：

其他应收账款的规模及变动情况。

其他应收账款包括的内容。

关联方其他应收账款余额及账龄。

是否存在违规拆借资金。

④ 存货质量分析

是指企业在正常经营过程中持有以备出售的产品或商品，或者为了出售仍然处在生产过程中的在产品，以及在生产过程中或提供劳务过程中耗用的材料和物料等。存货是企业销的基础，存货能否正常销售出去，应分析销售收入增长率、存货周转率、产品的特征和在市场中的竞争力、相关产品近期的市场需求状况等。

存货质量分析主要包括存货构成分析和存货计价方法分析。

存货构成：材料存货、在产品存货和产成品。

存货计价方法：先进先出法、后进先出法、加权平均法，存货的不同计价方法会导致不同的结果。

分析存货的盘存制度：实地盘存法和永续盘存法，不同方法会造成资产负债表上存货项目的差异，对确认存货数量和价值产生影响。

存货的营利性。

存货的保值性，期末计价和计提存货跌价准备的合理性。

存货的周转率。

存货周转率是指一定时期内企业销售成本与存货平均资金占用额的比例，是衡量和评价企业购入存货、投入生产、销售收回等各环节管理效率的综合性指标，存货周转的效率影响企业的运营效率和盈利能力。

其计算公式为：

存货周转率＝销货成本/存货平均余额

存货周转率指标的高低，不仅影响到企业的短期偿债能力，而且是整个企业管理的一项重要内容。因此，存货周转率越高，说明企业经营效率高，库存存货适度，存货转化为现金的速度就快；存货周转率越低，则说明产品积压或采购过量，应及时采取措施加以处理。

⑤ 其他流动资产质量分析

其他应收款，不属于企业主要的债权项目，数据及所占比例不应过大，数据过高易产生不明原因占款。

一年内到期的非流动资产，反映企业非流动资产中一年内到期的部分，主要指持有至到期投资。

⑥ 可供出售金融资产

获得较为长期（一年以上）的收益，其收益计入投资收益。

债权投资（以摊余成本计量的金融资产），其他债权或其他权益工具投资（以公允价值计量且其变动计入其他综合收益），其他非流动金融资产（以公允价值计量且其变动计入当期损益的金融资产）。

⑦ 持有至到期投资

是指企业为了获得稳定的财务收益，持有的到期日固定、回收金额固定或可确定，且企业有明确意图和能力持有至到期的非衍生金融资产。一般是企业持有的在一年期以上的国债券、企业债券和金融债券等。按权责发生制来确定收益。

⑧ 长期股权投资

是指投资方对被投资单位实施控制、重大影响的权益性投资，以及对其合营企业的权益性投资，而不涉及不具有控制、共同控制和重大影响，且在活跃市场中没有报价、公允价值不能可靠计量的公益性投资。上下流企业的股权（如原材料），持有存在一定竞争关系的企业的股权，如腾讯投资其他网络游戏企业股权。

主要从盈利性和保值性两方面进行分析。

长期股权投资收益确认方法对盈利性的影响。

对子公司的投资，采用成本法核算，对联营企业和合营企业的投资，采用权益法核算。差额计入投资当期损益。

在被投资企业为有限责任公司时，由于可回收金额无法确定，长期股权投资的保值性可能出现较大幅度的不确定性。通过分析长期股权投资减值准备计提的情况，可在一定程度上反映该项目的保值性。

⑨ 投资性房地产

是指为赚取租金或资本增值的目的而持有的房地产。

⑩ 固定资产

是指企业为生产产品，提供劳务、出租或者经营管理而持有的、使用时间超过 12 个月的，价值达到一定标准的有形资产，具体包括房屋、建筑物、机器设备等。折旧方法包括：按照平均年限法进行折旧，确定残值率、年折旧率。此外，对于融资租赁租入的固定资产，则按照另外的方法计算折旧。对固定资产进行定期检查发生的大修理费用，有确凿证据表明符合固定资产确认条件的部分，计入固定资产成本，不符合固定资产确认条件的计入当期损益。

固定资产分析可以从固定资产原值变动情况分析和固定资产净值变动情况分析两方面进行，但要注意以下几个方面问题。

一是注意分析生产用固定资产与非生产用固定资产之间的比例关系。

二是注意未使用和不需要固定资产比率的变化情况，查明企业在处置闲置固定资产方面的工作是否得力。

三是考察生产用固定资产内部结构是否合理。

四是考察固定资产折旧方法的合理性，分析企业固定资产折旧政策的连续性，分析固定资产预计使用年限和预计净残值的合理性。

表 8-2 为不同固定资产的使用年限及年折旧率。

表 8-2

类别	使用年限	残值率	年折旧率
房屋及建筑物	30	3%	3.23
机器设备	10		9.7
电子设备	4		24.25
运输设备	6		16.17
其他设备	5		19.4

固定资产的规模大致反映这家企业的生产能力，在建工程规模则反映的是企业未来能够扩充的生产能力的空间。

一般而言，固定资产和无形资产占资产总额的比例越高，企业的退出壁垒（Exit Barrier）就越高，企业自由选择权就越小。当企业所处行业竞争加剧、获利空间萎缩、发展前景不明时，企业通常面临着两种选择：退出竞争或继续竞争。对于固定资产和无形资产占资产总额比例不高的企业,选择退出竞争的策略需要付出的机会成本较小;反之,对于固定资产和无形资产占资产总额比例很高的企业,选择退出竞争的策略需要付出高昂的机会成本,因为在这些资产(尤其是固定资产)上的投资很可能要成为废铜烂铁(沉没成本)。出于无奈,这类企业只好选择继续参与竞争的策略,其结果往往是承担了巨大的市场、经营和财务风险,却只能获得微不足道的回报,甚至发生巨额亏损。

固定资产和无形资产所占比例还可以用于评估企业的经营风险。什么是风险?经济学上将风险定义为不确定性(Uncertainty)。风险可分为三种:经济风险(包括环境风险和市场风险)、经营风险(固定成本与变动成本的相对比例)和财务风险(资本结构与利率结构)。这三类风险都会导致企业利润的波动(财务学上将风险定义为利润的易变性)。固定资产的折旧和无形资产的摊销属于固定成本,这两类资产占资产总额的比例越高,固定成本占成本总额的比例一般也越高。其他条件保持相同,固定成本比例越高,企业的经营风险越大,因为这种成本结构容易导致风险传导效应的放大。

表 8-3 为微软和三大汽车公司固定资产占资产总额的情况。

表 8-3

	年份	2001	2002	2003	2004	2005	2006
微软公司	固定资产(亿美元)	23	22	23	23	30	44
	占资产总额比例	3.4%	2.8%	2.4%	3.2%	4.4%	6.9%
通用汽车	固定资产(亿美元)	695	652	688	714	767	599
	占资产总额比例	21.6%	17.7%	15.3%	14.9%	16.1%	32.2%
福特汽车	固定资产(亿美元)	784	761	738	656	633	683
	占资产总额比例	28.4%	25.8%	23.8%	21.9%	22.9%	24.5%
戴克汽车	固定资产(亿美元)	713	588	524	565	663	710
	占资产总额比例	34.4%	31.4%	29.4%	30.9%	32.9%	37.4%

一般地说,固定资产占资产总额的比例越高,表明企业面临的技术风险也越大。这是因为资本密集型的企业,其固定资产遭受技术陈旧的可能性较大,特别是新技术的出现,容易导致这类企业因技术陈旧而不得不对固定资产计提减值准备。此外,为了使其技术跟上行业发展的步伐,资本密集型的企业还必须将经营活动千辛万苦赚得的现金流量不断用于固定资产的更新换代,加大了未来期间的资金需求。

⑪ 其他非流动资产项目质量分析

无形资产,是指企业拥有或者控制的没有实物形态的可辨认非货币性资产。包括专利权、非专利技术、商标权、著作权、土地使用权和特许经营权。

商誉是指能在未来期间为企业经营带来超额利润的潜在经济价值,或一家企业预期的获得能力超过可辨认资产正常获得能力的资本化价值。商誉的本质是并购方看重被并购方整体未来的发展潜力和获得能力而愿意支付的溢价,是被并购方不可辨认的部分资产的价值,包括品牌、市场影响力及并购企业间的协同效应等。

长期待摊费用是指企业已经发生但尚未摊销的,摊销期在一年以上(不含一年)的各种费用。实质上是按照权责发生制原则资本化的支出,本身没有交换价值,不可转让,因而根本没有变现性,营利性的大浪要视具体项目情况而定。

(2) 资本结构质量分析

资本结构是指企业各种资本的价值构成及其比例关系,是企业一定时期筹资组合的结果。广义的资本结构是企业全部资本的构成及其比例关系。企业一定时期的资本可分为债务资本和股权资本,也可根据时间长短分为短期资本和长期资本。资本结构分析可以从静态角度观察资本的构成,衡量企业的财务实力,评价企业的财务风险,同时结合企业的盈利能力和经营风险,评价其资本结构的合理性。也可以从动态角度分析企业资本结构的变动情况,对资本结构的调整情况及对股东收益可能产生的影响做出评价。

负债是指企业在某一特定日期承担的,过去的交易或者事项形成的,预期会导致经济利益流出企业的现时义务。在会计报表上,负债按其偿还期的长短分为流动负债和非流动负债。按性质可分为经营性负债和融资性负债。经营性负债是指企业在生产经营过程中形成的负债,比如,应付账款、预收账款和应付职工薪酬等,这些负债都是在经营过程中必然会产生的,都是正常的。融资性负债是指企业通过融资、借贷得到的负债资金,包括短期借款、一年内到期的长期负债等。分析时一定要注意这些有息负债的融资成本、年限、是否有偿还能力。分析负债结构时要与企业的商业模式结合起来看待。

负债又可分强制性负债和非强制性负债。强制性负债包括当期必须支付的应付票据、应付账款、银行借款、应付股利以及契约性负债等。非强制性负债主要有预收账款、部分应付账款,其他应付款等。

① 短期偿债能力分析

短期借款是由于经营周转产生的,主要用于企业的经营周转、偿还期短,有利于节约利息支出,大多数是依靠流动资产或者新的流动负债去偿还。

流动比率也称营运资金比率或真实比率,是指企业流动资产与流动负债的比率,是反映企业短期偿债能力的指标。计算公式为:

流动比率=流动资产/流动负债×100%

一般来说,这个比率越高,说明企业资产的变现能力越强,短期偿债能力亦越强;反之则反。一般认为流动比率应在2:1以上。流动比率2:1,表示流动资产是流动负债的两倍,即使流动资产有一半在短期内不能变现,也能保证全部的流动负债得到偿还。当然,不同行业经营情况不同,其流动比率的正常标准会有所不同。应当说明的是,这个比率并非越高越好。流动比率过高,即流动资产相对于流动负债太多,可能是存货积压,也可能是持有现金太多,或者两者兼而有之;企业的存货积压,说明企业经营不善,存货可能存在问题;现金持有太多,说明企业不善理财,资金利用效率过低。

速动比率,是指速动资产对流动负债的比率。它是衡量企业流动资产中可以立即变现用于偿还流动负债的能力。

速动比率的高低能直接反映企业的短期偿债能力强弱,它是对流动比率的补充,并且比流动比率反映得更加直观可信。如果流动比率较高,但流动资产的流动性却很低,则企业的短期偿债能力仍然不高。在流动资产中有价证券一般可以立刻在证券市场上出售,转化为现金、应收账款、应收票据、预付账款等项目,可以在短时期内变现,而存货、待摊费用等项目变现时间较长,特别是存货很可能发生积压、滞销、残次、冷背等情况,其流动性较差,因此流动比率较高的企业，并不一定偿还短期债务的能力很强，而速动比率就避免了这种情况的发生。

现金流量负债比率，该指标从现金流入和流出的动态角度对企业的实际偿债能力进行考察，反映本期经营活动所产生的现金净流量足以抵付流动负债的倍数，反映企业当期偿付短期负债的能力。

由于净利润与经营活动产生的现金净流量有可能背离，有利润的年份不一定有足够的现金（含现金等价物）来偿还债务，所以利用以收付实现制为基础计量的现金流动负债比率指标，能充分体现企业经营活动所产生的现金净流量，可以体现企业在多大程度上保证当期流动负债的偿还，直观地反映出企业偿还流动负债的实际能力。

一般该指标大于1，表示企业流动负债的偿还有可靠保证。该指标越大，表明企业经营活动产生的现金净流量越多，越能保障企业按期偿还到期债务，但也并不是越大越好，该指标过大则表明企业流动资金利用不充分，盈利能力不强。

② 长期偿债能力分析

银行信贷政策及资金市场的资金供求状况，为了满足企业对资金的长期需要，保持企业权益结构的稳定性，调整企业负债结构和财务风险。

资产负债率又称举债经营比率，它是用以衡量企业利用债权人提供资金进行经营活动的能力，以及反映债权人发放贷款的安全程度的指标。如果资产负债比率达到100%或超过100%说明公司已经没有净资产或资不抵债。负债比重较低，一方面说明本公司资金中来自债权人的部分较小，公司还本付息的压力较小，财务状况较为稳定；另一方面也说明本公司利用债权人资本进行生产经营活动的能力较差。要判断资产负债率是否合理，首先要明确判断角度。

从债权人的立场看：他们最关心的是贷给企业的款项的安全程度，也就是能否按期收回本金和利息。如果股东提供的资本与企业资本总额相比，只占较小的比例，则企业的风险将主要由债权人负担，这对债权人来讲是不利的。因此，他们希望债务比例越低越好，企业偿债有保证，则贷款给企业不会有太大的风险。

从股东的角度看，由于企业通过举债筹措的资金与股东提供的资金在经营中发挥同样的作用，所以，股东所关心的是全部资本利润率是否超过借入款项的利率，即借入资本的代价。在企业所得的全部资本利润率超过因借款而支付的利息率时，股东所得到的利润就会加大。如果相反，运用全部资本所得的利润率低于借款利息率，则对股东不利，因为借入资本多余的利息要用股东所得的利润份额来弥补。因此，从股东的立场看，在全部资本利润率高于借款利息率时，负债比例越大越好；否则反之。

从经营者的立场看，如果举债很大，超出债权人心理承受程度，企业就借不到钱。如果企业不举债，或负债比例很小，说明企业畏缩不前，对前途信心不足，利用债权人资本进行经营活动的能力很差。

从财务管理的角度来看，企业应当审时度势，全面考虑，在利用资产负债率进而制定借入资本决策时，必须充分估计预期的利润和增加的风险，在二者之间权衡利害得失，做出正确决策。

③ 所有者权益的质量分析

股东权益，也叫作所有者权益，是指企业资产扣除负债后由所有者享有的剩余权益，一般包括企业所有者的投入资本（实收资本和资本公积的合计数）、其他综合收益和留存收益（盈余公积和未分配利润的合计数）等内容。

实收资本（股本）所包含的质量信息，关注股权结构、股权性质以及股东构成情况。

资本公积所包含的质量信息。

其他综合收益所包含的质量信息，这部分并不产生真实的财务后果，并不代表所有者真正享有的权益。

投入资本与留存收益的比例关系所包含的质量信息。

产权比率不仅反映了由债务人提供的资本与所有者提供的资本的相对关系，而且反映了企业自有资金偿还全部债务的能力，因此它又是衡量企业负债经营是否安全有利的重要指标。一般来说，这一比率越低，表明企业长期偿债能力越强，债权人权益保障程度越高，承担的风险越小，一般认为这一比率为1∶1，即100%比较合适。产权比率高，是高风险、高报酬的财务结构；产权比率低，是低风险、低报酬的财务结构。计算公式如下：

产权比率＝股东权益／总负债×100%

权益系数＝总资产／股东权益×100%

④ 资本结构质量分析

资本成本与投资效益的匹配性，只有当体现未来投资效益的资产报酬率大于企业的综合资本成本时，企业才能在向资金提供者支付报酬以后获取到适当的净利润。

资本的期限结构与资产结构的协调性。

资本结构面对企业未来资金需求的财务弹性，虽然企业可通过提高财务杠杆比率，获得明显的财务杠杆效应和抵税效应，从而有助于提高企业价值，但在过高的财务杠杆比率下，企业财务上将面临着较大的破产风险。

资本结构所决定的控制权结构与治理结构的合理性。

3. 利润损益表分析

（1）收入质量的分析

企业是靠利润生存的吗？20世纪90年代是西方发达国家经济发展最辉煌灿烂的10年，但还是有不少企业破产倒闭。经验数据表明，这一时期每四家破产倒闭的企业，有三家是盈利的，只有一家是亏损的。这说明企业不是靠利润生存的。那么，企业到底是靠什么生存的呢？答案是，企业靠现金流量生存。只要现金周转失灵，资金链条断裂，则企业必死无疑。因此，老练的报表使用者在分析利润表时，首先应当关注的是收入质量。因为销售商品或提供劳务所获得的收入，是企业最稳定、最可靠的现金流量来源。通过分析收入质量，报表使用者就可评估企业依靠具有核心竞争力的主营业务创造现金流量的能力，进而对企业能否持续经营作出基本判断。此外，将企业收入与行业数据结合在一起，报表使用者还可以计算出市场占有率，而市场占有率是评价一个企业是否具有核心竞争力的最重要硬指标。

企业收入分析的内容包括收入的确认与计量分析，影响收入的价格因素与销售量因素分析、企业收入的构成分析等。

表8-4列示了微软与三大汽车公司1999—2006年的趋势报表。其编制方法是，以四家公司1999年的销售收入为基数，分别将2000—2006年的销售收入除以1999年的销售收入。

收入质量分析侧重于观察企业收入的成长性和波动性。成长性越高，收入质量越好，说明企业通过主营业务创造现金流量的能力越强。波动性越大,收入质量越差,说明企业现金流量创造能力和核心竞争力越不稳定。

表 8-4 微软与三大汽车公司销售收入趋势报表

	年份	2001	2002	2003	2004	2005	2006
微软公司	亿美元	230	253	284	322	368	398
	趋势比	100%	110%	123%	140%	160%	173%
通用汽车	亿美元	1690	1739	1691	1773	1855	1935
	趋势比	100%	103%	99%	105%	110%	115%
福特汽车	亿美元	1601	1698	1609	1623	1642	1709
	趋势比	100%	106%	100%	101%	103%	107%
戴克汽车	亿欧元	1482	1603	1540	1474	1364	1421
	趋势比	100%	108%	104%	99%	92%	96%

(2) 毛利率的分析

毛利率等于销售毛利除以销售收入,其中销售毛利等于销售收入减去销售成本与销售税金之和。毛利率的高低不仅直接影响了销售收入的利润含量,而且决定了企业在研究开发和广告促销方面的投入空间。在激烈的竞争环境下,企业的可持续发展在很大程度上取决于企业的产品质量和产品品牌。毛利率越高,不仅表明企业所提供的产品越高端,也表明企业可用于研究开发以提高产品质量、可用于广告促销以提升企业知名度和产品品牌的空间越大。而研究开发和广告促销的投入越多,企业就可以培育更多的利润增长点,从而确保企业发展的可持续性(见表8-5)。

表 8-5

会计年度	通用汽车	福特汽车	戴克汽车	微软公司
2001	9.2%	1.8%	16.1%	86.3%
2002	7.8%	6.8%	18.8%	81.6%
2003	8.0%	6.2%	19.4%	81.2%
2004	6.9%	7.7%	19.3%	81.8%
2005	2.7%	5.8%	17.9%	84.4%
2006	4.8%	-3.9%	17.1%	79.1%

(3) 利润质量的分析

利润是企业为其股东创造价值的最主要来源,是衡量企业经营绩效的最重要指标。与收入质量的分析方法一样,利润质量的分析也是侧重于成长性和波动性。成长性越高、波动性越小,利润质量也越好;反之亦然。

① 对利润结构变动分析主要是在对利润表垂直分析的基础上,揭示各项利润与相应的

收入、成本费用之间的关系,以及反映企业各环节的利润构成、收入及成本费用水平。

成本费用利润率反映了企业在当期发生的所有成本费用所带来的收益的能力。成本费用利润率指标表明每付出1元成本费用可获得多少利润,体现了经营耗费所带来的经营成果。该项指标越高,利润就越大,反映企业的经济效益越好。

成本费用利润率=利润总额/成本费用总额×100%

成本费用总额=营业成本+营业税金及附加+销售费用+管理费用+财务费用

② 通过对利润表的水平分析,从利润的形成角度,反映利润额的变动情况。

提示企业在利润形成过程中的管理业绩及存在的问题。

4. 现金流量表分析

现金流量是企业生存和发展的"血液"。众所周知,现金流量表分为三大部分:经营活动产生的现金流量、投资活动产生的现金流量、筹资活动产生的现金流量。经营活动产生的现金流量相当于企业的"造血功能",投资活动产生的现金流量相当于企业的"放血功能",而筹资活动产生的现金流量则相当于企业的"输血功能"。当"造血功能"大于"放血功能"时,企业不靠"输血"(股东注资或银行贷款)也可高枕无忧;反之,当"放血功能"大于"造血功能"时,企业只有依靠"输血"(股东注资或银行贷款)才能安然无恙。

现金流量可以从经营性现金流量(Operational Cash Flow)和自由现金流量(Free Cash Flow)这两个角度进行分析。

(1)经营性现金流量的分析

如前所述,经营活动产生的现金流量相当于企业的"造血功能",即不靠股东注资、不靠银行贷款、不靠变卖非流动资产,企业通过其具有核心竞争力的主营业务就能够独立自主地创造企业生存和发展的现金流量。如果经营性现金流入显著大于现金流出,表明其"造血功能"较强,对股东和银行的依赖性较低;如果经营性现金流量入不敷出(现金流出大于现金流入)且金额巨大,表明企业的"造血功能"脆弱,对股东和银行的依赖性较高。

表 8-6   单位:亿美元

会计年度	微软公司	通用汽车	福特汽车	戴克汽车
2001	145	122	219	155
2002	158	84	178	180
2003	146	-23	208	165
2004	166	94	150	111
2005	144	-168	146	124
2006	178	-118	96	140

(2)自由现金流量的分析

在现金流量的分析中,经营性现金流量固然重要,但更重要的是自由现金流量。经营性现金流量虽然能够揭示企业"造血功能"的强弱,但即使是正值的经营性现金流量也未必代表企业可将其全部用于还本付息或支付股利。衡量企业还本付息和支付股利能力最重要的指标是自由现金流量。从定性的角度看，自由现金流量是指企业在维持现有经营规模的前提下，能够自由处置（包括还本付息和支付股利）的经营性现金净流量。从定量的角度看，自由现金流量等于经营活动产生的现金流量减去维持现有经营规模所必需的资本性支出（更新改造固定资产的现金流出）。这是因为，固定资产经过使用，必然会陈旧老化，经营活动产生的现金流量首先必须满足其更新改造固定资产的现金需求，剩余部分才可用于还本付息和支付股利。将自由现金流量与企业还本付息、支付股利所需的现金流出进行比较，就可评价企业创造现金流量的真正能力。

① 公司经营活动所产生的现金流入量与流出量相减后为净流入还是净流出？在正常情况下，公司经营活动所产生的现金流入量减去流出量后应为净流入，且净流入越大，表明企业财务状况越好。如果出现净流出则需查明其原因，一种情况是公司处于成长期，公司为扩大下年度的经营和销售规模，在存货、广告和人员工资上支出较多，其缺口资金通常要由借入债务资金来弥补；另一种情况则是公司出现了经营亏损。

② 公司经营活动所产生的现金流量与净收益的关系。净收益采用权责发生制计算，包括应收账款扣除成本后可能形成的净收益，而现金流量是当期公司收到的现金，不含应收账款。如果公司的现金流量与净收益之间存在较大的差额，可能是应收账款增加所致。还有可能是由出售对外投资股权、处置固定资产以及资产评估增值所引起的。这些原因形成的净收益增加是一次性的，不能反映公司经营的长期趋势，在公司的价值评估和业绩预测中应予剔除。

③ 公司经营活动所产生的净流量与利息支出的关系。如果公司经营活动所产生的净流量大于当期利息支出额，表明公司具有较强的偿债能力；否则，表明企业偿还债务存在困难。

④ 公司投资的流向。公司投资的流向应与发展战略以及招股说明书中所声明的资金用途相一致。

⑤ 公司投资的来源。公司的投资主要来源于内部积累，表明公司的发展能力强；否则，表明公司的发展能力较弱。

⑥ 公司筹资的资本结构。一般而言，公司投资中债权资金比重高，财务风险较大，但如果公司的盈利能力较强，可以提高股权资金的收益率。

5. 杜邦分析

杜邦财务分析体系是一种比较实用的财务比率分析体系。这种分析方法首先由美国杜邦公司的经理创造出来，故称之为杜邦财务分析体系。这种财务分析方法从评价企业绩效最具综合性和代表性的指标——权益净利率出发，层层分解至企业最基本生产要素的使用，成本与费用的构成和企业风险，从而满足通过财务分析进行绩效评价的需要，在经营目标发生异动时经营者能及时查明原因并加以修正，同时为投资者、债权人及政府评价企业提供依据。

其作用是解释指标变动的原因和变动趋势，为采取措施指明方向。

比如对股东权益报酬率可进行如下分解：

股东权益报酬率 =（税后净利/平均股东权益）×（平均总资产/平均总资产）×（销售收入/销售收入）=（税后净利/销售收入）×（销售收入/平均总资产）×（平均总资产/平均股东权益）=（销售利润率×资金周转率×权益乘数）

第一层次的分解，是把权益净利率分解为营业净利率、总资产周转率和权益乘数。这三个比率在各企业之间可能存在显著差异。通过对差异的比较，可以观察本公司与其他公司的经营战略和财务政策有什么不同。

分解出来的营业净利率和总资产周转率，可以反映公司的经营战略。一些公司营业净利率较高，而总资产周转率较低；另一些公司与之相反，总资产周转率较高而营业净利率较低。两者经常呈反方向变化。这种现象并不偶然。为了提高营业净利率，就要增加投资，引起周转率的下降。与此相反，为了加快周转，就要降低价格，引起营业净利率下降。通常，营业净利率较高的制造业，其周转率都较低，而周转率很高的零售业，营业净利率都很低。采取"高盈利、低周转"还是"低盈利、高周转"的方针，是企业根据外部环境和自身资源作出的战略选择。

总资产净利率是销售净利率和总资产周转率的乘积。销售净利率反映了企业利润总额与销售收入的关系，从这个意义上看提高销售净利率是提高企业盈利能力的关键所在。要想提高销售净利率：一是要扩大销售收入；二是降低成本费用。而降低各项成本费用开支是企业财务管理的一项重要内容。通过各项成本费用开支的列示，有利于企业进行成本费用的结构分析，加强成本控制，以便为寻求降低成本费用的途径提供依据。

分解出来的财务杠杆（以权益乘数表示）可以反映企业的财务政策。在总资产净利率不变的情况下，提高财务杠杆可以提高权益净利率，但同时也会增加财务风险。负债比率越大，权益乘数越高，说明企业有较高的负债程度，给企业带来较多的杠杆利益，如保险企业中国平安，同时也给企业带来了较多的风险，如万达集团海航集团等。一般而言，资产净利率较高的公司，财务杠杆较低；反之亦然。

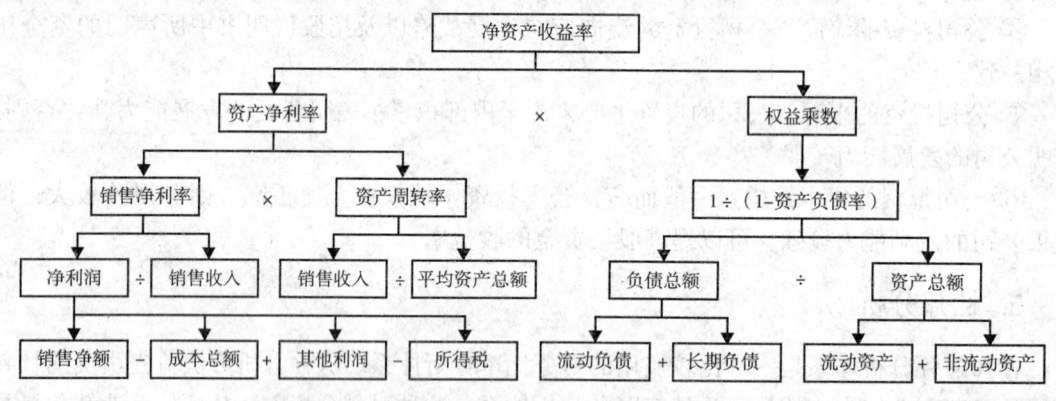

图 8-1

6. 央行资产负债表

现代信用货币制度下，中央银行通过资产扩张发行基础货币，商业银行通过资产扩张创造广义货币，总体上形成广义货币以基础货币为备付金实现派生的货币供给体系。广义货币是商业银行的负债，基础货币是中央银行的负债，因此是银行信用创造了货币，或者银行信用（负债）本身就是货币。货币是流动性的主要来源，但不完全等同于流动性，因为货币还承担着价值储藏等资产性功能。流动性可以认为是一种变现能力，不同口径的货币内涵的流动性能力也不同，比如广义货币中由于包含定期存款，流动性肯定不如狭义货币或基础货币。

从实体经济需求到银行信贷资产创造，到广义货币对实体经济的流动性支持，形成一个

"货币—信用—经济"的良性循环闭环。

（1）资产

中央银行的资产业务反映的是央行对资金的运用情况，包括国外资产、国内资产（对政府的债权、对其他存款性公司债权、对其他金融性公司债权、对非金融性部门债权、其他资产）共7项资产科目。其中占比最大的两项分别是国外资产（尤其是国外资产中的外汇）和对其他存款性公司的债权。

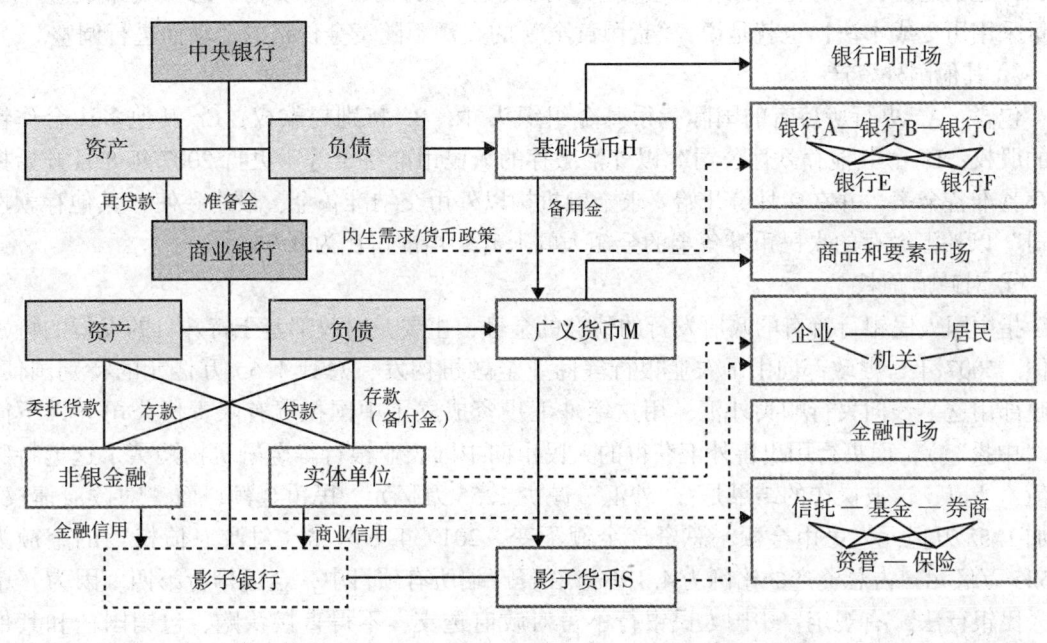

图 8-2

表 8-7　　　　　　　　　　　　　　　　　　　　　　　　　　　　　　　　　　　单位：万亿

项目	2019.12	项目	2019.12
国外资产	218638.72	储备货币	324174.95
外汇	212317.26	货币发行	82859.05
货币黄金	2855.63	金融性公司存款	226023.86
其他国外资产	3465.84	非金融机构存款	15292.04
国内资产	137622.49	不计入储备货币的金融性公司存款	4574.4
对政府债权	15250.24	发行债券	1020
对其他存款性公司债权	117748.86	国外负债	841.77
对其他金融性公司债权	4623.39	政府存款	32415.13
其他资产	14869.26	自有资金	219.75
		其他负债	7884.49
总资产	371130.48	总负债	371130.48

① 外汇

就是我们通常说的"外汇占款",是央行资产负债表中最重要,也是目前占比最高的资产,大约占央行总资产的57%。

② 货币黄金

是央行作为储备持有的黄金,具有以下作用:平衡国际收支,维持或影响汇率水平;稳定国民经济、抑制通货膨胀、提高国际资信。1999年到2019年"货币黄金"的金额呈阶梯增长,也就是说,央行每隔几年都会购入一批黄金。央行资产负债表中的"货币黄金"的计量采用历史成本法,也就是说,"货币黄金"的金额不随黄金价格的变动而进行调整。

③ 其他国外资产

包含:A. 央行所持有的国际货币基金组织头寸;B. 特别提款权;C. 其他多边合作银行的股权;D. "其他存款性公司"以外汇缴存的人民币准备金等。央行2007年8月开始提升存款准备金率,并在9月份开始要求金融机构以外币交纳准备金,最终致使"其他存款性公司"以外汇缴存的人民币准备金的金额大幅上升。当前占比为0.9%。

④ 对政府债权

指中国人民银行持有的政府发行的债券的金额,主要是财政部基于特殊目的发行的特别国债。2007年,财政部向中国农业银行等商业金融机构发行总计1.55万亿元的特别国债,财政部用这笔钱向央行购买外汇,用这笔外汇投资成立了中国投资有限责任公司(以下简称"中投"),而央行用出售外汇获得的人民币向中国农业银行等金融机构购买了这笔特殊国债,所以,这波操作的结果是:"外汇"减少1.55万亿元人民币金额,而"对政府债权"增加1.55万亿元人民币金额,总资产金额不变。2019年6月,"对政府债权"的金额为1.525万亿元,占总资产的比例为4.19%,在资产端所有项目中,金额排行第四。因为《中国人民银行法》有规定:中国人民银行不得对政府透支,不得直接认购、包销国债和其他政府债权。

⑤ 对其他存款性公司债权

其他存款性公司中的"其他"指的是除央行之外的存款性公司,主要包括:商业银行、城商行、农商行以及政策性银行。对其他存款性公司的债权主要是指央行对这些银行使用的数量性和结构性货币政策工具,向经济体中投放基础货币,维护市场流动性。数量性货币政策工具主要包括再贷款、再贴现、逆回购;结构性货币政策工具有:常备贷款便利(SLF)、中期借贷便利(MLF)、流动性调节工具(SLO)与抵押补充贷款余额等。这部分是除外汇以外的第二大资产,占总资产的比例大约为32%。

⑥ 对其他金融性公司债权

主要是中国人民银行向其他金融性公司,如证券、基金、保险、信托以及金融租赁公司等,发放的再贷款。它的作用主要是在发挥金融稳定和最后贷款人的职能,以防范系统性金融风险的发生。

区分:"对其他存款性公司债权"与"对其他金融性公司债权"之间的差别不仅在它们所涵盖不同类型的金融机构,另一个主要原因是两者反映了央行投放流动性的不同目的。"对其他存款性公司债权"主要是央行为维持货币市场流动性主动投放基础货币方式,"对其他金融性公司债权"科目则反映的是央行为维持金融市场稳定性而展开的再贷款。

⑦ 其他资产

是资产端没有划分类别的资产项的汇总，此项历史因素太多，已经无法知道该项的具体内容。"其他资产"开始存在的年份是2002年，最开始只有3681.64亿元，到2019年6月，"其他资产"的金额增加到2.312万亿元，占比6.36%。

(2) 负债业务

央行的负债业务反映的是央行资金的来源，主要包括储备货币、不计入储备货币的金融性公司存款、发行债券、国外负债、政府存款、自有资金、其他负债7项负债科目。

① 货币发行

该科目核算的是央行发行的货币，是一种信用货币，具有无限法偿能力，因此是央行对外的负债。包括流通中的现金（M0）和商业银行的库存现金两部分。

中国人民银行不能直接对公众发行货币，而必须通过商业银行的现金收付业务，也就是通过商业银行到中国人民银行提取现金（对应地减少其超额准备金）来发行货币，其中被个人储户和公司储户提取的部分就是流通中的现金，暂时没有提取的、由商业银行保管的部分就是商业银行的库存现金。货币发行并不完全是由中国人民银行决定的，而是由中国人民银行、商业银行和居民共同决定的，体现的是社会的现金需求。

② 其他存款性公司存款

央行资产负债表上的其他存款性公司存款，就是其他存款性公司（商业银行和政策性银行）的存款准备金，分为法定存款准备金和超额存款准备金，其中法定存款准备金是其他存款性公司按照中国人民银行规定的法定存款准备金率和缴存范围来计算并存放在中国人民银行的存款。与法定存款准备金相对应的是超额存款准备金，是其他存款性公司为了满足日常支付清算需求而存放在中国人民银行的头寸。因为其他存款性公司的超额存款准备金的目的是满足支付清算需要，因此基本上较为稳定，导致其他存款性公司存款变化的主要因素是法定存款准备金的变化。

③ 非金融机构存款

自2017年6月起央行负债科目"储备货币"下新增"非金融机构存款"，为支付机构交存到央行的客户备付金，也就是第三方支付机构在央行的存款，如支付宝，余额宝等。表明央行对各大支付平台监管力度越来越大，防范机构被挤兑风险。2018年6月，中国人民银行发布《关于支付机构客户备付金全部集中交存有关事宜的通知》，要求自2018年7月9日起，按月逐步提高支付机构客户备付金集中交存比例，到2019年1月14日实现100%集中交存。

④ 不计入储备货币的金融性公司存款

主要包括两部分：一是证券公司等其他金融性公司为了满足支付清算需求在中国人民银行开立账户存入的款项。二是财务公司等其他金融性公司的准备金存款。即证券、基金、保险、信托投资公司、财务公司、金融租赁公司等其他非银行金融机构也要缴纳法定存款准备金，法定存款准备金率略低于存款性商业银行。

⑤ 发行债券

央行在银行间市场发行的、由金融机构持有的央行票据，其中央行作为债务人，金融机构持有人为债权人。央行票据分为两部分，一种是为了对冲外汇占款而发行的普通央票，也是央行票据的主要部分；另一种是农村信用社改革过程中为了置换金融机构的不良资产而发行的专项央票。2004—2009 年，中国人民银行大量且频繁地采用发行央行票据的方式对冲不断增加的外汇占款，发行债券余额不断上升，但同时中国人民银行也逐渐认识到使用央票对冲外汇占款的问题，例如对冲效率不断下降，需要不断发行新的央票以替代不断到期的原有央票，且需要支付一定利息，等等。

⑥ 政府存款

中央国库和地方国库均由中国人民银行经理，央行资产负债表上的政府存款即国库库款，包括中央国库库款、地方国库库款。这一方面体现了中国人民银行履行经理国库的职能，另一方面也为中国人民银行提供了稳定的资金来源，支持其执行各种货币政策。

⑦ 国外负债

国外负债即中国人民银行对非居民的负债，主要是国外央行或者外国金融机构出于国际合作或者资金清算的目的在中国人民银行存放的资金，在中国人民银行总负债中的占比不足 1%。

⑧ 自有资金

中国人民银行的自有资金是中央银行资本金。中国人民银行的全部资本由国家出资，因此自有资金即国家资本。

⑨ 其他负债

其他负债主要是正回购余额和其他负债（如经营负债等），金融机构以外币缴存的人民币存款准备金计入其他负债，但是主要变动部分为正回购余额。

三、实验材料

【例 8-1】某工厂购进一小型设备，已知设备价值 5 万元，若该设备可使用 5 年，5 年后剩余价值为 8000 元，分别采用四种不同的折旧函数计算该设备每年的折旧价值是多少？

【例 8-2】2019 年 1 月 1 日，中江信托支付 1100 万元从深圳证券交易所购买了中国平安集团发行的面值为 1000 万元、票面利率为 4%、5 年期债券作为以公允价值计量及其变动计入其他综合收益的金融资产，每年末支付当年债券利息，本金到期一次偿还。利用 Excel 模型计算出相关数据，并列出相应的会计分录。

【例 8-3】从同花顺或 WIND 下载五粮液、恒瑞医药、牧原股份、中国平安、亚泰集团、招商银行、恒生电子七家上市公司财务基本数据，然后根据这些数据，分别对这些公司进行杜邦分析。

【例 8-4】利用例 8-3 下载的数据，分析资产负债表，然后分别对这些公司的资产结构和资本结构以及运营管理能力进行分析。

【例 8-5】利用例 8-3 下载的数据，分析现金流量表，然后分别对这些公司的偿债能力进行分析。

【例 8-6】利用例 8-3 下载的数据，分析利润损益表，然后分别对这些公司的盈利能力和可持续发展能力进行分析。

【例 8-7】从中国人民银行网站（http：//www.pbc.gov.cn/）下载货币当局资产负债表、存款类金融机构人民币信贷收支表两种数据。依次模拟并观察央行 MLF 操作（增加 50）、货币发行（20）、缴税（100）、存款准备金（降 1%）等情况下对央行和商业银行资产负债表的影响。

表 8-8

央行资产		央行负债	
外汇占款	350	货币发行	100
政府债权	0	其他存款性公司存款	150
MLF	0	政府存款	100
总资产	350	总负债	350
外汇占款	350	货币发行	100
商业银行资产		商业银行负债	
存款准备金	150	吸收存款	1000
库存现金	10	对中央银行负债	0
发放贷款	840		
总资产	1000	总负债	1000

四、实验步骤

【例 8-1】

说明：企业应当根据与固定资产有关的经济利益的预期实现方式，合理选择折旧方法。我国会计准则中可选用的折旧方法包括年限平均法、年数总和折旧法、固定余额折旧法和双倍余额递减法。

第一步：在 Excel 建立新的工作簿 8-1，在单元格中输入相关信息和基础数据，如表 8-9 所示，其中 D10：D13 设置为四种折旧方法作为下一步制作控件的数据源。

表 8-9

	A	B	C	D
1		含义	符号	数值
2		固定资产金额	Cost	50000
3		资产残值	Salvage	8000
4		使用年限	Life	5
5		折旧时期	Period	
6		第一年月份数	Month	
7		余额递减速率	Factor	3
8		折旧方法		
9	年份	1		数据源
10		2		直线折旧
11		3		年限总和折旧
12		4		固定余额递减折旧
13		5		双倍余额递减折旧
14		残值	8000	

第二步：在 C8 单元格中插入一个组合框控件：点击菜单【开发工具】→【插入控件】→【插入组合框】→【设置控件格式】，弹出图 8-3 对话框。在对话框的"数据源区域"输入折旧的四种类型，即单元格 D9：D12，在单元格链接对话框里输入 D8。

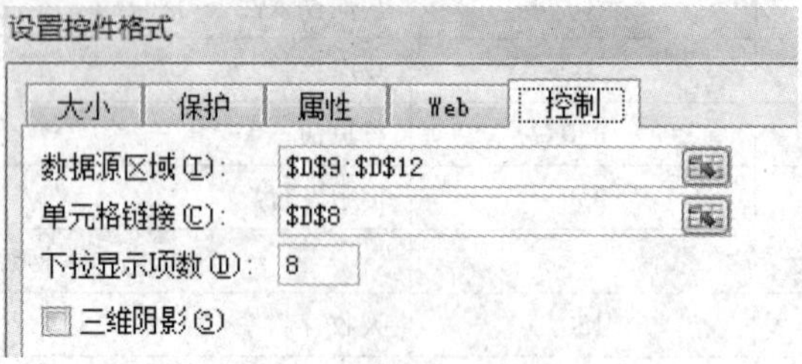

图 8-3

第三步：输入折旧公式。

在单元格 C9 中输入公式：

=IF($D$9=1, SLN($D$3, $D$4, $D$5), IF($D$9=2, SYD($D$3, $D$4, $D$5, B10),

IF($D$9=3, DB($D$3, $D$4, $D$5, B10), DDB($D$3, $D$4, $D$5, B10, 3))))

然后，对单元格 C10：C13 进行公式填充：首先，用鼠标选中单元格 C9，鼠标移至单元格的右下角，当鼠标变成黑十字星时，按住鼠标左键一直往下填充到 C13。结果如表 8-10 所示。

表 8-10

	A	B	C	D
8		折旧方法	直线折旧	1
9		1	8400	直线折旧
10		2	8400	年限总和折旧
11		3	8400	固定余额递减折旧
12		4	8400	双倍余额递减折旧
13		5	8400	
14		残值	8000	

第四步：点击组合框，得到不同折旧方法下的各年度折旧值，当选择年限总和折旧法时，所得到的结果如表 8-11 所示。

表 8-11

	A	B	C	D
8		折旧方法	年限总和折旧 ▼	2
9		1	14000	直线折旧
10		2	11200	年限总和折旧
11		3	8400	固定余额递减折旧
12		4	5600	双倍余额递减折旧
13		5	2800	
14		残值	8000	

【例 8-2】

第一步：在 Excel 建立新的工作簿 8-2，在单元格中输入相关信息和基础数据，并对支付金额制作一个调节控件，即在单元格 F2 输入"=D3*（2-F1/10）"。在单元格 F3 输入"=RATE（B2，D3*B3，-F2，D3，0，0）"，用于计算当债券现值发生变化时的市场利率。在单元格 B7：B11 区域输入"=$D$3*$B$3"，单元格 B12 输入"=SUM（B7：B11）"，结果如表 8-12 所示。

表 8-12

	A	B	C	D	E	F
1	基本参数					▲▼
2	债券期限	5	付息频率	1	支付金额	1100
3	票面利率	4%	票面价值	1000	市场利率	1.89%
4						
5	计息日期	应收利息	实际利息收入	利息调整的摊销	未摊销利息调整	期末摊余成本
6	2019/1/1					
7	2020/1/1	40				
8	2021/1/1	40				
9	2022/1/1	40				
10	2023/1/1	40				
11	2024/1/1	40				
12	合计	200				

第二步：计算实际利息收入和期末摊余成本等数据。按表 8-13 在相应单元格输入相关计算公式。

表 8-13

单元格	公式	单元格	公式	单元格	公式
C7	=F6*$F$3	D7	=B7-C7	E6	=F2-D3
C8	=F7*$F$3	D8	=B8-C8	E7	=E6-D7
C9	=F8*$F$3	D9	=B9-C9	E8	=E7-D8
C10	=F9*$F$3	D10	=B10-C10	E9	=E8-D9
C11	=F10*$F$3	D11	=B11-C11	E10	=E9-D10
C12	=SUM（C7：C11）	D12	=SUM（D7：D11）	E11	=E10-D11
F6	=F2-D6	F7	=F6-D7	F8	=F7-D8
F9	=F8-D9	F10	=F9-D10	F11	=F10-D11

计算结果如表 8-14 所示。

表 8-14

	A	B	C	D	E	F
1	基本参数					▲▼
2	债券期限	5	付息频率	1	支付金额	1100
3	票面利率	4%	票面价值	1000	市场利率	1.89%
4						
5	计息日期	应收利息	实际利息收入	利息调整的摊销	未摊销利息调整	期末摊余成本
6	2019/1/1				100	1100
7	2020/1/1	40	20.74	19.26	80.74	1080.74
8	2021/1/1	40	20.38	19.62	61.12	1061.12
9	2022/1/1	40	20.01	19.99	41.12	1041.12
10	2023/1/1	40	19.63	20.37	20.75	1020.75
11	2024/1/1	40	19.25	20.75	0.00	1000.00
12	合计	200	100.00	100.00		

第三步：计算每年公允价值变动金额。

在 H7 单元格输入公式"=G7-F7-I6"，并向下填充至 H11 单元格。

在 I7 单元格输入公式"=I6+H7"，并向下填充至 I11 单元格。结果见表 8-15。

表 8-15

	G	H	I
6	公允价值	公允价值变动额	公允价值变动累计金额
7	1100	0	0
8	1210	129.26	129.26
9	1391.5	201.12	330.38
10	1669.8	298.29	628.68
11	1586.31	−63.12	565.56
12	1427.679	−137.88	427.68

第四步：会计分录。

当债券价值为1100元溢价发行时的会计处理如下：

（1）购入债券时的会计分录

借：其他债权投资——成本　　　　　　　　　　　　　　　1000
　　其他债权投资——利息调整　　　　　　　　　　　　　100
　　贷：银行存款　　　　　　　　　　　　　　　　　　　　　　1100

（2）2020年末，确认债券利息收入及收到债券利息时的会计分录

借：应收利息　　　　　　　　　　　　　　　　　　　　　40
　　贷：投资收益　　　　　　　　　　　　　　　　　　　　　　20.74
　　　　其他债权投资——利息调整　　　　　　　　　　　　　　19.26
借：银行存款　　　　　　　　　　　　　　　　　　　　　40
　　贷：应收利息　　　　　　　　　　　　　　　　　　　　　　40
借：其他债权投资——公允价值变动　　　　　　　　　　　129.26
　　贷：其他综合收益——其他债权投资公允价值变动　　　　　　129.26

2021—2024年的会计分录与2020年一样，只是金额用表8-16中对应的数据替代就可以了。

表 8-16

	科目	2021年	2022年	2023年	2024年
借	应收利息	40	40	40	40
贷	投资收益	20.38	20.01	19.63	19.25
贷	其他债权投资——利息调整	19.62	19.99	20.37	20.75
借	银行存款	40	40	40	40
贷	应收利息	40	40	40	40
	其他债权投资——公允价值变动	201.12	298.29	−63.12	−137.88
	其他综合收益——其他债权投资	201.12	298.29	−63.12	−137.88

(3) 债券到期收回本金

借：银行存款　　　　　　　　　　　　　　　　　　　　　　1000
　　贷：债权投资——成本　　　　　　　　　　　　　　　　　　1000

第五步：通过调节控件分别计算债券在平价1000元、溢价1100元和折价900元情况下的实际利息收入、利息调整的摊销、未摊销利息调整、期末摊余成本和公允价值变动。

【例8-3】

第一步：从同花顺或WIND软件下载五粮液、恒瑞医药、牧原股份、中国平安、亚泰集团、招商银行、恒生电子七家上市公司财务基本数据，经整理后输入到Excel单元格中，并把工作簿另存为"数据源1"。

第二步：对"数据源1"工作簿的数据定义名称。

选中所有数据，点击菜单栏【公式】→【根据所选内容创建】，勾选"首行"，将首行的值创建为名称，即可得到公司名称、科目和不同年度数据的变量。可以在【名称管理器】中查看定义名称情况。

第三步：创建8-3工作簿，根据杜邦分析公式，建立基本分析数据框架。如表8-17所示。

表 8-17

	A	B	D	E	G	H
1			净资产收益率			
2						
3	销售净利率		资产周转率		权益系数	
4						
5	净利润	营业收入	流动资产	长期资产	流动负债	长期负债
6						
7	营业成本	投资净收益	货币资金	可供出售金融资产	短期借款	长期借款
8						
9	销售费用	其他收益	交易性金融资产	长期股权投资	应付票据	应付债券
10						
11	管理费用	资产减值损失	应收账款	固定资产	应付账款	预计负债
12						
13	财务费用	营业外收入	应收票据	在建工程	预收款项	递延所得税负债
14						
15	研发费用	营业外支出	预付款项	无形资产	应付职工薪酬	递延收益——非流动负债
16						
17	所得税	税金及附加	其他应收款	商誉	应交税费	其他非流动负债
18				长期待摊费用		
19					其他应付款	
20				递延所得税资产		

续表

	A	B	D	E	G	H
21					一年内到期非流动负债	
22			其他非流动资产	0		
23					其他流动负债	
24			投资性房地产			

第四步：设置数据有效性。

先把五粮液、恒瑞医药、牧原股份、中国平安、亚泰集团、招商银行、恒生电子七家公司定义为"公司"。

然后选中单元格 A1，点击菜单栏【数据】→【数据有效性】，设置为"序列"，设置"公司"为来源。

第五步：通过 VLOOKUP 查找命令，从"数据源 1"里获取基础数据，放入表 8-16 中。

以查找"五粮液"公司的"营业收入"为例：

（1）想要查找的内容："五粮液公司"的"营业收入"，用单元格表示为"＄A＄1&B5"。

（2）要查找的区域：工作簿"数据源 1"中的"公司名称"列、"科目"列和"年度 2018"列。

我们用公式"IF（{1,0}，公司名称&科目，年度 2018）"，将"公司名称"列和"科目"列合并为一列，并与"年度 2018"列连在一起。

（3）包含要返回的值的区域中的列号：我们通过"公司名称/科目"找到"年度 2018"对应的值，也就是包含要返回的值。其所在的列"年度 2018"位于查找区域的第二列。因此列号为"2"。

（4）返回值选精确匹配值"0"。

（5）在 B6 单元格输入公式"=VLOOKUP（＄A＄1&B5，IF（{1,0}，公司名称&科目，年度 2018），2，0）"，即可求出五粮液公司的营业收入在 2018 年度的值。

其他科目的查找，在对公式中 A1 单元格锁定后，直接复制以上公式到相应单元格即可。

表 8-18　　　　　　　　　　　　　　杜邦体系

	A	B	D	E	G	H
1	五粮液			净资产收益率		
2				21.56%		
3		销售净利率		资产周转率		权益系数
4		35.07%		0.4650		1.322
5	净利润	营业收入	流动资产	长期资产	流动负债	长期负债
6	1403865	4003019	7811017	798410	2070782	26701
7	营业成本	投资净收益	货币资金	可供出售金融资产	短期借款	长期借款

续表

	A	B	D	E	G	H
8	1048678	10086	4896004.89	120	0	0
9	销售费用	其他收益	交易性金融资产	长期股权投资	应付票据	应付债券
10	377843	10623	0	91947.8	41391.84	0
11	管理费用	资产减值损失	应收账款	固定资产	应付账款	预计负债
12	234050	1088	12733.13	526216.34	315237.48	
13	财务费用	营业外收入	应收票据	在建工程	预收款项	递延所得税负债
14	-108501	4380	1613464.2	35199.35	670673.59	0
15	研发费用	营业外支出	预付款项	无形资产	应付职工薪酬	递延收益—非流动负债
16	8408	15537	22091.68	41265.02	276929.55	26701.06
17	所得税	税金及附加	其他应收款	商誉	应交税费	其他非流动负债
18	456817	590850	87177.04	162.16	508013.55	
19	资产处置收益	公允价值变动净收益	存货	长期待摊费用	其他应付款	
20	527	0	1179546.11	11189.77	258535.57	
21			其他流动资产	递延所得税资产	一年内到期的非流动负债	
22			0	87185.97	0	
23	买入返售金融资产	衍生金融资产		其他非流动资产	其他流动负债	
24	0	0		5123.12		

第六步：计算指标值。

根据指标间的运算关系，输入以下公式：

结果如表8-19所示：

表8-19

指标	单元格	公式
净利润	A5	=B6-A8-A10-A12-A14-A16-A18-B18-B16+B8+B14+B10-B12+B20+A20
销售净利率	A3	=A6/B6
流动资产	D5	=D8+D10+D12+D14+D16+D18+D20+D22
长期资产	E5	=E8+E10+E12+E14+E16+E18+E20+E22+E24+E26
资产周转率	D3	=B6/（D6+E6)
流动负债	G5	=G8+G10+G12+G14+G16+G18+G20+G22+G24+G26
长期负债	H5	=H8+H10+H12+H14+H16+H18+H20+H22
权益系数	G3	=（D6+E6）/（D6+E6-G6-H6）
净资产收益率	D1	=A4*D4*G4

第七步：点击 A1 单元格的下拉按钮，选择不同的公司，观察不同公司的杜邦体系。

【例 8-4】

第一步：建立工作簿 8-4，把单元格 B1 通过"数据有效性"设置为"公司"序列。具体步骤可参考例 8-3。

第二步：建立基本分析数据，通过 VLOOKUP 查找命令，从"数据源 1"工作簿里获取相关数据。

按表 8-20 在相应单元格输入以下公式：

表 8-20

单元格	公 式
C3	=VLOOKUP($B$1&$B3,IF({1,0},公司名称&科目,年度2010),2,0)
D3	=VLOOKUP($B$1&$B3,IF({1,0},公司名称&科目,年度2011),2,0)
E3	=VLOOKUP($B$1&$B3,IF({1,0},公司名称&科目,年度2012),2,0)
F3	=VLOOKUP($B$1&$B3,IF({1,0},公司名称&科目,年度2013),2,0)
G3	=VLOOKUP($B$1&$B3,IF({1,0},公司名称&科目,年度2014),2,0)
H3	=VLOOKUP($B$1&$B3,IF({1,0},公司名称&科目,年度2015),2,0)
I3	=VLOOKUP($B$1&$B3,IF({1,0},公司名称&科目,年度2016),2,0)
J3	=VLOOKUP($B$1&$B3,IF({1,0},公司名称&科目,年度2017),2,0)
K3	=VLOOKUP($B$1&$B3,IF({1,0},公司名称&科目,年度2018),2,0)

复制 C3：K3 单元格，粘贴在基础数据的其他行即可。结果见表 8-21。

表 8-21

	A	B	C	D	E	…	K
1	公司名称	恒瑞医药					
2		科目	2010	2011	2012	…	2018
3		货币资金	99505	94939	132947	…	388971
4		应收账款	116247	125075	144342	…	377269
5		其他应收款	9302	15344	20947	…	101395
6		存货	17618	29999	33784	…	103057
7	基本数据	固定资产	72182	84771	117949	…	232877
8		在建工程	3899	13673	8989	…	135725
9		资产总计	389564	481802	589251	…	2236123
10		短期借款	0	0	0	…	0
11		长期借款	2000	1000	1000	…	0
12		应付债券	0	0	0	…	0
13		一年内到期的非流动负债	0	1000	0	…	0

续表

	A	B	C	D	E	...	K
14		负债合计	42080	43947	45001	...	256349
15		营业收入	374411	455039	543507	...	1741790
16		净利润	75544	94041	115141	...	406118
17		实收资本（或股本）	74943	112415	123656	...	368586
18		营业成本	60550	78414	87040	...	233457

第三步：计算资产结构、资本结构和运营能力。

根据各个指标的计算公式和已经查找出的基本数据，按表 8-22 在相应单元格设置公式。

表 8-22

	资产结构	单元格	计算公式	Excel 公式
资产结构	货币资金占比	C19	货币资金/总资产	=C3/C9
	固定资产占比	C20	固定资产/总资产	=C11/C14
	存货占比	C21	存货/总资产	=C6/C9
	资产负债率	C22	负债/资产	=C14/C9
资本结构	短期借款占比	C23	短期借款/负债总额	=C10/C14
	长期借款占比	C24	长期借款/负债总额	=C11/C14
	应付债券占比	C25	应付债券/负债总额	=C12/C14
	一年内到期的非流动负债	C26	一年内到期的非流动负债/负债总额	=C13/C14
	有息负债占比	C27	=短期借款占比+长期借款占比+应付债券+一年内到期的非流动负债	=C23+C24+C25+C26
运营能力	应收账款周转率	C28	营业收入/应收账款平均余额	=D15/（C4+D4）/2
	固定资产周转率	C29	营业收入/固定资产平均余额	=D15/（C7+D7）/2
	存货周转率	C30	营业成本/存货平均余额	=D18/（C6+D6）/2
	总资产周转率	C31	营业收入/总资产平均余额	=D15/（C9+D9）/2

输入公式后，对 D19：K31 单元格进行填充。结果见表 8-23。

第四步：点击 B1 单元格下拉按钮，选择不同的公司，观察不同公司的资产结构和资本结构以及运营管理能力。

表 8-23

	A	B	C	D	E	...	K
1		公司名称	恒瑞医药				
2		科目	2010	2011	2012	2013	...	2018
3	基本数据	货币资金	99505	94939	132947	216914	...	388971
4		应收账款	116247	125075	144342	155983	...	377269
5		其他应收款	9302	15344	20947	18803	...	101395
6		存货	17618	29999	33784	42993	...	103057
7		固定资产	72182	84771	117949	130169	...	232877
8		在建工程	3899	13673	8989	26207	...	135725
9		资产总计	389564	481802	589251	722027	...	2236123
10		短期借款	0	0	0	0	...	0
11		长期借款	2000	1000	1000	1000	...	0
12		应付债券	0	0	0	0	...	0
13		一年内到期的非流动负债	0	1000	0	1000	...	0
14		负债合计	42080	43947	45001	56440	...	256349
15		营业收入	374411	455039	543507	620307	...	1741790
16		净利润	75544	94041	115141	129205	...	406118
17		实收资本（或股本）	74943	112415	123656	136022	...	368586
18		营业成本	60550	78414	87040	115808	...	233457
19	资产结构	货币资金占比	25.54%	19.70%	22.56%	30.04%	...	17.39%
20		固定资产占比	18.53%	17.59%	20.02%	18.03%	...	10.41%
21		存货占比	4.52%	6.23%	5.73%	5.95%	...	4.61%
22		资产负债率	10.80%	9.12%	7.64%	7.82%	...	11.46%
23	资本结构	短期借款占比	0.00%	0.00%	0.00%	0.00%	...	0.00%
24		长期借款占比	4.75%	2.28%	2.22%	1.77%	...	0.00%
25		应付债券占比	0	0	0	0	...	0
26		一年内到期的非流动负债	0.00%	2.28%	0.00%	1.77%	...	0.00%
27		有息负债占比	4.75%	4.55%	2.22%	3.54%	...	0.00%
28	运营能力	应收账款周转率		0.94	1.01	1.03	...	1.25
29		固定资产周转率		1.45	1.34	1.25	...	2.01
30		存货周转率		0.823	0.682	0.754	...	0.641
31		总资产周转率		0.261	0.254	0.237	...	0.216

【例 8-5】

第一步：建立工作簿 8-5，把单元格 B1 通过"数据有效性"设置为"公司"序列。具体步骤可参考例 8-3。

第二步：建立基本分析数据：通过 VLOOKUP 查找命令，从数据源里获取相关数据，放入表 8-24。

表 8-24

	B	C	D	...	J	K
1				...		
2	科目	2010	2011	...	2017	2018
3	经营活动产生的现金流量			...		
4	销售商品收到的现金			...		
5	收到的税费返还			...		
6	收到其他与经营活动有关的现金			...		
7	购买商品支付的现金			...		
8	支付给职工现金					
9	支付的各项税费					
10	支付其他与经营活动有关的现金			...		
11	投资活动产生的现金流量			...		
12	收回投资收到的现金					
13	取得投资收益收到的现金			...		
14	处置固定资产收回的现金净额			...		
15	收到其他与投资活动有关的现金					
16	购建固定资产支付的现金					
17	投资支付的现金					
18	筹资活动产生的现金流量					
19	吸收投资收到的现金					
20	取得借款收到的现金					
21	收到其他与筹资活动有关的现金					
22	发行债券收到的现金					
23	偿还债务支付的现金					
24	分配股利利润或偿付利息支付的现金					
25	支付与筹资活动有关的现金					
27	现金变动额			...		
28	净利润					
29	流动负债					
30	负债合计					
31	资产总计					

第三步：获取数据源相关数据。

分别按表 8-25 要求在单元格输入公式。

表 8-25

单元格	公　式
C3	{=VLOOKUP($B$1&$B3,IF({1,0},公司名称&科目,年度2010),2,0)}
D3	{=VLOOKUP($B$1&$B3,IF({1,0},公司名称&科目,年度2011),2,0)}
E3	{=VLOOKUP($B$1&$B3,IF({1,0},公司名称&科目,年度2012),2,0)}
F3	{=VLOOKUP($B$1&$B3,IF({1,0},公司名称&科目,年度2013),2,0)}
G3	{=VLOOKUP($B$1&$B3,IF({1,0},公司名称&科目,年度2014),2,0)}
H3	{=VLOOKUP($B$1&$B3,IF({1,0},公司名称&科目,年度2015),2,0)}
I3	{=VLOOKUP($B$1&$B3,IF({1,0},公司名称&科目,年度2016),2,0)}
J3	{=VLOOKUP($B$1&$B3,IF({1,0},公司名称&科目,年度2017),2,0)}
K3	{=VLOOKUP($B$1&$B3,IF({1,0},公司名称&科目,年度2018),2,0)}

输入公式之后，复制 C3：K3 单元格，粘贴在基础数据的其他行即可。

第四步：计算现金净流量。

分别按表 8-26 在单元格输入公式。

表 8-26

单元格	公　式
C2	=C3+C4+C5-C6-C7-C8-C9
C10	=C11+C12+C13+C14-C15-C19
C20	=C21+C22+C23-C24-C25-C26
C27	=C2+C10+C20

输入公式之后，将其他年份进行填充。

第五步：计算指标。

分别按表 8-27 在单元格输入公式。

表 8-27

资产结构	单元格	计算公式	Excel 公式
经营现金比率	C32	经营活动现金净流量/流动负债	=C2/C29
债务保障率	C33	经营活动现金净流量/负债总额	=C2/C30
全部资产现金回收率	C34	经营活动现金净流量/总资产	=C2/C31

输入公式之后，将其他年份进行填充。

第六步：通过选择不同的公司，查看相关指标的变化情况，并进行对比分析。

【例 8-6】

第一步：建立工作簿 8-6，把单元格 B1 通过"数据有效性"设置为"公司"序列。具体步骤可参考例 8-3。

第二步：建立基本分析数据：通过 VLOOKUP 查找命令，从数据源里获取相关数据，放入表 8-28。

表 8-28

	B	C	D	E	I	J	K
1							
2	科目	2010	2011	2012	2016	2017	2018
3	营业收入						
4	营业成本						
5	税金及附加						
6	销售费用						
7	管理费用						
8	研发费用						
9	财务费用						
10	其他收益						
11	投资净收益						
12	资产减值损失						
13	资产处置收益						
14	营业利润						
15	营业外收入						
16	营业外支出						
17	所得税						
18	净利润						

第三步：获取数据源相关数据。

分别按表 8-29 在单元格输入公式

表 8-29

单元格	公　式
C3	{=VLOOKUP($B$1&$B2,IF({1,0},公司名称&科目,年度2010),2,0)}
D3	{=VLOOKUP($B$1&$B2,IF({1,0},公司名称&科目,年度2011),2,0)}
E3	{=VLOOKUP($B$1&$B2,IF({1,0},公司名称&科目,年度2012),2,0)}
F3	{=VLOOKUP($B$1&$B2,IF({1,0},公司名称&科目,年度2013),2,0)}
G3	{=VLOOKUP($B$1&$B2,IF({1,0},公司名称&科目,年度2014),2,0)}

续表

单元格	公式
H3	{=VLOOKUP($B$1&$B2,IF({1,0},公司名称&科目,年度2015),2,0)}
I3	{=VLOOKUP($B$1&$B2,IF({1,0},公司名称&科目,年度2016),2,0)}
J3	{=VLOOKUP($B$1&$B2,IF({1,0},公司名称&科目,年度2017),2,0)}
K3	{=VLOOKUP($B$1&$B2,IF({1,0},公司名称&科目,年度2018),2,0)}

输入公式之后，复制C3：K3单元格，粘贴在基础数据的其他行即可。

第四步：计算营业利润和净利润。

在C13单元格输入公式"=C2-C3-C4-C5-C6-C7-C8+C9+C10-C11+C12"，并向右填充至K13单元格，即可计算出每年的营业利润。

在C17单元格输入公式"=C13+C14-C15-C16"，并向右填充至K17单元格，即可求出每年的净利润。

第五步：计算盈利能力和成长能力指标。

分别按表8-30在单元格输入公式

表8-30

资产结构	单元格	计算公式	Excel公式
利润率	C18	净利润/营业收入	=C17/C2
净利润增长率	C19	期末净利润—期初净利润/期初净利润	=(D17-C17)/C17
毛利率	C20	1—营业成本/营业收入	=1-C3/C2
营业利润率	C21	营业利润/营业收入	=C13/C2

输入公式之后，将其他年份进行填充。

第六步：通过选择不同的公司，查看相关指标的变化情况，并进行对比分析。

【例8-7】

第一步：从中国人民银行网站（http：//www.pbc.gov.cn/）下载货币当局资产负债表、其他存款性公司资产负债表数据，并输入到8-7工作簿中。

第二步：按表8-31解读央行资产负债表与其他存款性公司资产负债表之间的关系。

表8-31

	O	P	Q	R
1		公式	含义	结果
2	M0（流通中现金）	=C15-H6	=货币发行（央行报表）-库存现金（其他存款类报表）	72580.96

续表

	O	P	Q	R
3	基础货币（储备货币）	=C15+C16+C17	=货币发行+金融性公司存款+非金融机构存款	313085.98
4	M1	=M2+H16	=M0+单位活期存款	567696.18
5	M2（广义货币）	=M3+H17+H18	=M1+个人存款+单位定期存款+其他存款+不纳入广义货币的存款	1968808
6	存款准备金	=H5		230602.8
7	国外净资产	=C3-C20+H3-H27	=国外资产-国外负债（央行资产负债表）+国外资产-国外负债（其他存款性金融公司资产负债表）	261730.8
8	对政府债权	=C7-C21+H7	=央行对政府债权-央行政府存款+对政府债券（其他存款类资产负债表）	266278.7
9	对其他金融部门债券	=C9+H9	=央行对其他金融机构债权+对其他金融机构债权	258286.4

第三步：在 C1 单元格，插入"组合框"控件，数据源选择"MLF""发行货币""存款准备金""缴税""商业银行发放贷款"所在单元格区域，链接单元格选择"$B$1"，具体如表 8-32 所示。

表 8-32

A	B	C	D	F	G	H	I
操作方式	1	MLF ▼					
央行资产		央行负债		商行资产		商行负债	
外汇占款	350	货币发行	100	存款准备金	150	吸收存款	1000
政府债权	0	商业银行存款	150	库存现金	10	对央行负债	0
MLF	0	政府存款	100	发放贷款	840		
总资产	350	总负债	350	总资产	1000	总负债	1000

按表 8-33 在以下单元格输入公式。

表 8-33

单元格	公式	单元格	公式
B9	=IF(B1=2,B3+20,B3)	D9	=IF($B$1=1,D3+50,IF(B1=2,D3+20,IF(B1=3,D3+10,IF(B1=4,D3-35,D3))))
B11	=IF(B1=1,B5+50,B5)	D10	=IF($B$1=2,D4,IF(B1=3,D4-10,IF(B1=4,D4-15,D4)))
B12	=SUM(B9：B11)	D11	=IF($B$1=2,D5,IF(B1=4,D5+50,D5))
B15	=IF($B$1=1,G3+75,IF(B1=3,G3-10,IF(B1=4,G3-15,G3)))	D12	=SUM(D9：D11)
B16	=IF($B$1=1,G4,IF(B1=2,G4+20,IF(B1=3,G4,G4)))	D15	=IF($B$1=1,I3+500,IF(B1=2,I3+20,IF(B1=3,I3+100,IF(B1=4,I3-100,I3))))
B17	=IF($B$1=1,G5+475,IF(B1=3,G5+110,IF(B1=4,G5-85,G5)))	D16	=IF($B$1=1,I4+50,I4)
B18	=SUM(B15：B17)	D18	=SUM(D15：D17)

第四步：分析 MLF 操作对央行和商业银行资产负债表的影响。

中期借贷便利（MLF）是中央银行提供中期基础货币的货币政策工具，对商业银行等采取质押方式发放借款，鼓励商业银行等能发放更多贷款，并以此来刺激经济。

央行资产端 MLF 增加 50 个单位（对其他存款类公司债权），那么负债端"货币发行"增加 50 个单位。商业银行负债端"对中央银行负债"增加 50 个单位，且"吸收存款"也会相应增加，使得资产端"发放贷款"和"准备金"增加。MLF 操作会带来央行与商业银行资产规模的等额变动，如表 8-34 所示。

表 8-34

	A	B	C	D
8	央行资产		央行负债	
9	外汇占款	350	货币发行	150
10	政府债权	0	其他存款性公司存款	150
11	MLF	50	政府存款	100
12	总资产	400	总负债	400
13				
14	商业银行资产		商业银行负债	
15	存款准备金	225	吸收存款	1500
16	库存现金	10	对中央银行负债	50
17	发放贷款	1315		0
18	总资产	1550	总负债	1550

第五步：分析发行货币操作对央行和商业银行资产负债表的影响。

央行负债端"发行货币"增加20个单位，那么资产端"外汇占款"相应增加20个单位。如果发行的货币暂时未被提取，由商业银行保管，则商业银行资产端"库存现金"增加20个单位，负债端"吸收存款"也相应增加20个单位。如果放行的货币被提取，则和增加MLF的情况是一致的。发行货币操作会带来央行与商业银行资产规模的等额变动，如表8-35所示。

表8-35

	A	B	C	D
8	央行资产		央行负债	
9	外汇占款	370	货币发行	120
10	政府债权	0	其他存款性公司存款	150
11	MLF	0	政府存款	100
12	总资产	370	总负债	370
13				
14	商业银行资产		商业银行负债	
15	存款准备金	150	吸收存款	1020
16	库存现金	30	对中央银行负债	0
17	发放贷款	840		0
18	总资产	1020	总负债	1020

第六步：分析存款准备金降低对央行和商业银行资产负债表的影响。

商业银行资产端"存款准备金"降低10个单位，释放出更多存款，则负债端"吸收存款"相应增加，使得更多款项能够贷出，则资产端"发放贷款"增加。相应的央行负债端"其他存款性公司存款"减少10个单位，"货币发行"增加10个单位。如表8-36所示。

表8-36

	A	B	C	D
8	央行资产		央行负债	
9	外汇占款	350	货币发行	110
10	政府债权	0	其他存款性公司存款	140
11	MLF	0	政府存款	100
12	总资产	350	总负债	350
13				
14	商业银行资产		商业银行负债	
15	存款准备金	140	吸收存款	1100
16	库存现金	10	对中央银行负债	0

续表

	A	B	C	D
17	发放贷款	950		0
18	总资产	1100	总负债	1100

第七步：分析税收变动对央行和商业银行资产负债表的影响。

缴税（税收上缴国库）表现为央行负债端的其他存款性公司存款减少而中央政府存款增加。相应地商业银行资产负债表资产端准备金存款和负债端吸收存款等额减少。缴税会造成商业银行资产负债表的收缩，如表8-37所示。

表 8-37

	A	B	C	D
8	央行资产		央行负债	
9	外汇占款	350	货币发行	65
10	政府债权	0	其他存款性公司存款	135
11	MLF	0	政府存款	150
12	总资产	350	总负债	350
13				
14	商业银行资产		商业银行负债	
15	存款准备金	135	吸收存款	900
16	库存现金	10	对中央银行负债	0
17	发放贷款	755		0
18	总资产	900	总负债	900

五、课后练习

【练8-1】从同花顺软件或WIND工具下载云南白药、同花顺和江西铜业三个公司近十年财务报表，然后对此进行分析。

【练8-2】从中国人民银行网站下载数据，分析央行2020年1—12月货币政策执行情况。

六、参考视频

财务报表分析，https://www.icourse163.org/course/HUST-1002750003。
财务报表分析，https://www.icourse163.org/course/FZU-1450336179。
财务报表分析与估值，https://www.icourse163.org/course/UIBE-1206450824。
趣读财务报表，https://www.icourse163.org/course/SCUT-1207167804。
公司财务管理，https://www.icourse163.org/course/BIT-1449326162。
投融资决策分析，https://www.icourse163.org/course/SHENGDA-1206691846。

第九章 融资决策实验

企业的发展壮大过程伴随企业融资的过程。企业财务管理的一个重要任务是如何科学有效地进行融资,并确保融资结构合理情况下实现成本最低。融资方式主要包括银行贷款、商业信用、融资租赁、债券和股票发行等方式。本章采用 Excel 技术,利用财务函数来计算净现值、内含报酬率及方案选择,利用公式计算融资项目资本成本、总净现值以及利用规划求解进行资本限额情况下的投资组合决策等一系列问题,为财务和金融工作者提供借鉴。

一、实验目的

1. 熟练掌握 Excel 资金时间价值的相关函数。
2. 利用 Excel 不同利率,计算不同借款期限情景下每月还款数额。
3. 掌握租赁与举债筹资模型。
4. 掌握个别资本成本和综合资本成本的计算方法。
5. 熟悉某一上市公司从资本市场的整个融资过程。

二、实验原理

1. 融资理论

(1) MM 理论

资本结构是指企业各种长期资金筹资来源的构成和比率关系。短期资金的需要量和筹集是经常变动的,在整个资金总量中所占比重不稳定,因此不列入资本结构的管理范围,而作为营运资金管理。通常情况下,企业的资本结构由长期债务资本和权益资本构成,资本比率关系指的是长期债务资本和权益资本各占多大比重。

(2) 市场择时理论

市场择时理论(Market Timing Theory),主要是指公司管理层更加愿意在股价相对较高时进行权益融资和偿还债务,从而使资本结构向下调整,而在股价较低时进行债务融资或回购公司股票,从而使资本结构向上调整。资本结构是公司历史股价在资本市场上表现的累计结果,并不是公司对于资本结构动态优化的结果。

(3) 优序融资理论

优序融资理论(Pecking Theory),最早是由美国经济学家莫迪利安尼和米勒于 1958 年提出的,该理论指出在完善的资本市场中,如果不存在税收、破产成本以及代理成本的影响,那么,企业市场价值将与其资本结构无关。事实上,资本市场并非完善的,税收、破产成本以及代理成本总是存在的，因此，资本结构将影响企业市场价值，通过合理安排融资优化资本结构进而提高企业市场价值就成为可能。张勇（2017）认为，当企业在生产经营过程中面临资金紧缺问题时，债务融资是最为常见的筹融资方式，它具有投资风险小、市场流通性强、为企业带来杠杆收益的优势。通过研究表明，企业债务融资的流动性越高，为企业创造的价值就越大。

梅耶斯和梅吉拉夫在1984年发表的《企业知道投资人所不知道信息时的融资和投资决策》一文中，以信息不对称理论为基础，提出企业融资存在一种"啄食顺序原则"，认为由于所有权和经营权的分离而产生委托代理关系，因为利益不同，内部经营者和股东之间的信息不对称，在企业的融资顺序上就形成了一个优序策略，即首先为内部融资，也就是企业的留存收益；其次是长期借款和长期债券；再次是发行优先股融资；最后是发行普通股融资。

（4）权衡理论

权衡理论（Trade-off Theory），是20世纪70年代中期提出的，认为债务一方面会因为税盾效应增加公司市场价值，另一方面债务的上升也会带来财务困境，甚至引发破产，从而减损公司市场价值。权衡理论认为企业必须权衡好负债所带来的利益和成本，从而更好地对企业债务融资与股权融资的比例进行分配，最终实现公司价值最大化。因此公司是存在最优资本结构的，并且它的确定应当综合权衡债务带来的税盾收益和其引致的财务困境成本。由于负债融资具有成本和收益，因而公司一般拥有目标资本结构。向目标水平调整（趋向调整）是资本结构调整的主要动力。公司负债率低于目标水平时，会向上调整。负债率高于目标水平时，会向下调整。如果公司存在目标资本结构，实践中资本结构的调整肯定是遵循这一路径：向目标资本调整（趋向调整）→达到目标资本结构→背离目标资本结构（背离调整）→重新向目标资本结构调整（趋向调整）。

2. 融资方式

一般而言，企业新投资资金的来源可以分为内部融资和外部融资。

内部融资是指企业利用本身拥有的折旧和留存收益，将其转化为投资的过程。这是企业挖掘内部资金潜力，提高内部资金使用效率的过程。从美国、德国、日本和英国等国非金融性企业融资情况看，企业投资所需要的资金主要来自内部融资。内部融资具有无需支付利息、成本低以及风险小等特征。

外部融资是指企业为了筹集基金，采用一定方式向自身之外的其他经济主体寻求资金的过程。外部融资成为企业获取资金的重要方式，可分为权益融资和债务融资。从实践层面看，普通股是最为基础的权益融资方式，发行普通股获得的资金代表着企业所有权的股本，也叫所有权资金。普通股的持有人是企业所有者，因此在偿还了企业的债务后，企业剩余资产归股东所有。优先股是权益融资的另一种方式，可以获得固定的股利，并且企业要先付清优先股股利才能支付普通股股利。

债务融资是企业通过发行票据、债券、银行借贷等方式向其债权人筹集资金所采取的融资方式。从债务融资来源角度，可以将其划分为银行借款、商业信用、公司债券和其他负债，它们之间的比例即债务融资来源结构。银行借款是企业最常见的融资渠道，通过银行进行有偿借贷并确定归还期限。商业信用，是期限较短的一类负债，是最为普遍的一种筹集小额资金的方式，是指企业之间在进行商品买卖时，以商品形式所提供的一种借贷关系。它是随商品买卖发生的，筹资方式便利，不需要额外进行正式的筹资手续，与其他的债务融资方式相比，商业信用的限制条件更少，市场为企业提供的选择余地更大，选择条件更加优越。主要的表现形式有两种，分别是以商品、货币所提供的商业信用。常见的商业信用形式有应付账款、应付票据等。公司债券，是指股份公司依照一定的法定程序在交易市场进行发行，约定在一定期限内还本付息的债券，发行的目的通常是为大型项目一次筹集一笔长期资本。

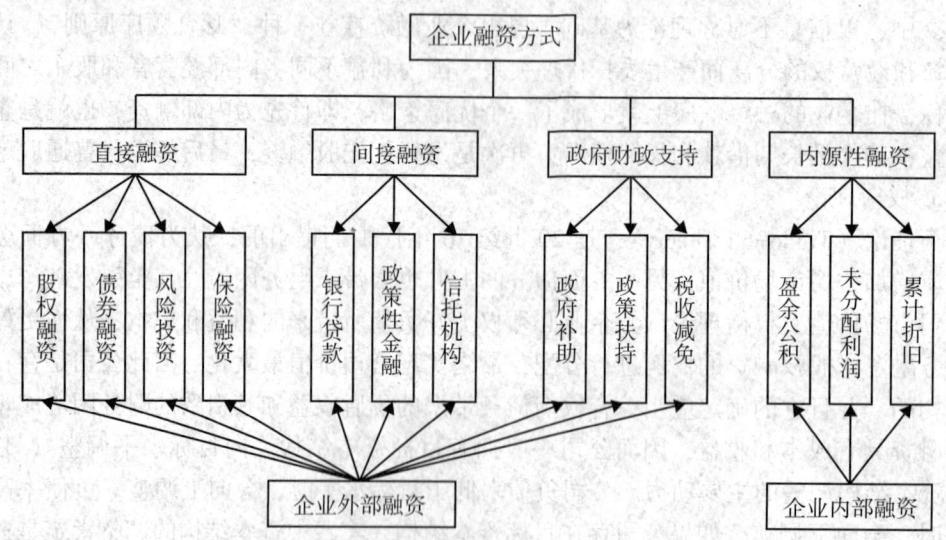

图 9-1　企业融资方式

融资租赁（Financial Leasing）又称设备租赁（Equipment Leasing）或现代租赁（Modern Leasing），是指实质上转移与资产所有权有关的全部或绝大部分风险和报酬的租赁。融资租赁本质上是金融交易，是"融资"（目的）＋"租赁"（手段）。与分期付款最主要的区别：分期付款买者不仅获得了所交易物品的使用权还获得了交易物品的所有权，而对于融资租赁，尽管承租人实际上承担了由租赁物引起的成本与风险，但从法律上讲，租赁物所有权名义上仍归出租人所有。

按公司性质分，我国融资租赁企业分三类[①]：①金融租赁企业：指经银监会批准，以经营融资租赁业务为主的非银行金融机构。受银监会监管，具体规定按照《金融租赁公司管理办法》。②外资融资租赁公司：指由外商投资的融资租赁公司。受商务部监管，具体规定参照《外商投资租赁业管理办法》。因融资渠道相对多元化，资金实力较为雄厚，业务能力较强，且企业的数量最多，数量占比超过90%。③内资融资租赁公司：是指内资试点的融资租赁公司。受商务部监管，具体规定参照《融资租赁企业监督管理办法》。

售后回租是工业企业常用的一种融资方式，类似于向银行进行的分期付息、到期还本金的抵押或质押贷款，只不过交易对象由银行换成了融资租赁公司。售后回租的好处除了以固定资产换取了流动资金以支持企业经营以外，还可以将该固定资产移出表外，在回租期限内不再提取固定资产折旧，改善企业的资产流动性，提升流动比率并迅速提升经营绩效。

---

① 数据来源：商务部《2015年中国融资租赁业发展报告》。

3. 融资成本的计算

资金成本就是企业取得资金而支付的各种费用，包括资金占用费和筹资费用两部分。占用费包括时间价值和投资者考虑的风险报酬。筹资费用是指筹资过程中发生的代理发行费、代办费、手续费。

企业最优资本结构应该是使企业价值达到最大，同时资本成本最低时的资本结构。若此结论是成立的，在确定最优资本结构时可以有三种不同的考虑：第一是只考虑资本成本，即以综合资本成本最低作为资本结构决策的依据，这就是比较资本成本法；第二是只考虑企业价值，即以企业价值最大作为资本结构决策的依据，这就是每股收益分析法；第三是同时考虑资本成本和企业价值，即以资本成本最低和企业价值最大作为资本成本决策的依据，这就是总价值分析法。

（1）资本成本比较法

是指在不考虑各种融资方式在数量与比例上的约束以及财务风险差异时，通过计算各种基于市场价值的长期融资组合方案的加权平均资本成本，并根据计算结果选择加权平均资本成本最小的融资方案。其程序包括：①拟订几个筹资方案；②确定各方案的资本结构；③计算各方案的加权资本成本；④通过比较，选择加权平均资本成本最低的结构为最优资本结构。

其计算公式如下：

$$K_{WACC} = \frac{S}{B+S} \times K_S + \frac{B}{B+S} \times K_B \times (1 - T_c)$$

其中，B 为债券价值，S 为权益的价值，K_S 为权益融资成本，K_B 为债券融资成本。

债券资金成本：

$$K_d = \frac{I_d \times (1-T)}{P(1-f_d)} = \frac{M \times i \times (1-T)}{P(1-f_d)}$$

其中，I_d 为债券利息，T 为所得税，M 为债券总额，i 为债券票面利率，P 为债券发行价格，f_d 为债券发行费用。

长期借款成本：

$$K_l = \frac{I_l \times (1-T)}{L(1-f_i)}$$

其中，I_l 为贷款利息，T 为所得税，L 为贷款总额，f_i 为贷款费用。

普通股成本：

$$K_{nc} = \frac{D_1}{P_0(1-f_{nc})} + G$$

其中，D_1 为股息，P_0 为股票融资金额，f_{nc} 为股票融资费用，G 为股息增长率。

（2）企业价值比较法

衡量企业价值的一种合理的方法是：企业的市场价值 V 应该等于其股票的总价值 S 加上长期债务的价值 B，再加上优先股的价值 P，即

$$V = B + S + P$$

为简化起见，假设长期债务（长期借款和长期债券）和优先股的现值等于其账面价值，且长期债券和优先股的账面价值等于它的面值，股票的现值则等于企业未来的净收益按控股

股东要求的报酬率折现。假设企业的经营利润永续，股东要求的回报率（权益资本成本）不变，则股票的市场价值则可通过下式计算：

$$S = \frac{(EBIT - I)(1 - T) - PD}{K_S}$$

其中，$EBIT$ 为息税前利润，I 为年利息额，T 为公司所得税率，K_S 为权益资本成本，PD 为优先股股息。

其中的权益资本成本 K_S 可以按"资本资产定价模型法"计算，公式为：

$$K_S = R_f + \beta(R_m - R_f)$$

其中，R_f 为无风险报酬率，β 为股票的贝塔系数，R_m 为股票的平均风险报酬率。

根据总价值分析法确定企业最佳资本结构的过程如下：首先，测算出不同资本结构下的债务资本成本 K_b；其次，确定不同资本结构下的股票 P；再次，计算不同资本结构下的股票市场价值 S；最后，计算出不同资本结构下的公司总价值 $V(S+B)$ 和公司资本成本 Kw，其中使公司价值达到最大同时使资本成本降到最低的资本结构为最佳资本结构。

资本结构是否合理，可以通过分析每股盈余的变化来衡量，即能提高每股盈余的资本结构是合理的，反之则不够合理。但每股盈余的高低不仅受到资本结构的影响，还受到销售水平和息税前利润的影响。处理以上三者的关系，可运用每股盈余分析的方法。

(3) 每股收益无差别点法

当企业因扩大经营规模需要筹措长期资本时，一般可供选择的筹资方式有普通股融资、优先股融资与长期债务融资。当企业选择具有固定融资成本的融资方式时会显现出杠杆效应，且财务杠杆系数越大，财务风险也越大。由于财务杠杆更多是关注息税前利润的变化程度引起每股收益变动的程度，主要应用于具有不同债务融资规模或比率的不同方案的财务风险比较，显然相对于单纯比较资产负债率或产权比率等债务比率来判断财务风险具有更好的说服力。但如果想解决在某一特定预期盈利水平下的融资方式选择问题，特别是在长期债务融资与普通股融资之间进行选择时，因全部融资为普通股时不存在财务杠杆效应，可以运用每股收益无差别点法。所谓每股盈余无差别点，是指每股盈余不受融资方式影响的销售水平或息税前利润。根据每股盈余无差别点，可以分析判断在什么样的销售或息税前利润水平下适合采用何种融资结构。

每股盈余（EPS）的计算公式为：

$$EPS = \frac{(EBIT - I)(1 - T)}{N}$$

$$EPS = \frac{(S - VC - F - I)(1 - T)}{N}$$

其中，S 为股票的市场价值，VC 为变动成本，F 为固定成本，I 为年利息额。T 为公司所得税率，N 为股票数据，$EBIT$ 为息税前盈余。

根据每股盈余无差别点的定义，能够满足下列条件的销售额或息税前盈余就是每股盈余无差别点：

$$\frac{(S_1 - VC_1 - F_1 - I_1)(1 - T)}{N_1} = \frac{(S_2 - VC_2 - F_2 - I_2)(1 - T)}{N_2}$$

每股盈余无差别点分析可以通过图 9-2 来进行。该图所显示的负债融资的 EPS 和权益融资的 EPS 随着 EBIT 的增加以不同的速度增加，负债融资的 EPS 增长速度快于权益融资的 EPS，其原因是负债融资的财务杠杆作用。由图 9-2 可知，当销售额大于每股盈余无差别点的销售额时，运用负债融资可获得较高的每股盈余；反之，当销售额小于每股盈余无差别点的销售额时，运用权益融资可获得较高的每股盈余。

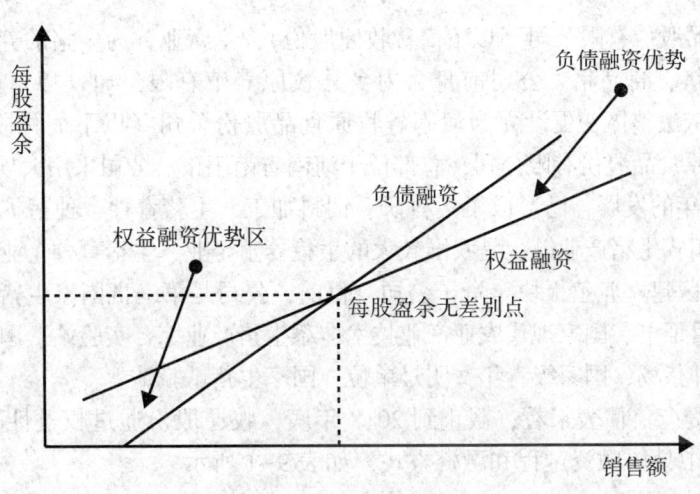

图 9-2

4. 可转换债券的筹资

可转换债券筹资是可以转换为特定公司的普通股的债券。这种转换，在资产负债表上只是负债转换为普通股，并不增加额外的资本。认股权证与之不同，认股权会带来新的资本。这种转换是一种期权，证券持有人可以选择转换，也可选择不转换而继续持有债券。

转换价格：转换发生时投资者为取得普通股每股所支付的实际价格。

转换比率：转换发生时投资者为取得普通股的股数，等于债券面值/转换价格。

(1) 可转换债券的估价

① 债券的价值

债券的价值是其不能被转换时的售价。

纯债券的价值=利息的现值+本金的现值

折现率：等于风险普通债券的市场利率。

② 债券的转换价值

债券转换价值是债券必须立即转换时的债券售价。

转换价值=股价×转换比例

③ 可转换债券的底线价值

可转换债券的最低价值，应当是纯债券价值和转换价值两者中较高者。

(2) 可转换债券的税前成本（投资人的内含报酬率 IRR）

① 计算方法（求投资人内含报酬率的过程）

买价=利息现值+可转换债券的底线价值（通常是转换价值）现值

上式中求出的折现率,就是可转换债券的税前成本。

② 合理的范围

可转换债券的税前筹资成本应在普通债券利率与税前股权成本之间。

5. 综合融资案例分析

河南牧原食品股份有限公司(以下简称牧原股份),主营业务为生猪的养殖与销售,主要产品为仔猪、种猪、商品猪。公司前身为内乡县牧原养殖有限公司(以下简称牧原养殖)。2009 年牧原养殖依法整体变更设立为河南省牧原食品股份公司(以下简称股份公司),并于 2010 年更名为牧原食品股份有限公司,总部位于河南省南阳市。公司采用大规模一体化的养殖模式,经过 20 多年的发展,已形成了集科研、饲料加工、生猪育种、种猪扩繁、商品猪饲养为一体的完整封闭式生猪产业链,是我国较大的生猪养殖企业、生猪育种企业。2017 年,公司已在全国 13 个省区建立养殖板块全资子公司。目前,公司是第一批国家生猪核心育种场、国家级星火计划项目证书、国家现代农业产业技术体系生猪产业综合实验站、国家生猪活体储备基地、国家级原种猪场、国家级青年文明号单位、国家生猪试验站。

从牧原股份资产负债表来看,截止到 2018 年底,牧原股份通过权益性融资方式共融资 137.08 亿元,其中具体融资过程和融资方式,如表 9-1 所示。

表 9-1　　　　　　　　　　牧原股份负债和所有者权益表

科目/时间	2014	2015	2016	2017	2018
短期借款	9.1129	17.7300	25.0000	35.6033	47.1492
应付票据及应付账款	3.3317	8.0324	13.8842	15.8685	34.6159
其中:应付票据	0.6000	2.9048	2.7955		7.4896
应付账款	2.7317	5.1276	11.0887		27.1263
预收款项	0.0467	0.0429	0.1374	0.1218	0.3928
应付职工薪酬	0.2746	0.3199	0.8709	1.7586	2.3584
应交税费	0.0107	0.0181	0.0567	0.0519	0.0836
其他应付款合计	0.2727	0.6033	6.1213	4.9953	5.8869
一年内的非流动负债	3.4489	2.1375	5.8691	2.8578	19.4141
其他流动负债				21.9730	25.9756
流动负债合计	16.4982	28.8841	51.9395	83.2301	135.8766
长期借款	5.2022	5.4684	9.9535	15.3430	10.6949
应付债券			9.9232	13.9262	13.9039
长期应付款合计		0.9591	0.6861	0.3926	0.3965
递延收益—非流动负债	0.0104	0.1437	0.1964	0.1884	0.4705
其他非流动负债					
非流动负债合计	5.2126	6.5711	20.7592	29.8501	25.4657
负债合计	21.7108	35.4553	72.6987	113.0803	161.3423
实收资本(或股本)	2.4200	5.1687	10.3375	11.5846	20.8523

续表

科目/时间	2014	2015	2016	2017	2018
其他权益工具				24.5968	24.5968
资本公积	7.3834	14.5616	9.3929	38.6490	29.3813
其他综合收益				0.0011	0.0026
盈余公积	1.1285	1.4405	3.4578	3.8450	4.6299
未分配利润	8.5504	14.0493	33.4263	48.6895	43.4296
归属于母公司所有者权益	19.4822	35.2201	56.6145	127.3661	122.8927
少数股东权益					14.1837
所有者权益合计	19.4822	35.2201	56.6145	127.3661	137.0764
负债和所有者权益合计	41.1930	70.6753	129.3132	240.4463	298.4186

2010年12月，公司以每股5.42元向IFC投资机构增资扩股1200万股，融资6504万元，股本由2亿股增加到2.12亿股，资本公积金增加5300万元。

2014年9月，公司在证券市场公开发行3050万股，发行价格24.07元/股，扣除发行费用6631万元，实际融资6.6782亿元，股本由2.12亿股增加到2.42亿股，资本公积金增加到7.38亿元。

2015年6月，公司以资本公积金向全体股东每10股转增10股，转增后公司股本增加至4.84亿股。同年公司非公开定向增发3288万股，发行价格为30.42元/股，融资10亿元，股本由2.42亿股增加到5.17亿股，资本公积金增加到14.56亿元。

2017年4月，公司非公开发行股票1.2471亿股，发行价格为24.67元/股，融资30.76亿元，股本由10.33亿股增加到11.58亿股，资本公积金由14.56亿元增加到38.65亿元。同年12月，公司发行优先股2476万股，每股面值100元，融资24.6亿元。

2018年，公司子公司吸收少数股东的投资14.18亿元。

2019年8月，公司非公开发行股票0.7666亿股，发行价格为65.22元/股，融资49.77亿元。

2019年11月，公司计划与信托公司华能信托合资设立经营生猪养殖项目的标的公司，未来1年内华能信托投资总规模预计不超100亿元，牧原股份投资总规模预计不超110亿元。

从牧原股份资产负债表以及年度报告来看，截止到2018年底，牧原股份通过债权融资方式共融资157.99亿元，融资平均成本为3.6%，其中具体融资过程和融资方式如下。

（1）短期借款

短期借款中，保证借款占据主要比例。2013年，短期借款余额为8.98亿元，占总资产比例27.76%，其中抵押借款为1.65亿元，保证借款为7.33亿元。相比上一年总共增加5.45亿元，增幅154.39%，其中，抵押借款新增1.02亿元，保证借款新增4.43亿元，主要是用房屋抵押进行贷款以及担保人担保借款。

2015年，牧原股份短期借款总额为17.73亿元，其中抵押借款1.18亿元（共有两笔，都是以种猪提供抵押，取得中国农业发展银行内乡县支行贷款），保证借款10.35亿元，信用借款 6.2 亿元。较 2014 年短期借款总额增加 8.62 亿元，主要是公司生产经营规模扩大、不断扩张导致的流动资金需求增加。

2016 年，短期借款总额为 25 亿元，其中抵押借款 1.24 亿元（主要是以种猪、土地使用权进行抵押），保证借款 18.66 亿元，信用借款 5.1 亿元。较之上一年增加 7.27 亿元。增加原因主要是公司生产经营规模扩大，流动资金需求增加。

2017 年，短期借款总额为 35.6 亿元，其中质押借款 0.4856 亿元，抵押借款 2.3 亿元，保证借款 29.87 亿元，信用借款 2.945 亿元。较之上一年新增借款总额 10.6 亿元。2018 年，短期借款总额为 47.15 亿元，其中抵押借款 2.3 亿元，保证借款 40.54 亿元，信用借款 4.3 亿元。较之上一年新增 11.55 亿元。

2018 年，短期借款 47.15 亿元，其中抵押借款 2.3 亿元，信用借款 4.3 亿元，保证借款 40.55 亿元。

（2）长期借款

2014 年抵押借款主要以土地使用权、连带责任担保从中国进出口银行北京分行营业部取得 1.85 亿元贷款以及从国际金融公司（IFC）取得 1.23 亿元人民币贷款。保证借款中，单笔金额超过 0.5 亿元的有两笔：一笔是子公司邓州市牧原养殖有限公司向交通银行股份有限公司南阳分行借款 0.5 亿元，另一笔是子公司南阳市卧龙牧原养殖有限公司向国际金融公司（IFC）借款 1.26 亿元。

2015 年，抵押借款主要是南阳市卧龙牧原养殖有限公司以其自有的三宗土地使用权及牧原食品股份有限公司等其他公司连带责任担保取得贷款 1.65 亿元。保证借款仍然为 1.26 亿元。

2016 年，抵押借款新增一笔：子公司湖北钟祥牧原养殖有限公司以机器设备为抵押，公司及公司股东秦英林和钱瑛共同提供连带责任保证，取得中国银行股份有限公司荆门分行贷款 0.9 亿元。

2017 年，长期借款 15.34 亿元，其中抵押借款 6.98 亿元，保证借款 9.56 亿元，信用借款 1.37 亿元。

2018 年，长期借款 10.69 亿元，其中质押借款 0 元，抵押借款 6.75 亿元，保证借款 11.54 亿元，信用借款 1.16 亿元，减：一年内到期长期借款 8.76 亿元。

（3）应付票据

票据是在商业信用基础上产生的最具代表性的金融工具，其实质是一种延期支付凭证，既发挥了支付的作用，也具有强大的融资功能。

随着公司上市扩张，购买原材料及工程业务的增加，公司选择采用票据结算明显增多，至 2017 年减回到 0.6655 亿元，到 2018 年再次增加，幅度是前一年的 11 倍。牧原股份的应付票据业务分类主要是货款及工程设备款，2018 年大幅增加的主要原因：一是截至 2018 年底，货款及工程设备款有所增加，导致其应付票据相应增加；二是票据的信用期为 6 个月，在 2018 年 12 月 31 日尚未到期，导致期末余额大幅增加。

2018 年，公司应付票据融资 7.48 亿元，其中商业承兑汇票 0.01 亿元，银行承兑汇票 7.47 亿元。

（4）应付账款

中小企业采用应付账款融资可以较好地解决企业现金流缺口问题，在采购阶段，采取应付账款融资,使支付现金的时点尽量向后延迟,从而减少现金流缺口,提高资金使用效率。

可以看出,随着企业规模的不断扩张,牧原股份的应付账款也呈现不断攀升的趋势,其应付账款包括应付货款及设备工程款,主要是为购买养殖生产所耗用的原材料,包括原粮、药品、疫苗等所形成的应付账款,以及为企业扩大规模而购置的设备备款。2018年牧原股份的应付账款增长近一倍,应付账款融资27.12亿元,其中货款为17.82亿元,工程设备款9.02亿元,其他0.28亿元。

(5)其他应付款

其他应付款包括应付利息、借款及利息、押金、保证金及其他。

(6)预收款项

预收款项基本为预收销售款但未进行销售结算的款项。

2018年由于受非洲猪瘟的影响,市场猪价上涨,猪肉供不应求,导致预收货款却未能结算的款项增多。

(7)其他流动负债

其他流动负债主要为超短期融资券,占债权融资比例达到11.5%,占据十分之一的比重,考虑到牧原股份的超短期融资券于近两年才发行,因此,观察其近两年的占比更为精确。近两年超短期融资券占据近15%的比例,已经是债权融资的重要组成部分,也印证了牧原股份正进一步扩张融资渠道、丰富并优化债权结构。

牧原股份自2016年12月开始注册超短期融资券,注册金额为人民币40亿元,注册额度自2016年12月19日起2年内有效,在注册有效期内可分期发行。2017年,牧原股份开始发行超短期融资券,当年共发行五次,共27亿元人民币,偿还5亿元人民币。2018年度共发行七次,共34.95亿元人民币,共偿还31亿元人民币。2017—2018两年累积发行61.894亿元,累积偿还36亿元。

近两年,牧原股份继续探寻融资方式,扩充融资渠道,发行超短期融资券是其扩充的表现之一。超短期融资券限制信用评级较高的非金融企业在银行间债券市场发行,其特点是有利于牧原进行快速直接融资,满足牧原股份短期流动资金不足的瓶颈,提高资金运作效率,有助于提高其流动性管理水平。是短期融资中性价比较高的融资方式,牧原股份抓住机遇,不断尝试新的融资方式,是可借鉴和可持续的融资手段。

(8)长期应付款

牧原股份的长期应付款主要是从2015年开始,具体方式为融资性售后回租。

2015年8月13日公司及全资子公司邓州市牧原养殖有限公司、扶沟牧原农牧有限公司与珠江金融租赁有限公司签署融资租赁合同,融资租赁本金总额为1.5亿元,其中归属于牧原食品股份有限公司0.77亿元,邓州市牧原养殖有限公司0.56亿元,扶沟牧原农牧有限公司0.17亿元,租赁期为5年,按照合同约定的时间及金额支付租赁费用。下图2015—2018年牧原股份应付售后回租融资租赁款余额变动,下降趋势是由于未确认融资费用及一年内到期部分增加,长期应付款减少。

自2015年起,牧原股份便采用售后回租融资租赁方式进行融资,其特点是对租赁物的限制少、融资比例高、融资周期长,大陆法律法规对售后回租的融资周期没有特别限制,因此,融资性售后回租更能有效缓解牧原股份的短期还款的压力,使企业有效利用现有资产,加速资金再循环,产生资本扩张的效应。

(9) 应付债券

牧原股份应付债券主要包括发行中期票据，可以看出，应付债券占据债权融资近十分之一的比例，在牧原股份债权融资中占据较重要的地位。2016 年度第一期中期票据于当年 8 月 19 日发行，发行规模 10 亿元；2017 年 4 月 19 日，公司进行了 2017 年度第一期中期票据的发行工作，发行规模为 4 亿元；2018 年 8 月 15 日，公司进行了当年度第一期中期票据的发行工作，发行规模 10 亿元人民币。

另外，公司 2018 年报表中也披露了牧原股份于 2019 年 1 月 21 日公开发行期限三年、利率为 7% 的扶贫专项公司债券 8 亿元。

牧原股份从 2016 年发行中期票据，其间连续三年不间断发行。中期票据与超短期融资券有类似的优势，相比公司债券，这两者都是发行简单快速，减少层层审批，发行门槛较低，仅要求是中国境内注册的具有法人资格的非金融企业和待偿还余额不超过净资产的 40%，牧原股份选择连续三年发行中期票据，有利于其快速融资扩大企业规模，并且其融资成本较公司债券低，这就能解释为何该融资方式能占据牧原股份债权融资较重要比例。

(10) 一年内到期的非流动负债

牧原股份的一年内到期的非流动负债主要包括一年内到期的长期借款、一年内到期的应付债券以及一年内到期的长期应付款。

2015 年起，新增一年内到期的长期应付款，一年内到期的长期应付款余额 0.25 亿元，2016 年一年内到期的长期应付款余额 0.27 亿元，2017 年一年内到期的长期应付款余额 0.29 亿元，均为企业开展融资性售后租回业务，应付珠江金融租赁有限公司款项。2018 年余额增加主要是当年一年内到期的应付债券的增加所致。

三、实验材料

【例 9-1】根据表 9-2 数据，分别计算以下几个问题：现值，终值，市场利率，期数，每期应付（收）金额，每期应付（收）本金和利息。

表 9-2

符号	数据	说明
rate	8%	年利率
nper	30	付款期总数（年）
pmt	-2000	各期应付金额
ppmt		
ipmt		
pv	1000000	现值
fv	2000000	未来值
type	1	1 代表期初，0 代表期末

【例 9-2】某企业从租赁公司租赁资产，租赁公司已经向该企业提供了租赁设备的价格表（见表 9-3）。该企业想通过分析每年付款次数、租金支付方式、租金总额等因素确定其是否选择租赁筹资的方式。

表 9-3

设备名称	租金总额	支付方式
设备 A	2500000	先付
设备 B	2300000	先付
设备 C	2100000	后付

【例 9-3】某企业因为扩大生产需要添置一台价值 100 万元的设备，该台设备的使用期限为 5 年，无残值。该企业可以通过购买或者融资租赁的方式获得该设备，如果采用租赁，租赁公司要求 10% 的租费率，每年年初支付一次；如果采用购买方式，该企业需要向银行贷款 100 万元，银行的年利率为 10%，年末等额偿还。该企业所得税税率为 25%，按直线法折旧，现金流量的贴现率为 5%。分析比较租赁筹资与借款筹资模型。

【例 9-4】某公司拟筹资 10000 万元，其中长期借款 1000 万元，年利率为 6%；发行长期债券 10 万张，每张面值 150 元，发行价 200 元，票面利率 8%，筹资费用率 2%；发行优先股 2000 万元，年股利率 10%，筹资费用率 3%；以每股 25 元的价格发行普通股股票 200 万股，预计第一年每股股利为 1.2 元，以后每年股利增长 6%，每股支付发行费 0.8 元。计算该公司的综合资本成本率（所得税税率为 25%）。

【例 9-5】某公司原有资本结构如表 9-4 所示。

表 9-4　　　　　　　　　　　某公司原有资本结构表　　　　　　　　　　单位：万元

资金来源	金额	比重
长期债券年利率 10%	1200	24%
优先股年股利率 8%	800	16%
普通股	3000	60%
合　计	5000	100%

公司拟筹资 4000 万元，有三种筹资方案可供选择（所得税税率为 33%）。

方案一：按面值发行长期债券，票面利率为 10%，期限 4 年，筹资费率为 1%，每年年末付息一次，到期一次还本。

方案二：发行优先股，股利为 12%，筹资费率为 2%。

方案三：发行普通股，筹资费率为 4%，预计第一年股利率为 12%，以后按 4% 的增长率递增。

公司筹资决策须符合法律规定，同时出于风险控制考虑，需满足相关要求：①《公司法》规定累计债券总额不超过公司净资产的 40%。②普通股不能少于优先股的 2 倍。

请为三种方案分配不同的筹资额度，使得加权平均资本成本最小。

【例9-6】A公司的当前股利为2元/股，股票的实际价格为23元。证券分析师预测，未来5年的股利增长率逐年递减，第5年及其以后年度为5%。试计算（1）几何平均增长率；（2）该股票的股权融资成本。

【例9-7】某企业的长期资本构成均为普通股、无长期债务资本和优先股资本。股票的账面价值为3000万元，预计未来每年EBIT为600万元，所得税税率为25%。该企业认为目前的资本结构不合理，准备通过发行债券回购部分股票的方式，调整资本结构，提高企业价值。假设长期债务利率等于债务税前资本成本，债务市场价值等于债务面值。经咨询，目前的长期债务利率和权益资本成本的情况如表9-5所示。根据表中资料，计算不同长期债务规模下的企业价值和加权平均资本成本。

表9-5

债务市场价值B（万元）	债务税前资本成本%	股票β值	无风险利率%	平均风险股票报酬率%	权益资本成本%
0		1.2	8	12	12.8
300	10	1.3	8	12	13.2
600	10	1.4	8	12	13.6
900	12	1.55	8	12	14.2
1200	14	1.7	8	12	14.8
1500	16	2.1	8	12	16.4

【例9-8】某公司目前拥有长期资本8500万元，其资本结构为：长期债务1000万元，利率9%，普通股权益7500万元，1000万股。现准备追加筹资1500万元，有两种筹资方式可供选择：一是增发普通股300万股；二是增加长期债务，利率12%。假设公司的所得税率为25%，预计此公司增资后的息税前利润1600万元，要求测算两种筹资方案的无差别点并做出筹资决策。

【例9-9】A公司拟平价发行可转换债券筹资5000万元，有关资料如表9-6所示。根据表中数据计算可转换债券的筹资成本。

表9-6

明细	数据	备注
每张可转换债券售价	1000	元
期限（年）	20	
票面利率	10%	每年支付一次利息
转换比率	20%	
转换价格（可转换债券价值/转换比率）	50	=1000/20
年增长率	6%	

续表

明细	数据	备注
当前期望股利	2.8	元/股
当前股票市场价格	35	元/股
等风险普通债券的市场利率	12%	
公司的股权成本（期望股利/股价+增长率）	14%	=2.8/35+6%
不可赎回期（年）	10	
赎回价格（10年后1050，此后每年递减5元）	1050	

四、实验步骤

【例9-1】

第一步：在Excel建立新的工作簿9-1，依题输入相关原始数据，如表9-7所示：

表9-7

	A	B	C	D	E
1	含义	控件	符号	已知数据	计算数据
2	付款利息		rate		
3	付款期总数（年）		nper		
4	各期应付金额		pmt		
5	第n期应付本金		ppmt		
6	第n期应付利息		ipmt		
7	现值		pv		
8	未来值		fv	0	
9	1代表期初，0代表期末		type		

第二步：分别在单元格B2、B3、B5、B7中插入"数值调节钮"控件，B9单元格插入"复选框"控件。点击菜单【开发工具】中【插入】的表单控件中的【数值调节钮】，在上述相应单元格中分别插入，并且单元格B2、B3、B5、B7中控件的单元格链接分别为单元格B2、D3、D5、B7，单元格B9中控件的单元格链接为单元格D9。在单元格D2中输入公式"=B2/100"，在单元格D6中输入公式"=D5"，在单元格D7中输入公式"=100000*B7"，在单元格E4中输入公式"=PMT（D2，D3，D7，D8，D9）"，单元格E5中输入公式"=PPMT（D2，D5，D3，D7，D8，D9）"，单元格E6中输入公式"=IPMT（D2，D6，D3，D7，D8，D9）"，最后计算结果如表9-8所示。

表 9-8

	A	B	C	D	E
1	含义	控件	符号	已知数据	计算数据
2	付款利息	▲▼	rate	8%	
3	付款期总数（年）	▲▼	nper	30	
4	各期应付金额		pmt		¥-88827.43
5	第 n 期应付本金	▲▼	ppmt	5	¥-12009.63
6	第 n 期应付利息		ipmt	5	¥-76817.81
7	现值	▲▼	pv	1000000	
8	未来值		fv	0	
9	1 代表期初，0 代表期末	☐ 复选	type	FALSE	

第三步：调节相关控件参数。把位于单元格 B5 的控件改变为 6，则第 6 期应付本金和应分利息分别为 12970.40 和 75857.04。

【例 9-2】某企业从租赁公司租赁资产，租赁公司已经向该企业提供了租赁设备的价格表。该企业想通过分析每年付款次数、租金支付方式、租金总额等因素确定其是否选择租赁筹资的方式。

第一步：在 Excel 建立新的工作簿 9-2，依题输入原始数据，并把租赁投资分析模型输入工作簿，如表 9-9 所示：

表 9-9

	A	B	C	D	E	F
1	租赁公司价格表				租赁筹资分析模型	
2	设备名称	租金总额	支付方式		租赁设备名称	
3	设备 A	2500000	先付		租金总额	
4	设备 B	2300000	先付		支付租金方式	
5	设备 C	2100000	后付		每年付款次数	
6					租金年利率	
7					租赁期限（年）	
8					总付款期数	
9					每期应付租金	

第二步：建立"租赁设备名称"的组合框。在【开发工具】表单控件中选择【组合框】，鼠标移至在F2区域中，当光标变成"+"时，拉动鼠标画出一个矩形框。右击"组合框"控件，弹出"设置控件格式"对话框，数据源选择设备名称所在的单元格区域"A3：A5"，单元格链接到F2单元格。

第三步：建立"每年付款次数"的下拉选项框。在【数据】表单中选择【数据有效性】，弹出"数据有效性"对话框，填入具体内容及数据。如图9-2所示。

第四步：插入"租赁年利率"的数值调节钮控件。在【开发工具】表单控件中选择【数值调节按钮】插入到F6单元格，右击"数值调节按钮"控件，弹出"设置控件格式"对话框，单元格链接到"$F$6"单元格，当前值设置为"10"。右击F6单元格，弹出"设置单元格格式"对话框，将单元格中的数值"10"显示为百分数形式，即"10%"。

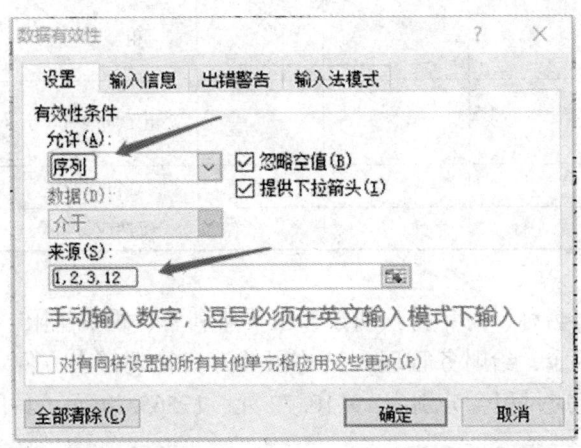

图9-3

第五步：插入"租赁年限"的数值调节钮控件，在【开发工具】表单控件中选择【数值调节按钮】插入到F7单元格，右击"数值调节按钮"控件，弹出"设置控件格式"对话框，单元格链接到"$F$7"单元格，当前值设置为"10"。

第六步：在单元格输入相应的公式，如表9-10所示。

表9-10

单元格	含义	公式
E3	租金总额	=INDEX（B3：B5，F2）
E4	支付租金方式	=INDEX（C3：C5，F2）
E8	总付款期数	=F5*F7
E9	每期应付租金	=IF（F4="先付"，-PMT（F6/F5/100，F8，F3，0，1），-PMT（F6/F5/100，F8，F3））

输入公式后，当选择设备A时，每年付款次数选择12，租金年利率调整为8%，租赁年

限调整为 20 年时，计算得到每期应付租金为 20772.52 元，计算结果如表 9-11 所示。

表 9-11

	A	B	C	D	E	F
1	租赁公司价格表				租赁筹资分析模型	
2	设备名称	租金总额	支付方式		租赁设备名称	设备A
3	设备 A	2500000	先付		租金总额	2500000
4	设备 B	2300000	先付		支付租金方式	先付
5	设备 C	2100000	后付		每年付款次数	12
6					租金年利率	8%
7					租赁期限（年）	20
8					总付款期数	240
9					每期应付租金	20772.52

通过选择租赁项目名称，每年付款期数、租赁年利率、租赁年限，该模型可自动计算总付款次数和每期应付租金，给财务管理人员的租赁筹资管理带来方便。如分别选择设备 B、设备 C，则可得到每期应付租金分别为 19110.72 元、17565.24 元，具体如表9-12所示。

表 9-12

	E	F	E	F
1	租赁筹资分析模型		租赁筹资分析模型	
2	租赁设备名称	设备B	租赁设备名称	设备C
3	租金总额	2300000	租金总额	2100000
4	支付租金方式	先付	支付租金方式	后付
5	每年付款次数	12	每年付款次数	12
6	租金年利率	8%	租金年利率	8%
7	租赁期限（年）	20	租赁期限（年）	20
8	总付款期数	240	总付款期数	240
9	每期应付租金	19110.72	每期应付租金	17565.24

【例 9-3】

（1）承租人租赁期的净现金流量

＝净收入－税后租金＝净收入－租金×（1－所得税税率）

（2）举债购买设备使用期净现金流量

＝净收入－付现成本＋非付现成本抵税＋利息费用抵税

＝净收入－（每期偿还本金＋每期利息费用）＋折旧×所得税税率＋利息费用×所得税税率

第一步：建立分析模型。在 Excel 建立新的工作簿 9-3，选中 I1 单元格，在【数据】表单中选择【数据有效性】，并设置为序列，数据来源为"举债，租赁"。在 A1 单元格输入公式"=I1&'筹资分析模型'"，在 A5 单元格输入公式"=I1&'筹资分析模型'"，输入原始数据，如表 9-13 所示。

表 9-13

	A	B	C	D	E	F	G	H	I
1	租赁筹资分析模型							筹资方式	租赁
2	借款金额	租赁期限	年还款次数	所得税率	支付租金方式	租赁年利率	贴现率	净收入	每期偿还金额
3	100	5	1	25%		10%	5%	60	
4									
5	租赁筹资现金流分析								
6	年末	还款额	期初所欠本金	本期偿还本金	偿还利息	折旧额	避税额	净现金流量	现值
7	0								
8	1								
9	2								
10	3								
11	4								
12	5								
13	合计								

第二步：输入公式。如表 9-14 所示。

表 9-14

单元格	含义	公式
E3	支付方式	=IF(I1="举债","后付","先付")
I3	每期还款额	=PMT[F3,B3,-A3,0,IF(E3="后付",0,1)]
B8	还款额	=IF($I$1="租赁",0,$I$3)
C8	期初所欠本金	=IF($I$1="租赁",0,C7-D8)

续表

单元格	含义	公式
D8	本期偿还本金	=IF($I$1="租赁",0,PPMT($F$3,A8,$B$3,-$A$3,0,0))
E8	偿还利息	=IF($I$1="租赁",0,IPMT($F$3,A8,$B$3,-$A$3,0,0))
F8	折旧额	=IF($I$1="租赁",0,$A$3/$B$3)
G7	租金支付	=IF($I$1="租赁",$I$3,0)
H8	避税额	=IF($I$1="租赁",G7*$D$3,(E8+F8)*$D$3)
I8	净现金流量	=$H$3+H8-G8-B8
J7	现值	=-G7
J8	现值	=I8/((1+$G$3)^A8)
J13	每期现值之和	=SUM(J7:J12)

输入公式之后，将第2年到第5年填充即可。

第三步：先进行租赁筹资模型分析。点击I1单元格下拉列表选择"租赁"筹资方式，得到租赁筹资每期偿还金额为23.98万元，净现金流量总现值为176.71万元。如表9-15所示：

表9-15

	A	B	C	D	E	F	G	H	I	J
1	租赁筹资分析模型							筹资方式	租赁	
2	借款金额	租赁期限	年还款次数	所得税率	支付租金方式	租赁年利率	贴现率	净收入	每期偿还金额	单位
3	100	5	1	25%	先付	10%	5%	60	¥23.98	万元
4										
5	租赁筹资现金流分析									
6	年末	还款额	期初所欠本金	本期偿还本金	偿还利息	折旧额	租金支付	避税额	净现金流量	现值
7	0	0.00	0.00	0.00	0.00		23.98			-23.98
8	1	0.00	0.00	0.00	0.00	0.00	23.98	6.00	42.01	40.01
9	2	0.00	0.00	0.00	0.00	0.00	23.98	6.00	42.01	38.11
10	3	0.00	0.00	0.00	0.00	0.00	23.98	6.00	42.01	36.29
11	4	0.00	0.00	0.00	0.00	0.00	23.98	6.00	42.01	34.56
12	5	0.00	0.00	0.00	0.00	0.00	0.00	6.00	66.00	51.71
13	合计	0.00		0.00	0.00	0.00	119.91	29.98	234.05	176.71

第四步：举债筹资模型分析。点击I1单元格下拉列表选择"举债"筹资方式，得到举债每期偿还金额为26.38万元，净现金流量总现值为174.31万元。如表9-16所示：

表 9-16

	A	B	C	D	E	F	G	H	I	J
1			举债筹资分析模型					筹资方式	举债	
2	借款金额	租赁期限	年还款次数	所得税率	支付租金方式	租赁年利率	贴现率	净收入	每期偿还金额	单位
3	100	5	1	25%	先付	10%	5%	60	¥26.38	万元
4										
5				举债筹资现金流分析						
6	年末	还款额	期初所欠本金	本期偿还本金	偿还利息	折旧额	租金支付	避税额	净现金流量	现值
7	0	0.00	100.00	0.00	0.00		0.00			0.00
8	1	26.38	83.62	16.38	10.00	20.00	0.00	7.50	41.12	39.16
9	2	26.38	65.60	18.02	8.36	20.00	0.00	7.09	40.71	36.93
10	3	26.38	45.78	19.82	6.56	20.00	0.00	6.64	40.26	34.78
11	4	26.38	23.98	21.80	4.58	20.00	0.00	6.14	39.76	32.71
12	5	26.38	(0.00)	23.98	2.40	20.00	0.00	5.60	39.22	30.73
13	合计	131.90		100.00	31.90	100.00	0.00	32.97	201.08	174.31

第五步：比较租赁和举债方式所产生的每期还款额和净现金流量总现值。从结果可以得出，选择租赁设备更合适。

第六步：在G1单元格插入控件，对折现率进行调节，观察不同折现率下，租赁和举债方式所产生的每期还款额和净现金流量总现值的变化，以及对决策的影响。

【例9-4】

第一步：在Excel建立新的工作簿9-4，依题输入原始数据，如表9-17所示：

表 9-17

	A	B	C	D	E	F
1	筹资方式	长期借款	长期债券	优先股	普通股	合计
2	筹资金额	1000	2000	2000	5000	10000
3	利率/股利	6%	8%	10%	1.2	
4	年增长率	0	0	0	6%	
5	发行价格		100		25	
6	发行张数（万）		20		200	
7	筹资费用		2%	3%	0.8	
8	所得税	25%	25%			
9	个别资金成本					
10	加权资金成本					

第二步：分别计算长期借款成本率、长期债券成本率、优先股成本率、普通股成本率，公式如表9-18所示：

长期借款成本率 $K_l = \dfrac{I_l \times (1-T)}{L(1-f_i)} = \dfrac{1000 \times 6\% \times (1-25\%)}{1000} = 4.0\%$

长期债券成本率 $K_d = \dfrac{I_d \times (1-T)}{P(1-f_d)} = \dfrac{M \times i \times (1-T)}{P(1-f_d)} = \dfrac{100 \times 8\% \times (1-25\%)}{100 \times (1-2\%)} = 6.12\%$

优先股成本率 $K_d = \dfrac{I_p}{P(1-f_p)} = \dfrac{M \times i}{P(1-f_p)} = \dfrac{2000 \times 10\%}{2000 \times (1-3\%)} = 10.31\%$

普通股成本率 $K_{nc} = \dfrac{D_1}{P_0(1-f_{nc})} + G = \dfrac{1.2 \times (1+6\%)}{25-0.8} + 6\% = 11.26\%$

综合资金成本率 $K_{WACC} = 0.1 \times 4.5\% + 0.2 \times 6.12\% + 0.2 \times 10.31\% + 0.5 \times 11.26\% = 9.36\%$

表 9-18

单元格	含义	公式
B9	长期借款成本率	=B3*(1-B8)
C9	长期债券成本率	=(1-C8)*C3/(1-C7)
D9	优先股成本率	=D3/(1-D7)
E9	普通股成本率	=E3*(1+E4)/(E5-E7)+E4
B10	长期借款所占成本	=B9*B2/\$F\$2
C10	长期债券所占成本	=C9*C2/\$F\$2
D10	优先股所占成本	=D9*D2/\$F\$2
E10	普通股所占成本	=E9*E2/\$F\$2
F10	综合资金成本	=SUM（B10：E10）

第三步：结果如表9-19所示，该例题的综合资金成本率（WACC）为9.36%。

表 9-19

	A	B	C	D	E	F
1	筹资方式	长期借款	长期债券	优先股	普通股	合计
2	筹资金额	1000	2000	2000	5000	10000
3	利率/股利	6%	8%	10%	1.2	
4	年增长率	0	0	0	6%	
5	发行价格		100		25	
6	发行张数（万）		20		200	
7	筹资费用		2%	3%	0.8	
8	所得税	25%	25%			

续表

	A	B	C	D	E	F
9	个别资金成本	4.50%	6.12%	10.31%	11.26%	
10	加权资金成本	0.45%	1.22%	2.06%	5.63%	9.36%

【例 9-5】

第一步：在 Excel 建立新的工作簿 9-5，依题输入原始数据，如表 9-20 所示：

表 9-20

	A	B	C	D	E	F
1	筹资品种	年利率	筹资费用	其他		备注
2	长期债券	10%	1%	33%		所得税
3	优先股	12%	2%			
4	普通股	12%	4%	4%		增长率
5						
6	筹资方案	原有资本	拟筹资额	总额	符号	约束条件
7	长期债券	1200			≤	
8	优先股	800				
9	普通股	3000			>=	
10	总计					
11						
12	筹资方案	比重	个别资本成本	总融资成本		
13	长期债券					
14	优先股					
15	普通股					

第二步：计算各筹资方案的比重、资本成本以及总融资成本。在相关单元格输入公式，如表 9-21 所示：

表 9-21

含义	单元格	公式
原有资本总计	B10	=SUM（B7：B9）
拟筹资额总计	C10	=SUM（C7：C9）
筹资后长期债券总额	D7	=B7+C7
筹资后优先股总额	D8	=B8+C8
筹资后普通股总额	D9	=B9+C9

续表

含义	单元格	公式
筹资后资本总额	D10	=B10+C10
筹资后优先股和普通股总额的40%	F7	=0.4*(D8+D9)
筹资后优先股总额的2倍	F9	=D8*2
长期债券拟筹资额在拟筹资额总计占比	B13	=C7/$C$10
优先股拟筹资额在拟筹资额总计占比	B14	=C8/$C$10
普通股拟筹资额在拟筹资额总计占比	B15	=C9/$C$10
发行长期债券资本成本	C13	=B2*(1-D2)/(1-C2)
发行优先股资本成本	C14	=B3/(1-C3)
发行普通股资本成本	C15	=B4/(1-C4)+D4
总融资成本	D13	=SUMPRODUCT(B13:B15,C13:C15)

第三步：设置规划求解，点击【数据】→【规划求解】，目标单元格为D13选择最小值，即总融资成本最小，可变单元格为C7：C9，约束条件如图9-4所示：

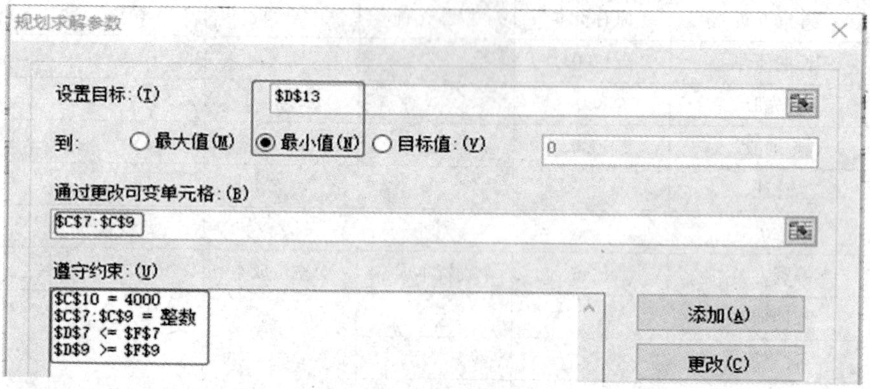

图 9-4

第四步：设置完毕后，点击"确定"，得出计算结果，如表9-22所示，筹资方案为长期债券13713.43万元，优先股1342.86万元，普通股1285.71万元，此时11.73%为最低的加权资本成本。

表 9-22

	A	B	C	D	E	F
1	筹资品种	年利率	筹资费用	所得税		
2	长期债券	10%	1%	33%		
3	优先股	12%	2%	增长率		
4	普通股	12%	4%	4%		

续表

	A	B	C	D	E	F
5						
6	筹资方案	原有资本	拟筹资额	总额	符号	约束条件
7	长期债券	1200	1371.43	2571	≤	
8	优先股	800	1342.86	2143		
9	普通股	3000	1285.71	4286	≥	
10	总计		4000	9000		
11						
12	筹资方案	比重	个别资本成本	总融资成本		
13	长期债券	34.29%	6.77%			
14	优先股	33.57%	12.24%	11.73%		
15	普通股	32.14%	16.50%			

【例 9-6】

第一步：在 Excel 建立新的工作簿 9-6，依题输入原始数据，并计算出每年的股利。在单元格 C4 中输入公式"=B4*（1+C3）"，向右填充至单元格 G4，在 H4 单元格输入公式"G4*（1+H3）^25"，结果如表 9-23 所示，第 30 年股利为 9.49 元。

表 9-23

	A	B	C	D	E	F	G	H
1				基础数据				
2	年度	0	1	2	3	4	5	30
3	增长率		9%	8%	7%	6%	5%	5%
4	股利	2	2.18	2.354	2.52	2.67	2.80	9.49
5	股价	23						

第二步：计算几何平均增长率和股权成本。定义单元格 B7 为平均增长率 g，根据平均增长率公式 $2\times(1+g)^{30}=9.495$，在单元格 E7 输入公式"=B4*（1+B7）^30"，然后在菜单【数据】→【模拟分析】→【单变量求解】，可求出平均增长率 $g=5.33\%$，在 H7 单元格输入公式"=B4*（1+B7）/23+B7"，利用几何平均增长率求出的股权成本为 14.49%，详见表 9-24。

说明：股权成本=下年现金股利额/普通股当前市价+股利增长率。

表 9-24

	A	B	C	D	E	F	G	H
1	基础数据							
2	年度	0	1	2	3	4	5	30
3	增长率		9%	8%	7%	6%	5%	5%
4	股利	2	2.18	2.35	2.52	2.67	2.80	9.495
5	股价	23						
6	计算数据							
7	平均增长率	5.33%	目标单元格		9.495	股权成本		14.49%

第三步：根据不均匀的增长率直接计算股权成本。根据固定增长股利估价模型，设股权成本为 Rs，则第 4 年末的股价为 $P_4 = 2.8039/(Rs - 5\%)$。

当前的股价等于前 4 年的股利现值与第 4 年年末股价现值之和：

$$P_0 = \sum_{i=1}^{4} \frac{D_i}{(1+Rs)^i} + \frac{P_4}{(1+Rs)^4}$$

$$23 = \frac{2.18}{(1+Rs)^1} + \frac{2.35}{(1+Rs)^2} + \frac{2.52}{(1+Rs)^3} + \frac{2.67}{(1+Rs)^4} + \frac{2.80/(Rs-5\%)}{(1+Rs)^4}$$

求解：$Rs = 14.95\%$。

操作步骤：在各单元格输入相关计算公式，在单元格 B9 中输入公式"=SUM（C9：H9）"，在单元格 C9 中输入公式"=C4/（1+$B$8）^C2"，在单元格 D9 中输入公式"=D4/（1+$B$8）^D2"，在单元格 E9 中输入公式"=E4/（1+$B$8）^E2"，在单元格 F9 中输入公式"=F4/（1+$B$8）^F2"，在单元格 F10 中输入公式"=F4*（1+G3）/（B8-G3）"，在单元格 B10 中输入公式"=F10/（1+B8）^4"，在 B11 单元格输入公式"=B9+B10"。

单变量求解：菜单【数据】→【假设分析】→【单变量求解】，弹出"单变量求解"对话框，其中目标单元格选择 B11，目标值为 23，可变单元格选择 B8，最后可求出现值因子（单元格 B8），$Rs = 14.95\%$，结果如表 9-25 所示。

表 9-25

	A	B	C	D	E	F	G	H
1	基础数据							
2	年度	0	1	2	3	4	5	30
3	增长率		9%	8%	7%	6%	5%	5%
4	股利	2	2.180	2.354	2.519	2.670	2.804	9.495
5	股价	23						
6	计算数据							
7	平均增长率	5.33%	目标单元格		9.495	股权成本		14.49%

续表

	A	B	C	D	E	F	G	H
8	现值因子	14.95%						
9	股利现值	6.87	1.90	1.78	1.66	1.53		
10	期末价值	16.13				28.17		
11	合计	23.00						

【例 9-7】

第一步：在 Excel 建立新的工作簿 9-7，依题输入原始数据，在单元格 D5 中输入公式"=＄D＄3+C5＊（＄E＄3-＄D＄3）"，移动鼠标到单元格 D5 右下角，待光标变为黑色实体光标向下填充，批量操作自动输入 D5：D10 的公式。结果如表 9-26 所示。

表 9-26

	A	B	C	D	E
1	基本参数				
2	EBIT	T	B	无风险利率	风险股票报酬率
3	600	25%	3000	8%	12%
4	债务市场价值 B	债务税前资本成本	股票	权益资本成本	
5	0	0%	1.2	12.80%	
6	300	10%	1.3	13.20%	
7	600	10%	1.4	13.60%	
8	900	12%	1.55	14.20%	
9	1200	14%	1.7	14.80%	
10	1500	16%	2.1	16.40%	

第二步：计算股票的市场价值和企业的市场价值。

股票市场价值计算公式：

$$S = \frac{(EBIT - I)(1 - T) - PD}{K_S}$$

其中，PD 为优先股股利，权益资本成本 $K_S = R_f + \beta(R_m - R_f)$。

在单元格 B13 中输入公式"=（＄A＄3-A5＊B5）＊（1-＄B＄3）/D5"，并向下填充到单元格 B18，得到股票市场价值。

企业市场价值公式：

$$V = B + S + P$$

其中，B 为普通股市场价值，S 为债务市场价值，P 为优先股市场价值。

在单元格 C13 中输入公式"=A12+B12,"，并向下填充到单元格 C18，得到企业市场价值。

市净率计算公式=股票价值/（股票账面价值-债务市场价值）

在单元格 D13 中输入公式"=B12/（$C$3-A12）"，并向下填充到单元格 D8，得到市净率。

加权资本成本公式：

$$K_{WACC} = \frac{S}{B+S} \times K_S + \frac{S}{B+S} \times K_B \times (1-T_C)$$

其中，K_B 为债务资本成本。

在单元格 E13 中输入公式"=A13/$C13*B5*（1-$B$3）+B13/$C13*D5"，并向下填充到单元格 E18，得到加权资本成本。

具体结果如表 9-27 所示。

表 9-27

	A	B	C	D	E
1	基本参数				
2	EBIT	T	B	无风险利率	风险股票报酬率
3	600	25%	3000	8%	12%
4	债务市场价值 B	债务税前资本成本	股票 β	权益资本成本	
5	0	0%	1.2	12.80%	
6	300	10%	1.3	13.20%	
7	600	10%	1.4	13.60%	
8	900	12%	1.55	14.20%	
9	1200	14%	1.7	14.80%	
10	1500	16%	2.1	16.40%	
11					
12	债务市场价值	股票市场价值	企业市场价值	市净率	加权平均资本成本
13	0	3515.63	3515.63	1.1719	12.80%
14	300	3238.64	3538.64	1.1995	12.72%
15	600	2977.94	3577.94	1.2408	12.58%
16	900	2598.59	3498.59	1.2374	12.86%
17	1200	2189.19	3389.19	1.2162	13.28%
18	1500	1646.34	3146.34	1.0976	14.30%

第三步：画图。

选中 A11：C17 区域，点击菜单→【插入】→【折线图】，再将折线图进行美化，如图 9-5 所示。

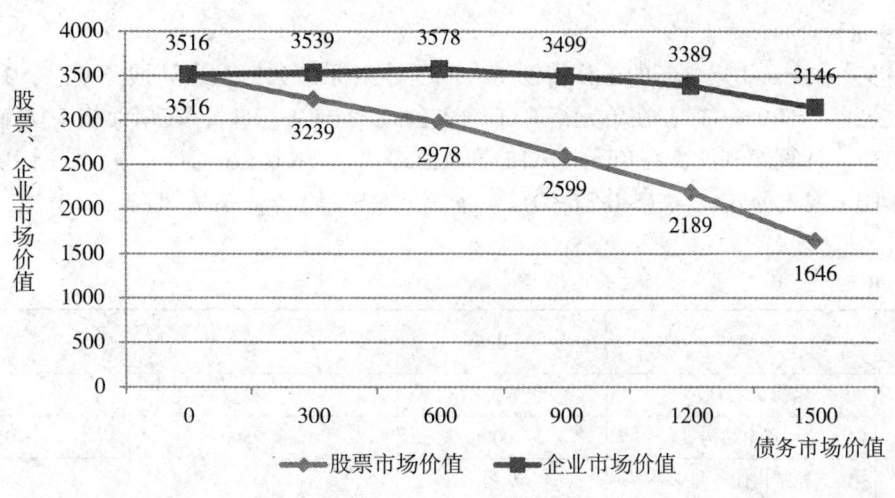

图 9-5 企业市场价值

选中 A11：A17&D11：E17 区域，点击菜单→【插入】→【折线图】，再将折线图进行美化，如图 9-6 所示

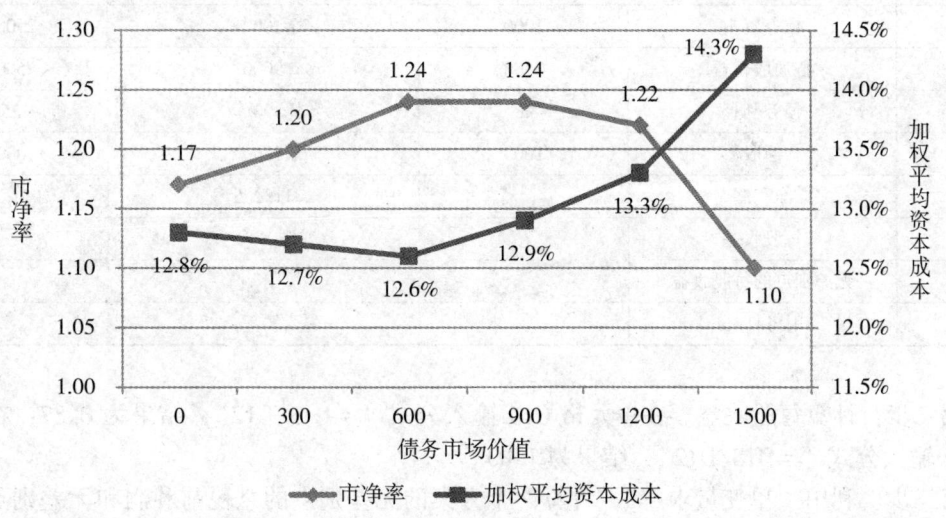

图 9-6 债务市场价值

从表 9-27 可以看出，初始情况下，企业没有长期债务，企业的账面价值为 3515.63 万元，企业的市场价值为 3515.63 万元，加权平均资本成本 12.8%。当企业开始发行债务回购股票时，企业的价值不断上升，加权平均资本成本降低，直到长期债务达到 600 万元时，企业价值达到最大 3577.94 万元，加权平均资本成本最低 12.56%。若企业继续增加负债，企业价值便开始下降，加权平均资本成本上升。因此，长期债务为 600 万元时的资本结构为该企业的最佳资本结构。

【例9-8】

第一步:在Excel建立新的工作簿9-8,依题输入原始数据。计算债务利息,在单元格B11输入公式"=B9*B3",在单元格C11输入公式"=C9*B3",在单元格D11输入公式"=D9*B3"。计算净利润,在单元格C13输入公式"=($B$6-C11)*(1-$B$5)",在单元格D13输入公式"=($B$6-D11)*(1-$B$5)",结果如表9-28所示:

表9-28

	A	B	C	D
1	万元/万股	债券资本	权益	合计
2	资本结构	1000	7500	8500
3	原结构债务利率	9%		
4	股数(万)		1000	
5	所得税	25%		
6	增资后息税前利润	1600	无差别点的息税前利润	
7		原有结构	方案1	方案2
8	资本总额	8500	10000	10000
9	债务资本	1000	1000	2500
10	普通股权益	7500	9000	7500
11	债务利息	90	90	225
12	普通股数	1000	1300	1000
13	净利润		1132.5	1031.25
14	每股收益			
15	无差别点的每股收益			
16	财务杠杆			

第二步:计算每股收益。在单元格C14输入公式"=C13/C12",结果为0.87;在单元格D14输入公式"=D13/D12",结果为1.03。

第三步:利用"单变量求解",计算两个方案的无差别点的息税前利润和无差别点的每股收益,即当"C15-D15=0(C15=D15)时,求解无差别点的息税前利润单元格D6的值"。在单元格B16中输入公式"=C16-D16",然后点击【数据】→【模拟分析】→【单变量求解】,在弹出的"单变量求解"对话框中"目标单元格"选择单元格B15,"目标值"填入0,"可变单元格"选择单元格D6。也可利用规划求解求出无差别点息税前利润。

点击【确定】,然后求解出当无差别点的息税前利润为675万元时,两种方案的每股收益相等,所以无差别点的每股收益为0.34。具体结果见表9-29。

第四步:计算两个方案的财务杠杆系数。财务杠杆系数DFL=EBIT/(EBIT-I)。

在单元格C16中输入公式"=B6/(B6-C11)",在单元格D16中输入公式"=B6/(B6-D11)"。结果详情如表9-29所示:

表 9-29

	A	B	C	D
1	万元/万股	债券资本	权益	合计
2	资本结构	1000	7500	8500
3	原结构债务利率	9%		
4	股数（万）		1000	
5	所得税	25%		
6	增资后息税前利润	1600	无差别点的息税前利润	675
7		原有结构	方案1	方案2
8	资本总额	8500	10000	10000
9	债务资本	1000	1000	2500
10	普通股权益	7500	9000	7500
11	债务利息	90	90	225
12	普通股数	1000	1300	1000
13	净利润		1132.5	1031.25
14	每股收益		0.87	1.03
15	无差别点的每股收益	0	0.34	0.34
16	财务杠杆		1.06	1.16

根据比较两个方案的 EPS 和 DFL，可以得出结论：追加筹资 1500 万元用于增加长期债务较好，即选择方案 2 较好，因为此时的 EPS 为 1.03（1.03>0.87）。

第五步：在单元格 B6 插入控件，对增资后息税前利润的值进行调节，观察在不同增资后息税前利润的值下，两种方案的每股收益变动。

第六步：画出每股收益与息税前利润关系表。

建立表格，在单元格 B19：H21 输入息税前利润的基础数据，如表 9-30 所示。

表 9-30

	A	B	C	D	E	F	G	H
18	每股收益与息税前利润关系表							
19	息税前利润	500	600	700	800	900	1000	1100
20	增加长期债务筹资下的每股收益	0.17	0.25	0.32	0.40	0.47	0.55	0.62
21	增加发行普通股筹资下的每股收益	0.24	0.29	0.35	0.41	0.47	0.53	0.58

选中 A19：H21 区域，点击菜单→【插入】→【折线图】，再将折线图进行美化，结果如图 9-7 所示。

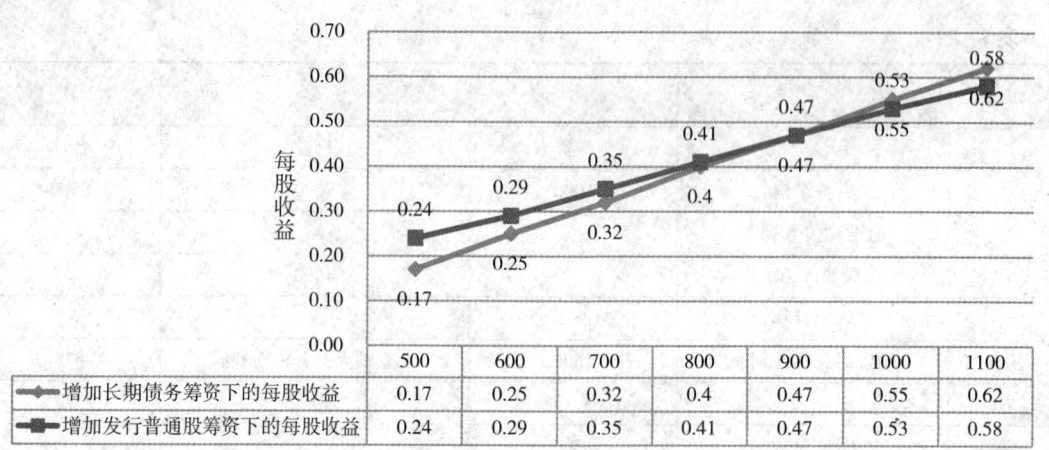

图 9-7 每股收益与息税前利润关系

【例 9-9】

第一步：在 Excel 建立新的工作簿 9-9，输入原始数据，并对票面利率和转换比例分别添加数值调节钮控件，并在单元格 E3 中输入公式"=F3/100"，单元格 E4 中输入公式"=F4"，调节制件按钮把票面利率调节为 10%，转换比率调节为 20，如表 9-31 所示：

表 9-31

	A	B	C	D	E	F
1	明细		数据	明细	数据	控件
2	每张可转换债券售价		1000	期限（年）	20	
3	转换价格		50	票面利率	10%	▲▼
4	当前股票市场价格		35	转换比率	20	▲▼
5	等风险普通债券的市场利率		12%	年增长率	6%	
6	公司的股权成本		14%	当前期望股利	2.8	
7	不可赎回期（年）		10	赎回价格	1050	

第二步：分析纯转换债券的成本。

首先计算当年（时点为 0 时）的纯转换债券的成本，在单元格 C10 中输入公式"=-PV($C$5,$E$2-A10,$C$2*$E$3,$C$2)"，计算结果为 850.61，参考以下计算公式原理。

$$P_0 = \sum_{i=1}^{20} \frac{100}{(1+12\%)^i} + \frac{1000}{(1+12\%)^{20}} = 850.61$$

选中 C10 单元格，移动鼠标到单元格右下角，待光标变为黑色实体光标就往下拉动，批量操作自动输入其他年份的每年纯转换债券的成本公式。

第三步：计算股票价值。

在单元格 D11 中输入公式"=D10＊（1+＄E＄5）"，选中 D11 单元格，移动鼠标到单元格右下角，待光标变为黑色实体光标就往下拉动，批量操作自动输入其他年份的股票价值公式。

第四步：分析期权部分的转换价值。

首先计算当年（时点为 0 时）的期权转换价值，在单元格 E10 中输入公式"=C4＊E4"，转换价值=股价×转换比例= 35 × 20 = 700，接着计算第一年的期权转换价值，在单元格 E11 中输入公式"=E10＊（1+＄E＄5）"，选中 E11 单元格，移动鼠标到单元格右下角，待光标变为黑色实体光标就往下拉动，批量操作自动输入其他年份的期权转换价值公式。

第五步：计算底线价值。

在单元格 F10 中输入公式"=Max（C10，E10）"，选中 F11 单元格，移动鼠标到单元格右下角，待光标变为黑色实体光标就往下拉动，批量操作自动输入其他年份的底线价值公式。

第六步：计算每年利息。

在单元格 B11 中输入公式"=＄C＄2＊＄E＄3"，选中 B11 单元格，移动鼠标到单元格右下角，待光标变为黑色实体光标就往下拉动，批量操作自动输入其他年份的每年利息公式。

第七步：计算筹资成本。

第 10 年年底进行转换，取得转换价值为：

$$转换价值 = 35 \times (1+6\%)^{10} \times 20 = 1253.56$$

$$1000 = \sum_{i=1}^{10} \frac{100}{(1+R)^i} + \frac{1253.56}{(1+R)^{10}} \Rightarrow R = 11.48\%$$

在 E8 单元格输入公式"=-PV（C8，C7，C2＊E3，E20）"，点击【数据】→【模拟分析】→【单变量求解】，目标单元格设置为单元格 E8，目标值为1000，可变单元格设置为单元格 C8，根据上述现金流量计算内含报酬率 $R = 11.48\%$，计算结果如表 9-32 所示。

表 9-32

	A	B	C	D	E	F
1	明细		数据	明细	数据	控件
2	每张可转换债券售价		1000	期限（年）	20	
3	转换价格		50	票面利率	10%	▲▼
4	当前股票市场价格		35	转换比率	20	▲▼
5	等风险普通债券的市场利率		12%	年增长率	6%	
6	公司的股权成本		14%	当前期望股利	2.8	
7	不可赎回期（年）		10	赎回价格	1050	
8	内含报酬率		11.48%	目标单元格	1000	

续表

	A	B	C	D	E	F
9	年限	每年利息	纯债券价值	股票价值	期权转换价值	底线价值
10	0		850.61	35.00	700.00	850.61
11	1	100	852.68	37.10	742.00	852.68
12	2	100	855.01	39.33	786.52	855.01
13	3	100	857.61	41.69	833.71	857.61
14	4	100	860.52	44.19	883.73	883.73
15	5	100	863.78	46.84	936.76	936.76
16	6	100	867.44	49.65	992.96	992.96
17	7	100	871.53	52.63	1052.54	1052.54
18	8	100	876.11	55.78	1115.69	1115.69
19	9	100	881.25	59.13	1182.64	1182.64
20	10	100	887.00	62.68	1253.59	1253.59
21	11	100	893.44	66.44	1328.81	1328.81
22	12	100	900.65	70.43	1408.54	1408.54
23	13	100	908.72	74.65	1493.05	1493.05
24	14	100	917.77	79.13	1582.63	1582.63
25	15	100	927.90	83.88	1677.59	1677.59
26	16	100	939.25	88.91	1778.25	1778.25
27	17	100	951.96	94.25	1884.94	1884.94
28	18	100	966.20	99.90	1998.04	1998.04
29	19	100	982.14	105.90	2117.92	2117.92
30	20	100	1000.00	112.25	2244.99	2244.99

第八步：作出纯债券价值和期权转换价值的走势图。

选中单元格 C10：C30 与单元格 E10：E30 区域，点击【插入】→【图表】→【折线图】。如图 9-8 所示。

第九步：通过提高每年支付的利息、提高转换比例或延长赎回保护期间，观察筹资成本变化情况。

（1）制作一个命令按钮：在单元格 F8，点击【开发工具】→【插入】→【按钮】，编辑为"计算"。

（2）录制宏：点击【开发工具】→【录制宏】，命名为"宏 1"，重复第七步，完成后点击【停止录制】。

（3）提高每年支付的利息。

如果将票面利率提高到 11%，其他因素不变，则内含报酬率为 $R = 12.42\%$。

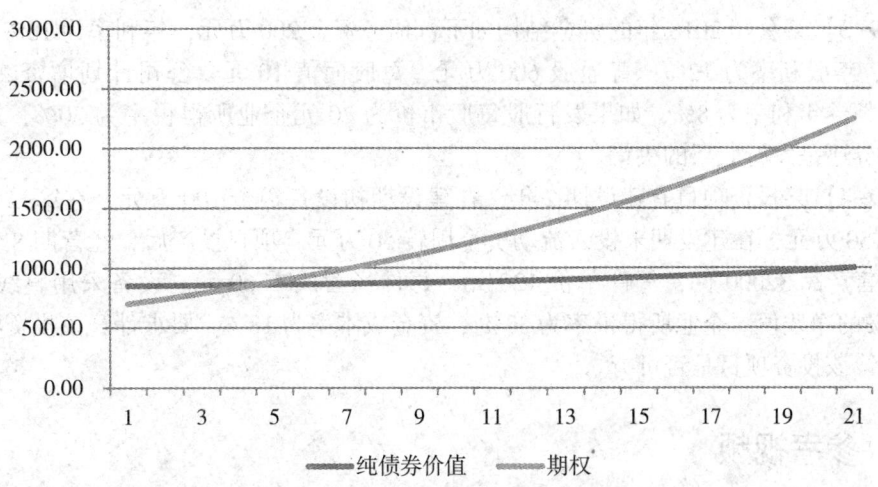

图 9-8 纯债券价值与期权走势图

$$1000 = \sum_{i=1}^{10} \frac{110}{(1+R)^i} + \frac{1253.56}{(1+R)^{10}} \Rightarrow R = 12.42\%$$

调节 F3 单元格的控件，使得票面利率为 11%。点击【开发工具】→【宏】，弹出"宏"对话框，选择"宏 1"，点击【执行】按钮，内含报酬率变为 12.42%。

（4）提高转换比率。

如果转换比例提高到 25，其他因素不变，则内含报酬率为 $R = 13.07\%$。

转换价值 $= 35 \times (1 + 6\%)^{10} \times 25 = 1566.95$

$$1000 = \sum_{i=1}^{10} \frac{100}{(1+R)^i} + \frac{1566.95}{(1+R)^{10}} \Rightarrow R = 13.07\%$$

调节 F3 单元格的控件，使得票面利率变回为 10%，然后调节 F4 单元格的控件，使得转换比率变为 25，点击【计算】命令，得到内含报酬率变为 13.07%。

五、课后练习

【练 9-1】某公司拟筹资 10000 万元，其中长期借款 1000 万元，年利率为 6%；发行长期债券 10 万张，每张面值 150 元，发行价 200 元，票面利率 8%，筹资费用率 2%；发行优先股 2000 万元，年股利率 10%，筹资费用率 3%；以每股 25 元的价格发行普通股股票 200 万股，预计第一年每股股利为 1.8 元，以后每年股利增长 6%，每股支付发行费 0.8 元。计算该公司的综合资本成本率（所得税税率为 25%）。

【练 9-2】某公司拟筹集资本 1000 万元，现有甲、乙、丙三个备选方案。甲方案：按面值发行长期债券 500 万元，票面利率 10%，筹资费用率 1%；发行普通股 500 万元，筹资费用率 5%，预计第一年股利率 10%，以后每年按 4% 递增。乙方案：发行优先股 800 万元，股利率为 15%，筹资费用率 2%；向银行借款 200 万元，年利率 5%。丙方案：发行普通股 400 万元，筹资费用率 4%，预计第一年股利率 12%，以后每年按 5% 递增；利用公司留存收益筹 600 万元，该公司所得税税率为 25%。要求：确定该公司的最佳资本结构。

【练 9-3】 某公司 2018 年的资金结构如下：债务资金 200 万元，年利率为 10%；优先股 200 万元，年股利率为 12%；普通股 600 万元，每股面值 10 元。公司计划增资 200 万元，如果发行债券年利率为 8%，如果发行股每股市价为 20 元企业所得税率为 30%，进行增资是发行债券还是发行股票的决策。

【练 9-4】 某投资项目有建设期 2 年，在建设期初设备资金 100 万元，在第二年初投入设备资金 50 万元，在建设期末投入流动资金周转 50 万元。项目投产后，经营期 8 年，每年可增加销售产品 32000 件，每件单价 120 元，每件经营成本 60 元。设备采用直线折旧法，期末有 8% 的净残值。企业所得税率为 33%，资金成本率为 18%。要求计算该投资项目的净现值并决策该投资项目是否可行。

六、参考视频

财务管理，https：//www.icourse163.org/course/ECJTU-1206085804。
公司金融，https：//www.icourse163.org/course/NJTU-1206179802。
公司理财，https：//www.icourse163.org/course/HZAU-1002203008。
财务管理：理论与案例，https：//www.icourse163.org/course/YCIT-1207558802。

第十章 营运资本管理实验

目前，专业的财务软件虽然很普及，但是这些软件也存在一些局限，如没考虑到不同企业的独特细节，购买成本高，后期维护费用大。Excel 软件具有应用广泛、操作简单、数据分析能力强的特点，目前多数企业在进行流动资产管理时，还是会选择 Excel 为财务软件提供基础数据。本章利用 Excel 分别构建流动资产中的三类主要资产——现金、应收账款和存货管理模型，可以直观地选出现金融资、信用决策和库存管理决策等方案，大大简化在现金、应收账款和存货等方面管理的工作。

一、实验目的

1. 编制现金预算和确定最佳现金余额。
2. 熟悉现金流量表的编制过程。
3. 应收账款信用政策决策模型。
4. 应收账款账龄分析。
5. 存货成本分析。
6. 存货经济订货批量模型。

二、实验原理

1. 营运资本

广义的营运资本，也称总营运资本，通常是指流动资产的资本来源（流动负债，虽然需要偿还，但是新的经营性流动负债又不断出现，具有不断继起、滚动存在的长期性），例如应付账款、应交税费、应付职工薪酬等。

狭义的营运资本也称为净营运资本，指流动资产和流动负债的差额，是投入日常经营活动（营业活动）的资本，也称营运资本净额。也可理解为长期筹资用于流动资产的部分，如一些上市公司通过非公开增发方式来补充流动资本。

在销售额不变的情况下，企业安排较少的流动资产投资，可以缩短流动资产周转天数，节约投资成本。但是，投资不足可能会引发经营中断，增加短缺成本，给企业带来损失。企业为了减少经营中断的风险，在销售不变的情况下安排较多的营运资本投资，会延长流动资产周转天数。但是，投资过量会出现闲置的流动资产，白白浪费了投资，增加持有成本。因此，需要权衡得失，确定其最佳投资需要量，也就是短缺成本与持有成本之间和最小化的投资额（如图 10-1 所示）。

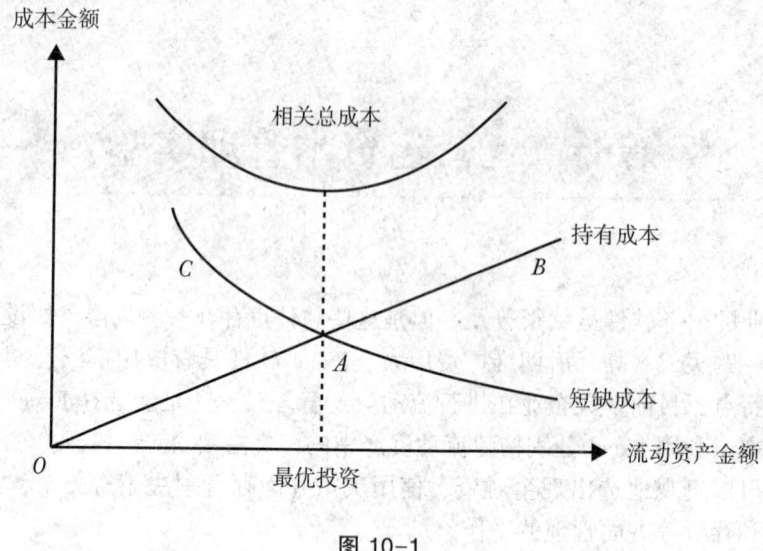

图 10-1

营运资本筹资策略，是指在总体上如何为流动资产筹资，是采用短期资金来源还是长期资金来源，或者兼而有之。制定营运资本筹资政策，就是确定流动资产中所需资金中短期资金和长期资金的比例，通常用经营性流动资产中长期筹资来源的比重来衡量，该比率称为易变现率。

易变现率=（股东权益+长期债务+经营性流动负债）-长期资产/经营性流动资产

易变现率高，资金来源的持续性强，偿债压力小，管理起来比较容易。

2. 现金管理

现金是可以立即投入流动的交换媒介，包括库存现金、银行存款和其他货币资金。企业置存现金的原因，主要是满足交易性需要、预防性需要和投机性需要。在经济全球化的信息社会中，企业经营环境充满了不确定性，复杂多变的环境让企业无法对未来的发展趋势做出准确的判断。在此环境下，现金的预防性需要和投机性需要就显得尤为重要，现金需求量波动较大难以预知。一方面，企业若缺乏必要现金则不能满足各方面的现金需求，造成资金短缺，从而使企业蒙受损失；另一方面，企业若置存过量现金，因其收益性极低则会降低企业整体收益。如何提升企业现金管理水平、合理控制经营风险，使其与预防性和投机性需要相适应，这是越来越多的企业所关注的问题。

我国的会计准则将现金流量分为三类：经营活动所产生的现金流、投资活动所产生的现金流以及筹资活动所产生的现金流。

经营活动所产生的现金流主要有销售商品、提供劳务收到的现金和收到其他与经营活动有关的现金。

投资活动所产生的现金流主要有，取得投资收益收到的现金，处置固定资产、无形资产和其他长期资产收回的现金净额。

收回投资收到的现金=（短期投资期初数-短期投资期末数）+（长期股权投资期初数-长期股权投资期末数）+（长期债权投资期初数-长期债权投资期末数）

取得投资收益所收到的现金=利润表投资收益-（应收利息期末数-应收利息期初数）-

（应收股利期末数-应收股利期初数）

处置固定资产和无形资产=固定资产清理的贷方余额+（无形资产期末数-无形资产期初数）+（其他长期资产期末数-其他长期资产期初数）

其他长期资产收回的现金净额，如收回融资租赁设备本金等。

购建固定资产、无形资产和其他长期资产所支付的现金=（在建工程期末数-在建工程期初数）+（固定资产期末数-固定资产期初数）+（无形资产期末数-无形资产期初数）+（其他长期资产期末数-其他长期资产期初数）

投资所支付的现金=（短期投资期末数-短期投资期初数）+（长期股权投资期末数-长期股权投资期初数）（剔除投资收益或损失）+（长期债权投资期末数-长期债权投资期初数）

筹资活动产生的现金流量净额。

吸收投资所收到的现金=（实收资本或股本期末数-实收资本或股本期初数）+（应付债券期末数-应付债券期初数）

借款收到的现金=（短期借款期末数-短期借款期初数）+（长期借款期末数-长期借款期初数）

收到的其他与筹资活动有关的现金，如投资人未按期缴纳股权的罚款现金收入等。

偿还债务所支付的现金=（短期借款期初数-短期借款期末数）+（长期借款期初数-长期借款期末数）+（应付债券期初数-应付债券期末数）（剔除利息）

分配股利、利润或偿付利息所支付的现金=应付股利借方发生额+利息支出+长期借款利息+在建工程利息+应付债券利息-预提费用中"计提利息"贷方余额-票据贴现利息支出

支付的其他与筹资活动有关的现金，如发生筹资费用所支付的现金、融资租赁所支付的现金、减少注册资本所支付的现金（收购本公司股票，退还联营单位的联营投资等）、企业以分期付款方式购建固定资产，除首期付款支付的现金以外的其他各期所支付的现金等。

现金管理是在对企业现金流量进行合理预测的基础上，对各预算期的期初、期末现金余额、经营性现金收入和支出金额、投资活动现金支出和收入等主要项目进行测算和列示的一种现金管理计划。

现金预算可按年、月、旬或按日编制，主要采用现金收支法进行编制。现金收支法编制现金预算的步骤主要是：

第一步：预测企业的现金流量。根据销售预算和自身的生产经营情况等因素，测算出预测期的现金流入量。

第二步：预测企业的现金流出量，根据生产经营的指标，预测为实现既定的经营目标所需要购入的资产、支付的费用等所要发生的现金流出量。

第三步：确定现金余缺额。

现金余缺额=预测期期末现金余额-最佳现金余额
　　　　=预测期期初余额+（现金收入-现金支出）-最佳现金余额
　　　　=预测期期初余额+净现金流-最佳现金余额

表 10-1　　　　　　　　　　牧原股份现金预算表　　　　　　　　　单位：亿元

现金收支项目	2017 年	2018 年
期初现金余额	7.774	41.755
加：现金流入量	33.981	-17.76
1. 经营活动现金流入量	106.745	140.745
销售商品或提供劳务	100.513	134.456
收到其他与经营活动有关的现金	6.231	6.289
2. 投资活动现金流入	14.65	60.473
收回投资收到的现金	14.5	59.85
取得投资收益收到的现金	0.145	0.534
处置固定资产等收回的现金净额	0.004	0.089
减：现金流出量	167.937	
1. 经营活动现金流出	88.873	127.169
购买商品、接受劳务支付的现金	73.435	102.092
支付给职工以及为职工支付的现金	11.513	17.695
支付的各项税费	0.178	0.209
支付其他与经营活动有关的现金	3.747	7.173
2. 投资活动现金流出	79.064	118.283
购建固定资产等支付的现金	62.764	50.473
投资支付的现金	16.3	67.81
支付其他与投资活动有关的现金		
现金余缺	-126.182	23.995
现金融通计划		
筹资活动现金流入	146.777	151.058
向银行借款	60.745	92.056
发行债券	30.919	44.897
吸收投资	55.113	14.105
公开发行股票		
筹资活动现金流出	66.354	124.3
偿还债务支付的现金	55.398	109.558
分配股利、利润或偿付利息支付的现金	10.956	14.742
余额	-45.759	50.753

3. 最佳现金余额方法

确定最佳现金余额的方法主要有以下四种。

（1）现金周转期模式。现金周转期模式就是从现金周转的角度出发，根据现金的周转速度来确定最佳现金余额。利用这一模式确定最佳现金余额，包括三个步骤：

第一步：计算现金周转期。现金周转期是指企业从购买原材料支付现金到销售商品收回现金的时间。

现金周转期=存货周转期+应收账款周转期-应付账款周转期

第二步：计算现金周转率。现金周转率是指一年中现金的周转次数。

现金周转率=计算期天数（360）÷现金周转期

第三步：计算最佳现金余额。

最佳现金余额=年现金需求额÷现金周转率

(2) 成本分析模式。成本分析模式是根据现金有关成本，分析预测其相关总成本最低时现金余额的一种方法。运用成本分析模式确定最佳现金余额，只考虑因持有一定量的现金而产生的机会成本和短缺成本，前者和现金余额成正比，后者与现金余额成反比。

成本分析模式确定现金最佳余额的具体步骤为：

第一步：根据不同现金持有量测算并确定有关成本数值；

第二步：按照不同现金持有量及其有关成本资料编制最佳现金余额测算表；

第三步：在测算表中找出相关总成本最低的现金余额，即最佳现金余额。

(3) 存货模式。存货模式又称鲍姆模式。它是由美国经济学家威廉姆·鲍姆首先提出的。他认为公司现金持有量在许多方面与存货相似，存货经济批量模型可用于确定最佳现金余额，并以此为出发点建立鲍姆模型。

鲍姆模型的着眼点是现金有关成本最低。现金有关成本主要包括持有现金的机会成本和将多余的现金进行短期有价证券投资而形成的转换成本，而不考虑不确定性较大的短缺成本。持有现金的机会成本与现金持有量成正比，转换成本与现金余额成反比，因此两者之和就和现金余额有一个最佳配比，使现金的机会成本与转换成本之和最小的现金余额就是最佳现金余额。

(4) 随机模式。随机模式（米勒—奥尔模式）是在企业现金需求量难以预知的情况下进行现金持有量控制的方法。它根据企业的历史经验和现实需要，测算出现金余额的上限 H 和下限 L，以此作为现金余额控制范围。当实际现金余额超过上下限时，通过投资或出售有价证券来调节现金余额，将现金余额直接调整到目标控制线 R 的水平。其中，下限 L：根据企业每日最低现金需求量的历史情况，结合企业管理人员的风险承受能力等因素进行确定。

目标控制量：$R = \sqrt[3]{\dfrac{3b\sigma^2}{4r}} + L$

其中，b 为有价证券每次固定转换成本，r 为有价证券的日收益率，σ 为预期每日现金余额变化标准差。

上限：$H = 3R - 2L$

4. 应收账款

应收账款是企业因对外赊销产品、材料、提供劳务等而应向购货或接受劳务的单位收取的款项。应收账款本身是企业赊销政策的产物。企业采取赊销政策，一方面可以扩大销售，增加收入和利润，同时加快存货周转；另一方面又因为占用了资金，增加了收账的成本和风险。财务管理就是要权衡这两方面的利弊，制定和执行合理的信用政策，加强对应收账款的控制，实施对应收账款的管理。

(1) 应收账款信用政策

应收账款信用政策包括信用期间、信用标准、现金折扣和收账政策四部分。一是信用期间。信用期间是企业为客户规定的最长付款时间。信用期过短，不足以吸引顾客，会使销售额下降，但是，如果盲目放宽信用期，所得的收益有时会被增长的管理费用抵销，甚至造成利润减少。二是信用标准。信用标准是企业同意向客户提供商业信用而提出的基本要求，是客户获得企业信用所应具备的最低条件，通常以预期的坏账损失率表示。如果企业的信用标准定得过高，将使客户因信用达不到信用标准而被拒之门外，其结果虽然减少了坏账损失和应收账款的机会成本，但不利于企业扩大销售，甚至会减少销售。反之，尽管会增加销售量，但也会增加坏账损失和应收账款的机会成本。三是现金折扣政策。现金折扣是客户在折扣期限内付款时企业提供的优惠。其主要目的在于吸引顾客为享受优惠而提前付款，缩短企业的平均收款期。另外，现金折扣也能招揽一些视折扣为减价出售的顾客购货，借以扩大销售量。四是收账政策。收账政策是指信用条件被违反时，企业采取的收账策略。企业如果采取积极的收账政策，虽然会减少应收账款投资的收益和坏账损失，但要增加收账成本。如果采用消极的收账政策，虽可减少收账费用，但会增加应收账款投资的机会成本和坏账损失。

(2) 应收账款信用政策影响因素

对信用政策产生影响的主要因素有信用成本前收益、机会成本、管理费用、坏账损失、折扣成本。

计算公式：信用成本后收益=信用成本前收益-机会成本-管理费用-坏账损失－折扣成本

① 信用成本前收益。销售量在一定范围内，不会引起固定成本的变化，固定成本是与决策无关的成本。但随着信用政策的放宽，销售超过一定量时，导致固定成本增加，就要在决策中考虑固定成本的变化对信用决策的影响。

信用成本前收益 = 年赊销额 − 变动成本 − 增加的固定成本

② 机会成本。应收账款的机会成本是指没有收回的应收账款中被占用的资金所丧失的潜在收益，固定成本不变时只考虑变动成本中被占用的资金。

其计算公式为：

应收账款的机会成本＝应收账款占用资金×资金成本

＝应收账款平均余额×变动成本率×资金成本

＝日销售额×平均收账期×变动成本率×资金成本

日销售额＝预算年度销售额÷360天

平均收账期＝Σ 各类应收账款的收账期×各类应收账款占总应收账款的百分比

资金成本：一般取有价证券的利息率或者企业最低投资报酬率。

③ 管理成本。应收账款的管理成本是指企业对应收账款进行日常管理而发生的成本。管理成本主要包括对客户信用调查的费用、应收账款账簿记录的费用、催收拖欠账款发生的费用等。

④ 坏账成本。坏账成本是指因应收账款无法收回而产生的坏账损失。其计算公式为：

应收账款的坏账成本＝预计销售收入×坏账损失率

坏账损失率可以根据企业应收账款的实际情况预计，采用的方法有销售百分比法、账龄分析法、应收账款余额百分比法等。

现金折扣是企业为了鼓励顾客在规定的还款期内早日还款，而给予的还款金额的减让。

现金折扣带来折扣成本，其次还会影响到平均收款的天数，导致机会成本的变化。

（3）应收账款账龄监控

① 应收账款账龄分析。应收账款账龄分析就是对应收账款的账龄结构进行分析。应收账款的账龄结构是指企业在某一时点，将所发生在外的各笔应收账款按照开票日期进行归类，并计算出各账龄应收账款余额占总计余额的比重。

一般而言，账龄越长的应收账款发生坏账的可能性越大，收账时产生的收账费用越高，占用资金量大的应收账款机会成本越大。因此，综合分析应收账款的总体账龄结构有助于分析企业应收账款的质量，账龄越长，应收账款的质量越差，管理应当加强；分析各类应收账款的账龄有助于企业调整各类产品的销售政策，采取合理的信用政策，增加收益，降低成本和风险；分析各主要客户的应收账款账龄，可对客户的信用情况进行详细分析，便于有针对性地采取不同的信用政策，加强各个客户的应收账款的催收管理等。

② 应收账款敏感分析。应收账款的敏感分析是通过调整企业预测期销售收入、销售利润率、资金成本率、应收账款余额等指标，测算对企业利润总额的影响。

例如，某企业现行的信用条件是 N/40，变动成本率为 60%，最低投资报酬率为 10%。假设企业收账政策不变，固定成本总额不变。该企业拟订了两个备选方案：（1）将信用条件放宽到 N/60；（2）将信用条件放宽到 N/120。各种备选方案估计的销售额、坏账损失率和收账费用等有关数据如表 10-2 所示。

表 10-2　　　　　　　　　　　信用条件备选方案　　　　　　　　　　　单位：万元

现行信用条件	N/40	A（N/60）	B（N/120）
年销售额	2700	3000	3300
应收账款周转次数	9	6	3
应收账款平均余额	300	500	1100
应收账款占用资金	180	300	660
坏账损失率	2%	3%	8%
坏账损失	48	90	264
收账费用	24	30	40

根据以上资料，可对信用条件进行分析评价，如表 10-3 所示。

表 10-3　　　　　　　　　　　信用条件分析评价表　　　　　　　　　　　单位：万元

现行信用条件	N/40	A（N/60）	B（N/120）
年销售额	2700	3000	3300
变动成本	1620	1800	1980
边际贡献	1080	1200	1320
边际贡献增加		120	240

续表

现行信用条件	N/40	A（N/60）	B（N/120）
应收账款成本			
机会成本	18	30	66
坏账成本	54	90	264
管理成本	24	30	40
应收账款成本小计	96	150	370
应收账款成本增加		54	274

在这两种方案中，A 方案收益的增加 120 万元大于成本的增加 54 万元，而 B 方案收益的增加 240 万元小于成本的增加 274 万元。因此，在其他条件不变的情况下，A 方案最佳。

5. 存货经济批量分析

存货是指企业在日常经营中持有以备出售的产成品或商品、处于生产过程中的在产品、在生产过程或提供劳务过程中耗用的材料和物料等。企业投资存货不仅有利于生产过程的顺利进行，节约订货成本和生产时间，而且能够迅速地满足客户各种订货的需要，从而为企业带来生产经营的较大机动性，避免因存货不足而产生机会损失。但投资存货占用大量资金，产生相应的成本。因此，如何在存货的功能和成本之间进行利弊平衡，实现它们的最佳组合，是存货管理的基本目标。财务管理上，主要是通过分析与存货有关的经济订货批量来达成这一投资管理的目标。

存货的需要出自以下原因：

第一，保证生产或销售的经营需要。实际上，企业很少能做到随时购入生产或销售所需的各种物质，即使市场供应量充足的物资也如此。这不仅因为会时不时出现某种材料的市场断档，还因为企业距供货点较远而需要必要的途中运输及可能出现运输故障。一旦生产或销售所需要物资短缺，生产经营将被迫停顿，造成损失。为了避免或减少出现停工待料、停业待货等事故，企业需要储存存货。

第二，出自价格的考虑。零购物资的价格往往较高，而整批购买在价格上常有优惠。但是，过多的存货要占用较多的资金，并且会增加包括仓储费、保险费、维护费、管理人员工资在内的各项开支。存货占用资金是有成本的，占用过多会使利息支出增加并导致利润的损失；各项开支的增加更直接使成本上升。进行存货管理，就要尽力在各种存货成本与存货效益之间做出权衡，达到两者的最佳结合。

（1）存货相关成本

存货的经济订货批量就是使存货的总成本最低的每次订货批量，如图 10-2 所示。

与存货的经济订货批量决策相关的问题主要是存货成本，而存货成本又包括以下几种。

① 订货成本

订货成本是指为采购存货花费的各项进货费用，包括采购人员的办公费和差旅费、存货的运输费用、保险费用、检验费用等。订货成本分为订货的固定成本和订货的变动成本，订货的固定成本与订货次数无关，如常设采购机构的基本开支；订货的变动成本与订货次数有关，如差旅费、邮资等。订货成本与一定时期的订货次数成正比，与一次订货量成反比。

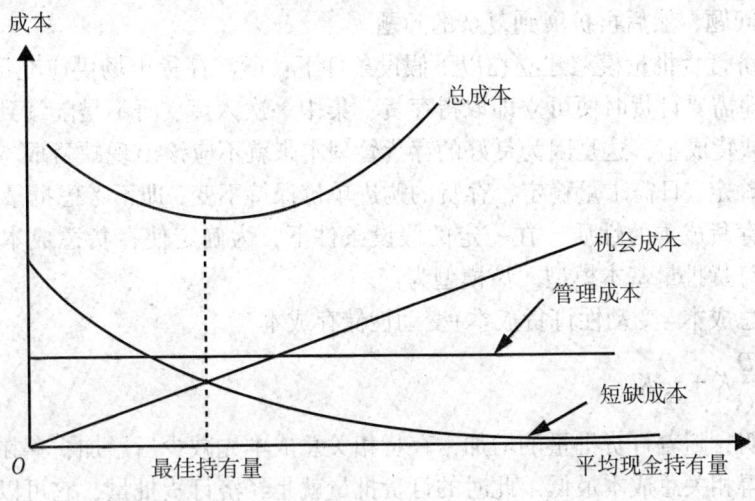

图 10-2

② 采购成本

采购成本是指购买存货所支付的价款，是存货本身的价值。一定时期内，在存货的需求量和采购量一定的情况下，若供应商没有按订货数量给予价格上的折扣，则采购成本是确定的。

即 $TC_a = DU + (\frac{D}{Q}K + F_1)$

式中，TC_a 为进货成本，D 为存货年总需求量，U 为存货的订货单价，K 为每次订货的变动成本，F_1 为全年固定性订货费用，Q 为存货每次订货批量。

③ 储存成本

储存成本是指存货在仓库中储存和保管所花费的各项费用，包括存货占用资金的机会成本、仓库人员的工资及办公费、库房的折旧费、维修费、保险费及存货的合理损耗等。储存费用也有固定成本和变动成本之分，固定成本与存货数量的多少无关，如仓库折旧、仓库职工的固定工资；变动成本与存货的数量有关，如存货资金的应计利息、存货的损耗、存货的保险费用等。一般情况下，储存费用与一定时期的存货量成正比。

储存成本=变动性储存成本+固定性储存成本

即 $TC_a = \frac{Q}{2}K_c + F_2$

式中，TC_a 为储存成本，K_c 为单位存货变动性储存成本，F_2 为全年存货固定性储存成本。

④ 缺货成本

缺货成本是指由于存货供应中断而造成的损失，包括材料供应中断造成的停工损失、产成品库存缺货造成的拖欠发货损失和丧失销售机会的损失；如果生产企业以紧急代用材料解决库存材料中断之需要，则缺货成本表现为紧急额外购入支出大于正常采购支出的部分。

(2) 存货经济订货批量模型

影响存货总成本的变量因素有很多，为了解决比较复杂的问题，有必要进行适当简化，先解决简单的问题，然后再扩展到复杂的问题。

基本的经济订货批量模型建立在以下假设条件下：所需存货市场供应充足，企业能够及时补充存货，即需要订货时便可立即取得存货；集中一次入库，而不是陆续到货；不允许缺货，即不存在缺货成本，这是因为良好的存货管理本来就不应该出现缺货成本；一定时期的存货总需求量确定，日需求量稳定；存货的购进单价保持不变，即不考虑批量折扣。

根据上述存货成本的性质，在一定的假设条件下，为确定使存货总成本最低的订货批量，建立经济订货批量基本模型。该模型为：

存货相关总成本=变动性订货成本+变动性储存成本

即：$TC = \dfrac{D}{Q}K + \dfrac{Q}{2}K_c$

该模型表明，随着订货批量的增加，存货相关总成本先减少后增加，存在一个最合理的订货批量，使得相关总成本最低。此时的订货批量就是经济订货批量，它可以通过下述等式求出：

经济订货批量 $Q = \sqrt{\dfrac{2DK}{K_c}}$

经济订货批量的存货相关总成本 $TC = \sqrt{2DKK_c}$

经济订货批量平均占用的资金 $w = U^* \dfrac{Q}{2} = U\sqrt{\dfrac{DK}{2K_c}}$

年度最佳订货批次 $N = \dfrac{D}{Q} = \sqrt{\dfrac{DK_c}{2K}}$

例如，假设 A 公司每年耗用甲材料 $D = 900000$ 件，单位买价 $U = 500$ 元，每次订货的变动成本为 $K = 240$ 元，每件材料的年平均储存成本为 $Kc = 1.2$ 元，则：

经济订货批量 $Q^* = \sqrt{\dfrac{2KD}{Kc}} = \sqrt{\dfrac{2 \times 240 \times 90000}{1.2}} = 6000$

经济订货批量下的存货相关总成本 $TC = \sqrt{2KDKc} = \sqrt{2 \times 240 \times 90000 \times 1.2} = 7200$

最佳订货次数 $N^* = \dfrac{Q}{Q^*} = \dfrac{90000}{6000} = 15$

最佳订货周期 $T^* = \dfrac{1}{N^*} = \dfrac{360}{15} = 24$

经济订货批量占用的资金 $I^* = \dfrac{Q^*}{2} \times U = \dfrac{6000}{2} \times 500 = 1500000$

(3) 经济订货批量模型的拓展应用

① 存货陆续供应和使用。基本模型中假设存货一次性全部入库，而事实上，各批存货也可能陆续到货。尤其是产成品入库和在产品转移，几乎总是陆续供应和陆续耗用的。假设每批订货数量为 Q，由于每日送货量为 p，故该批存货全部送达所需的日数为 $\dfrac{Q}{p}$，称之为

送货期。假定存货每日耗用量为 d，由于边送货边耗用，当每批存货送达完毕时，达到的最高库存量为 $Q - (\frac{Q}{p}) \times d$，平均库存量为 $\frac{Q(1-\frac{d}{p})}{2}$。

这样与订货批量有关的相关总成本 $TC = \frac{D}{Q}K + \frac{Q}{2}(1-\frac{d}{p}) \times K_c$

相应地，经济订货批量 $Q = \sqrt{\frac{2DK}{K_c} \times \frac{p}{p-d}}$

经济订货批量的相关总成本 $TC = \sqrt{2DKK_c(1-\frac{d}{p})}$

经济订货批量平均占用的资金为 $W = U \times \frac{Q}{2} = U\sqrt{\frac{DK}{2K_c} \times \frac{p}{p-d}}$

年度最佳订货批次 $N = \frac{D}{Q} = \sqrt{\frac{2DK_c}{K} \times (1-\frac{d}{p})}$

② 存在数量折扣。如果供应商对一定订货超过额定数量时予以价格折扣，那么企业在确定最佳订货批量时就不仅需要考虑基本模型中的变动性订货成本和变动性储存成本，还需要考虑采购成本。决策就在以下两个方案中选择。

方案一：按经济订货批量基本模型推算的经济订货批量订货，其相关总成本=经济订货批量下的变动订货成本+变动储存成本+按正常价格计算的采购成本。

方案二：按供应商给出的获得价格折扣的最低订货批量（一般情况下，这个订货批量比经济订货批量大）订货，其相关总成本=按获得价格折扣的最低订货批量计算的变动订货成本+变动储存成本+按价格折扣计算的采购成本。

比较两个方案的相关总成本，哪个方案总成本低就选哪个方案。

③ 订货提前期、保险储备和再订货点。订货提前期是指从企业发出订单，至存货到货的时间间隔。一般情况，企业向供应商发出订单后，供应商需要为交货进行准备才能发货，并且存货还需要运输。这段时间企业存货被继续耗用，因此不能得到存货的库存为零时再发出订单，必须提前发出订单。订货提前期必须考虑供应商接受订单准备交货的时间和存货在途运输的时间，也称为存货交货期。

保险储备是当企业存货的供应量和每日消耗量不均匀时，为满足需求大增或送货延迟，而多储备的存货量。保险储备是为防止发生缺货额外多储备的存货量，在正常情况下不动用，只要当存货过量使用或送货延迟时才动用。保险储备需要企业根据存货使用的实际情况、风险承受能力以及缺货成本综合确定。

再订货点是指企业向供应商发出订单时，存货剩余的库存量，日常在使用存货时，一旦发现存货库存量下降到再订货点时，企业就必须向供应商发出存货订单。

再订货点=订货提前期（L）×每日耗用量（d）+保险储备

三、实验材料

【例 10-1】甲公司现金管理实行月度预算管理制度。本预算年度额定每月最佳现金余额为 200 万元。经财务预测,预算年度 1 月与预算期相关的收入和支出项目如表 10-4 所示。如果甲公司在预算年度内每月收入项目递增 5%,支出项目递增 3%,从 1 月起,每月最佳余额维持 200 万元不变。每月余缺的金额通过投融资进行调剂,将月末余额调整为最佳余额。则如何编制本预算年度内连续各月的现金预算?

表 10-4　　　　　　预算期 1 月现金预算中相关的收入和支出　　　　　单位:万元

序号	现金收支项目	1月	2月
1	现金收入		
2	现销和当月应收账款的收回	800	
3	以前月份应收账款的收回	450	
4	固定资产变价收入	50	
5	利息收入	5	
6	租金收入	70	
7	股利收入	15	
8	现金收入合计		
9	现金支出		
10	当月支付的采购材料支出	300	
11	当月付款的以前月份采购材料支出	200	
12	工资支出	150	
13	管理费用支出	50	
14	营业费用支出	40	
15	财务费用支出	10	
16	厂房、设备投资支出	200	
17	税款支出	30	
18	归还债务	80	
19	股利支出	50	
20	证券投资	120	
21	现金支出合计		
22	净现金流量		
23	期初现金余额	150	
24	净现金流量		
25	期末现金余额		
26	最佳现金余额	200	
27	现金多余或短缺		

【例 10-2】 假定某企业有价证券的年利率为 8%（每年按 360 天计算），每次固定转换成本为 50 元，企业认为任何时候其银行活期存款及现金余额均不能低于 6000 元，又根据以往经验测算出现金余额波动的标准差为 400 元，据此设计随机模式计算表。

【例 10-3】 根据牧原股份近三年的现金流量表，预测 2019 年的现金流量并考虑融资策略。如果 2019 年增长率按 2018 年与 2017 年的增长率，计算 2016—2018 年的期末现金余缺额，并编制本 2019 年度预算。

【例 10-4】 已知 B 企业应收账款基础数据如表 10-5 所示，请根据以下数据建立信用政策决策模型，判断 B 企业是否应该改变信用政策，如果需要改变，应该选择哪个方案？

表 10-5

项目	现有政策	新政策一	新政策二
销售收入增长率		50%	30%
变动成本率	70%	70%	70%
有价证券投资收益率	9%	9%	9%
平均收账期（单位：天）	45	50	56
预计的坏账损失率	8%	8%	8%
收账费用（万元）	50	85	40
取得现金折扣的客户比例		30%	30%
现金折扣率	2%	2%	1%

【例 10-5】 已知某企业应收账款基础数据如表 10-6 所示，请根据以下数据建立信用政策决策模型，并选择出最优方案。

表 10-6

项目	方案 30	方案 60	方案	方案 90
平均收款期	30	60	24	90
年赊销数量	18 万	21.6 万	21.6 万	28 万
销售单价	100	100	100	100
年赊销额（万元）	1800	2160	2160	2800
变动成本率	60%	60%	60%	60%
变动成本	1080	1296	1296	1680
增加的固定成本	0	0	0	10
信用成本前收益（万元）	720	864	864	1110
信用成本				

【例 10-6】 某企业 2019 年 1 月 1 日，A 材料期初结存 150 公斤，单价 10 元。2019 年 1 月，A 材料收发情况如表 10-7 所示。分别采用先进先出法和移动加权平均法对期末存货进

行计价并计算本期耗用的成本。

表 10-7

时间		数量	单价
1月1日	购入	50	1.2
1月2日	购入	12	1.3
1月3日	发出	51	
1月4日	发出	10	
1月5日	购入	34	1.4
1月6日	发出	12	

【例 10-7】B 企业全年需要耗用乙材料 86400 千克，乙材料采购价格为 250 元/千克。每次订货费用 700 元，单位年储存成本 20 元，该企业的订货陆续到货，每日到货量 1200 千克。(1) 求陆续供应和使用情况下的经济订货批量和经济订货批量下的相关总成本。(2) 求经济订货批量下的资金占用额、年度最佳订货批次和订货周期。(3) 如果企业发出订单后，供应商的交货期为 10 天（含在途运输时间），根据企业日常生产变动，额定的存货保险储备为 600 千克，求企业的再订货点是多少。

【例 10-8】企业日常生产需要 A、B、C、D 四种原材料，年需求量、每次订货成本、单位储存成本、每天为企业提供的数量、企业每天的消耗量、材料的单价如表 10-8 所示。供应商为了鼓励客户购买产品，如果企业购买 A 材料超过 400 吨，则为客户提供 2% 的折扣；B 材料超过 450 吨，则为客户提供 2% 的折扣；C 材料超过 500 吨，则为客户提供 2% 的折扣；D 材料超过 500 吨，则为客户提供 2% 的折扣。

表 10-8　　　　　　　　　　　　　存货基本信息

存货名称	A 材料	B 材料	C 材料	D 材料
年需求量	18000	20000	30000	25000
一次订货成本	25	25	25	25
单位储存成本	2	3	4	3
每日送货量	100	200	300	250
每日消耗量	20	30	40	25
折扣	2%	2%	2%	2%
单价	10	20	30	25

四、实验步骤

【例 10-1】

第一步：建立 10-1 工作簿，按照表 10-4 所示样式在 Excel 中建立甲公司预算年度 1 月的现金预算表，并且按照表 10-9 输入相关公式，输入公式后，每个单元格均向右填充至 H 列，计算结果如表 10-10 中的 C 列所示。

表 10-9

单元格	公式	单元格	公式
C2	=C3+C4	C5	=C6+C7+C8+C9
C10	=C2+C5	C11	=SUM（C12：C17）
C18	=SUM（C19：C23）	C24	=C11+C18
C25	=C10−C24	C27	=C25+C26
C29	=C27−C28		

第二步：滚动编制现金预算表。

在单元格 D3 输入公式"=C3＊（1+5%）"，D4 直接用公式填充即可。

在单元格 D6 输入公式"=C6＊（1+5%）"，D7：D9 直接用公式填充即可

在单元格 D12 输入公式"=C12＊（1+3%）"，其他单元格 D13：D17 直接用公式填充即可。

在单元格 D19 输入公式"=C19＊（1+3%）"，其他单元格 D20：D23 直接用公式填充即可。

在单元格 D26 输入公式"=C27"。

至此，在收入支出变化的情况下，完成滚动编制的 2 月现金预算表。编制结果如表 10-10 中的 D 列所示。

第三步：滚动编制 3—6 月现金预算表。

如果收支变化不变，还可按照以上步骤编制 2 月之后各月的现金预算，将 2 月的数据向右填充至 H 列即可。编制结果如表 10-10 所示。

表 10-10

	A	B	C	D	H
1	序号	现金收支项目	1 月	2 月	6 月
2	1	营业现金收入	1250	1312.5	1595.352
3	2	现销和当月应收账款的收回	800	840	1021.025
4	3	以前月份应收账款的收回	450	472.50	574.33
5	4	其他现金收入	140	147.00	178.68
6	5	固定资产变价收入	50	52.50	63.81
7	6	利息收入	5	5.25	6.38
8	7	租金收入	70	73.50	89.34
9	8	股利收入	15	15.75	19.14
10	9	现金收入合计	1390	1459.50	1774.03

续表

	A	B	C	D	H
11	10	营业现金支出	750	772.5	869.4556
12	11	当月支付的采购材料支出	300	309	347.78
13	12	当月付款的以前月份采购材料支出	200	206	231.85
14	13	工资支出	150	154.5	173.89
15	14	管理费用支出	50	51.5	57.96
16	15	营业费用支出	40	41.2	46.37
17	16	财务费用支出	10	10.3	11.59
18	17	其他现金支出	480	494.4	556.45
19	18	厂房、设备投资支出	200	206	231.85
20	19	税款支出	30	30.9	34.78
21	20	归还债务	80	82.4	92.74
22	21	股利支出	50	51.5	57.96
23	22	证券投资	120	123.6	139.11
24	23	现金支出合计	1230	1266.9	1425.91
25	24	净现金流量	160	192.6	348.12
26	25	期初现金余额	150	310	1300.39
27	26	期末现金余额	310	502.6	1648.515
28	27	最佳现金余额	200	200	200
29	28	现金多余或短缺	110	302.6	1448.51

【例10-2】

第一步：建立工作簿10-2，将相关数据输入在表格中。在F4单元格插入控件，对E4单元格进行调控。如表10-11所示。

表10-11

	A	B	C	D	E	F
1		有价证券利率	8%	固定转换成本	50	
2		预期每日现金余额		标准差	400	
3		现金存量上限		现金存量下限	6000	
4		最佳现金持有量		观察天数	2	▲▼

第二步：计算现金存量上限H和最佳现金持有量R。

目标控制量：$R = \sqrt[3]{\dfrac{3b\sigma^2}{4r}} + L$

式中，b 为有价证券每次固定转换成本，r 为有价证券的日收益率，σ 为预期每日现金余额变化标准差。

在 C4 单元格输入公式"=POWER（3＊E1＊E2^2/（4＊C1/360），1/3）+E3"，即可计算出最佳现金持有量 R，得到结果 9000。

上限：$H = 3R - 2L$

在 C3 单元格输入公式"=3＊C4-2＊E3"，即可计算出现金存量上限 H，得到结果 15000。

第三步：制作制图数据表。

在 D7 单元格输入公式"=＄E＄3"，并且向下填充至 D16 单元格。

在 E7 单元格输入公式"=＄C＄4"，并且向下填充至 E16 单元格。

在 F7 单元格输入公式"=3＊＄E＄7-2＊＄E＄3"，并且向下填充至 F16 单元格。结果如表 10-12 所示。

表 10-12

	B	C	D	E	F
5	制图数据表					
6	日期	现金余额	L	R	H
7	2019/9/1	6500	6000	9000	15000
8	2019/9/2	7100	6000	9000	15000
9	2019/9/3	13000	6000	9000	15000
10	2019/9/4	10000	6000	9000	15000
11	2019/9/5	9000	6000	9000	15000
12	2019/9/6	7800	6000	9000	15000
13	2019/9/7	7000	6000	9000	15000
14	2019/9/8	6800	6000	9000	15000
15	2019/9/9	7200	6000	9000	15000
16	2019/9/10	9800	6000	9000	15000

第四步：制作现金余额监控图。

选中 C7：F16 区域，点击菜单中【插件】→【图表】→【折线图】，对图形进行调整，如图 10-3 所示。

【例 10-3】

第一步：从"数据源 1"工作簿的数据定义名称。

选中所有数据，点击菜单栏【公式】→【根据所选内容创建】，弹出对话窗，并且勾选"首行"，将首行的值创建为名称，即可得到公司名称、科目和不同年度数据的变量。可以在【名称管理器】中查看定义名称情况。

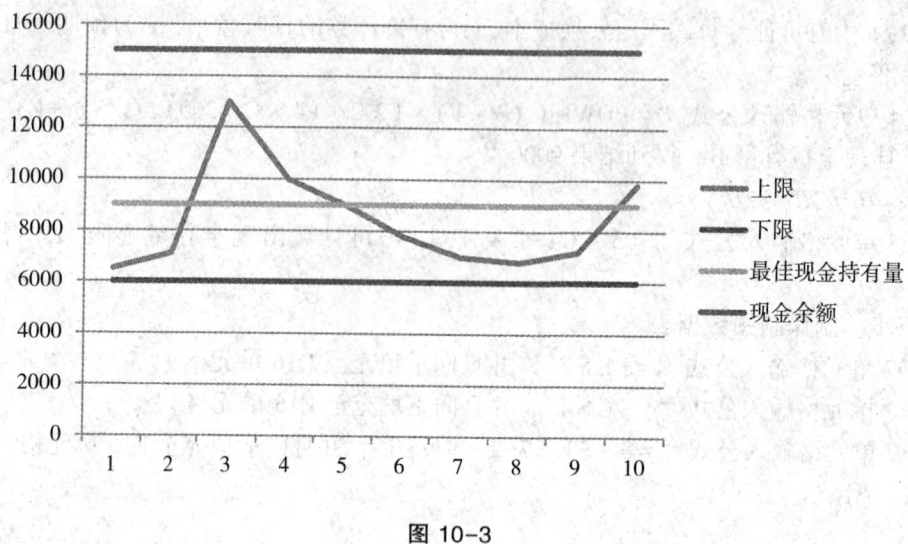

图 10-3

第二步：在 Excel 建立新的工作簿 10-3，构建报表分析框架。把五粮液、恒瑞医药、牧原股份、中国平安、亚泰集团、招商银行、恒生电子七家公司定义为"公司"。然后选中单元格 B1，点击菜单栏【数据】→【数据有效性】，弹出对话窗，设置为"序列"，设置"公司"为来源。按照表格框架，通过 VLOOKUP 函数从工作簿"数据源 10"中查找数据并填列在表格中，并且计算现金余缺、各个总和值和净值。结果如表 10-13 中的 C、D、E 列所示。

第三步：计算 2018 年与 2017 年的增长率。

运用 IFERROR 函数来计算增长率，IFERROR 函数能捕获和处理公式中的错误。如果公式的计算结果为错误值，则 IFERROR 返回您指定的值；否则，它将返回公式的结果。

在 F3 单元格输入公式"=IFERROR（(E2-D2)/D2,0）"，并填充至 F25 单元格。结果如表 10-13 中的 F 列所示。

第四步：预测 2019 年的现金流量和相关科目值。

在单元格 G3 输入公式"=E2*（1+F2）"，G 列以下单元格公式通过公式填充完成。结果如表 10-13 中的 G 列所示。

表 10-13

	B	C	D	E	F	G
1	牧原股份	2016 年	2017 年	2018 年	变动率	预测 2019
2	期初现金及现金等价物余额	68949	77736	417550	437.14%	2242821
3	加：现金流入量	721101	1213942	2012185	65.76%	3335321
4	经营活动现金流入小计	581909	1067446	1407454	31.85%	1855765
5	投资活动现金流入小计	139192	146497	604730	312.79%	2496296
6	减：现金流出量	979451	1679368	2454518	46.16%	3587457
7	经营活动现金流出小计	453662	888732	1271689	43.09%	1819661

续表

	B	C	D	E	F	G
8	投资活动现金流出小计	525789	790636	1182830	49.60%	1769571
9	现金余缺	189402	387690	24784	-93.61%	1584.354
10	现金融通计划					
11	筹资活动现金流入小计	609900	1469017	1511290	2.88%	1554780
12	筹资活动现金流出小计	342762	663777	1246546	87.80%	2340962
13	净额	267138	805240	264744	-67.12%	87041.78
14	短期借款	250000	356033	471492	32.43%	624393.2
15	一年内到期的非流动负债	58691	28578	194141	579.33%	1318849
16	长期借款	99535	153430	106949	-30.29%	74549.5
17	应付债券	99232	139262	139039	-0.16%	138816.6
18	实收资本（或股本）	103375	115846	208523	80.00%	375342.1
19	其他权益工具	0	245969	245969	0.00%	245969
20	资本公积金	93929	386490	293813	-23.98%	223359
21	分配股利、利润或偿付利息支付的现金	34197	109561	147417	34.55%	198354.8
22	支付其他与筹资活动有关的现金	1664	232	3546	1428.10%	54188.12
23	总计	704761	1425608	1659926	16.44%	1932757
24	变动额		611055	83354	-86.36%	11370.38
25	期末现金及现金等价物余额	77736	417550	239949	-42.53%	137888.7

第五步：点击 B1 单元格下拉菜单，选择不同的公司进行 2019 年现金流量预测，并且可通过其资产负债表中负债和所有者权益科目，进行财务报表分析，了解其融资来源和去向。

【例 10-4】

第一步：在 Excel 建立新的工作簿 10-4，在单元格中输入相关信息和基础数据，如表 10-14 所示。

表 10-14　　　　　　　　　　信用政策分析条件

	A	B	C	D
1	项目		新政策一	新政策二
2	销售收入增长率		50%	30%
3	变动成本率	70%	70%	70%
4	有价证券投资收益率	9%	9%	9%
5	平均收账期（单位：天）	45	50	56
6	预计的坏账损失率	8%	8%	8%
7	收账费用（万元）	50	85	40
8	取得现金折扣的客户比例		30%	30%

续表

A		B	C	D
9	现金折扣率	2%	2%	1%
10	项目		新政策一	新政策二
11	边际贡献成本：			
12	销售收入	5000		
13	边际贡献			
14	边际贡献的增加			
15	应收账款成本：			
16	机会成本			
17	坏账损失			
18	收账费用			
19	现金折扣			
20	应收账款成本小计			
21	应收账款成本增加			
22	政策变动对收益的影响			

第二步：计算各方案的各项成本，按表10-15输入相关公式。

表 10-15

单元格	公式	单元格	公式
C12	B12*（1+C2）	D12	=B12*（1+D2）
B13	=B12*（1-B3）	C13	=C12*（1-C3）
C14	=C13-B13	D14	=D13-B13
B16	=B12/360*B5*B3*B4	B17	=B12*B6
C16	=C12/360*C5*C3*C4	C17	=C12*C6
D16	=D12/360*D5*D3*D4	D17	=D12*D6
B20	=SUM（B16：B19）	D20	=SUM（D16：D19）
C20	=SUM（C16：C19）	D21	=D20-B20
C21	=C20-B20	D22	=D14-D21
C22	=C14-C21		

第三步：得到结果并进行决策分析。

经上述步骤，改变信用标准的决策过程已经计算完毕。从表10-16中，我们可以看到执行新政策一给出的新信用标准后，边际贡献将比现行信用政策增加750万元，但同时应收账款成本也将增加266.25万元。因此执行新信用标准将使企业总收益增加483.75万元。执行新政策二给出的新信用标准后，边际贡献将比现行信用政策增加450万元，但同时应收账款成本也将增加643.2万元。因此执行新信用标准将使企业总收益增加113.83万元。由此可得出结论，B企业应当改变信用标准并且选择新政策一。

表10-16　　　　　　　　　　　信用政策分析条件

A	B	C	D
项目	现行政策	新政策一	新政策二
销售收入增长率（%）		50	30
变动成本率（%）	70	70	70
有价证券投资收益率（%）	9	9	9
平均收账期（单位：天）	45	50	56
预计的坏账损失率（%）	8	8	8
收账费用（万元）	50	85	40
取得现金折扣的客户比例（%）		30	30
现金折扣率（%）	2	2	1
边际贡献成本：			
销售收入	5000.00	7500.00	6500
边际贡献	1500.00	2250.00	1950.00
边际贡献的增加		750.00	450.00
应收账款成本：			
机会成本	39.38	65.63	63.70
坏账损失	400.00	600.00	520.00
收账费用	50.00	85.00	40.00
现金折扣	40.00	45.00	19.50
应收账款成本小计	529.38	795.63	643.20
应收账款成本增加		266.25	113.83
政策变动对收益的影响		483.75	336.18

【例10-5】

第一步：在Excel建立新的工作簿10-5，在单元格中输入相关信息和基础数据，如表10-17所示。

第二步：计算信用成本。分别在以下单元格输入相应公式。

(1) 机会成本=年赊销额×应收账款机会成本率

在单元格B12输入公式"=B5*B11"，向右填充至单元格E12。

(2) 平均坏账损失=年赊销额×平均坏账损失率

在单元格B14输入公式"=B5*B13"，向右填充至单元格E14。

(3) 收账管理费用=年赊销额×收账管理费用率

在单元格B16输入公式"=B5*B15"，向右填充至单元格E16。

表 10-17

	A	B	C	D	E
1	项目	方案30	方案60	方案	方案90
2	平均收款期	30	60	24	90
3	年赊销数量（万）	18	21.6	21.6	28
4	销售单价（元）	100	100	100	100
5	年赊销额（万元）	1800	2160	2160	2800
6	变动成本率	60%	60%	60%	60%
7	变动成本	=B5*B6	=C5*C6	=D5*D6	=E5*E6
8	增加的固定成本	0	0	0	10
9	信用成本前收益（万元）	=B5-B7	=C5-C7	=D5-D7	=E5-E7
10	信用成本：				
11	应收账款机会成本率	10%	20%	20%	30%
12	应收账款机会成本				
13	平均坏账损失率	3%	5%	2%	9%
14	平均坏账损失				
15	收账管理费用率	0.60%	0.70%	0.40%	0.80%
16	收账管理费用				
17	折扣成本	0	0	29.16	0
18	小计				
19	信用成本后收益				
20	结论				

（4）折扣成本

第三步：计算信用成本后收益和最优方案。

在单元格 B18 输入公式"=SUM（B12+B14+B16+B17）"，向右填充至单元格 E18，计算出信用成本总额。

在单元格 B19 输入公式"=B9-B18"，向右填充至单元格 E19，计算出信用成本后收益。

在单元格 B20 输入以下公式：

=IF（B19：E19<0,"无方案","应采用"&INDEX（B1：E1, 1, MATCH（Max（B19：E19），B19：E19, 0）））。如果单元格 B19：E19 均小于零，说明采取每个方案所增加的成本大于增加的收益，那么不应采用任何一种方案；如果单元格 B19：E19 不都小于零，说明选取其中一种方案是有利的，应该选择单元格 B19：E19 中的最大值，也就是信用成本后收益最大的方案。结果如表 10-18 所示。

表 10-18

	A	B	C	D	E
	项目	方案 A	方案 B	方案 C	方案 D
1	项目	方案 A	方案 B	方案 C	方案 D
2	平均收款期	30	60	24	90
3	年赊销数量（万）	18	21.6	21.6	28
4	销售单价（元）	100	100	100	100
5	年赊销额（万元）	1800	2160	2160	2800
6	变动成本率	60%	60%	60%	60%
7	变动成本	1080	1296	1296	1680
8	增加的固定成本	0	0	0	10
9	信用成本前收益（万元）	720	864	864	1120
10	信用成本：				
11	应收账款机会成本率	10%	20%	20%	30%
12	应收账款机会成本	180	432	432	840
13	平均坏账损失率	3%	5%	2%	9%
14	平均坏账损失	54	108	43.2	252
15	收账管理费用率	0.60%	0.70%	0.40%	0.80%
16	收账管理费用	10.8	15.12	8.64	22.4
17	折扣成本	0	0	29.16	0
18	小计	244.8	555.12	513	1114.4
19	信用成本后收益	475.2	308.88	351	5.6
20	结论	应采用方案 A			

【例 10-6】

第一步：建立工作簿 10-6，在 Excel 工作表的 1—30 行建立"模型基本界面"。模型的右上角（G1 单元格）设计了一个选择存货计价方式的"组合框"控件，其中设置了"先进先出法、移动平均法"两种方法供用户选择，单元格链接到 I1。在 A1 单元格输入公式"＝IF（I1＝1，'先进先出法'，'移动加权平均法'）&'存货成本计算模型'"，创建模型名称。如表 10-19 所示。

表 10-19

	A	B	C	D	E	F	G	H	I	J
1	移动加权平均法存货成本计算模型						移加权 ▼		2	
2										

续表

	A	B	C	D	E	F	G	H	I	J
4	日期	入库			出库			结存		
5		数量	单价	金额	数量	单价	金额	数量	单价	金额
6	2005/01/01	50	1.2000							
7	2005/01/02	12	1.3000							
8	2005/01/03				51					
9	2005/01/04				10					
10	2005/01/05	34	1.4000							
11	2005/01/06				12					

第二步：计算每批入库存货的金额。

在 D6 单元格输入公式"=＄B6＊＄C6"，并填充到 D11 单元格。

第三步：计算每批出库存货的单价。

先进先出法（I1 单元格为 1 时）：本次存货出库金额/本次存货出库数量，如 IF（E8，G8/E8）。为了防止出库存货的数量为零会导致公式错误，运用 IF 函数来计。

移动加权平均法（I1 单元格为 2 时）：存货单位成本=（原有库存存货的实际成本+本次进货的实际成本）／（原有库存存货数量+本次进货数量），如 I7 单元格。

在第一批次时，在 F6 单元格输入公式=IF（E6，G6/E6，），之后的批次，在 F7 单元格输入公式"=IF（＄I＄1=1，IF（E7，G7/E7，），IF（E7，I6，））"，向下填充至 F11 单元格。

第四步：计算每批出库存货的金额。

先进先出法：先按存货的期初余额的单价计算发出的存货的成本，领发完毕后，再按第一批入库的存货的单价计算，依次从前向后类推，计算发出存货和结存货的成本。可用公式表示：

=SUMPRODUCT（（SUM（E＄6：E8）>INCMOFF）＊（SUM（E＄6：E8）-INCMOFF）＊（C＄6：C8-C＄5：C7））-SUM（G＄5：G7）

【解释】

（1）公式"SUM（E＄6：E8）"代表本次累计的出库数量。

（2）INCMOFF 是公式"=SUMIF［OFFSET（!＄B＄5,,, ROW（!＄B＄6：＄B24）-ROW（!＄B＄5）),">0"］"的名称，通过【公式】→【定义名称】进行定义，代表每次累计的入库数量。

OFFSET 函数是 Excel 中一个引用函数，表示引用某一个单元格或者区域。

OFFSET（偏移基准的参照，移动的行数，移动的列数，行高，列宽），此公式中 OFFSET 函数引用的区域是入库数量那一列中的某片单元格区域。

ROW 函数是返回引用的行号。

ROW（［reference］）

ROW 函数语法具有下列参数：

Reference 可选。需要得到其行号的单元格或单元格区域。

如果省略 reference，则假定是对函数 ROW 所在单元格的引用。

如果 reference 为一个单元格区域，并且 ROW 作为垂直数组输入，则 ROW 将以垂直数组的形式返回 reference 的行号。

SUMIF 函数则是对 OFFSET 函数引用的区域进行汇总，即计算入库数量的累计值。

（3）公式"SUM（E＄6：E8）>INCMOFF"判断本次累计的出库数量是否大于某次入库数量。

（4）公式"SUM（E＄6：E8）-INCMOFF"代表本次累计出库数量未在上一次累计入库数量中扣除部分。

（5）公式"C＄6：C8-C＄5：C7"代表下批次入库单价与本批次入库单价的价格差。

（6）公式"SUM（G＄5：G7）"代表上一次的累计出库金额。

分别选中需要的单元格区域，在编辑栏输入上述公式，按下键盘"Ctrl+Shift+Enter"，结果见表 10-20。

表 10-20

本次累计出库数量（1）	每次的累计入库数量（2）	TRUE 为有出库的批次（3）	累计数量中未在上一次入库中扣除的出库部分（4）	下批次入库单价（A）	本批次入库单价（B）	出库存货金额（C）=（4）×（A-B）	上一次的累计出库金额（6）	本次出存货的单价=（C）的汇总
51		TRUE	51	1.2	0	61.2		61.3
51	50	TRUE	1	1.3	1.2	0.1		61.3
51	62	FALSE	(11)		1.3			61.3

移动加权平均法：本次出库存货的数量×存货加权平均单位成本，如 E8×F8。

在未发生存货出库时，在 G6 单元格输入公式：

"=SUMPRODUCT（（SUM（E＄6：E6）>INCMOFF）*（SUM（E＄6：E6）-INCMOFF）*（C＄6：C6-C＄5：C5））-SUM（G＄5：G5）"，向下填充至 G7 单元格。

从发生出库开始，在 G8 单元格输入公式

"=IF（＄I＄1=1，SUMPRODUCT（（SUM（E＄6：E8）>INCMOFF）*（SUM（E＄6：E8）-INCMOFF）*（C＄6：C8-C＄5：C7））-SUM（G＄5：G7），E8*F8）"，向下填充至 G11 单元格，计算出每次出库存货的金额。

第五步：计算结余存货的数量、单价和金额。

（1）结余存货的数量=本次累计的入库数量-本次累计的出库数量

在 H6 单元格输入公式"=SUM（B＄6：B6）-SUM（E＄6：E6）"，并填充至 H11 单元格，计算出结余存货的数量。

（2）结余存货的金额=上一次的结余存货金额+本次入库存货金额-本次出库存货金额

在 I6 单元格输入公式"=N（J5）+D6-G6"，并填充至 H11 单元格，计算出结余存货的金额。N（）函数是将非数值转换成数值形式，主要是应对第一批次的情况。

(3) 结余存货的单价=结余存货的金额/结余存货的数量

为了防止结余存货的数量为零会导致公式错误，运用到 IF 函数来计算。在 I6 单元格输入公式"=IF（H6，J6/H6）"，并填充至 I11 单元格，计算出存货结余的数量。计算结果如表 10-21 所示。

表 10-21

	A	B	C	D	E	F	G	H	I	J
1		移动加权平均法存货成本计算模型					移加加权		2	
2										
4	日期	入库			出库			结存		
5		数量	单价	金额	数量	单价	金额	数量	单价	金额
6	01/01	50	1.2000	60.00				50	1.2000	60.00
7	01/02	12	1.3000	15.60				62	1.2194	75.60
8	01/03				51	1.2194	62.19	11	1.2194	13.41
9	01/04				10	1.2194	12.19	1	1.2194	1.22
10	01/05	34	1.4000	47.60				35	1.3948	48.82
11	01/06				12	1.3948	16.74	23	1.3948	32.08

第六步：点击单元格 G1 的下拉按钮，选择先进先出法或者移动加权平均法。

【例 10-7】

第一步：按照表 10-22 所示样式在 Excel 工作表的 A1：C10 区域内建立经济订货批量模型的计算表，并输入相关基础数据。

表 10-22　　　　　　　　　　经济订货批量模型的计算

	A	B	C
1	序号	项目	参数
2	1	年总需求量（D）	810000
3	2	单位价格（U）	300
4	3	每次订货费用（K）	800
5	4	单位产品年储存成本（KC）	4
6	5	计算结果：	
7	6	经济订货批量（Q）	
8	7	相关总成本（TC）	
9	8	平均占用资金（W）	
10	9	年度最佳订货次数（N）	
11	10	年度最佳订货周期（天）	

第二步：计算经济订货批量。

$$Q = \sqrt{\frac{2DK}{K_C}}$$

在单元格 C7 输入公式"＝SQRT（2＊B2＊B4/B5）"。

第三步：计算经济订货批量的存货相关总成本。

$$TC = \sqrt{2DKK_C}$$

在单元格 C8 输入公式"＝SQRT（2＊B2＊B4/B5）"。

第四步：计算平均占用资金。

$$w = U \times \frac{Q}{2} = U\sqrt{\frac{DK}{2K_C}}$$

在单元格 C9 输入公式"＝B2/B7＊B4+B7/2＊B5"。

第五步：计算年度最佳订货次数。

$$N = \frac{D}{Q} = \sqrt{\frac{DK_C}{2K}}$$

在单元格 C7 输入公式"＝B2/B7"。

第六步：计算年度最佳订货周期。

在单元格 C7 输入公式"＝360/B10"。

结果如表 10-23 所示。

至此，可得问题一要求的经济订货批量为 18000 千克，经济订货批量下的相关总成本为 72000 元，平均占用资金 2700000 元，年度最佳订货次数为 45 次，年度最佳订货周期为 8 天。

表 10-23　　　　　　　　　　　经济订货批量模型的计算

A	B	C
序号	项目	参数
1	年总需求量（D）	810000
2	单位价格（U）	300
3	每次订货费用（K）	800
4	单位产品年储存成本（KC）	4
5	计算结果：	
6	经济订货批量（Q）	18000
7	相关总成本（TC）	72000
8	平均占用资金（W）	2700000
9	年度最佳订货次数（N）	45
10	年度最佳订货周期（天）	8

【例 10-8】

第一步：在 Excel 中建立工作簿 10-7，按照表 10-24 所示样式在 Excel 工作表的 A1：

B17区域内建立陆续供应和使用的经济订货批量模型的计算表。

表 10-24　　　　　　　　　　陆续供应和使用的经济批量决策

	A	B
1	项目	参数
2	年总需求量（D）（千克）	86400
3	单位价格（U）（元）	250
4	每次订货费用（K）（元）	700
5	单位产品年储存成本（KC）（元）	20
6	每日到货量（p）（千克）	1200
7	供应商交货期（L）（天）	15
8	额定保险储备（B）（千克）	600
9	每日耗用量（d）（千克）	200
10	计算数据	
11	经济订货批量（Q）（千克）	
12	相关总成本（TC）（元）	
13		
14	平均占用资金（W）（元）	
15	年度最佳订货次数（N）（次）	
16	年度最佳订货周期（T）（天）	
17	再订货点（R）（千克）	

第二步：计算经济订货批量。

$$Q = \sqrt{\frac{2DK}{K_c} \times \frac{p}{p-d}}$$

在单元格 B11 输入公式"=SQRT（2*B2*B4/B5*B6/（B6-B9））"，得到结果 2694。

第三步：计算经济订货批量的存货相关总成本。

$$TC = \frac{D}{Q}K + \frac{Q}{2}(1 - \frac{d}{p}) \times K_c$$

$$TC = \sqrt{2DKK_c}$$

在单元格 B12 输入公式"=B2/B11*B4+B11/2*B5*（1-B9/B6）"，得到结果 44900。在单元格 B13 输入公式"=SQRT（2*B2*B4*B5*（1-B9/B4））"，得到结果 41569。

第四步：计算平均占用资金。

$$W = U \times \frac{Q}{2} = U\sqrt{\frac{DK}{2K_c} \times \frac{p}{p-d}}$$

在单元格 B14 输入公式"=B3*B11/2*（1-B9/B6）"，得到结果 280624。

第五步：计算年度最佳订货次数。

$$N = \frac{D}{Q} = \sqrt{\frac{DK_C}{2K}}$$

在单元格 B15 输入公式"=B2/B11"，得到结果 32。

第六步：计算年度最佳订货周期。

在单元格 B16 输入公式"=360/B15"，得到结果 11。

第七步：再订货点（R）（千克）。

在单元格 B17 输入公式"=B7*B9+B8"，得到结果 3600。

结果如表 10-25 所示。

表 10-25　　　　　　　　　　陆续供应和使用的经济批量决策

	A	B
1	项目	参数
2	年总需求量（D）（千克）	86400
3	单位价格（U）（元）	250
4	每次订货费用（K）（元）	700
5	单位产品年储存成本（KC）（元）	20
6	每日到货量（p）（千克）	1200
7	供应商交货期（L）（天）	15
8	额定保险储备（B）（千克）	600
9	每日耗用量（d）（千克）	200
10	计算数据	
11	经济订货批量（Q）（千克）	2694
12	相关总成本（TC）（元）	44900
13		41569
14	平均占用资金（W）（元）	280624
15	年度最佳订货次数（N）（次）	32
16	年度最佳订货周期（T）（天）	11
17	再订货点（R）（千克）	3600

至此，可得如表 10-25 所示的计算结果，即陆续供应和使用情况下的经济订货批量为 2694 千克，经济订货批量下的相关总成本为 41569 元，平均占用资金为 280624 元，年度最佳订货次数为 32 次，最佳订货周期为 11 天，再订货点为 3600 千克。

【例 10-9】

第一步：在 Excel 建立新的工作簿 10-8，在单元格中输入相关信息和基础数据，如表 10-26 所示。

表 10-26

	B	C	D	E	F
1	存货名称	A 材料	B 材料	C 材料	D 材料
2	年需求量	18000	20000	30000	25000
3	一次订货成本	25	25	25	25
4	单位储存成本	2	3	4	3
5	每日送货量	100	200	300	250
6	每日消耗量	20	30	40	25
7	折扣	2%	2%	2%	2%
8	单价	10	20	30	25
9	成本项目表				
10	最优订货量				
11	采购成本				
12	储存成本				
13	订货成本				
14	总成本				
15	综合成本				

第二步：计算总成本。

采购成本 $= D \times U \times (1-d)$

储存成本 $= \frac{1}{2}(Q - \frac{Q}{P} \times D) \times C$

订货成本 $= \frac{D}{Q} \times K$

在采购成本单元格 C11 输入公式"=C2*C8*（1-C7）"。
在储存成本单元格 C12 输入公式"=（C10-C10/C5*C6）/2*C4"。
在订货成本单元格 C13 输入公式"=C2*C3/C10"。
在总成本单元格 C14 编辑公式"=SUM（C11：C13）"。
其中三种材料相应的单元格用公式填充器进行填充即可。
在综合成本单元格 C15 编辑公式"=SUM（C14：F14）"。
第三步：规划求解参数。
目标单元格为：C15；可变单元格为：C10：F10。
约束条件为：C10≥400，D10≥450，E10≥500，F10≥500。
最终求得经济订货批量，如表 10-27 所示。

表 10-27

	B	C	D	E	F
1	存货名称	A材料	B材料	C材料	D材料
2	年需求量	18000	20000	30000	25000
3	一次订货成本	25	25	25	25
4	单位储存成本	2	3	4	3
5	每日送货量	100	200	300	250
6	每日消耗量	20	30	40	25
7	折扣	2%	2%	2%	2%
8	单价	10	20	30	25
9	成本项目表				
10	最优订货量	750.00	800.00	750.00	700.00
11	采购成本	176400	392000	882000	612500
12	储存成本	600	1020	1300	945
13	订货成本	600	625	1000	893
14	总成本	177600	393645	884300	614338
15	综合成本	2069882.857			

五、课后练习

【练10-1】 某企业拟改变目前的信用政策，现有两个备选方案，有关资料如表10-28所示，那么，企业是否应改变现有的应收账款政策？

表 10-28

项目	原方案	方案A	方案B
年赊销额	100000	120000	140000
销售利润率	20	20	20
变动成本率	65	65	65
应收账款管理成本率	0.5	0.7	0.8
平均坏账损失率	2	3	5
平均收账期	30	45	60
需付现金折扣的销售额占总销售额的百分比	12	8	0
现金折扣率	3	2	0
应收账款机会成本	15	15	15

【练10-2】 A、B、C公司每年需耗用某材料30000单位，该材料的单位采购价格为100

元,单位年储存成本是其买价的30%,平均每次订货费用500元,假定一年按360天算,要求回答:(1)求经济订货批量和经济订货批量下的相关总成本。(2)求经济订货批量下的资金占用额、年度最佳订货批次和订货周期。

【练10-3】 南昌某企业全年需要耗用甲材料3600吨,甲材料每吨进价1500元。每次订货费用1800元,单位年储存保管费用为100元,该企业的订货陆续供应,每日到货量为30吨。假定该企业每日耗用甲材料22.5吨。要求回答:

(1) 求陆续供应和使用情况下的经济订货批量和经济订货批量下的相关总成本。

(2) 求经济订货批量下的资金占用额、年度最佳订货批次和订货周期。

(3) 如果企业发出订单后,供应商的交货期为10天(含在途运输时间);根据企业日常生产变动,额定的存货保险储备为150吨,求企业的再订货点是多少?

【练10-4】 B公司每年需要采购甲材料81000件,每次订货费用为2000元,每件材料年储存成本为4元,该种材料的采购价格为120元,一次订货数量在12000件以上(含1200件)时,可以获得5%的价格折扣。

(1) 计算无数量折扣时的经济订货批量。

(2) 计算经济订货批量下,包含采购成本在内的相关总成本。

(3) 按照价格折扣要求的订货批量计算包含采购成本在内的相关总成本。

(4) 请问公司应当采取怎样的订货方案?

六、参考视频

营运资金管理,https://www.icourse163.org/course/OUC-1001959006。

公司金融,https://www.icourse163.org/course/SCU-1207119807。

财管管理,https://www.icourse163.org/course/NAU-1454023171。

CPA财务管理,https://www.icourse163.org/course/HUST-1449808166。

财务管理,https://www.icourse163.org/course/DUFE-1206455825。

第十一章 投资决策实验

项目投资是企业通过内涵式增长或外延式扩张获取利润和可持续发展的一个重要途径，同时也是企业经营活动的重要部分。企业价值评估是分析和衡量一个企业或一个经营单位的公平市场价值，并提供有关信息以帮助投资人和管理当局改善投资决策或者选择投资什么股票的重要方法。本章我们利用 Excel 提供的投资分析函数对投资项目的商业模式、自由现金流计算、股票内在价值评估等进行分析。

一、实验目的

1. 了解项目投资决策评价的几种方法。
2. 了解企业商业模式。
3. 掌握可持续增长率的计算及对股票内在价值影响。
4. 了解三种相对估值模型的评估方法。
5. 学会利用上市公司年报计算自由现金流。
6. 学会利用估值贴现模型来评估股票的内在价值。

二、实验原理

1. 投资决策评价方法

对项目投资的评价，通常使用两类指标：一类是非贴现指标，即没有考虑货币的时间价值因素的指标，主要包括投资回收期、会计收益率等；另一类贴现指标，即考虑了货币时间价值因素的指标，主要包括净现值、净现值率、现值指数、内含报酬率等。根据分析评价指标的类别，项目投资评价方法可以分为非贴现评价法和贴现评价法两种。

（1）非贴现评价法

非贴现评价法由于没有考虑货币的时间价值，因此在评价法中只能起到辅助作用。最常用的是静态回收期法，主要有两种情况：

① 在原始投资（BI）一次支出，每年净现金流量（NCF）相等时：

$$回收期 = \frac{原始投资金额}{净现金流入量} = \frac{BI}{NCF}$$

② 如果净现金流量每年不等，或原始投资时分 m 年投入的，则可使下式成立的 n 为回收期：

$$\sum_{K=0}^{m} BI_K = \sum_{J=0}^{n} NCF_J$$

式中，BI_K 为第 K 年的投资额；NCF_J 为第 J 年的现金流入量。

（2）贴现评价法

贴现评价法是主要的评价方法，主要有以下几种：

① 净现值法

净现值是指投资方案未来现金流入的现值与未来现金流出的现值之间的差额，记作 NPV。净现值的基本计算公式为：

$$\text{净现值 } NPV = \sum_{t=0}^{n} \frac{I_t}{(1+r)^t} + \sum_{t=0}^{n} \frac{O_t}{(1+r)^t}$$

式中，n 为投资涉及的年限；I_t 为第 t 年的现金流入量；O_t 为第 t 年的现金流出量；r 为预定的贴现率。

如果投资方案的 NPV 大于或等于 0 则表示该方案为可行方案，如果 NPV 小于 0，则该方案为不可行方案。可以通过比较 NPV 的最大值来确定最优方案。

② 净现值率法

净现值率是指投资项目的净现值占原始投资现值总和的百分比指标，记作 NPVR。计算公式为：

$$\text{净现值率 } NPVR = \left[\sum_{t=0}^{n} \frac{I_t}{(1+r)^t} - \sum_{t=0}^{n} \frac{O_t}{(1+r)^t} \right] / \sum_{t=0}^{n} \frac{O_t}{(1+r)^t}$$

净现值率是一个贴现的相对的评价指标，可以从动态的角度反映资金的流入与净产出的关系。

③ 现值指数法

现值指数又被称为获利指数，是指未来现金流入现值与现金流出现值的比率，记作 PI。计算公式为：

$$\text{现值指数 } PI = \sum_{t=0}^{n} \frac{I_t}{(1+r)^t} / \sum_{t=0}^{n} \frac{O_t}{(1+r)^t}$$

利用现值指数进行项目投资决策的标准是：如果投资方案的现值指数大于或等于 1，则该方案为可行方案。如果获利指数小于 1，则该方案不可行。获利指数一般是越大越好。

④ 内含报酬率法

内含报酬率法是指以投资方案本身的内含报酬率来评价方案优劣的一种方法。所谓内含报酬率（IRR），是指能够使未来现金流入量现值等于未来现金流出量现值的贴现率，或者说是使投资方案净现值为零的贴现率。计算公式为：

$$\sum_{t=0}^{n} \frac{I_t}{(1+IRR)^t} - \sum_{t=0}^{n} \frac{O_t}{(1+IRR)^t} = 0$$

内含报酬率的计算，通常使用"逐步测试法"。首先估计一个贴现率，用它计算方案的净现值；如果净现值为正数，说明方案本身的报酬率超过估计值，需要进一步计算；如果净现值为负数，说明方案的报酬率低于假设的报酬率，需要重新选择。这样不断的计算直到假设的报酬率使得净现值为零为止。

2. 相对估值模型

相对价值法，也称为市场比较法，是参照资本市场中与目标公司所属行业、经营业绩、风险水平等相似的一组公司的市场价值,评估目标公司价值的一种方法。这种方法是一种参照类似公司的市场定价来估算目标公司价值的方法。

(1) 市场法

市场法是指将目标企业与同行业相类似的其他可比上市公司或案例进行比较和分析,通过计算相关数据来确定目标公司的企业价值评估方法。包括市盈率法(P/E)、市销率法(P/S)和市净率法(P/B)。

① P/E 比率（市盈率）

市盈率即企业按相关折现率经过折现计算出的盈利能力的现值。此方法最重要的是需要确定相关近似的可比公司,同时需要在资本结构、市场环境、主导产品、风险度和企业规模等方面相同或者相近。

市盈率法计算公式为:市盈率=普通股每股市场价格/普通股每年每股的收益,其中的每股收益,常指每股净利润。

比如,一年期的银行存款利率为3.87%,对应股市中的平均市盈率为25.83倍,高于这个市盈率的股票,其价格就被高估,低于这个市盈率的股票价格就被低估。

考察净利润必须明确有无重大进出报表的项目。净利润要做剔除处理,以反映企业真实的净利润。市盈率要在比较中才有意义,绝对值无意义。找出企业在相当长的时间段内的历史最低、最高和平均三档市盈率区间。考察周期至少5年或一个完整经济周期。若是新上市企业,必须有至少3年的交易历史。找出同行业具有较长交易历史的企业做对比,明确三档市盈率区间。

彼得林奇喜欢用:PEG=市盈率（或市现率）÷未来增长率 来评估一家企业的价值高估还是低估。

约翰聂夫喜欢用:未来增长率+股息率=市盈率（或市现率）来评估价值。

$$\frac{P_0}{E_1} = \frac{1}{k}(1 + \frac{PVG_0}{\frac{E_1}{k}})$$

② P/B 比率（市净率）

市净率可以通过企业每股的股价与每股净资产的比率计算得到。此项指标跟市销率一样也可以用于投资决策的分析,并且通常情况下市净率越低,企业投资价值就越高;相反,投资价值就越低。但在判断投资价值时,不仅要考虑市销率和市净率,还需要考虑企业所处市场环境以及该企业的经营情况、财务状况等。

考察净资产必须明确有无重大进出报表的项目。净资产要做剔除处理,以反映企业真实的经营性资产结构。市净率要在比较中才有意义,绝对值无意义。找出企业在相当长的时间段内的历史最低、最高和平均三档市净率区间。考察周期至少5年或一个完整经济周期。若是新上市企业,必须有至少3年的交易历史。找出同行业具有较长交易历史的企业做对比,明确三档市净率区间。

③ P/S 比率（市销率）

市销率可以通过企业每股的股价除以每股的销售额计算得到。通常情况下,市销率的值越低,企业股票的投资价值就越高;反之,则投资价值就越低。

市销率法计算公式为:市销率=总市值/主营业务收入,或可表示为:市销率=每股股价/每股销售额。

销售额须明确其主营构成，有无重大进出报表的项目。找出企业在相当长的时间段内的历史最低、最高和平均三档市销率区间。考察周期至少5年或一个完整经济周期。若是新上市企业，必须有至少3年的交易历史。找出同行业具有较长交易历史的企业做对比，明确三档市销率区间。

（2）收益法

收益法是指将目标企业预期未来所获得的收益通过资本化或折现的方法来确认评估对象的价值的方法，主要包括了股利折现法（DDM）、经济增加值法（EVA）和现金流贴现法（DCF）等。

① 股利折现法

基本股利折现模型是指对目标企业未来全部股利进行折现，通过采用现值以确认当前企业价值的一种评估方法。

② 经济增加值法

经济增加值（EVA）就是企业税后净营业利润扣去其资本成本（包含债务成本及股本成本）之后所得的剩余利润，当且仅当公司的利润高于其资本成本的时候，公司价值才有所体现，才会替股东创造价值。该项指标综合评价出了企业经营效率及资本使用的效率，同时也考虑了企业债务资本与股权资本，能够较为准确地反映企业内在的价值。

经济增加值折现模型与自由现金流量折现模型有着本质的区别。"经济增加值"指的是从税后净营业利润中扣除包括股权和债务的全部投入资本后的所得。EVA理论认为企业给所有投资者的回报，应当为税后经营净利润去除所有资本成本的之后的数值，值得注意的是这里的资本成本包括股权资本的机会成本和债务成本，因为没有投资者进行投入不会计算成本，这其中就包含了机会成本。公式表达为：经济增加值=税后经营净利润－加权平均资本成本。从上述公式可以看出，企业回报给股东的价值是盈利高于资本成本的那部分。因此理论上，EVA可以体现股权资本的机会成本在投资收益中的影响，合理地计算出更加接近客观事实的收益。

③ 现金流贴现法

巴菲特说："上市公司的内在价值就是该企业在其未来生涯中所能产生的现金流量的折现值。"这便是巴菲特用来给公司估值的方法，叫作自由现金流折现法（DCF），是巴菲特认为唯一正确的估值方法。

现金流贴现法是指将目标企业未来一定期限内的预期现金流量通过折现得到目前企业价值的估值方法，该方法将企业未来的盈利能力考虑在内，对企业价值的估计较为准确。现金流贴现法是一种使用比较广泛的用于评估企业价值的方法，它反映的企业价值比较全面和真实，包括自由现金流贴现法、股权自由现金流量贴现法和股利贴现法等。

现金流是指企业在会计期间内，经济活动（包括生产经营活动、投资活动、筹资活动和其他非经常性活动）中产生的现金流入、流出及其总量情况的总称。因为总资产和净利润所属的不同，造成了总资产净利率指标（总资产净利率＝净利润/总资产）与投资回报率脱节，因此，必须要更细致地区分企业当期损益及资产与负债是经营还是金融活动产生，如此才能区分不同性质的现金流量，从而计算出真实的回报率。此外，由于无息债权人不分享企业利益，因此，对投资回报率进行计算的时候，总的投入资本中应该去除无息债权人的投入资本即把不计息的资本去除只统计计息的。

现金流量贴现法虽然最符合价值理论，能通过各种假设，反映企业未来的真实利润以及管理层的管理水平和经验。但尽管如此，现金流量贴现法仍存在一些严重的不足：

一是企业是活的，未来不可预知的东西太多。结果的正确性完全取决于所使用的假设条件是否正确，而未来的预测假设仅仅是根据自己所掌握的情况所进行的假设推测而已。

二是未来的增长率是你主观的预测，不是确定的结果。预测中一点点的差距都会使计算结果千差万别。

三是折现率也是你主观的设定，没有统一规定说折现率就该是多少，折现率的些许差距也会得出千差万别的结果。

四是无论是整个股票投资的过程，还是单单估值这一过程，都不是简单的一两个学科就能够解决的。

五是企业的价值永远都不会是一个精确的数字，但是如果你对企业有了一定的了解，了解企业前景，了解企业的竞争优势，了解企业的资产状况，了解企业的盈利能力，了解企业管理层是否诚实，你即使不用计算，通过简单的指标就能知道企业大概的价值区间。

六是不适合重资产行业的估值，比如银行、地产等。

虽然企业价值的评估方法种类繁多，如中国资产评估协会发布的《企业价值评估指导意见（试行）》明确提出收益法、市场法、成本法是企业价值评估的三种基本方法，另外还有市盈率、市净率、市销率等相对估值法，但最有效的还是以自由现金流为基础估值法，因为它避免了市场法、成本法等将企业的资产和业务割裂来估值的缺点，也规避了市盈率、市净率、市销率等相对估值法过于粗犷的不足。

3. 可持续增长率

可持续增长率是指不增发新股或回购股票，不改变经营效率（不改变营业净利率和资产周转率）和财务政策（不改变权益乘数和利润留存率）时，其销售所能达到的增长率，一般可以采用以下公式来进行计算。

其假设条件如下：

（1）公司营业净利率将维持当前水平，并且可以涵盖新增债务增加的利息；
（2）公司总资产周转率将维持当前水平；
（3）公司目前的资本结构是目标资本结构，并且打算继续维持下去；
（4）公司目前的利润留存率是目标利润留存率，并且打算继续维持下去；
（5）不愿意或不打算增发新股（包括股份回购）。

其计算公式为：

可持续增长率＝本期净利润×本期利润留存率/期初股东权益
　　　　　　＝期初权益本期净利润×本期利润留存率
　　　　　　＝(本期净利润/本期营业收入) × (本期营业收入/期末总资产) × (期末总资产/期初股东权益) ×本期利率留存率
　　　　　　＝营业净利率×期末总资产周转率×期末总资产期初权益乘数×利润留存率

说明：公司可持续增长率直接影响模型的选择，需要根据经审计后的历史数据，考虑预期宏观经济景气程度，行业供需关系，根据SWOT模型，预计目标企业预期增长率及持续时间，以选择合适的细分模型；债务加权平均资本成本取数较为简单，而"股权预期回报率=无风险利率+贝塔系数×股权风险溢价"中的贝塔系数和股权风险溢价计算难度较大，不同股权结构对贝塔系数影响都非常大，股权风险溢价如何计算也是一个值得探讨的问题。

例如，巴菲特在1988年买入可口可乐公司的股票时，可口可乐的市值为148亿美元，净现金流为8.28亿美元。1981—1988年，可口可乐的净现金流以年均17.8%的速度增长。巴菲特取折现率为9%，分别做了乐观、中性、悲观的三种假设：

乐观：以后10年中，现金流的年增长率为15%（低于之前几年平均的17.8%），那么前10年的现金流折现值如下：合计112.5亿美元。

永续期的增长率为5%，永续期的现金流折现值为14.15/（9%-5%）=353.75亿美元。
内在价值=112.5+353.75=466.25亿美元。

中性：以后10年中，现金流的年增长率为12%，永续期的增长率为5%，计算出的内在价值约为375亿美元。

悲观：以后10年中，现金流的年增长率为5%，永续期的增长率为5%，计算出的内在价值约为207亿美元。

巴菲特根据现金流折现，认为可口可乐即使在最悲观的情况下，价格也低于内在价值。

4. 股票价值评估

股票的内在价值等于未来自由现金流量通过一定的折现率折现得出的现值。

$$P = \sum_{t=1}^{\infty} \frac{FCF_t}{(1+WACC)^t}$$

其中，FCF_t是公司在第t年的自由现金流，$WACC$是加权平均资本成本，这里用来作为折现率。

（1）模型简化

考虑到大部分行业是有周期性的，企业的发展也有一定的规律。所以企业在持续经营的假设下，考虑到更精确的进行预测，根据企业发展周期的不同将使用不同存续期增长率，FCF模型通常分为稳定增长模型、两阶段增长模型和三阶段增长模型。

第一，稳定增长模型。当一个企业未来一定期间内能稳定地增长，并以持续经营为前提，那么这个企业就适合用永续增长模型来估值。这一模型主要被用来评估处于稳定状态的公司（如电力等公共事业类企业）的价值估计，企业的规模、经营的效益、资本结构等相对稳定，就是处于稳定发展状态的公司的最明显的特点，这样的公司预计在未来的一段长时间内会有固定的增长的红利。永续增长模型的表达式为：

$$P = \frac{FCF_1}{WACC - g}$$

其中，FCF_1为预计来年的自由现金流量，g为预计永续增长率。

第二，两阶段增长模型。就是对企业未来的预测划分两个阶段：前一阶段是快速增长的阶段，这一阶段的增长率会比永续增长阶段的增长率快一些。这阶段的增长率可以有三类情况：第一类是增长率在这一期间有一个固定的值，第二类是增长率在这个期间呈递减状态，第三类则为增长率在这期间先增后减，或是以其他不规则的状态表现。后一阶段与永续增长模型一样，具有其相应的特征，这一阶段增长率较低，通常与这一时段的国家宏观经济增长率相同。两阶段增长模型的公式是：

$$P = \sum_{t=1}^{n} \frac{FCF_t}{(1+WACC)^t} + \frac{V}{(1+WACC)^n}$$

公式中 FCF_t 是预测期内 t 年的自由现金流量，WACC 在这里代替折现率，仍为公司的加权平均资本成本，V 是后续期的公司价值。

预测期之后为通常所说的后续期，假设这段时间公司会进入稳定经营的状态，有一个接近国家宏观经济增长率的折现率，所以用以下比较简单的公式就可以算出后续期的价值：

$$V = \frac{FCF_{t+1}}{WACC - g}$$

其中，FCF_{t+1} 是后续期第一年的自由现金流量，通常为预测期最后一年的自由现金流量，g 是永续增长率。

第三，三阶段增长模型。三阶段增长模型比前面两个模型更为复杂，也是前两个模型的升级。它的第一阶段与第三阶段与两阶段增长模型类似，都是高速增长和永续增长，但是中间多出来一个过渡时期，即增长率从高速递减到较低的速度的过程。它的公式是：

$$P = \sum_{t=1}^{t=n} \frac{FCF_t}{(1+WACC)^t} + \sum_{t=n+1}^{t=n+m} \frac{FCF_{n+m+1}}{(WACC-g)(1+WACC)^{n+m}} + \frac{V}{(1+WACC)^n}$$

其中，FCF_{n+m+1} 表示过渡阶段公司的自由现金流量，n 表示第一阶段的结束时点，$n+m$ 代表过渡阶段的结束时点。

一般来说，两阶段增长模型比永续增长模型更加全面，更接近目标公司的情况，却又比三阶段增长模型稍有不足，但是三阶段增长模型比较烦琐，需要计算的量和考虑的财务比率比较多。

（2）折现率的确定

现在广泛应用的折现率的计算主要有风险累加法和系数法，资金利润率法以及加权平均成本法。折现率的选取原则上应当高于同一时期的国债利率和银行利率，因为购买国债或者把资金存入银行是基本上无风险的，只是回报率太低，因此投资者才会愿意冒险把资金投资于企业。同时他们也期望投资的机会成本得到补偿，这就是下文将提到的风险溢价。本文采用加权平均资本成本（WACC）作为自由现金流模型的折现率。

加权平均资本成本指的是"以某种筹资方式所筹措的资本占资本总额的比重为权重，对各种筹资方式获得的个别资本成本进行加权平均所得到的资本成本"。加权资本成本包括公司发行的有价证券，包括优先股、普通股以及债务资本等。由于通常情况下公司需要缴纳所得税，因此公司的一部分债务成本会被作为利税抵销，所以计算的公式是：加权平均资本成本＝债务资本成本×债务比重×（1－所得税税率）＋权益资本成本×权益比重。

由公式可以看出，计算加权平均资本成本的两个重要因素就是公司的资本结构和债务、股权的资本成本，理论上而言资本结构是公司通过债券、股票、混合型债券等方式融资后，公司产生的负债与权益占公司资本的构成关系，实际计算的过程中主要通过债务资本和权益资本占净经营资产得出。

债务资本成本相对比较简单，它指的是公司对债权人承诺的金额，是一个确定的数值，通常以银行的3—5年的贷款利率来替代。股权资本成本是投资者投资企业股权时要求的收益率，即投资者投资金额的机会成本。国际上对股权资本成本的估计方法主要有红利增长模型、套利定价模型和资本资产定价模型等，由于资本资产定价模型（CAPM）运用相对比较广泛，也比较符合本文对股权资本成本的定义，因此选择资本资产定价模型来计算。模型中股权资本成本等于无风险利率加上风险溢价，用公式表达：

$$K_s = R_f + \beta \times (R_m - R_f)$$

其中，R_f 为无风险报酬率，R_m 为期望收益率，$R_m - R_f$ 为投资的风险溢价。

R_f 可以选用相同时间段的 5 年政府债券的利率来代替，因为政府债券不存在违约的风险，R_m 用过去特定时间段内的市场平均收益率计算，通常使用算数平均法和几何平均法两种，本文为了使结果更加精确，在这里采用几何平均法的计算结果作为公式中的期望收益率。

5. 商业模式

商业模式是一种包含了一系列要素及其关系的概念性工具，用于阐明某个特定企业的商业逻辑和营利模式。它描述了公司所能为客户提供的价值以及公司的内部结构、合作伙伴网络和关系资本等用于实现（创造、推销和交付）这价值并产生可持续盈利收入的要素及交易结构。它主要包括重要合作、关键业务、核心资源、价值主张、客户关系、渠道通路、客户群体、成本结构和收入来源九大要素（如表 11-1 所示）。

表 11-1　　　　　　　　　　　九要素商业模式画布

重要合作	关键业务	价值主张	客户关系	客户群体
	核心资源		渠道通路	
成本结构			收入来源	

（1）价值主张。即公司通过其产品和服务能向消费者提供何种价值以及持续性。表现为：标准化/个性化的产品/服务/解决方案、宽/窄的产品范围。

（2）客户群体。即公司经过市场划分后所瞄准的消费者群体。表现为：本地区/全国/国际、政府/企业/个体消费者、一般大众/多部门/细分市场。

（3）渠道通路。描绘公司用来接触、将价值传递为目标客户的各种途径。表现为：直接/间接，单一/多渠道。

（4）客户关系。阐明公司与其客户之间所建立的联系，主要是信息沟通反馈。表现为：交易型/关系型、直接关系/间接关系。

（5）收入来源（或收益方式）。描述公司通过各种收入流来创造财务的途径。表现为：固定/灵活的价格、高/中/低利润率、高/中/低销售量、单一/多个/灵活渠道。

（6）核心资源。概述公司实施其商业模式所需要的核心资源和关键能力（如创新能力）。表现为：技术/专利、品牌/成本/质量优势/资源优势/牌照优势。

企业内的各种资源能力的地位并不是均等的，不同商业模式能够顺利运行所需要的资源能力也各不相同。商业模式中关键资源能力的确定方法有两类：一类是根据商业模式的其他要素的要求确定，例如不同业务系统需要的关键资源能力就是不相同的，不同营利模式需要的关键资源能力也不一样；另一类是以关键资源能力为核心构建整个商业模式。

创新能力：优秀的研发团队，已经获得的能够提供高标准产品和服务的先进的工艺、流程，或是发明专利，等等。纯粹的技术并不构成永久的核心竞争力。但是某一领域的技术壁垒（如专利技术）却能在一段时期内保持企业的领先优势。此外，技术优势会带来生产效率以及生产成本的优势，有技术优势的企业就能够获得高于行业平均水平的回报。可以通过企业的研发费用与收入的比值关系获得量化结果做出逻辑判断。

（7）关键业务（或企业内部价值链）。描述业务流程的安排和资源的配置。表现为：标准化/柔性生产系统、强/弱的研发部门、高/低效供应链管理。

（8）重要合作。即公司同其他公司为有效提供价值而形成的合作关系网络。表现为：上下游伙伴、竞争/互补关系、联盟/非联盟。

（9）成本结构。即运用某一商业模式的货币描述，如专一性或多元化。表现为：固定/流动成本比例、高/低经营杠杆。

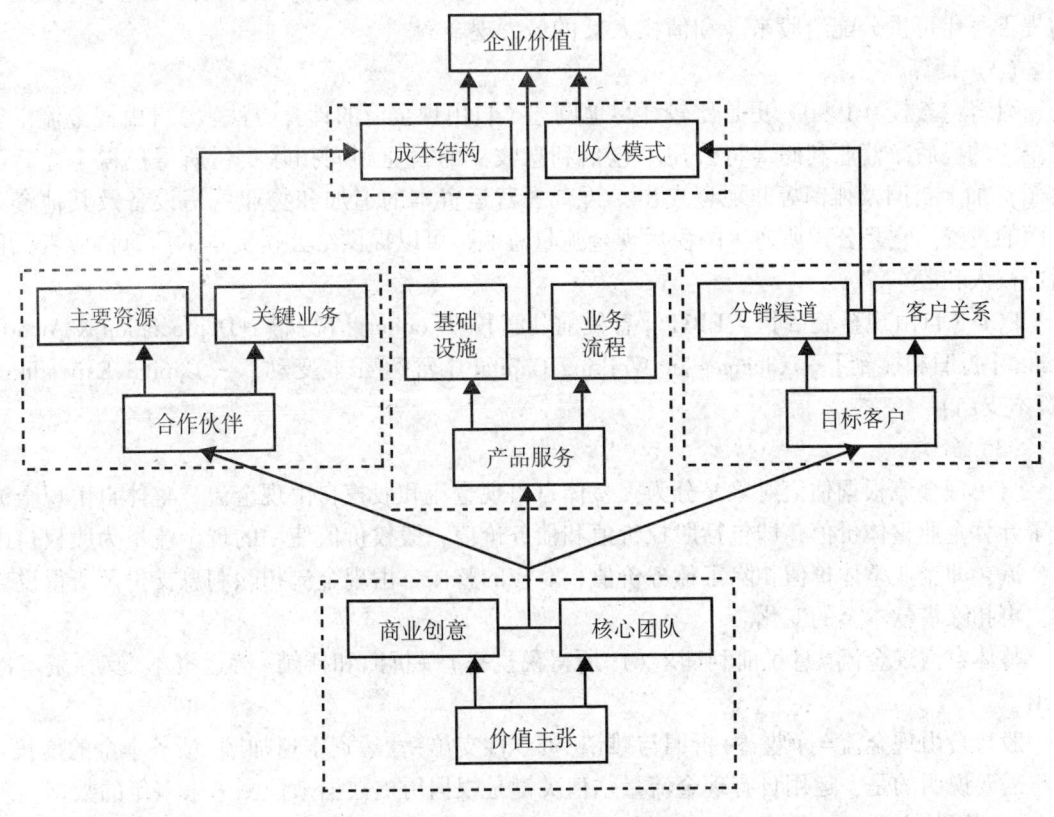

图 11-1 商业模式逻辑流程图

专一性：专一并不等同于"单一"，而是指企业在某一领域具有深度挖掘和扩展产品或服务的能力。例如双汇，在肉制品上做到绝对专一，除肉制品之外的行业均不涉及。其产品线丰富，在热鲜肉、冷鲜肉、冻肉、肉肠和其他肉类加工产品方面有深入挖掘和拓展的能力。相比之下，同样是肉制品龙头企业的雨润食品却涉足房地产、旅游等非主业，管理层精力分散，多年来业绩不佳。因此，专一性决定了企业的主攻方向和发展战略，坚持不懈必有成就。

6. 自由现金流

自由现金流（Free Cash Flow）是作为一种企业价值评估的新概念、理论、方法和体系，由美国学者于 20 世纪 80 年代提出，产生的背景是美国市场出现了传统估值模式无法解释的现象，特别在以美国安然、世通等为代表的利润指标完美无瑕的"绩优公司"纷纷破产后。目前，已发展为企业价值评估领域使用最广泛、理论最健全的指标，是美国证监会规定上市公司年报中必须披露指标之一。亚马逊创始人贝索斯在 2004 年给股东的信中提到"我们最终的财务指标，我们最想达成的长期目标，就是每股自由现金流"。

（1）定义

自由现金流，就是企业产生的，在满足了再投资、补充流动资金需要之后的现金流量，可以向公司股东、债权人分配的现金流总和。这部分现金流不管是分配还是留在公司继续使用均不影响公司持续发展，也就是说，自由现金流（FCF）是指在不危及公司生存与发展的前提下每年可供分配给股东（和债权人）的最大现金额。

（2）计算

科普兰教授（1990）更是比较详尽地阐述了自由现金流的计算方法："自由现金流量等于企业的税后净营业利润（将公司不包括利息收支的营业利润扣除实付所得税税金之后的数额）加上折旧及摊销等非现金支出，再减去营运资本的追加和物业厂房设备及其他资产方面的投资。它是公司所产生的税后现金流量总额，可以提供给公司资本的所有供应者，包括债权人和股东。"

FCF【自由现金流量】 = EBIT【息税前利润】−Taxation【税款】+Depreciation & Amortization【折旧和摊销】 − Changes in Working Capital【营运资本变动】 − Capital Expenditure【资本支出】

（3）分类

自由现金流根据估值对象又分为：整体自由现金流和股权自由现金流，整体自由现金流用于计算企业整体价值，即包括股权价值和债务价值；股权价值使用的现金流量为股权自由现金流，即企业整体价值扣除了债务价值，对应的整体自由现金流扣除利息支付及所得税影响，再扣除借款本金的变化。

整体自由现金流=息税前利润×（1−所得税税率）+折旧和摊销−营运资本变动−资本净支出

股权自由现金流=净收益+折旧与摊销−资本性支出−营运资本追加额−债务本金的增长

需要说明的是，运用自有现金流量估值关键是根据历史数据来预测未来多年的数据，现实中，不同的企业上述指标千差万别，因此在具体应用中需要对历史数据中关键指标进行分析调整后作为基础预测未来现金流，可能存在的调整如下：①扣除净收益中包含大额的非经常性损益，如长期股权投资的处置，偶然性政府补贴等正常经营中不常发生的业务。②折旧和摊销，应检查固定资产或无形资产实际使用年限与相应企业实际的使用年限是否一致，主要关注会导致差异很大的不一致，比如水电企业中，会计政策是 30 年，实际可使用 100 年的情况。③资本性支出应该是资本性净支出，即长期资产支出扣除报废或处置长期资产收回的现金的净额。④除折旧和摊销外，还需要对利润表中资产减值损失、公允价值变动收益、递延所得税费用、投资收益、资产处置损益、营业外收入、营业外支出等项目进行分析调整。

(4) 简化计算自由现金流

当然，为增加自由现金流的适用性，在特定情况下可采取简化模式，用现金流量表中企业经营活动产生的现金流量扣除维持正常生产性资本性支出净额的差额。

资本性支出＝维持正常生产性资本性支出（折旧和摊销）＋扩张资本性支出

在各类研究中运用最多的关于自由现金流量的计算方法是 Lehn 等（1989）的估量公式，他们认为自由现金流量的计算类似于企业经营者自由现金流，是在扣除利息和股利、未扣除必要的资本性支出的基础上，进行自由现金流的简化计算。

简化自由现金流＝息税前利润＋折旧和摊销－所得税－营运资本变动

(5) 利用自由现金流进行企业估值

自由现金流折现法是把公司在预测期内的自由现金流按照一定的风险报酬率折现成现值的一个价值估算方法。企业现金流折现估值法所需的四个估值参数为现金流、贴现率、增长率和终值。计算后，仍需要考虑一些其他因素，比如现金、有价证券以及对外持股情况等。可以把公司股权价值表达为以下公式：

公司价值＝经营资产价值＋现金和有价证券＋对外持股价值

股权价值＝公司价值－未偿负债价值

三、实验材料

【例 11-1】 现有一个项目，投资期是四年，初始投资成本为 22.42 万元，在投资期的剩余年限每年投资 100 万元。项目建成后可使用五年，每年带来的现金净流量为 100 万元，计算该项目的净现值和市场收益率。

【例 11-2】 某公司现有 A、B 两个方案，投资额均为 6000 万元，每年的现金流量如表 11-2 所示，该公司的资本成本率为 10%。要求：(1) 计算 A、B 两方案的净现值和获利指数；(2) 选择最优方案并说明理由。

表 11-2　　　　　　　　　　　　　　　　　　　　　　　　　　　　　单位：万元

年次	A 方案		B 方案	
	现金流入量	现金流出量	现金流入量	现金流出量
0		6000		6000
1	2500		1600	
2	2000		1600	
3	1500		1600	
4	1000		1600	
5	1000		1600	
合计	8000	6000	8000	6000

【例 11-3】 假设某公司初始红利为 1 元，试计算不同增长率情况下，市场资本化比率为 12% 时，该公司普通股的内在价值为多少？当市场资本化利率发生变动时，该公司股票的内

在价值将如何变动？

【例 11-4】 已知云南白药 2006—2018 年股票价格、每股收益和 ROE 如表 11-3 所示，请根据表中数据，资本市场化成本为 12%，分红比例为 50%，试计算该股票的市场价值，并进行敏感性分析。

表 11-3

时间	收盘	每股收益	ROE
2018	71.99	3.18	17.37%
2017	101.79	3.02	18.55%
2016	75.35	2.80	20.03%
2015	71.22	2.66	22.43%
2014	61.25	2.41	24.86%
2013	65.76	3.34	28.94%
2012	42.8	2.28	25.16%
2011	32.69	1.74	24.29%
2010	37.56	1.33	23.07%
2009	28.17	1.13	17.98%
2008	14.68	0.96	29.40%
2007	14.77	0.70	28.18%
2006	9.7	0.56	29.32%
平均值			24.35%

【例 11-5】 假设 ABC 公司每年支付红利的增长模式如图 11-2 所示；设 ABC 公司在其生命周期的前 10 年红利增长率为 20%，此后的年份保持 8% 的增长率，ABC 公司第一年支付红利 1 元，投资者要求适当的回报率为 12%，求 ABC 公司的内在价值。

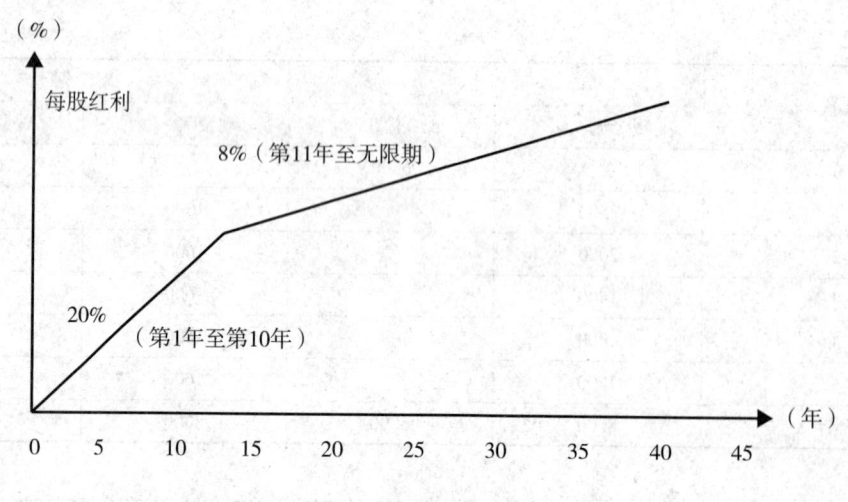

图 11-2 公司支付红利的增长模式

【例 11-6】 从 Wind 数据库下载数据，根据恒生电子、中国平安、五粮液、牧原股份等七家上市公司 2010—2018 年相关财务报表数据，分析各个公司的商业模式。

【例 11-7】 从 Wind 数据库下载数据，根据恒生电子、中国平安、五粮液、牧原股份等七家上市公司 2010—2018 年相关的财务报表数据，通过销售收入平均增长率，预测各个公司以后年度的经营状况。

【例 11-8】 根据恒生电子、中国平安、五粮液、牧原股份等七家上市公司 2015—2018 年相关的财务报表数据，并运用例 11-7 计算出的净利润，计算亚泰集团整体自由现金流和预测以后年度的整体自由现金流

【例 11-9】 根据例 11-8 里计算的自由现金流，结合公司财务报表及宏观经济数据，试计算各个企业的内在价值。

四、实验步骤

【例 11-1】 现有一个项目，投资期是四年，初始投资成本为 22.42 万元，在投资期的剩余年限每年投资 100 万元。项目建成后可使用五年，每年带来的现金净流量为 100 万元，计算该项目的净现值和市场收益率。

第一步：在 Excel 建立新的工作簿 11-1，在单元格中输入相关信息和基础数据，并在单元格 D2 制作一个调节控件，对单元格 C2 内容进行调节，如表 11-4 所示。

第二步：分别采用两种不同的方式来计算净现值。一是净现值公式法。在单元格 B4 输入公式"=NPV（B13，B4：B12）"。二是根据现金流进行贴现后，得到净值。在单元格 D4 输入公式"=SUM（D5：D13）"，在单元格 C5 中输入公式"=1/（1+$C$1）^（A4+4）"，在单元格 D5 中输入公式"=B4*C4"，然后对单元区域 C5：D13 进行填充。结果如表 11-4 所示。

表 11-4

	A	B	C	D
1			净现值计算	
2			市场必要收益率	11.00%	▲▼
3		时间	现金流	贴现系数	净现值
4		−4	−20.40		−20.40
5		−3	−100	0.885	−88.50
6		−2	−100	0.783	−78.31
7		−1	−100	0.693	−69.31
8		0	0	0.613	0.00
9		1	100	0.543	54.28
10		2	100	0.480	48.03
11		3	100	0.425	42.51

续表

	A	B	C	D
12	4	100	0.376	37.62
13	5	100	0.333	33.29
14	市场收益率	11.00%	IRR	

第三步：分别采用两种不同的方式来计算市场收益率。一是利用（IRR）函数。在单元格 D14 输入公式"=IRR（B5：B13）"，得到 IRR=10.915%。二是根据现金流进行贴现后，得到净值为零情况下的贴现值。选中菜单【数据】→【假设分析】→【单变量求解】，分别在目标单元格输入 B4，可变单元格输入 B14，然后点击确定后，得到市场收益率为 10.915%。

第四步：调节控件，改变贴现系数，观察市场必要收益率与净现值之间的变化关系。

【例 11-2】

第一步：在 Excel 建立新的工作簿 11-2，在单元格中输入相关信息和基础数据，并在单元格 E1 处对资金成本制作一个控件，具体如表 11-5 所示。

表 11-5

	A	B	C	D	E
1			资金成本	=E1/100	▲▼
2			A 方案		B 方案
3	年次	现金流入量	现金流贴现	现金流入量	现金流贴现
4	0	-6000		-6000	
5	1	2500		1600	
6	2	2000		1600	
7	3	1500		1600	
8	4	1000		1600	
9	5	1000		1600	
10	合计				
11	净现值				
12	获利指数				
13	内部报酬率				

第二步：计算净现值和获利指数。按表 11-6 所示在相应的单元格输入计算公式，这些公式输入可以采用公式填充方式进行。

表 11-6

单元格	公式	单元格	公式
C5	=B5/(1+$D$1)^A5	E5	=D5/(1+$D$1)^A5
C6	=B6/(1+$D$1)^A6	E6	=D6/(1+$D$1)^A6
C7	=B7/(1+$D$1)^A7	E7	=D7/(1+$D$1)^A7
C8	=B8/(1+$D$1)^A8	E8	=D8/(1+$D$1)^A8
C9	=B9/(1+$D$1)^A9	E9	=D9/(1+$D$1)^A9
C10	=SUM(C5:C9)	E10	=SUM(E5:E9)
B11	=NPV(D1,B4:B9)	D11	=NPV(D1,D4:D9)
C12	=C10/-B4	E12	=E10/-D4
B13	=IRR(B4:B9)	E13	=IRR(D4:D9)

第三步：分别计算两种方案的净现值、获利指数和内部报酬率，所得结果如表11-7所示。

表 11-7

	A	B	C	D	E
1			资金成本	10%	
2			A方案		B方案
3	年次	现金流入量	现金流贴现	现金流入量	现金流贴现
4	0	-6000		-6000	
5	1	2500	2273	1600	1455
6	2	2000	1653	1600	1322
7	3	1500	1127	1600	1202
8	4	1000	683	1600	1093
9	5	1000	621	1600	993
10	合计		6357		6065
11	净现值	¥324.12		¥59.33	
12	获利指数		1.059		1.0109
13	内部报酬率	12.79%			10.42%

A、B这两个项目投资的净现值为正数，说明这两个项目的投资报酬率均超过10%，都可以采纳。获利指数A为1.059，B为1.0109，显然A项目投资收益大于B投资项目。

第四步：调价控件，使得资本成本发生变化，观察不同资本成本下两种项目的净现值和获利指数，判断最优投资方案。

【例 11-3】

股票固定增长内在价值定价公式：

$$P = \frac{FCF_0(1+g)}{y-g}$$

其中，y 为市场资本化比率，g 为增长率，FCF_0 为初始现金流。

第一步：在 Excel 建立新的工作簿 11-3，在单元格中输入相关信息和基础数据，并在单元格 E2 处对"市场资本化率"制作一个调节控件，在单元格 D4 输入股票固定增长定价模型。

第二步：建立股价与增长率数表。用鼠标选中单元格区域 C4：D16，然后选中菜单【数据】→【假设分析】→【数据表】，在输入引用列的单元格填入单元格 C4。

第三步：计算出不同增长率情况下对应的股价。当市场资本比率为 13% 时，计算结果如表 11-8 所示。

表 11-8

	A	B	C	D	E
1				基本参数	
2	初始现金值	1.0	市场资本比率	13%	▲▼
3			增长率	股价	
4			0.00%	7.69	
5			1.00%	8.42	
6			2.00%	9.27	
7			3.00%	10.30	
8			4.00%	11.56	
9			5.00%	13.13	
10			6.00%	15.14	
11			7.00%	17.83	
12			8.00%	21.60	
13			9.00%	27.25	
14			10.00%	36.67	
15			11.00%	55.50	
16			11.90%	101.73	

第四步：绘制动态图。选中单元格区域 C4：D16，在菜单点击【插入】→【散点图】→【带平滑线的散点图】，所得结果如图 11-3 所示。

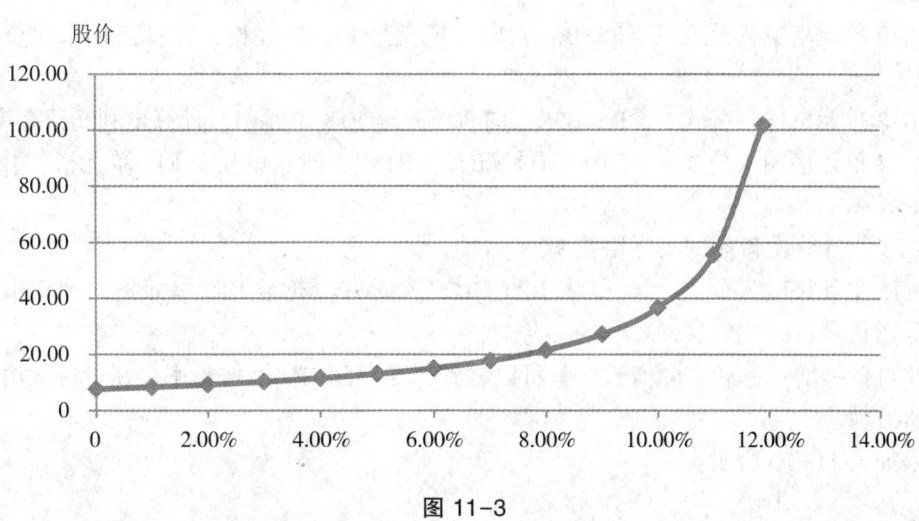

图 11-3

第五步：调节控制按钮，观察图形的动态变化。

注意：市场资本比率不能小于 12%，否则计算会出现负值。

【思考】：对于股价增长率 g 应该如何确定呢？

当公司不增发新股或回购股票，不改变经营效率（不改变营业净利率和资产周转率）和财务政策（不改变权益乘数和利润留存率）时，其销售所能达到的增长率，可以用于股票价格的增长率 g，称此增长率为可持续增长率。

第一步：在 Excel 表中建立工作簿 11-3-1，输入公司近五年的财务报表科目及金额，见表 11-9。

表 11-9

	A	B	C	D	E	F
1	年度	2015	2016	2017	2018	2019
2	营业收入	1000	1100	1650	1375	1512.5
3	净利润	50	55	82.5	68.75	75.63
4	现金股利	20	22	33	27.5	30.25
5	利润留存	30	33	49.5	41.25	45.38
6	股东权益	330	363	412.5	453.75	499.13
7	负债	60	66	231	82.5	90.75
8	总资产	390	429	643.5	536.25	589.88

第二步：计算可持续增长率。

可持续增长率=营业净利率×期末总资产周转率×期末总资产期初权益乘数×利润留存率

在 B10 单元格输入公式"=B3/B2"，向右填充至 F10 单元格，计算出营业净利率。

在 B11 单元格输入公式"=B2/B8"，向右填充至 F11 单元格，计算出期末总资产周转率。

在 B12 单元格输入公式"=B8/B6",向右填充至 F12 单元格,计算出期末总资产期初权益乘数。

在 B13 单元格输入公式"=B5/B3",向右填充至 F13 单元格,计算出利润留存率。

在 B14 单元格输入公式"=B10*B11*B12*B13",向右填充至 F14 单元格,并计算出可持续增长率。

第三步:计算销售额的实际增长率。

在 C15 单元格输入公式"=(C2-B2)/B2",向右填充至 F15 单元格,计算出每年销售的实际增长率。

对比可持续增长率和实际增长率,可以看到,在期间内实际增长率会在可持续增长率的上下有所波动。

结果如表 11-10 所示:

表 11-10

	A	B	C	D	E	F
9		可持续增长率计算				
10	营业净利率	5.00%	5.00%	5.00%	5.00%	5.00%
11	期末总资产周转资产	2.56	2.56	2.56	2.56	2.56
12	期末总资产/期末股东权益	1.182	1.182	1.560	1.182	1.182
13	利润留存率	0.60	0.60	0.60	0.60	0.60
14	可持续增长率	10.00%	10.00%	13.64%	10.00%	10.00%
15	实际增长率		10.00%	50.00%	-16.67%	10.00%

【例 11-4】

第一步:在 Excel 建立新的工作簿 11-4,在单元格中输入相关信息和基础数据,并计算出 ROE 的平均值,即在单元格 D15 输入平均函数公式"=AVERAGE(D2:D14)",具体如表 11-11 所示。

表 11-11

	A	B	C	D
1	时间	收盘	每股收益	ROE
2	2018	71.99	3.18	17.37%
3	2017	101.79	3.02	18.55%
4	2016	75.35	2.80	20.03%
5	2015	71.22	2.66	22.43%
6	2014	61.25	2.41	24.86%
7	2013	65.76	3.34	28.94%
8	2012	42.8	2.28	25.16%

续表

	A	B	C	D
9	2011	32.69	1.74	24.29%
10	2010	37.56	1.33	23.07%
11	2009	28.17	1.13	17.98%
12	2008	14.68	0.96	29.40%
13	2007	14.77	0.70	28.18%
14	2006	9.7	0.56	29.32%
15	平均			23.81%

第二步：制作控件来分析不同情景下，股票内在价值。分别在单元格 I2、I3、I5 输入调节按钮，并在对应的单元格输入链接公式，具体如表 11-12 所示。

$$可持续增长率 = \frac{本期净利润 \times 本期利润留存率}{期末股东权益 - 本期净利润 \times 本期利润留存率}$$

本期利润留存率 = 1 - 分红比例

表 11-12

	F	G	H	I
1	明细	符号		
2	分红比例	b	=1-I2/20	▲▼
3	增长率	g	=I3/100	▲▼
4	每股收益	c		
5	市场收益率	k	=I5/100	▲▼
6	股票价格	P	=H4*(1-H2)/(H5-H3)	

第三步：调节控件，观察不同情景下，股票内在价值的动态变化情况，如表 11-13 所示。

表 11-13

	F	G	H	I
1	明细	符号	数据	控件
2	分红比例	b	0.5	▲▼

续表

	F	G	H	I
3	增长率	g	5%	▲▼
4	每股收益	c	3.18	
5	市场收益率	k	12%	▲▼
6	股票价格	P	22.714	

用此时求出的股票价格与表11-11中即期股票价格进行比较，可以确定该股票是被高估还是被低估。

该公司目前的净资产收益率（ROE）为17.37%，每股盈利为3.18元。

在没有增长的情况下，股票的价格为3.18/12%=26.5（元），市盈率为8.33倍。

当分红比例为20%的时候，盈利的增长率为17.37%×20%=3.47%，这时股票的价格为：

$$P = \frac{E \times (1-b)}{k - b \times ROE} = \frac{3.18 \times (1-20\%)}{12\% - 20\% \times 17.37\%} = 29.82(元)$$

此时的市盈率为9.38倍。

当分红比例为60%的时候，盈利的增长率为17.37%×60%=10.42%，这时股票的价格为：

$$P = \frac{E \times (1-b)}{k - b \times ROE} = \frac{3.18 \times (1-60\%)}{12\% - 60\% \times 17.37\%} = 80.51(元)$$

此时的市盈率为25.32倍。

可见当ROE高于k的时候，保留盈余的比率越高，增长率就越高，股票的价格就越高，市盈率也就越高。如果公司把所有的留存用来再投资，公司的增长率就等于净资产回报率17.37%。

如果在这个例子里面，市场收益率为20%，那么ROE则低于市场收益率。我们再来看一下保留盈余用于扩大再生产会对公司的价值产生什么影响。

当保留盈余的比率为20%的时候，盈利的增长率为17.37%×20%=3.47%，这时股票的价格为：

$$P = \frac{E \times (1-b)}{k - b \times ROE} = \frac{3.18 \times (1-20\%)}{20\% - 20\% \times 17.37\%} = 26.56(元)$$

如果保留盈余的比率为60%，这时盈利的增长率为17.37%×60%=10.42%，股票的价格为：

$$P = \frac{E \times (1-b)}{k - b \times ROE} = \frac{3.18 \times (1-60\%)}{20\% - 60\% \times 17.37\%} = 13.28(元)$$

如果ROE低于K时，那么，当公司保持增长的时候，股东的价值反而会降低。公司的增长率为3.47%的时候，股票的价格为25.56元；而当增长率为10.42%的时候，股票的价格为13.28元。说明在这种情况下，越是扩大投资，股东的损失越大。增长能不能为公司创造价值，要取决于再投资的回报率（ROE）。现实中有一些公司盲目追求规模的扩张，净资产的回报率很低，甚至低于无风险的回报率，这样的公司就不值得投资者投资。

【例11-5】
根据公式：

$$P = \sum_{t=1}^{n} \frac{FCF_t}{(1+WACC)^t} + \frac{V}{(1+WACC)^n}$$

$$V = \frac{FCF_{n+1}}{WACC - g}$$

将其分为两阶段进行计算，第一阶段为1—10年，股利增长率为20%；第二阶段为第10年以后，股利增长率为8%。

其中，FCF为现金流，WACC为市场收益率，V为在第二阶段的零时点的价值。

第一步：在Excel中建立工作簿10-5，在工作簿中构建两阶段股利增长模型，并在单元格A1和C1插入控件，分别对股利增长率和市场收益率进行调控，见表11-14。

表11-14

	A	B	C	D
1	▲▼	红利	▲▼	12%
2	第一阶段增长率	20%	现值因子（贴现率）	红利现值
3	第0年	0	0	
4	第1年			
5	第2年			
6	第3年			
7	第4年			
8	第5年			
9	第6年			
10	第7年			
11	第8年			
12	第9年			
13	第10年			
	第二阶段增长率	8%	第二阶段红利在0时点的现值	
	第11年		第二阶段红利在第10年末的现值	

第二步：计算第一阶段增长的红利贴现值。

在B4单元格输入公式"=B3*（1+$B$2）"，向下填充值B13单元格，计算出1—10年的股利。

在C4单元格输入公式"=1/（1+$D$1）"，向下填充值C13单元格，计算出1—10年的现值因子。

在 D4 单元格输入公式"=B4*C4",向下填充值 D13 单元格,计算出 1-10 年的红利贴现值。

第三步:计算第二阶段增长的红利贴现值。

首先计算第二阶段第 1 年(第 11 年)的股利,在 B15 单元格输入公式"=B13*(1+B14)"。

其次计算出在第二阶段 0 时点(第 10 年末)的价值。在 D15 单元格输入公式"=B15/(D1-B14)"。

最后将第二阶段在第 10 年末的价值贴现,在 D14 单元格输入公式"=D15*C13"。

第四步:计算股票的价值。

股票的价值为两个阶段现金流贴现的和,在 D3 单元格输入公式"=SUM(D4:D14)",得到结果,该公司股票的价值为 57.28 元。

结果如表 11-15 所示。

表 11-15

	A	B	C	D
1	▲▼	红利	▲▼	12%
2	第一阶段增长率	20%	现值因子(贴现率)	红利现值
3	第 0 年	0	0	57.28
4	第 1 年	1.00	0.89	0.89
5	第 2 年	1.20	0.80	0.96
6	第 3 年	1.44	0.71	1.02
7	第 4 年	1.73	0.64	1.10
8	第 5 年	2.07	0.57	1.18
9	第 6 年	2.49	0.51	1.26
10	第 7 年	2.99	0.45	1.35
11	第 8 年	3.58	0.40	1.45
12	第 9 年	4.30	0.36	1.55
13	第 10 年	5.16	0.32	1.66
	第二阶段增长率	8%	第二阶段红利在 0 时点的现值	44.86
	第 11 年	5.57	第二阶段红利在第 10 年末的现值	139.31

第五步:调节控件,观察在不同股利增长率和市场收益率的情况下股票的股价。

【例 11-6】

第一步:将 Wind 数据库下载的数据放入 Excel 工作簿"数据源 11"中。在 Excel 中建立工作簿 11-6,把五粮液、恒瑞医药、牧原股份、中国平安、亚泰集团、招商银行、恒生电子七家公司定义为"公司"。然后选中单元格 A1,点击菜单栏【数据】→【数据有效性】，弹出对话窗，设置为"序列"，设置"公司"为来源。按照表格框架，通过 VLOOKUP 函数从工作簿"数据源 11"中查找数据并填列在表格中，如表 11-16 所示。

表 11-16

	A	B	D	E	J	K
1	公司名称	年度	2011	2012	2017	2018
2	牧原股份	固定资产	50843.4	84920.2	1059696	1354461
3		预收款项	12.57	156.04	1218.03	3927.95
4		应付账款	5581.33	5877.82	152029.4	271262.9
5		资产总计	148863.3	214020.2	2404463	2984186
6		固定资产占比				
7		预收款占比				
8		应付占比				
9		营业收入	113427	149083.6	1004242	1338816
10		营业成本	69717.55	107236.8	704899.4	1207405
11		成本占比				
12		财务费用	4128.22	5091.91	31204.86	53826.85
13		财务费用占比				
14		税金及附加	0	0	1656.39	2178.33
15		所得税	0	223.98	3.01	-196.51
16		税占比				
17		净利润	35663.58	33020.79	236552.9	52807.9
18		净利润占比				

第二步：计算利益相关者的交易结构。

商业模式的本质，是利益相关者的交易结构，通俗地讲就是"企业赚钱的方式"。从供应商、债权人、政府和股东等利益相关者的交易结构来解析企业的商业模式。

企业主要从供应商购买其所需的商品、原材料等，在损益表中主要以"营业成本"科目来反映企业与供应商之间交易往来所产生的现金流；企业从债权人中筹集资金，所花费的资本成本计入损益表"财务费用"科目；企业向政府部门所交付的税款，对于不可抵扣的部分，所得税计入损益表中"所得税费用"科目，其他税金计入损益表"税金及附加"科目。在收入减去成本后所留下来的盈余，以一定的比例向股东发放股利，因此以损益表中"净利润"代表企业与股东之间交易往来产生的现金流。

从报表中固定资产的占比来判断企业的运营模式，占比较高为重资产运营模式；占比较低或无形资产等占比较高，为轻资产运营模式。预收账款和应付账款的占比表现了企业的收支方式，以此来了解企业商业模式。

按表 11-17 输入公式：

表 11-17

单元格	公式	单元格	公式
C6	=C2/C5	C7	=C3/C5
C8	=C4/C5	C11	=C10/C9
C13	=C12/C9	C16	=(C14+C15)/C9
C18	=C17/C9		

结果如表 11-18 所示。

表 11-18

	A	B	D	E	J	K
1	公司名称	年度	2011	2012	2017	2018
2	牧原股份	固定资产	50843.4	84920.2	1059696	1354461
3		预收款项	12.57	156.04	1218.03	3927.95
4		应付账款	5581.33	5877.82	152029.4	271262.9
5		资产总计	148863.3	214020.2	2404463	2984186
6		固定资产占比	34.15%	39.68%	44.07%	45.39%
7		预收款占比	0.01%	0.07%	0.05%	0.13%
8		应付占比	3.75%	2.75%	6.32%	9.09%
9		营业收入	113427	149083.6	1004242	1338816
10		营业成本	69717.55	107236.8	704899.4	1207405
11		成本占比	61.46%	71.93%	70.19%	90.18%
12		财务费用	4128.22	5091.91	31204.86	53826.85
13		财务费用占比	3.64%	3.42%	3.11%	4.02%
14		税金及附加	0	0	1656.39	2178.33
15		所得税	0	223.98	3.01	-196.51
16		税占比	0.00%	0.15%	0.17%	0.15%
17		净利润	35663.58	33020.79	236552.9	52807.9
18		净利润占比	31.44%	22.15%	23.56%	3.94%

第三步：制作利益相关者交易结构图表。

根据表 11-18 得出的数据，构建 2018 年牧原股份利益相关者交易结构表，如表 11-19 所示。

表 11-19

	L	M
3	供应商	90.18%
4	债权人	4.02%
5	政府	0.15%
6	股东	3.94%
7	其他	1.70%

选中表格区域，点击菜单中【插入】→【图标】→【三维饼图】，得到牧原股份 2018 年交易结构图，如图 11-4 所示。从图中可看出，牧原股份与供应商的交易。

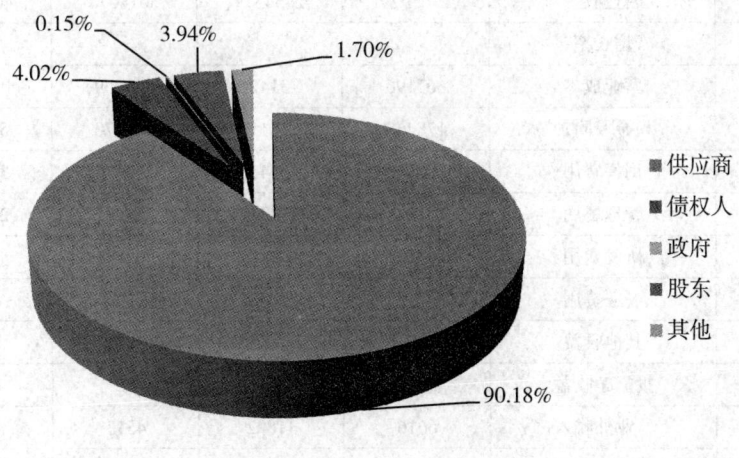

图 11-4

第四步：点击 A1 单元格下拉菜单，选择不同的公司进行商业模式分析。

从固定资产占比来看，牧原股份固定资产占比 45.39%，是典型的重资产企业，而恒生电子、中国平安和招商银行的固定资产占比为 4.71%、0.64% 和 0.82%，属于轻资产企业。

从支付方式来看，恒生电子预收账款占比和应付账款占比为 20.79% 和 2.17%，其在产业链中的议价能力较强，在交易过程中是具有"话语权"的。

从交易结构来看，牧原股份赋予供应商的现金流是最多的，占比达 90.18%，而对于其他利益相关者则赋予较少，利润较低。恒生电子赋予股东和其他利益相关者的现金流较多，占比分别为 20.79% 和 74.27%，赋予供应商、债权人和政府的现金流较少。五粮液现金流良好，赋予利益相关者的现金流相对平均，甚至财务费用为负值，能赚取资本利得。亚泰集团现金流相对较差，赋予供应商和债权人的现金流较高，股东的现金流出现负值，在 2018 年出现亏损。

【例 11-7】

第一步：在 Excel 中建立工作簿 11-7，把五粮液、恒瑞医药、牧原股份、中国平安、亚泰集团、招商银行、恒生电子七家公司定义为"公司"。然后选中单元格 B1，点击菜单栏【数据】→【数据有效性】，弹出对话窗，设置为"序列"，设置"公司"为来源。按照表格框架，通过 VLOOKUP 函数从工作簿"数据源 11"中查找数据并填列在表格中，具体如表 11-20 所示。

表 11-20

	B	C	D		E
1	五粮液		历史数据区		
2	名称	2015	2016	2017	2018	平均值
3	营业收入	2165929	2454379	3018678	4003019	
4	增长率					
5	营业成本	667196	731425	845009	1048678	
6	税金及附加	178468	194117	349470	590850	
7	销售费用	356806	469455	362540	377843	
8	管理费用	212881	214370	226902	234050	
9	研发费用	0	0	0	8408	
10	财务费用	-73211	-76586	-89051	-108501	
11	其他收益	0	0	7022	10623	
12	投资净收益	3414	3343	6821	10086	
13	营业外收入	6616	11892	4513	4380	
14	营业外支出	2490	1872	2798	15537	
15	所得税	187701	228065	330572	456817	
16	净利润	641048	705677	1008597	1403865	

第二步：计算营业收入平均增长率。

在 D4 单元格输入公式"=D3/C3-1"，向右填充至 F4 单元格，计算每一期的营业收入增长率；在 G4 单元格输入公式"=AVERAGE（D4：F4）"，计算营业收入平均增长率，以此来作为预测以后年度营业收入的增长率。

第三步：计算各成本和所得税相对收入的占比。

在 D4 单元格输入公式"=SUM（C6：F6）/SUM（$C$3：$F$3）"，向右填充至 G15 单元格，计算各成本和所得税的占比。结果如表 11-21 所示。

表 11-21

	B	C	D			E
1		五粮液	历史数据区			
2	名称	2015	2016	2017	2018	平均值
3	营业收入	2165929	2454379	3018678	4003019	34.4%
4	增长率		13.32%	22.99%	32.61%	22.97%
5	营业成本	667196	731425	845009	1048678	28.28%
6	税金及附加	178468	194117	349470	590850	11.28%
7	销售费用	356806	469455	362540	377843	13.46%
8	管理费用	212881	214370	226902	234050	7.63%
9	研发费用	0	0	0	8408	0.07%
10	财务费用	−73211	−76586	−89051	−108501	−2.98%
11	其他收益	0	0	7022	10623	0.15%
12	投资净收益	3414	3343	6821	10086	0.20%
13	营业外收入	6616	11892	4513	4380	0.24%
14	营业外支出	2490	1872	2798	15537	0.19%
15	所得税	187701	228065	330572	456817	10.33%
16	净利润	641048	705677	1008597	1403865	32.29%

第四步：预测未来年度营业收入。

以营业收入平均增长率（E4 单元格）作为预测以后年度营业收入的增长率。

在 H3 单元格输入公式"=F3*（1+＄G＄4）"，向右填充至 L3 单元格。

第五步：预测未来年度各类成本和所得税。

通过各类成本相对于营业收入的占比乘以已预测好的营业收入。

在 H5 单元格输入公式"=＄H＄3*＄G5"，预测出 2019 年营业成本，再将公式向下填充至 H15 单元格，预测出 2019 年其他成本和所得税。

在 I5 单元格输入公式"=＄I＄3*＄G5"，预测出 2020 年营业成本，再将公式向下填充至 I15 单元格，预测出 2020 年其他成本和所得税。

在 J5 单元格输入公式"=＄J＄3*＄G5"，预测出 2021 年营业成本，再将公式向下填充至 J15 单元格，预测出 2020 年其他成本和所得税。

在 K5 单元格输入公式"=＄K＄3*＄G5"，预测出 2022 年营业成本，再将公式向下填充至 K15 单元格，预测出 2020 年其他成本和所得税。

在 L5 单元格输入公式"=＄L＄3*＄G5"，预测出 2023 年营业成本，再将公式向下填充至 L15 单元格，预测出 2020 年其他成本和所得税。

第六步：预测未来年度净利润。

计算依据：

营业利润=营业总收入−营业总成本+投资收益+其他收益

营业总成本=营业成本+营业税金及附加+销售费用+管理费用+研发费用+财务费用+资

产减值损失

净利润=营业利润+营业外收入-营业外支出-所得税费用

在 H16 单元格输入公式"=H3-H5-H6-H7-H8-H9-H10+H11+H12+H13-H14-H15",预测出 2019 年净利润,再将公式向右填充至 L16 单元格,预测出各年的净利润,如表11-22所示。

表 11-22

	B	H	I	J	K	L
1	五粮液			显性期预测		
2	名称	2019E	2020E	2021E	2022E	2023E
3	营业收入	4922612	6053459	7444090	9154183	11257128
4	增长率					
5	营业成本	1392093	1711892	2105156	2588763	3183467
6	税金及附加	555138	682667	839493	1032345	1269501
7	销售费用	662427	814603	1001738	1231862	1514852
8	管理费用	375561	461836	567932	698400	858840
9	研发费用	3555	4372	5376	6611	8130
10	财务费用	(146870)	(180610)	(222101)	(273123)	(335866)
11	其他收益	7461	9175	11282	13874	17061
12	投资净收益	10006	12305	15132	18608	22883
13	营业外收入	11586	14247	17520	21545	26495
14	营业外支出	9597	11802	14513	17847	21946
15	所得税	508732	625601	769317	946048	1163379
16	净利润	1591432	1957023	2406600	2959457	3639318

【例 11-8】

第一部分:计算 2015—2018 年整体自由现金流量。

第一步:在 Excel 表格中建立工作簿 11-8,在 A1 单元格输入公式"='11-7'!B1",与上例统一公司名称。按照表格框架,通过 VLOOKUP 函数从工作簿"数据源 11"中查找数据并填列在表格中。净利润的值则引用工作簿 11-7 计算出的净利润,在 B8 单元格输入公式"='11-7'!C16",向右填充至 E8 单元格。如表 11-23 所示。

表 11-23

	A	B	C	D	E
1	五粮液	2015	2016	2017	2018
2	资产总计	5254663	6217441	7092263	8609427
3	固定资产	534763	543146	529287	526216

续表

	A	B	C	D	E
4	无形资产	41169	40245	39936	41265
5	存货	870085	925737	1055780	1179546
6	长期待摊费用	8866	12595	13173	11190
7	负债合计	820147	1396855	1624830	2097483
8	净利润	641048	705677	1008597	1403865
9	财务费用	−10	−15	17	−16
10	资产减值准备	2357	139	533	−413
11	固定资产折旧、油气资产折耗、生产性生物资产折旧	57138	51403	47544	48485
12	无形资产摊销	1272	1302	1366	1517
13	长期待摊费用摊销	3452	4639	6132	6308
14	处置固定资产、无形资产和其他长期资产的损失	184	631	−366	−527
15	非扩张性资本支出				
16	存货的减少	−63257	−55173	−129714	−122649
17	经营性应收项目的减少	−154625	−105775	−155118	−522846
18	经营性应付项目的增加	198654	567994	210636	447113
19	营运资本减少				
20	购建固定资产、无形资产和其他长期资产支付的现金	39522	30734	21606	38138
21	扩张性资本支出				
22	简化版自由现金流				
23	真实版自由现金流				

第二步：计算营运资本的减少值。

营运资本减少值=非现金流动资产减少+非现金流动负债增加

非现金流动资产=应收票据+应收账款+预付款项+其他应收款+存货+长期待摊费用

非现金流动负债=应付票据+预收账款+应付职工薪酬+应交税费+其他应付款

在B19单元格输入公式"=B16+B17+B18"，向右填充至E19单元格。

第三步：计算非扩张性资本支出。

维持正常生产的固定资产折旧和摊销=资产减值准备+固定资产折旧+无形资产摊销+长期待摊费用摊销+固定资产报废损失

在B15单元格输入公式"=SUM（B10：B14）"，向右填充至E15单元格。

第四步：计算扩张性资本支出。

扩张性资本支出=购建固定资产、无形资产和其他长期资产支付的现金（现金流量表）−维持正常生产的固定资产折旧和摊销在 B21 单元格输入公式"=B20-B15",向右填充至 E21 单元格。

第五步:计算整体自由现金流。

整体自由现金流=息税前利润+折旧和摊销-所得税-营运资本变动-资本净支出
=净利润+财务费用+营运资本减少+维持正常生产的固定资产折旧和摊销-购建固定资产、无形资产和其他长期资产支付的现金
=净利润+税后财务费用+营运资本减少-扩张性资本支出

在 B22 单元格输入公式"=B8+B9+B19-B21",向右填充至 E22 单元格。

第六步:计算简化自由现金流。

简化自由现金流=息税前利润+折旧和摊销-所得税-营运资本变动
=净利润+税后财务费用+营运资本减少+维持正常生产的固定资产折旧和摊销
=整体自由现金流+购建固定资产、无形资产和其他长期资产支付的现金

在 B23 单元格输入公式"=B22+B20",向右填充至 E23 单元格。

表 11-24

	A	B	C	D	E
1	五粮液	2015	2016	2017	2018
2	资产总计	5254663	6217441	7092263	8609427
3	固定资产	534763	543146	529287	526216
4	无形资产	41169	40245	39936	41265
5	存货	870085	925737	1055780	1179546
6	长期待摊费用	8866	12595	13173	11190
7	负债合计	820147	1396855	1624830	2097483
8	净利润	641048	705677	1008597	1403865
9	财务费用1	-10	-15	17	-16
10	资产减值准备	2357	139	533	-413
11	固定资产折旧、油气资产折耗、生产性生物资产折旧	57138	51403	47544	48485
12	无形资产摊销	1272	1302	1366	1517
13	长期待摊费用摊销	3452	4639	6132	6308
14	处置固定资产、无形资产和其他长期资产的损失	184	631	-366	-527
15	非扩张性资本支出	64403	58113	55209	55370
16	存货的减少	-63257	-55173	-129714	-122649
17	经营性应收项目的减少	-154625	-105775	-155118	-522846
18	经营性应付项目的增加	198654	567994	210636	447113
19	营运资本减少	-19228	407046	-74196	-198382

续表

	A	B	C	D	E
20	购建固定资产、无形资产和其他长期资产支付的现金	39522	30734	21606	38138
21	扩张性资本支出	-24881	-27380	-33603	-17232
22	真实版自由现金流	646691	1140087	968020	1222698
23	简化版自由现金流	686213	1170821	989626	1260836

第二部分：预测以后年度的自由现金流量。

第一步：预测以后年度的资产和负债。

预测需要的增长率为销售的增长率。在F2单元格输入公式"='11-7'！G4"，引用例11-7中的营业收入增长率。

预测某年度资产或负债=上年度资产或负债×（1+增长率）

在G2单元格输入公式"=E2*（1+\$F\$2）"，预测2019年度资产总额。其他年度的其他资产、负债也类似计算，将G1：K7单元格进行填充。

第二步：预测以后年度净利润和财务费用。

在F2单元格输入公式"='11-7'！H16"，引用例11-7中已经预测出的以后年度净利润，向右填充至K9单元格。

$$预测某年度的财务费用 = \frac{2015—2019年财务费用总额}{2015—2019年负债总额} \times 预测某年度负债合计$$

在F9单元格输入公式"=SUM（B9：E9）/SUM（B7：E7）"，计算出财务费用占比，然后，在G9单元格输入公式"=G7*\$F\$9"，向右填充至K9单元格，预测出每个年度的财务费用。

第三步：预测以后年度非扩张性资本性支出。

$$预测某年度的资产减值准备 = \frac{2015—2019年资产减值准备总额}{2015—2019年资产总额} \times 预测某年度资产合计$$

在F10单元格输入公式"=SUM（B10：E10）/SUM（B2：E2）"，计算出资产减值准备占比，然后，在G10单元格输入公式"=G2*\$F\$10"，向右填充至K10单元格，预测出每个年度的资产减值准备。

$$预测某年度的固定资产折旧 = \frac{2015—2019年固定资产折旧总额}{2015—2019年固定资产总额} \times 预测某年度固定资产$$

在F11单元格输入公式"=SUM（B11：E11）/SUM（B3：E3）"，计算出固定资产折旧占比，然后，在G11单元格输入公式"=G3*\$F\$11"，向右填充至K11单元格，预测出每个年度的固定资产折旧。

$$预测某年度的无形资产摊销 = \frac{2015—2019年无形资产摊销总额}{2015—2019年无形资产总额} \times 预测某年度无形资产$$

在F12单元格输入公式"=SUM（B12：E12）/SUM（B4：E4）"，计算出无形资产摊销占比，然后，在G12单元格输入公式"=G4*\$F\$11"，向右填充至K12单元格，预测出每个年度的无形资产摊销。

$$\text{预测某年度的长期待摊费用摊销} = \frac{2015—2019\text{年长期待摊费用摊销总额}}{2015—2019\text{年长期待摊费用总额}} \times \text{预测某年度长期待摊费用}$$

在F13单元格输入公式"=SUM（B13：E13）/SUM（B6：E6）"，计算出长期待摊费用摊销占比，然后，在G13单元格输入公式"=G6*$F$13"，向右填充至K13单元格，预测出每个年度的长期待摊费用摊销。

在G15单元格输入公式"=SUM（G10：G14）"，向右填充至K15单元格。

第四步：预测以后年度营运资本减少额。

预测营运资本减少额用于发生年度营运资本的平均值。

在F16单元格输入公式"=AVERAGE（B16：E16）"，向下填充至K18单元格。然后，在G16单元格输入公式"=F16"，填充至G16：K18单元格区域。

在G19单元格输入公式"=SUM（G16：G18）"，向右填充至K19单元格。

第五步：预测以后年度扩张性资本支出。

对于以后年度购建固定资产、无形资产和其他长期资产支付的现金的预测，运用F2单元格的增长率来计算，在G20单元格输入公式"=E20*（1+$F$2）"，向右填充至K20单元格。

在G21单元格输入公式"=G20-G15"，向右填充至K21单元格，预测出各年度扩张性资本支出。

第六步：预测以后年度整体自由现金流量。

在G22单元格输入公式"=G8+G9+G19-G21"，向右填充至K22单元格，预测出各年度整体自由现金流量。

第七步：预测以后年度简化版自由现金流量。

在G23单元格输入公式"=G22+G20"，向右填充至K23单元格，预测出各年度简化版自由现金流量。

计算结果如表11-25所示。

表 11-25

	A	F	G	J	K
1	五粮液	平均值	2019E	2022E	2023E
2	资产总计	22.97%	10587227	19688207	24211080
3	固定资产		647101	1203362	1479804
4	无形资产		50745	94366	116044
5	存货		1450517	2697409	3317072
6	长期待摊费用		13760	25589	31467
7	负债合计		2579327	4796565	5898456
8	净利润		1591432	2959457	3639318
9	财务费用1	0.00%	-11	-21	-25

续表

	A	F	G	J	K
10	资产减值准备	0.01%	1,019.34	1895.58	2331.04
11	固定资产折旧、油气资产折耗、生产性生物资产折旧	9.59%	62050.16	115389.65	141897.53
12	无形资产摊销	3.35%	4865.87	9048.67	11127.37
13	长期待摊费用摊销	44.80%	6165.13	11464.79	14098.54
14	处置固定资产、无形资产和其他长期资产的损失				
15	非扩张性资本支出		74100	137799	169454
16	存货的减少	-92698	-92698.44	-92698.44	-92698.44
17	经营性应收项目的减少	-234591	-234590.68	-234590.68	-234590.68
18	经营性应付项目的增加	356099	356099.11	356099.11	356099.11
19	营运资本减少		28809.99	28809.99	28809.99
20	购建固定资产、无形资产和其他长期资产支付的现金		46899.43	87215.08	107250.56
21	扩张性资本支出		-27201	-50584	-62204
22	真实版自由现金流		1647432	3038830	3730306
23	简化版自由现金流		1694331	3126045	3837557

【例 11-9】

第一步：在 Excel 建立工作簿 11-9，在 B1 单元格输入公式"='11-7'! B1"，引用例 11-7 的公司名称。

假设股价的增长为三阶段模型，前五年为第一阶段，现金流引用例 11-8 预测出的自由现金流，在 B6 单元格输入公式"='11-8'! G22"，向右填充至 F6 单元格；接下来的八年为第二阶段，现金流以固定增长率 5% 增长，在 B8 单元格输入公式"=F6*（1+$B$3）"，向右填充至 I8 单元格；之后为第三阶段，以某一固定增长率永续增长，添加控件，对长期增长率进行调控。

按照表格框架，通过 VLOOKUP 函数从工作簿"数据源 11"中查找所需科目的数据并填列在表格中。加权资本成本 WACC 已经给出，如表 11-26 所示。

表 11-26

A	B	C	D	E	F	G	H
公司名称	五粮液	实收资本（或股本）	388161	无风险利率 Rf	5%	β	1.20
Rm	10%	Ke	11.00%	Kd		WACC	12.00%

续表

A	B	C	D	E	F	G	H
第二阶段增长率	5.00%	▲▼					
长期增长率	3.00%	▲▼			应付债券利率	6.00%	
第一阶段	2019E	2020E	2021E	2022E	2023E		
FCFF	1647431.67	2019269.47	2476527.69	3038829.54	3730306.16		
第二阶段	2024E	2025E	2026E	2027E	2028E	2029E	2030E
FCFF	3916821.47	4112662.54	4318295.67	4534210.45	4760920.97	4998967.02	5248915.37
FCFF 估值	现金流折现值	价值百分比					
第一阶段							
第二阶段							
第三阶段（终值）							
企业价值 AEV							
货币资金	4896004.89	13.54%					
可供出售金融资产	120.00						
长期股权投资	91947.80						
+非核心资产价值							
少数股东权益	163216.93						
短期借款	0.00						
一年内到期的非流动负债	0.00						
长期借款	0.00						
应付债券	0.00						
-净债务							
总股本价值							
每股价值（元）							

第二步：未来股权自由现金流贴现值。

公司股权价值=金融资产公允价值+长期股权投资价值+未来股权自由现金流贴现值。

第一阶段的现金流进行贴现：在 B10 单元格输入公式"=NPV（H2，B6：F6）"。

第二阶段的现金流进行贴现：先利用 NPV 函数将第二阶段的现金流折现至第一阶段年末，也就是 2023 年末，再进行贴现。在 B11 单元格输入公式"=NPV（H2，B8：I8）/(1+H2)^5"。

第三阶段的现金流进行贴现：先利用固定增长股利估价模型将第三阶段的现金流折现至第二阶段年末，也就是 2031 年末，再进行贴现。在 B11 单元格输入公式"=I8*（1+B4）/（（H2-B4）*（1+H2)^13）"。

第三步：计算企业价值。

企业价值为三个阶段现金流贴现值之和。

在 B13 单元格输入公式"=SUM（B10：B12）"。

第四步：计算其他需要调整的因素。

企业现金流量折现估值法所需的四个估值参数-现金流、贴现率、增长率和终值计算后，仍需要考虑一些其他因素，比如现金、有价证券以及对外持股情况等。

在 B17 单元格输入公式"=SUM（B14：B16）"，计算现金和有价证券价值，即非核心资产价值。

第五步：计算股权价值。

公司价值=现金流量贴现值+现金和有价证券+对外持股价值

股权价值=公司价值-未偿负债价值

在 B23 单元格输入公式"=SUM（B19：B22）"，计算净债务价值。

在 B24 单元格输入公式"=B13+B17-B18-B23"，计算股权价值。

第六步：计算每股价值。

每股价值=股权价值/股本

在 B25 单元格输入公式"=B13+B17-B18-B23"，计算每股价值。

结果如表 11-27 所示

表 11-27

A	B	C	D	E	F	G	H
公司名称	五粮液	实收资本（或股本）	388161	无风险利率 Rf	5%	β	1.20
Rm	10%	Ke	11.00%	Kd		WACC	12.00%
第二阶段增长率	5.00%	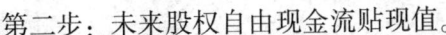					
长期增长率	3.00%					应付债券利率	6.00%

续表

A	B	C	D	E	F	G	H
第一阶段	2019E	2020E	2021E	2022E	2023E		
FCFF	1647431.67	2019269.47	2476527.69	3038829.54	3730306.16		
第二阶段	2024E	2025E	2026E	2027E	2028E	2029E	2030E
FCFF	3916821.47	4112662.54	4318295.67	4534210.45	4760920.97	4998967.02	5248915.37
FCFF 估值	现金流折现值	价值百分比					
第一阶段	8891320.89	24.60%					
第二阶段	12804212.52	35.42%					
第三阶段（终值）	14455039.75	39.99%					
企业价值 AEV	36150573.16	100.00%					
货币资金	4896004.89	13.54%					
可供出售金融资产	120.00						
长期股权投资	91947.80						
+非核心资产价值	4988072.69						
少数股东权益	163216.93	-0.45%					
短期借款	0.00						
一年内到期的非流动负债	0.00						
长期借款	0.00						
应付债券	0.00						
-净债务	0.00	0.00%					
总股本价值	40975428.92	388160.80					
每股价值（元）	105.56						

五、课后练习

【练 11-1】从同花顺软件下载恒瑞医药 2015—2019 年数据，计算公司的自由现金流。

【练 11-2】从同花顺软件下载同花顺 2015—2019 年资产负债表、现金流量表和损益表等数据，并根据这些数据来判断此公司的投资价值。

【练 11-3】从同花顺软件下载数据，分析中国电影的商业模式及内在价值。

六、参考视频

投资学，https://www.icourse163.org/course/ZUEL-1207045802。
投资学，https://www.icourse163.org/course/CUFE-1002245008。
公司金融，https://www.icourse163.org/course/NJTU-1206179802。
公司金融学，https://www.icourse163.org/course/SWUFE-1001651001。
管理会计学，https://www.icourse163.org/course/SWUFE-1001945002。
工程项目投资与融资，https://www.icourse163.org/course/CSLGDX-1206601804。
管理会计：工具与应用，https://www.icourse163.org/course/BUU-1206419810。
工程造价管理，https://www.icourse163.org/course/HUEL-1003367024。
投资项目评估与管理，https://www.icourse163.org/course/HEUET-1206146807。
工程经济学，https://www.icourse163.org/course/SCU-1002144004。